史學要義敘

載籍博矣而義有要焉得其要義則會通有機是學史者要義尚矣嗟夫事以代殊文緣人異紛紜述作迷目瞀心自非精明博雅之士惡足以與於斯檇李盍泉卜大夫究心史事既得其旨趣閒嘗採輯古今論著有切於史學者若干卷題其端曰史學要義予得而

史學要義第一卷

後學秀水卜大有輯
男堯齡 日驛
姪日蒙 日貞 校

設史官

隋書經籍志

經籍也者機神之妙旨聖哲之能事所以經天地緯陰陽正紀綱弘道德顯仁足以利物藏用足以獨善學之者將殖焉不學者將落焉其教有適其用無窮實仁義之陶鈞誠道德之橐籥也其為用大矣今之所以知古後之所以知今其斯之謂也是以大道方行俯龜象而設卦後聖有作仰鳥迹以成文書契以傳繩墨棄而不用史官既立經籍於是興焉夫經籍也者先聖據龍圖握鳳紀

史學要義校注

（明）卜大有　輯

吴漫　裴陽月　校注

商務印書館
創于1897 The Commercial Press

圖書在版編目(CIP)數據

史學要義校注 / (明)卜大有輯；吴漫，裴陽月校注. — 北京：商務印書館，2023
ISBN 978-7-100-23038-4

I. ①史… II. ①卜… ②吴… ③裴… III. ①史學—中國—古代 IV. ①K092.2

中國國家版本館CIP數據核字（2023）第178439號

全國高等院校古籍整理研究工作委員會資助

史學要義校注

（明）卜大有 輯

吴漫 裴陽月 校注

商務印書館出版
（北京王府井大街36號 郵政編碼 100710）
商務印書館發行
北京虎彩文化傳播有限公司印刷
ISBN 978-7-100-23038-4

2023年10月第1版 開本 880×1230 1/32
2023年10月第1次印刷 印張 14 1/8 插頁 2

定價：98.00元

前　言

古代史家治史的旨趣强調家國興衰和生民休戚，并積極從長時段的史學實踐中梳理史學發展的脉絡，發展豐富理論認知；這種實踐和反思的過程，不但爲史學健康發展提供了文獻和理論支撑，也爲考察中華文明延續發展的偉大力量提供了重要依據。歷史地看待前賢史論文獻，深入挖掘和系統解讀其理論内核，經典文獻的系統整理則是首要工作。

明代“史論”“史評”類著述涌現，形成風尚，頗具規模，以卜大有《史學要義》等爲代表，標志着中國古代史家關於史學認識的縱深發展，以及明代史學發展的進一步成熟。卜大有（1512—？），字謙夫，號益泉，秀水（今浙江嘉興）人。嘉靖二十六年（1547）進士，知無錫縣。他剔蠹搜奸，執法不撓，有“强項”之稱，招來忌恨，被調往潛山（今屬安徽），而强項、嚴明的風格不改。卜大有後來出任南都水主事，督龍江關，又升任南刑部江西司員外、廣西司郎中，改南精膳；後以忤逆時宰，出知尋甸府（今屬云南），不赴。歸而著述，先後成《史學要義》《經學要義》《益泉集》諸書。另據《千頃堂書目》《明詩綜》《經義考》《雍正浙江通志》《傳是樓書目》及《清代禁毀書目四種》等，卜大有輯纂著作還有《續通編》六卷、《皇明續紀》三卷、《通紀統宗》（與袁皇合輯）。

卜大有精於史學研討，所撰《史學要義》四卷、《補卷》一卷，凡五卷，輯録了明代以前史學名家討論史學的作品，凡二百六十九篇。是書輯録篇章，剔釐淵藪，以能夠反映史學“要義”爲標準，所輯篇章文體涉及疏、表、事狀、書、論、序、跋、傳記等，内容反映了其對歷代史官、史官制度、作史義例、史館修史、史法、正史、雜史和《史記》《漢書》等諸多史著及其著者的獨到見解。此外，《史學要義》以諸家所論梳理了上起西漢、下迄明代的史學發展歷程，有“得其要義，則會通有機”之旨趣，可與劉知幾的《史通》互爲參閲，是中國古代史學史、史學理論研究的重要文獻。

《史學要義》卷端有明代監察御史徐栻寫的序。徐栻（1519—1581），字世寅，號鳳竹，南直隸常熟（今屬江蘇）人，嘉靖二十六年進士，累官南京工部尚書。明人推崇史學三長之説，而徐栻則盛贊《史學要義》有輔三長之論，他説：“當世賢豪勵志三長者，固幸得指南，而僅取諛聞之士執此以往，亦免面牆之嘆！”一語道明此書的史學價值和學術地位。徐栻又舉孔子據魯史撰《春秋》而傳義旨的史例，彰明孔子“聖神之心”爲史學中最爲關鍵的因素，而《史學要義》正是要“公其心”“明其心”“大其心”，以期史學據此而達成“定予奪”“辨正雅”“盡人物之變”的目的。這里的“心”，意近于《春秋》之旨和劉知幾所言之史識，而徐栻以“心”相指稱，則是超然“史識”概念之上的更大空間的意義界定，亦是對《史學要義》纂輯的進一步贊譽。

徐栻還爲卜大有另一部“要義”之作即《經學要義》作序，他説：“夫作經以載道也，談經以明道也，是故有作之者，不可無羽翼之者。談經者，有志於聖人之道之軌範也。檇李益泉卜大夫輯秦漢以下諸儒之談經者，昭揭篇章，剔釐淵藪，嘉惠後學，蒸蒸然盛矣。蓋道猶梁也，經猶棟也，作室者有棟梁，室斯具矣。於是爲榱，爲題，爲棁，爲節，爲隱柱，爲深堊，爲屏以蔽，爲牖以通，明駢舉而雜出，皆作室之要也。談經者，無慮千百家，人各一言，言各一見，非發明本旨，則攻擊異端，剔奥鈎玄，旁搜博采，弗以要義談之，奚益？卜大夫能辨兹矣，故於經生之所談者，得其要義焉！大夫與予，丁未同舉，及予撫浙政，暇出是編，俾弁其端。予患今之士徒談時藝，而不及經義，失其本真，安望其措之用乎？得是編，竊心喜，爰序之，以告窮經致用者。”（引自朱彝尊《經義考》之《群經》）徐栻提倡治學應以經典爲根本，談經者應以把握經典中的精髓爲要務，故而對卜大有爬梳學人討論經典的成果，將反映經典要義者輯爲一書之事大爲贊揚。是書雖然已佚，但卜大有勤勉於著述，於史學研究中放眼歷代討論經典的卓識，充分詮釋了治學以正本爲基，進而講求會通致用的道理，這在當時必然起到了端正學風，引導後學的積極效果。

《明史・藝文志》著録該書，《四庫全書總目》未有著録。據《中國古籍善本書目》，《史學要義》有明萬曆五年（1577）刻本，距今已有四百多年，後世未曾重刊。此刻本今僅存兩部，分别藏於國家圖書館和山東省圖書館。中華全國圖書館文獻縮微複製中心於 1999 年 9 月，據山東省圖書館所藏明萬曆刻本影印出版《明刻珍本史學要義》，卷首有瞿林東先生《序》，次爲據原刻本各卷目録彙編的新目，方便讀者查閱；卷末有姜亞沙先生《後記》，據此可知國家圖書館所藏《史學要義》卷二缺第四十五葉，補卷缺第六十八至七十一葉，非完帙；山東省圖書館所藏完整無缺。

此次校注整理以中華全國圖書館文獻縮微複製中心影印山東省圖書館藏明萬曆五年刻本爲底本。

吴漫

二〇二三年三月

整理説明

一、《史學要義》有明萬曆五年刻本，流傳至今有兩種傳本，分藏於山東省圖書館和中國國家圖書館，前者完帙，後者殘缺。本次整理以中華全國圖書館文獻縮微複製中心 1999 年影印山東省圖書館藏明萬曆五年刻本（《明刻珍本史學要義》）爲底本，以國家圖書館藏本進行對勘。同時，結合本書所輯文章較早的版本或其他通行本作爲參校。

二、萬曆五年刻本無總目録，卷一至卷四各卷目録分置諸卷之首，卷五篇目則以補集形式分附於卷一至卷四目録之後。諸卷目録中篇名及諸篇著者或出處存在與正文不一致或闕失的情況，則根據文義及該原文篇目整理，並出注説明，最後據此匯總爲目録，諸卷不再設分卷目録。

三、卜氏纂輯是書，所輯文章或與其原文有出入，或省略，或改動，此爲古人輯書之常例。對影響文意之處，出注説明；對於與原文有出入但不影響文意者，則不予改動。每篇文章盡量標注見載何處，以明其史源。

四、本次整理采用通用規範漢字，通假字及人名、地名等則不予改動。校勘文字，原文中删改、補充文字者，於注中説明。

目　録

史學要義叙

載籍博矣，而義有要焉；得其要義，則會通有機。是學史者，要義尚矣。嗟夫！事以代殊，文緣人異，紛紜述作，迷目瞀心，自非精明博雅之士，惡足以與於斯？檇李[①]益泉卜大夫究心史事，既得其旨趣，間嘗採輯古今論著有切於史學者若干卷，題其端曰《史學要義》。予得而讀之，見其陳叙事之義例，原載筆之職司，析編年紀傳之同異，以暨辨正雜，别良穢，罔弗備焉。乃嘆曰：勤哉，大夫之志乎！精哉，大夫之取裁乎！

夫溟渤汪洋，人可得而通之者，以舟檝具也。醫師之視疾，豈能一一究其醫格哉？惟於軒岐[②]相傳之奥旨，掇而蓄焉，則可以起尫羸而無滯。藉令捨舟檝而浮海，泛濫於方技之書，而欲以神其術，胡可得哉？是書之作，真學海之舟檝，文藝之要旨也！當世賢豪勵志三長者，固幸得指南，而僅取諛聞之士執此以往，亦免面墻之嘆，爲益豈淺淺哉！

雖然，通海要於舟檝，而柁其尤要者也；良醫要於軒岐，而恒其尤要者也。孔子以聖神之心而竊取魯史之義，則心其史學之尤要乎！是故公其心以定予奪，明其心以辨正雜，大其心以盡人物之變，斯無負於

① 檇李，古地名，今浙江嘉興。

② 軒岐，黄帝軒轅氏和大臣岐伯的並稱，他們被視爲中國醫藥的始祖，後亦以之指醫術。

《要義》之作也。

卜大夫有《經學要義》，予爲序之矣；乃更以是集謁予序，予謝不敏，顧謂史者，羽翼乎經者也，固以請予歸諸心學，以爲史學者勖焉。

萬曆五年，歲次丁丑十月吉旦，賜同進士出身、通議大夫、奉敕提督軍務巡撫浙江等處地方兵部右侍郎兼都察院右僉都御史、前工部侍郎、巡撫江西右副督御史、湖廣提督學校副使、監察御史姑蘇徐栻撰。

史學要義第一卷

後學秀水卜大有　輯

男堯齡、曰驛　侄曰蒙、曰貞　校

設史官

《隋書·經籍志》

經籍也者，機神之妙旨，聖哲之能事，所以經天地，緯陰陽，正紀綱，弘道德。顯仁足以利物，藏用①足以獨善，學之者將殖焉，不學者將落焉。其教有適，其用無窮，實仁義之陶鈞②，誠道德之橐籥③也。其爲用大矣。今之所以知古，後之所以知今，其斯之謂也。是以大道方行，俯龜象而設卦，後聖有作，仰鳥迹④以成文。書契以傳，繩墨棄而不用，史官既立，經籍於是興焉。

夫經籍也者，先聖據龍圖⑤，握鳳紀⑥，南面以君天下者，咸有史官，以紀言行。言則左史書之，動則右史書之⑦，故曰君舉必書，懲勸斯在。《三墳》《五典》《八索》《九丘》之類是也。下逮殷周，史官尤備，紀言書事，靡有缺遺。則《周禮》所稱：太史掌建邦之六典⑧、八

---

① 藏用，隱藏難知者而更顯表其功用。《易·繫辭上》："顯諸仁，藏諸用，鼓萬物而不與聖人同憂。"孔穎達疏："藏諸用者，謂潛藏功用，不使物知。"

② 陶鈞，比喻治國的大道。《史記》卷八十三《魯仲連鄒陽列傳》："是以聖王制世御俗，獨化於陶鈞之上。"裴駰《集解》引《漢書音義》："陶家名模下圓轉者爲鈞，以其能制器爲大小，比之於天。"司馬貞《索隱》引張晏曰："陶，冶；鈞，範也。作器，下所轉者名鈞。"

③ 橐籥，喻指本源。

④ 鳥迹，篆體古文字，形如鳥的爪迹。

⑤ 龍圖，即河圖。

⑥ 鳳紀，鳳曆，歲曆，含有曆數正朔之意。

⑦ 左史、右史，古代史官。《禮記·玉藻》："動則左史書之，言則右史書之。"又《漢書·藝文志》："左史記言，右史記事。"

⑧ 六典，古代的治國之法。《周禮·天官·大宰》："大宰之職，掌建邦之六典，以佐王治邦國：一曰治典，以經邦國，以治官府，以紀萬民；二曰教典，以安邦國，以教官府，以擾萬民；三曰禮典，以和邦國，以統百官，以諧萬民；四曰政典，以平邦國，以正百官，以均萬民；五曰刑典，以詰邦國，以刑百官，以糾萬民；六曰事典，以富邦國，以任百官，以生萬民。"

法[①]、八則[②]，以詔王治；小史掌邦國之志，定世繫，辨昭穆；内史掌王之八柄[③]，策命而貳之；外史掌王之外令及四方之志、三皇五帝之書；御史掌邦國、都鄙、萬民之治令，以贊冢宰。此則天子之史，凡有五焉。諸侯各有國史，分掌其職。

史官

葉時[④]

昔司馬遷父子爲漢太史，乃以文史星曆爲近卜祝之間。彼徒見《周官》太史列太卜[⑤]、太祝之後，而在馮相、保章之列，故有此言爾。不知周之太卜、太祝、太史皆以下大夫爲之，内史又以中大夫爲之，秩尊而權重矣。成王封康叔，乃曰“太史、司寇蘇公”[⑥]，是以太史而得預司寇刑獄之事，其權豈不重乎？康王即位，太保、太史、太宗皆麻冕彤裳，是

---

① 八法，周代管理百姓的通法。《周禮·天官·大宰》：“以八法治官府：一曰官屬，以舉邦治；二曰官職，以辨邦治；三曰官聯，以會官治；四曰官常，以聽官治；五曰官成，以經邦治；六曰官法，以正邦治；七曰官刑，以糾邦治；八曰官計，以弊邦治。”

② 八則，周代治理都鄙的八項法規。《周禮·天官·大宰》：“以八則治都鄙：一曰祭祀，以馭其神；二曰法則，以馭其官；三曰廢置，以馭其吏；四曰禄位，以馭其士；五曰賦貢，以馭其用；六曰禮俗，以馭其民；七曰刑賞，以馭其威；八曰田役，以馭其衆。”

③ 八柄，古代帝王統馭臣下的八種手段，即爵、禄、予、置、生、奪、廢、誅。《周禮·天官·大宰》：“以八柄詔王馭群臣：一曰爵，以馭其貴；二曰禄，以馭其富；三曰予，以馭其幸；四曰置，以馭其行；五曰生，以馭其福；六曰奪，以馭其貧；七曰廢，以馭其罪；八曰誅，以馭其過。”

④ 葉時，臨安錢塘（今浙江杭州）人，字秀發，自號竹野愚叟，南宋孝宗淳熙十一年進士，謚號“文康”，著有《禮經會元》《竹野詩集》。本文見載葉時《禮經會元》卷四。

⑤ 太卜，職官名，爲殷六太之一，周時屬春官，爲卜官之長。

⑥《尚書·周書·立政》：“太史、司寇蘇公，式敬爾由獄，以長我王國。”蘇公，蘇忿生。

以太史而與公卿同服，其秩豈不尊乎？《周書》曰：“太史友，内史友。”[①]武王以太史、内史爲友，則史職之不可輕也可知矣。

今觀太史所掌六典法則，即太宰之所掌者。太宰以之待邦國、官府、都鄙之治，太史以之逆邦國、官府、都鄙之治。内史[②]所掌八柄之法，亦太宰之所掌者。太宰以之詔王、馭群臣，内史以之詔王、治太史。内史雖爲宗伯屬官，而其權則與大臣相埒矣。法則有所辨而不信者，刑之；約劑[③]有所藏而不信者，刑之；位常有所考而不信者，誅之。太史雖爲史官之長，而實得以刑誅百官矣。法令政事會計則考逆之，諸侯孤卿大夫則策命之，制禄賞罰則贊爲之。内史雖處史官之列，而實得以禄命百官矣。自漢以來，史職往往見輕，司馬遷爲太史令且下腐刑，故曰“主上之所戲弄，倡優畜之，流俗所輕宜也”[④]。

周之史職有二等，太史下大夫爲小史等官之長，一也；内史中大夫爲外史、御史之長，二也。然皆以史名官，則皆史也。古者天子有史，言則右史書之，動則左史書之。今太史、内史等官曾無一語及天子言動之書，何邪？蓋記言動於既形，不若謹善惡於未發；垂得失於將來，不若明是非於未萌。今也，一居必以詔王，一動必以詔王，一忌諱必以詔王，一納訪必以詔王，是皆隨事而謹微，隨時而正始，其於言動之間，蓋已審之熟矣。及其祭祀讀禮則有書，會朝協禮則有書，昭穆之叙則有書，四方之事則有書，是又以書而正王事也，豈徒載筆螭坳[⑤]，執簡柱下，

① 《尚書·周書·酒誥》：“矧太史友、内史友、越獻臣百宗工。”“友”非人名，當與“右”通，《庚午父乙鼎》“作册友史”，當即“作册右史”。

② 内史，原作“内宰”，據下文“内史以之……相埒矣”及《周禮注疏》“内史”條改。

③ 約劑，古代用作憑據的文書、契券。《周禮·春官·太史》：“凡邦國都鄙及萬民之有約劑者藏焉。”鄭玄注：“約劑，要盟之載辭及券書也。”

④ 司馬遷《報任少卿書》，班固《漢書》卷六十二《司馬遷傳》。

⑤ 螭坳，宫殿螭階前坳處，朝會時爲殿下值班史官所站的地方。

聞王言動而特書之邪？

其有所書者，若内史有王命，則書之，外史有外令，則書之。所謂書者，只此二事而已。蓋内史掌書王命，猶今之内制。外史掌書外令，猶今之外制。故《内史》曰："凡命諸侯及孤卿大夫，則策命之。"是策命，内史掌之也。《外史》曰："若以書使於四方，則書其令。"是命令，外史掌之也。御史一官，掌贊書，謂凡治者來受法令於冢宰，則贊書之，故其史有百二十人。鄭氏謂若《尚書》作詔文，非也。周人制誥、詔文出於内史、外史，非御史也。或者則曰：周史掌爲制誥，而周人之史籍，何獨藏之史氏乎？曰：此則史官之掌也。小史掌邦國之志，謂諸侯邦國之圖籍文書也。外史掌四方之志，謂四方蠻夷之圖籍文書也。世系昭穆之書，亦掌於小史。三皇五帝之書，亦掌於小史，又況邦之盟書？則太史、内史貳而藏之，大比民數，内史則貳之，以制國用，是盟書、民數亦藏之史官也。故韓宣子[①]適魯，觀書於太史氏，豈非以書籍爲史官之所掌乎？然侯國皆有史官，齊之太史，魯之史克、董狐，晉之史蘇、史黯是也。[②]侯國皆有國史，晉之《乘》、魯之《春秋》、楚之《檮杌》是也。國史掌書國中之事，以達於王，故《周禮》曰：凡四方之事書，内史讀之可也。所謂事書者，豈非如小行人利害、逆順、暴亂、凶札、康樂五書之類乎？[③]内史讀四方事書，則諸侯國史，藏在史官可知矣。漢人以郡

---

① 韓宣子，即韓起，春秋時晋國卿大夫。司馬遷《史記》卷四十五《韓世家》有傳。

② "魯之史克"至"史黯是也"，當作"魯之史克，晋之董狐、史蘇、史黯是也"，據《禮經會元》卷四，明嘉靖五年刻本改。史克，魯國史官。《詩經・魯頌・駉》小序："季孫行父請命於周，而史克作是頌。"董狐，春秋時晋國太史，亦稱史狐。史蘇，春秋晋國人，卜筮之史。史黯，春秋晋國太史。

③ 《周禮・秋官・小行人》："及其萬民之利害爲一書，其禮俗政事教治刑禁之逆順爲一書，其悖逆暴亂作慝猶犯令者爲一書，其札喪凶荒厄貧爲一書，其康樂和親安平爲一書。"

國計書[①]，先上太史，亦此意也。王國之書，侯國之志，皆藏之史氏，則作史非史官之職而誰歟？

夷考周之史職，自太史至御史，凡七官，馮相、保章之掌天文，猶星曆也。内史、外史之書命令，猶制誥也。詔王有言責之寄，掌志有書籍之藏，雖名爲史，而實叢是四者之職，於以見史官之爲重任矣。後世置史，徒知有左右言動之記而已，其地則有星臺[②]，有秘閣，有諫垣，有翰苑之别，職分而意不相屬，名别而事不相干，成周史館之任恐不如是狹也。

歷代史官建置

陸深[③]

史之建官，其來尚矣。昔黄帝之世，倉頡、沮誦[④]實居其職。夏則終古，商則高勢，孔甲、尹逸[⑤]皆其選也。周官大備，則有太史、小史、内史、外史、左史、右史，而記言、記事之職，殆專官也。成王之史佚，楚之倚相，晋之伯黶，魯之丘明，晋之董狐，齊之南史，則其人也。

秦有太史令胡毋敬。漢興，武帝始置太史公，位在丞相上，以司馬談爲之。凡天下計書，先上太史，副上丞相。及談卒，子遷嗣。遷卒，

---

① 計書，古代州郡年終向朝廷彙報情况的簿册。《商君書・禁使》："夫吏專制决事於千里之外，十二月而計書以定事。"

② 星臺，指朝廷中樞機構。

③ 陸深，初名榮，字子淵，號儼山，明南直隸松江府上海縣（今上海）人，弘治十八年進士。本文見載陸深《儼山外集》卷二十九。

④ 沮誦，上古時人，爲黄帝左史，相傳與倉頡共創文字。

⑤ 尹逸，一作史佚，周初太史。與太公、周公等稱"四聖"。

宣帝以其官爲令，行太史公文書而已。若褚先生、劉向、馮商、揚雄之徒，並以别職來知史事。於是太史之置，非復記言之司。故張衡、單颺[①]、王立、高堂隆[②]等，雖當官見稱，唯知占候而已。後漢明帝以班固爲蘭臺令史，又徵楊子山詣蘭臺。則蘭臺者，當時著述之所也。帝詔固與睢陽令陳宗、長陵令尹敏、司隸從事孟冀，又詔史官謁者僕射劉珍、諫議大夫李充[③]，復命侍中伏無忌、諫議大夫黄景，共作《漢記》。和帝永元初，復令太中大夫邊韶、大軍營司馬崔寔、議郎朱穆[④]、延篤[⑤]纂之。章、和已後，則有東觀撰集其中，都謂之著作。靈帝熹平中，光禄大夫馬日磾、議郎蔡邕、楊彪、盧植續記於此。至晋太始中，秘書司馬彪《漢記》始成，而華嶠又删定爲《後漢書》。

魏氏都鄴，黄初好文，尚書衛紀、繆襲[⑥]，侍中韋誕、應璩，秘書王沈，中郎阮籍，司徒長史孫該[⑦]，司隸校尉傅玄[⑧]，並典撰述。太和中，始置著作郎，職隸中書。晋元康初，又隸秘書。著作郎一人，謂之大著作，專掌史任，又置佐著作郎八人。宋齊以來，以佐名施於作下。故事，佐郎職知博採，正郎資以章傳，若正、佐有失，則秘監司之。其有才堪述作者，雖居他官兼領著作，亦有已爲秘書而仍領著作，若晋之華嶠[⑨]、陳

---

① 單颺，字武宣，東漢山陽湖陸（今山東菏澤）人，善明天官、算術。

② 高堂隆，字升平，泰山平陽（今山東鄒平）人，三國曹魏大臣，天文學家。

③ 充，原作“克”，據《儼山外集》卷二十九《史通會要·建置》，明嘉靖二十四年刻本改。

④ 朱穆，字公叔，一説字文元，東漢南陽宛（今河南南陽）人。

⑤ 延篤，字叔堅，東漢南陽犨（今河南平頂山）人。

⑥ 繆襲，字熙伯，三國魏東海蘭陵（今屬山東）人，《隋書·經籍志》著録其《列女傳贊》一卷、《文集》五卷，今已佚。

⑦ 孫該，字公達，三國魏任城（今山東濟寧）人，著有《魏書》。

⑧ 傅玄，字休奕，西晋北地泥陽（今屬陝西）人，曾參與撰寫《魏書》。

⑨ 華嶠，字叔駿，平原高唐（今山東高唐）人，官秘書監、散騎常侍、班同中書，謚號“簡”，著有《後漢書》。

壽、陸機、束晳[①]，南渡之王隱[②]、虞預[③]、干寶、孫盛[④]，宋之徐爰[⑤]、蘇寶生，梁之沈約、裴子野[⑥]，斯並著作之選也。晋康帝嘗以武陵王領秘書監以增重史事，齊梁乃置修史學士，陳氏因之。初有吴郡顧野王[⑦]、北地傅縡爲撰史學士，又有劉涉、謝吴、許善心[⑧]之類皆與焉。

北朝元魏初，有崔浩[⑨]、高閭[⑩]之徒爲史官。洛京之末則綦雋、山偉[⑪]，更掌文史。齊周及隋，以大臣統領者謂之監修國史，自餘史官則稱自領而已。若魏收、柳虬[⑫]、王邵、魏澹[⑬]、諸葛潁[⑭]、劉炫[⑮]，亦各一時也。

---

① 束晳，字廣微，西晋陽平元城（今河北大名）人，著有《五經通論》《發蒙記》，有集已佚，明人輯有《束廣微集》。

② 王隱，字處叔，陳郡陳縣（今河南淮陽）人，官著作郎，令撰晋史，著有《王隱文集》十卷、《晋書》九十三卷。

③ 虞預，本名虞茂，字叔寧，晋會稽餘姚（今浙江餘姚）人，著有《晋書》四十四卷、《會稽典録》二十四卷、《諸虞傳》十二卷等。

④ 孫盛，字安國，晋太原郡中都縣（今山西平遥）人，著有《魏氏春秋》二十卷、《魏氏春秋異同》八卷、《晋陽秋》三十二卷。

⑤ 徐爰，字長玉，南朝宋南琅邪開陽（今江蘇南京）人。

⑥ 裴子野，字幾原，河東聞喜（今山西聞喜）人，官至鴻臚卿、步兵校尉，著有《方國使圖》《宋略》《集注喪服》《續裴氏家傳》《齊梁春秋》。

⑦ 顧野王，字希馮，南朝陳吴郡吴（今江蘇蘇州）人，著有《玉篇》《輿地志》《符瑞圖》等。

⑧ 許善心，字務本，高陽新城（今河北徐水）人，歷仕陳、隋。仕陳曾任撰史學士。

⑨ 崔浩，字伯淵，小字桃簡，北魏清河（今山東臨清）人，著有《國書》。

⑩ 閭，原作“閣”，據《儼山外集》卷二十九《史通會要·建置》，明嘉靖二十四年刻本改。

⑪ 山偉，字仲才，河南洛陽人。

⑫ 柳虬，字仲蟠，河東解縣（今山西臨猗）人，北魏、西魏時期大臣。

⑬ 魏澹，字彦深，巨鹿下曲陽（今河北晋州）人。隋文帝以魏收《魏書》褒貶失實，平繪《中興書》記事不倫序，詔澹别成《魏史》，爲十二紀、七十八傳，别爲史論及例一卷，並目録合九十二卷。

⑭ 潁，原作“穎”。據《儼山外集》卷二十九《史通會要·建置》，明嘉靖二十四年刻本改。諸葛潁，字漢，隋丹陽建康（今江蘇南京）人，著有《洛陽古今記》等。

⑮ 劉炫，字光伯，隋河間景城（今河北獻縣）人，太學博士，著有《尚書述義》等。

隋煬帝置起居舍人二員，隸中書省，如庾[①]自直、崔濬祖、虞世南[②]、蔡允恭[③]等，時號得人。唐初因之，又加置起居郎二員，職視舍人。每天子臨軒，侍立玉堦之下，郎居其左，舍人居右，人主有命，退而録之，以爲起居注。起居注者，編年記事，言最詳審，後來作史者資焉。於時工部尚書温大雅[④]首撰《起居注》，司空房玄齡、給事中許敬宗[⑤]與著作郎共編爲《實録》。《實録》者，録一帝之事，蓋始於梁云。若令狐德棻、吕才[⑥]、蕭鈞[⑦]、褚遂良、上官儀[⑧]、李安期[⑨]、顧胤[⑩]、高智周[⑪]、張大素[⑫]、淩季友，斯並當朝所屬也。

武德時，史官屬秘書省著作局。貞觀間，移史館於門下省之北，宰相監修，而著作局始罷。龍朔中，改名左右史云。及大明宫初成，則置於門下省之南。修撰史事，或以他官兼領，而品卑者亦與焉。自武德迄於長壽，若李仁實[⑬]、敬播[⑭]之才美，許敬宗、牛鳳及之繆妄，妍媸判焉。韋執誼[⑮]又奏令史官撰日曆。日曆云者，猶起草也。

---

① 庾，原作“庚”，據《儼山外集》卷二十九《史通會要·建置》，明嘉靖二十四年刻本改。

② 虞世南，字伯施，越州餘姚（今浙江慈溪）人，歷任著作郎、秘書少監、秘書監等職，封永興縣公，故世稱虞永興、虞秘監，著有《北堂書鈔》等。

③ 蔡允恭，荆州江陵（今湖北江陵）人，有文集二十卷、《後梁春秋》十卷。

④ 温大雅，字彦弘，并州祁縣（今山西晋中）人，著有《大唐創業起居注》。

⑤ 許敬宗，字延族，唐代杭州新城（今浙江杭州）人，官至宰相。

⑥ 吕才，博州清平（今山東高唐）人，唐初官居太常博士、太常丞。

⑦ 蕭鈞，字宣禮，東海蘭陵（今山東臨沂）人，南朝齊宗室大臣。

⑧ 上官儀，字遊韶，唐陝州陝縣（今河南三門峽）人，著有《上官儀集》。

⑨ 李安期，唐深州安平（今河北衡水）人，著有《李安期集》。

⑩ 顧胤，唐蘇州吴縣（今江蘇蘇州）人，累官起居郎兼修國史，著有《漢書古今集義》二十卷。

⑪ 高智周，字知周，常州晋陵縣（今江蘇常州）人。

⑫ 張大素，唐魏州繁水（今河北邯鄲）人，著有《舊唐志》等。

⑬ 李仁實，唐魏州頓丘（今河南清豐）人，著有《格論》三卷、《通曆》八卷。

⑭ 敬播，唐蒲州河東（今山西永濟）人，著有《隋略》等。

⑮ 韋執誼，字宗仁，唐京兆杜陵（今陝西西安）人，二王八司馬之一。

宋制，監修國史一人，以宰相爲之，修撰、直館、檢討無常員。修撰以朝官充，直館、檢討以京官以上充，掌修日曆[①]及圖籍之事。國史別置院於宣徽北院之東，謂之編修院。故事，修撰官、直館分季撰日曆，上判館撰次。大中祥符九年，以刑部郎中高紳爲史館修撰。天聖元年，石中立[②]以户部郎中充史館修撰，並以物議不與史事而罷。仁宗重史事，敕宰相爲提舉，參政、樞副爲修史，其同修史，以殿閣學士以上爲之，編修官，以三館秘校及京官爲之，史畢乃罷。元豐官制，別置國史實録院，以首相爲提舉，翰林學士以上爲修國史，侍從官爲同修國史，庶官爲編修。實録院提舉官如國史，從官爲修撰，餘官爲檢討。元祐初，復置國史院，隸門下省，明年置國史院修撰兼知院事。紹聖間，復以國史院歸秘書省。

高宗南渡初，即秘書省復建史館，以省官兼檢討、校勘，以從官充修撰。紹興間，移史館於省側，後並爲實録院，宰相監修，檢討校閱。當是之時，專史職者修撰而已。孝宗時，召李燾、洪邁[③]修五朝史，皆奉京朝，不兼他職。紹熙末，陳傅良[④]直學士院，請以右文殿、秘閣二修撰并舊史館校勘爲史官，又增檢討官三員，以畢高録。自後，竟無專官，而傅伯壽、陸游皆自外召，以爲同修國史兼實録院同修撰官。

元世祖初以命王鶚。至順帝修《宋史》，以脱脱爲都總裁，鐵木兒塔

---

① 掌修日曆，原爲小字注，據《儼山外集》卷二十九《史通會要·建置》，明嘉靖二十四年刻本，實屬正文。

② 石中立，北宋河南洛陽人，歷官史館修撰、吏部郎中、右諫議大夫。

③ 洪邁，字景盧，饒州樂平（今江西樂平）人，南宋紹興年間進士，著有《容齋隨筆》《夷堅志》等。

④ 陳傅良，字君舉，號止齋，學者稱止齋先生，温州瑞安（今浙江瑞安）人，南宋著名學者，著有《止齋文集》《周禮説》《春秋後傳》《左氏章指》等。

識、張起巖、歐陽玄、吕思誠[①]、揭傒斯爲總裁官，偏任國族，豈立賢之路未廣乎？

暨皇朝之紹統也，高皇神聖，首以宋濂爲起居注。洪武二年，詔修《元史》，以中書左丞相宣國公李善長爲監修，宋濂、王禕爲總裁，徵山林之士汪克寬、胡翰[②]、宋禧、陶凱[③]、陳基[④]、趙壎、曾魯、高啓、趙汸、張文海、徐尊生[⑤]、黄篪[⑥]、傅恕[⑦]、王錡[⑧]、傅著、謝徽十六人爲修史官。三年，續修則趙塤[⑨]、朱右、貝瓊[⑩]、朱世廉、王彝[⑪]、張孟兼[⑫]、高遜志[⑬]、李懋、張宣、李汶、張簡[⑭]、杜寅[⑮]、俞寅、殷弼，凡十五人，而宋濂、王禕復爲總裁。十四年，定制以修撰、編修、檢討爲史官，又有秘書監、弘文館及起居注、應奉等官，後皆廢罷。迄今修史以勛臣官高者一人爲監修，内閣官充總裁，學士等官充副總裁，詹、坊、經、局皆豫纂修之事，而惟修撰、編修、檢討稱史官焉。

自古列國偏朝各有史官，若史克、史蘇、史趙、史墨之類，皆世官

---

① 吕思誠，字仲實，元平定（今山西平定）人，著有《介軒集》《兩漢通紀》等。

② 胡翰，字仲申，一字仲子，明金華（今屬浙江）人。

③ 陶凱，字中立，明臨海（今屬浙江）人，自號耐久道人。

④ 陳基，字敬初，臺州臨海（今屬浙江）人，著有《夷白齋稿》。

⑤ 徐尊生，字大年，元淳安（今浙江杭州）人。

⑥ 黄篪，字仲韶，號方塘，明南海（今屬廣東）人，天順元年進士。

⑦ 傅恕，字如心，鄞（今浙江寧波）人，明朝初年學者。

⑧ 王錡，字元禹，明長洲相城（今江蘇吴縣）人，著有《寓圃雜記》《夢餘録》。

⑨ 趙塤，字伯友，元末明初新喻（今江西新餘）人。

⑩ 貝瓊，初名闕，字廷臣，一字廷琚、仲琚，又字廷珍，别號清江，元末明初崇德（今浙江桐鄉）人，著有《中星考》《清江貝先生集》《清江稿》《雲間集》。

⑪ 王彝，别號嬀蜼子，本姓陳氏，元末明初嘉定（今屬上海）人，著有《三近齋稿》等。

⑫ 張孟兼，名丁，以字行，明浦江宋溪平安（今浙江金華）人。

⑬ 高遜志，字士敏，號嗇庵，元末明初徐州蕭縣（今江蘇徐州）人。

⑭ 張簡，字仲簡，元末明初江蘇吴縣（今江蘇蘇州）人，著有《雲丘道人集》。

⑮ 杜寅，字彦正，元末明初吴縣（今江蘇蘇州）人。

也。韓宣子聘魯，見《易象》《春秋》，曰：周禮盡在是矣！晋之屠黍以圖法歸周，澠池之會命書某年某月鼓瑟、鼓缶，即其事也。

王莽代漢，改置柱下五史，秩如御史，聽事，侍傍記迹言行。蜀漢稱王崇、許蓋，又郄正爲秘書郎。陳壽評諸葛不置史官，誣矣。吴大帝有太史令丁孚、郎中須峻，歸命時，有韋曜[①]、周昭[②]、薛瑩、梁廣、華覈，又有周處自左國史遷東觀令焉。僞漢嘉平，公師彧[③]以太中大夫領左國史。前趙之和苞[④]、後趙之徐光、前燕之杜輔、後燕之董統[⑤]、前凉[⑥]之劉慶、南凉之郎韶、李成之常璩，略可考見。前秦初有趙淵、車敬、梁熙、韋譚，相繼著述，苻堅[⑦]取而觀之，焚滅其本。後秦扶風馬僧虔、河東衛隆景，夏有天水趙思群、北地張淵，並著國書。周建六官，乃改著作正郎爲上士，佐郎爲下士，蓋有意於仿古云。

唐之則天，武三思、祝欽明並知史事，劉知幾[⑧]嘗爲著作佐郎。後唐之張昭遠，晋、漢之賈偉，柴周之王溥[⑨]，孟蜀之李昊，與南唐之高遠、徐鉉，各有所録。毛文錫[⑩]之記蜀事，范坰、林禹之記吴越，聊備一隅。若夫史愿之述遼亡，劉祈之識金滅，亦首丘之義存焉。

---

① 韋曜，本名韋昭，字弘嗣，三國吴郡雲陽縣（今江蘇丹陽）人，著有《吴書》《漢書音義》《國語注》《三吴郡國志》等。

② 周昭，字恭遠，三國潁川（今河南禹州）人。

③ 彧，原作“或”，據《儼山外集》卷二十九《史通會要・建置》，明嘉靖二十四年刻本改。

④ 和苞，著有前趙國史《漢趙記》十卷。

⑤ 董統，著有後燕國史《後燕書》三十卷。

⑥ 凉，原作“京”，據《儼山外集》卷二十九《史通會要・建置》，明嘉靖二十四年刻本改。

⑦ 苻堅，字永固，小字文玉，略陽郡臨渭縣（今甘肅秦安）人，氐族，前秦第三位國君。

⑧ 幾，原作“機”，據《儼山外集》卷二十九《史通會要・建置》，明嘉靖二十四年刻本改。

⑨ 王溥，字齊物，并州祁（今山西祁縣）人，著有《世宗實録》《唐會要》《五代會要》。

⑩ 毛文錫，字平珪，高陽（今屬河北）人，五代前蜀、後蜀時期大臣。

論古史官不專注記

唐庚[1]

《禮記》："人君言則左史書之，動則右史書之。"《周禮》建官備矣，獨不聞有所謂左、右史者。雖有太史，然不以注記爲職。是時諸侯皆有史，豈天子獨闕乎？

春秋之時，卜田宅者，占雲日者，皆稱太史，則太史殆陰陽家流。然書趙盾[2]者，書崔杼[3]者，亦稱太史，則太史又似掌注記者。蓋方是時，學者通知天人，而卜興廢者亦不純用蓍龜。太史伯[4]以祝融之功而推楚國之必興，太史趙以虞舜之德而占陳氏之未亡，其論誼證據有絶人者，故陰陽、注記得兼掌之。漢司馬談[5]父子爲太史令[6]，以論著爲己任，而又掌天官，則兼掌之效於茲可見。魏晋之際，始置著作郎[7]，自是太史之職分而爲二。孔明之時未也。

按，後主景耀元年，史官奏景星[8]見，於是大赦改元，而陳壽謂"蜀不置史"，妄矣。

---

① 唐庚，字子西，眉州丹棱（今四川丹棱）人，北宋紹聖年間進士，著有《三國雜事》《眉山唐先生集》等。本文見載唐庚《三國雜事》卷下。

② 趙盾，即趙宣子，嬴姓，趙氏，名盾，春秋時期晋國正卿，謚號"宣"。

③ 崔杼，又稱崔子、崔武子，春秋時期齊國大夫、執政，謚號"武"。

④ 太史伯，西周末人，幽王時太史。

⑤ 司馬談，左馮翊夏陽（今陝西韓城）人，建元、元封年間任太史令。

⑥ 太史令，職官名，掌管天文曆算等。

⑦ 著作郎，職官名，掌編纂國史。

⑧ 景星，大星，德星，瑞星。古謂現於有道之國。

史氏流别

劉知幾[①]

《史通》：史氏流别，其流十焉：一曰偏記，二曰小録，三曰逸事，四曰瑣言，五曰郡書，六曰家史，七曰别傳，八曰雜記，九曰地理，十曰都邑簿。若陸賈《楚漢春秋》、樂資[②]《山陽公載記》、王韶《晋安紀》[③]、姚最[④]《梁後略》，此之謂偏記。戴逵[⑤]《竹林名士》、王粲[⑥]書《漢末英雄》，蕭世誠[⑦]《懷舊志》、盧子行《知己傳》[⑧]，此之謂小録。和嶠《汲冢記年》、葛洪《西京雜記》、顧協[⑨]《瑣語》二卷、謝綽[⑩]《拾遺》，此之謂逸事。劉義慶《世説》十卷、裴榮期《語林》十卷、孔思尚《語録》[⑪]、

① 劉知幾，字子玄，唐徐州彭城（今江蘇徐州）人，著有《史通》。本文見載《史通》卷十《内篇·雜述》。

② 樂資，西晋魯（今山東曲阜）人，官著作郎，著有《春秋後傳》《山陽公載記》。

③ 王韶，王韶之，字休泰，南朝宋瑯琊臨沂（今山東臨沂）人，著有《晋安帝陽秋》十卷。《晋安紀》，又稱《晋安帝紀》《晋安帝陽秋》，記載東晋安帝時事，今已佚。

④ 最，原脱，據浦起龍《史通通釋》，上海古籍出版社 2009 年版補。

⑤ 戴逵，字安道，譙郡銍縣（今安徽濉溪）人，東晋名士，著有《竹林七賢論》二卷。

⑥ 王粲，字仲宣，建安七子之一，曾任曹操丞相掾。《隋書》卷三十三《經籍志》："《漢末英雄記》八卷，王粲撰，殘缺。梁有十卷。"

⑦ 蕭世誠，梁元帝蕭繹，著有《懷舊志》九卷。

⑧ 行，原作"洪"，據浦起龍《史通通釋》，上海古籍出版社 2009 年版改。盧子行，盧思道。《隋書》卷三十三《經籍志》："《知己傳》一卷，盧思道撰。"今已佚。

⑨ 顧協，字正禮，南朝吴郡（今江蘇蘇州）人，累官至中書通事舍人，著有《異姓苑》五卷，《瑣語》二卷。

⑩ 謝綽，南朝梁陳郡陽夏（今河南太康）人，官至少府卿。

⑪ 《語録》，一名《宋齊語録》，《舊唐書》卷四十六《經籍志》、《新唐書》卷五十八《藝文志》："《宋齊語録》十卷。"是書今已佚。

陽[①]松玠《談藪》，此所謂瑣言。若圈稱[②]《陳留耆舊》、周斐《汝南先賢》、陳壽《益部耆舊》、虞預《會稽典録》，此之謂郡書。揚雄《家諜》、殷[③]敬《世傳》、《孫氏譜記》《陸宗系譜》，此之謂家史。劉向《列女》、梁鴻[④]《逸民》、趙采[⑤]《忠臣》、徐廣《孝子》，此之謂别傳。祖台《志怪》、干寶《搜神》、劉義慶《幽明》、劉敬叔《異苑》，此之謂雜記。盛弘之《荆州記》、常璩《華陽國志》、辛氏《三秦》、羅含[⑥]《湘中》，此之謂地理。潘岳《關中》、陸機《洛陽》《三輔黄圖》《建康宫殿》，此之謂都邑簿。

論作史義例[⑦]

陸深

夫史之有紀也，紀綱庶品，網羅萬象，篇目之大，無過於此。司馬遷之著《史記》也，始列天子行事，以本紀名篇。後世因之，守而勿失。至紀項羽，則名實乖矣。蓋紀之爲體，猶《春秋》之經，係日月以成歲時，書君上以顯國號。如陸機《晋書》，列紀三祖，竟不編年，何紀之有？夫紀者，義以編年爲主，惟叙天子一人，有大事則書之於年月，其瑣屑委曲付之列傳而已。近代《魏》《齊》二史，於諸帝篇，或雜載臣

---

① 陽，原作“楊”，據浦起龍《史通通釋》，上海古籍出版社 2009 年版改。

② 若圈稱，三字原脱，據浦起龍《史通通釋》，上海古籍出版社 2009 年版補。圈稱，字幼舉，東漢末陳留（今河南開封）人。

③ 殷，原作“商”，據《新唐書》卷五十八《藝文志》“《殷氏家傳》三卷，殷敬”改。

④ 鴻，原作“鵠”，據浦起龍《史通通釋》，上海古籍出版社 2009 年版改。

⑤ 采，原作“來”，據浦起龍《史通通釋》，上海古籍出版社 2009 年版改。

⑥ 羅含，字君章，東晋桂陽耒陽（今湖南耒陽）人。

⑦ 本文見載陸深《儼山外集》卷二十九。

下，或兼言他事，巨細畢書，全類傳體，何哉？迷而不悟也。

夫史之有世家也，豈不以開國承家，世代相續，如古諸侯乎？古之諸侯皆即位建元，有世可傳，有家可宅。周之東遷，王制大壞，五伯七雄，至於楚漢，其事異矣。司馬遷之記諸國也，編次之體與本紀殊，蓋欲抑彼諸侯，異乎天子，故假以他名爾。至如《陳涉世家》，可謂自相矛盾者矣。

夫史之有傳，傳者，列事也。列事者，録人臣之行狀，猶《春秋》之有傳也。《春秋》則傳以解經，《史》《漢》則傳以釋紀，兹例草創，始自子長，迨於孟堅，益以精密。夫傳之爲體，大抵相同，有時而異耳。如二人行事，首尾相隨，則同書一傳，合體成篇，陳勝、吴廣是也。亦有事迹雖寡，名行可崇，雖寄在他篇，爲其標冠，商山四皓[①]事列王陽之首，盧江毛義[②]名在劉平[③]之上是也。自兹以後，史氏相承。或曰：傳者，傳也。古人以傳之不朽爲難也。

夫史之有表也，所以標記時事。春秋戰國之世，天下無主，群雄錯峙，各統世年，申之於表，以統其時，則諸國分張，一目盡見。若兩漢御曆，四海一家矣，又安用表厥王侯者哉？班氏之表人物也，則又異矣。區别九品，網羅千年，論世則間，語姓不同，亦何藉而爲表乎？且不關[④]漢事，而編入《漢書》，可謂贅龐之甚矣。何法盛雖改爲注，蕪累亦多。晋氏播遷，五胡鼎沸，崔鴻著《表》[⑤]，頗有甄明，比於《史》《漢》，有切

---

① 商山四皓，秦末東園公唐秉、夏黄公崔廣、綺里季吴實、角里先生周術的並稱。後又指有名望的隱士。

② 毛義，東漢人，以孝行爲時人所重。

③ 劉平，楚郡彭城（今江蘇徐州）人，東漢循吏。

④ 關，原作“門”，據《儼山外集》卷二十九《史通會要·建置》，明嘉靖二十四年刻本改。

⑤ 崔鴻，字彦鸞，北魏東清河鄃（今屬山東）人。著有《十六國春秋》，又别作《序例》《年表》各一卷。

要矣。

夫史之有志也，其昉於太史公之八《書》乎。班氏則曰志，《東觀》曰記，華嶠曰典，張勃曰録[①]，何法盛曰説[②]，魚豢曰略[③]，其名殊，其實一也。析而論之，則有禮樂、刑法、律曆、郊廟、食貨、天文、藝文、五行、百官、輿服、地理、符瑞、祥異、釋老，大抵其流十有五六而已。通其因革之宜，彙以名物之數，信作者之淵海也。至於名實之際，有可議者矣。《天文志》體分濛澒，色著青蒼，月會、星占、渾天、禆竈之説，施於國史，何代不可？《藝文志》篇目多同，頻煩互出，四部、《七録》、《中經》、秘閣之流，萃於一代，頗乖節文，畫蛇添足，豈類是與？凡作史者，宜除此篇。必欲爲志，但書其時彗孛、氛祲、晦明、薄蝕，如熒惑退舍、月犯少微[④]之類是已。名賢撰述，文儒校讎，萃在一時，所宜收拾，如宋孝王[⑤]《關東風俗記》唯志鄴中之類是已。大抵史所可志，其最有三：一曰都邑，二曰氏族，三曰方物。何者？宮闕制度，朝廷軌範，前王所爲，後王取則，是故宜撰《都邑志》，列於《輿服》之上。五材所需，百貨饒布，任土作貢，會計職方，是故宜撰《方物志》，列於《食貨》之首。帝王苗裔，公侯子孫，餘慶所鍾，百世未斬，是故宜撰《氏族志》，列於《百官》之下。諸如此類，並從驚揚，故曰紀傳易而志難，信哉！

---

① 張勃，晋朝人，著有《吴録》。

② 何法盛撰《晋中興書》，名目與諸史異，改志曰説。

③ 魚豢，三國時魏人，撰有《魏略》《典略》。

④ 少微，星座名，共四星，在太微垣西南，分别代表處士、議士、博士、士大夫，月、五星犯少微代表處士憂、宰相易。

⑤ 宋孝王，北齊、北周時廣平（今河北雞澤）人，撰《朝士别録》二十卷，後改名《關東風俗傳》。

作史法[①]

陸深

別統系，以明大一統之義。表歲年，以仿首時之體。辨名號，以正名紀。即位改元，以正始。書尊立崩葬，以叙始終。書篡弑廢徙[②]，以討亂賊。書祭祀，以著吉禮之得失。書行幸田狩，以著巡游之荒怠。書恩澤制詔，以著命令之美惡。書朝會聘問，以著賓禮之是非。書封拜黜罷，以見賞罰[③]之當否。書征伐戰攻，以志用兵之正僞。書人事，以寓予奪。書灾祥，以垂勸戒。

史體有三，記事有四

晁氏　王氏[④]

晁氏曰："後世述史者，其體有三：編年者，以事係日月而總之於年，蓋本於左丘明。紀傳者，分紀君臣行事之終始，蓋本於司馬遷。實録者，其名起於蕭梁，至唐而盛，雜取两者之法而爲之，以備史官採擇而已。初無製作之意，不足道也。若編年、紀傳，則各有所長，殆未易以優劣論。雖然，編年所載，於一國治亂之事爲詳；紀傳所載，於一人

---

① 本文見載陸深《儼山外集》卷三十一。

② 徙，原作"徒"，據《儼山外集》卷三十一《史通會要下》，明嘉靖二十四年刻本改。

③ 罰，原作"罷"，據《儼山外集》卷三十一《史通會要下》，明嘉靖二十四年刻本改。

④ 本篇原无著者，此據内容補題。晁氏，晁公武，字子止，鉅野（今山東巨野）人，南宋著名學者，著有《郡齋讀書志》等。王氏，王明清，字仲言，南宋潁州汝陰（今安徽阜陽）人，著有《揮麈録》等。

善惡之迹爲詳。用此言之，編年似優，又其來最古，而人皆以紀傳便於披閲，獨行於世，號爲正史，不亦異乎？”①

王氏《揮麈録》曰：“凡史官記事，所因者有四：一曰時政記，則宰執朝夕議政、君臣之間奏對之語也。二曰起居注，則左、右史所記言動也。三曰日曆，則因時政記、起居注潤色而爲之者也。舊屬史館，元豐官制屬秘書省國史按②，著作郎、佐主之。四曰臣僚墓碑行狀，則其家之所上也。四者，惟時政，執政之所日録，於一時政事最爲詳備。左、右史雖二員，然輪日侍立，榻前之語，既遠不可聞，所賴者臣僚所申，而又多務省事。凡經上殿，止稱别無所得聖語，則可得而紀録者，百司關報而已。日曆非二者所有，不敢有所附益。臣僚行狀於士大夫行事爲詳，而人多以其出於門生子弟之類，以爲虚辭溢美，不足取信。雖然，其所泛稱德行功業，不足以爲信可也。所載事迹，以同時之人考之，自不可誣，亦何可盡廢云。”③

論編年紀傳

皇甫湜④

論曰：古史編年，至漢史，司馬遷始更其制而爲紀傳，相承至今，無以移之。歷代論者以遷爲率私意、蕩古法，紀傳煩漫，不如編年。湜以爲，合聖人之經者，以心不以迹；得良史之體者，在適不在同。編年、

---

① 本段見載晁公武《郡齋讀書志》卷五《史類總論》。

② 《宋史》卷一百六十一《職官志》：“（元豐）四年十一月，廢編修院歸史館。官制行，屬秘書省國史案。”

③ 本段見載南宋王明清《揮麈後録》卷一。此爲宋人徐度（敦立）對王明清所言。

④ 皇甫湜，字持正，睦州新安（今浙江淳安）人。唐元和間進士。著有《皇甫持正集》。本文見載《皇甫持正集》卷二。

紀傳係於時之所宜、才之所長者耳，何常之有？夫是非與聖人同，辨善惡得天下之中，不虚美，不隱惡，則爲紀、爲傳、爲編年，是皆良史矣。若論不足以析皇極，辭不足以杜無窮，雖爲紀傳、編年，斯皆罪人。

且編年之作，豈非以事係日，以日係月，以月係時，以時係年者哉？司馬氏作紀，以項羽承秦，以吕后接之，亦以歷年不可中廢，年不可闕，故書也。觀其作傳之意，將以包該事迹，參貫話言，纖悉百代之務，成就一家之説，必新制度而馳才力焉。又編年記事，束於次第，牽於混并，必舉其大綱而簡於序事，是以多闕載，多逸文，乃别爲著録，以備書之語言而盡事之本末。故《春秋》之作，則有《尚書》，《左傳》之外，又爲《國語》，可復省左史於右，合外傳於内哉。故合之則繁，離之則異，削之則闕。子長病其然也，於是草舊典，開新程，爲紀、爲傳、爲表、爲志，首尾具叙述，表裏相發明，庶爲得中，將以垂不朽。

自漢至今，代以更八，年幾歷千，其間賢人摩肩，史臣繼踵，推今古之得失，論述作之利病，各耀聞見，競誇才能，改其規模，殊其體統，傳以相授，奉而遵行，而編年之史遂廢，蓋有以也。唯荀氏[①]爲《漢紀》，裴氏[②]爲《宋略》，强欲復古，皆爲編年。然其善語嘉言，細事詳説，所遺多矣。如覽正史，方能備明，則其密漏得失，章章於是矣。今之作者苟能遵紀傳之體制，同《春秋》之是非，文敵遷、固，直如南、董，亦無上矣。儻捨源而事流，棄意而徵迹，雖服仲尼之服，手絶麟[③]之筆，等古人之章句，署王正之月日，謂之好古則可矣，顧其書何如哉？

---

① 荀氏，指荀悦。

② 裴氏，指裴子野。

③ 絶麟，見《左傳·哀公十四年》晋杜預注："麟者仁獸，聖王之嘉瑞也。時無明王，出而遇獲。仲尼傷周道之不興，感嘉瑞之無應，故因《魯春秋》而修中興之教，絶筆於'獲麟'之一句。所感而作，固所以爲終也。"後用"絶麟"悲嘆生不逢時，理想不能實現，或者用以喻不再著述。

論史館日曆狀

歐陽脩[①]

右，臣伏以史者，國家之典法也。自君臣善惡功過，與其百事之廢置，可以垂勸戒、示後世者，皆得直書而不隱。故自前世有國者，莫不以史職爲重。伏見國朝之史，以宰相監修，學士修撰，又以两府之臣撰時政記，選三館之士當升擢者，乃命修起居注。如此，不爲不重矣。

然近年以來，員具而職廢。其所撰述，簡略遺漏，百不存一，至於事關大體者，皆没而不書，此實史官之罪而臣之責也。然其弊在於修撰之官惟據諸司供報，而不敢書所見聞故也。今時政記雖是两府臣僚修纂，然聖君言動，有所宣諭，臣下奏議，事關得失者，皆不紀録，惟書除目[②]、辭見[③]之類。至於起居注亦然，諸司供報公文無異，修撰官只據此銓次，係以月日，謂之日曆而已。是以朝廷之事，史官雖欲書而不得書也。自古人君皆不自閱史，今撰述既成，必録本進呈，則事有諱避，史官雖欲書而又不可得也。加以日曆、時政記、起居注例皆承前，積滯相因。故纂録者常務追修累年前事，而歲月既遠，遺失莫存；至於事在目今，可以詳於見聞者，又以追修積滯，不暇及之。若不革其弊，則前後相因，史官永無舉職之時，使聖朝典法遂成廢墜矣。臣竊聞趙元昊[④]自初僭叛至復稱臣，始終一宗事節，皆不曾書。亦聞修撰官甚欲紀述，以修

① 歐陽脩，字永叔，號醉翁，晚號六一居士，吉州永豐（今江西吉安）人，北宋天聖八年進士，官至參知政事，謚號“文忠”，故世稱歐陽文忠公，著有《新唐書》《新五代史》等。本文見載《歐陽文忠公集》奏議集卷十二。

② 除目，任免官職的詔書。

③ 辭見，京官赴外地上任前朝見皇帝。

④ 趙元昊，李元昊，西夏開國之君，宋賜其姓趙。其李姓爲唐賜。

纂後時，追求莫得故也。其於他事，又可知焉。

臣今欲乞特詔修時政記、起居注之臣，並以德音宣諭、臣下奏對之語書之。其修撰官不得依前只據諸司供報編次除目、辭見，並須考驗事實：其除某官者以某功，如狄青等破儂智高，文彥博等破王則之類；其貶某職者坐某罪，如昨來麟州[①]守將及并州龐籍緣白草平事[②]，近日孫沔[③]所坐之類，事有文據及迹狀明白者，皆備書之。所以使聖朝賞罰之典，可以勸善懲惡，昭示後世。若大臣用情、朝廷賞罰不當者，亦得以書爲警戒。此國家置史之本意也。至於其他大事，並許史院據所聞見書之，如聞見未詳者，直牒諸處會問，及臣僚公議異同、朝廷裁置處分並書之。已上事節，並令修撰官逐時旋據所得録爲草卷，標題月分，於史院躬親入櫃封鎖，候諸司供報齊足，修爲日曆。仍乞每至歲終，命監修宰相親至史院，點檢修撰官紀録事迹，内有不勤其事，隳官失職者，奏行責罰。其時政記、起居注、日曆等，除今日以前積滯者不住追修外，截自今後，並令次月供報，如稍遲滯，許修撰官自至中書、樞密院催請。其諸司供報拖延，及史院有所會問，諸處不畫時報應，致妨修纂者，其當行手[④]分，並許史院牒開封府勾追嚴斷。其日曆、時政記、起居注，並乞更不進本。所貴少修史職，上存聖朝典法。此乃臣之職事，不敢不言。謹具狀奏聞，伏候敕旨。

---

① 麟州，地名，今陝西榆林。

② 龐籍，字醇之，單州成武（今屬山東）人，北宋大中祥符年間進士。白草平事，《宋史》卷三百一十一《龐籍傳》："坐擅聽麟州築堡白草平，而州將武戡等爲夏人所敗，復爲觀文殿大學士、户部侍郎、知青州。遷尚書左丞，不拜。"

③ 孫沔，字元規，北宋越州會稽（今屬浙江）人，天禧年間進士，官至觀文殿學士。

④ 手，原作"年"，形近致誤，據《歐陽文忠公集》奏議集卷十二，《四部叢刊》本改。

史論

蘇洵[①]

史之難其人久矣。魏晋宋齊梁隋間，觀其文則亦固當然也。所可怪者，唐三百年[②]，文章非三代兩漢無敵，史之才宜有如丘明、遷、固輩，而卒無一人可與范曄、陳壽比肩。巢子[③]之書，世稱其詳且博，然多俚辭俳狀，使之紀事，將復甚乎其嘗所譏誚者。唯子餗《例》[④]爲差愈。吁，其難而然哉！夫知其難，故思之深，思之深，故有得，因作《史論》三篇。

史何爲而作乎？其有憂也。何憂乎？憂小人也。何由知之？以其名知之。楚之史曰《檮杌》。檮杌，四凶之一也。君子不待褒而勸，不待貶而懲。然則史之所懲勸者，獨小人耳。仲尼之志大，故其憂愈大，憂愈大，故其作愈大。是以因史修經，卒之論其效者，必曰亂臣賊子懼。由是知史與經皆憂小人而作，其義一也。

其義一，其體二，故曰史焉，曰經焉。大凡文之用四：事以實之，辭以章之，道以通之，法以檢之。此經、史所兼而有之者也。雖然，經以道、法勝，史以事、辭勝。經不得史無以證其褒貶，史不得經無以酌其輕重。經非一代之實録，史非萬世之常法。體不相沿，而用實相資焉。

夫《易》《禮》《樂》《詩》《書》，言聖人之道與法詳矣，然弗驗之行事。仲尼懼後世以是爲聖人之私言，故因赴告策書以修《春秋》，旌善而

---

① 蘇洵，字明允，號老泉，北宋眉州眉山（今屬四川）人，著有《嘉祐集》。本文見載《嘉祐集》卷八。蘇洵作《史論》三篇，本文爲上篇。

② 百年，原爲小字注，據《蘇老泉嘉祐集》卷八，國家圖書館藏明刻本，實屬正文。

③ 巢子，指劉知幾。

④ 餗《例》，指劉知幾之子劉餗所著《史例》。

懲惡，此經之道也。猶懼後世以爲己之臆斷，故本《周禮》以爲凡，此經之法也。至於事則舉其略，辭則務於簡。吾故曰：經以道、法勝。史則不然，事既曲詳，辭亦夸耀，所謂褒貶，論贊之外無幾。吾故曰：史以事、辭勝。使後人不知史而觀經，則所褒莫見其善狀，所貶弗聞其惡實。吾故曰：經不得史，無以證其褒貶。使後人不通經而專史，則稱贊不知所法，懲勸不知所祖[①]。吾故曰：史不得經，無以酌其輕重。經或從僞赴而書，或隱諱而不書，若此者衆，皆適於教而已。吾故曰：經非一代之實録。史之一紀、一世家、一傳，其間美惡得失固不可以一二數，則其論贊數十百言之中，安能事爲之褒貶，使天下之人動有所法如《春秋》哉！吾故曰：史非萬世之常法。夫規矩準繩所以製器，器所待而正者也。然而不得器則規無所效其圓，矩無所用其方，準無所施其平，繩無所措其直。史待經而正，不得史則經晦。吾故曰：體不相沿，而用實相資焉。

噫！一規，一矩，一準，一繩，足以製萬器。後之人其務晞遷、固實録可也。慎無若王通[②]、陸長源[③]輩囂囂然冗且僭，則善矣。

論史官助賞罰

蘇轍[④]

域中有三權：曰天，曰君，曰史官。聖人以此三權者制天下之是非，

① 祖，原作“沮”，據《蘇老泉嘉祐集》卷八，國家圖書館藏明刻本改。

② 王通，字仲淹，號文中子，隋絳州龍門（今屬山西）人，著有《續六經》《中説》。

③ 陸長源，字泳之，唐吴（今屬江蘇）人，善書法。

④ 蘇轍，字子由，一字同叔，晚號潁濱遺老，眉州眉山（今屬四川）人，北宋嘉祐二年進士，歷官門下侍郎、尚書右丞，“唐宋八大家”之一，著有《欒城集》等。本文見載《欒城應詔集》卷十一。

而使之更相助。

夫惟天之權而後能壽夭禍福天下之人，而使賢者無夭横窮困之灾，不賢者無以享其富貴壽考之福。然而季路、原憲[①]，古所謂賢人者也，伏於窮閻之下，布衣饘粥之不給。盗跖、莊蹻[②]，横行於天下，食人之肝以爲糧，而老死於牖下，不見兵革之禍。如此，則是天之權有時而有所不及也。故人君用其賞罰之權於天道所不及之間，以助天爲治。然而賞罰者，又豈能盡天下之是非！而賞罰之於一時，猶懼其不能明著暴見於萬世之下，故君舉而屬之於其臣，而名之曰“史官”。

蓋史官之權，與天與君之權均，而大抵三者更相助，以無遺天下之是非。故荀悦曰：“每於歲盡，舉之尚書，以助賞罰。”[③]夫史官之興，其來尚矣。其最著者，在周曰佚，在魯曰克，在齊曰南氏，在晋曰董狐，在楚曰倚相。觀其爲人，以度其當時之所書，必有以助賞罰者。然而不獲見其筆墨之所存，以不能盡其助治之意。獨仲尼因魯之史官左丘明而得其載籍，以作爲《春秋》，是非二百四十二年，雖其名爲經，而其實史之尤大章明者也[④]。故齊桓[⑤]、晋文有功於王室，王賞之以侯伯之爵，征伐四國之權，而《春秋》又從而屢進之，此所以助乎賞之當於其功也。吴、楚、徐、越之僭，皆得罪於其君者也，而《春秋》又從而加之以斥絶擯棄不齒之辭，此所以助乎罰之當於其罪也。若夫當時賞罰之所不能及，則又爲之明言其狀，而使後世嗟嘆痛惜之不已。

---

① 原憲，字子思，宋國（今河南商丘）人，孔門七十二賢之一。

② 莊蹻，楚莊王苗裔，戰國時期反楚起事的領袖。

③ 見《後漢書》卷六十二《荀韓鍾陳列傳》。

④ 尤大章明者也，底本作“本大義明者也”，據《蘇轍集·欒城應詔集》卷十一《史官助賞罰論》，中華書局2004年版改。

⑤ 齊桓，原作“齊威”，考諸史實，並據《蘇轍集·欒城應詔集》卷十一《史官助賞罰論》，中華書局2004年版改。

嗚呼！賢人君子之功烈與夫亂臣賊子罪惡之狀，於此皆可以無憂其無聞焉。是故古者聖人重史官。當漢之時，號曰太史令，而其權在丞相之上，郡國計吏，上計於太史，然後以其副上於丞相、御史。夫惟知其權之可以助賞罰也，故從而尊顯之。然則後之史官，其可以忽哉！

答劉秀才論史書

韓愈[①]

六月九日，韓愈白：秀才辱問見愛，教勉以所宜務，敢不拜賜[②]。愚以爲凡史氏褒貶大法，《春秋》已備之矣。後之作者，在據事迹實録，則善惡自見。然此尚非淺陋偷惰者所能就，况褒貶邪？

孔子聖人，作《春秋》，辱於魯、衛、陳、宋、齊、楚，卒不遇而死。齊太史氏兄弟幾盡。左丘明紀春秋時事以失明。司馬遷作《史記》，刑誅。陳壽起又廢，卒亦無所至。王隱謗退，死家。習鑿齒無一足。崔浩、范曄赤誅[③]。魏收夭絶。宋孝王誅死。[④]足下所稱吴兢[⑤]，亦不聞身貴而今其後有聞也。夫爲史者，不有人禍，則有天刑。豈可不畏懼而輕爲之哉！

---

① 韓愈，字退之，唐河南河陽（今河南孟州）人，自稱“郡望昌黎”，世稱韓昌黎、昌黎先生，官至吏部侍郎，謚號“文”，故稱韓文公，著有《韓昌黎集》。本文見載《昌黎先生文集》外集卷二。

② 賜，原作“賜”，據《昌黎先生文集》外集卷二，《四部叢刊》本改。

③ 崔浩因秉笔直書魏國史，並刻之石碑，被人告发，於公元450年被太武帝下令誅殺。范曄因擁彭城王即位，事敗而被誅。

④ 宋孝王因參與尉迟炯叛變而被殺。

⑤ 吴兢，汴州浚儀（今屬河南）人，唐朝著名史學家，著有《樂府古體要解》《貞觀政要》等。

唐有天下二百年矣，聖君賢相相踵，其餘文武之士，立功名跨越前後者，不可勝數，豈一人卒卒能紀而傳之邪？僕年已就衰退，不可自敦率。宰相知其無他才能，不足用，哀其老窮齟齬無所合，不欲令四海内有戚戚者，猥言之上，苟加一職榮之耳。非必督責迫蹙，令就功役也。賤不敢逆盛指，行且謀引去。且傳聞不同，善惡隨人所見，甚者附黨，憎愛不同，巧造語言，鑿空構立善惡事迹，於今何所承受取信，而可草草作傳記，令傳萬世乎？若無鬼神，豈可不自心慚愧？若有鬼神，將不福人。僕雖騃，亦粗知自愛，實不敢率爾爲也。

夫聖唐鉅迹，及賢士大夫事，皆磊磊軒天地，决不沉没。今館中非無人，將必有作者勤而纂之。後生可畏，安知不在足下？足下亦宜勉之。愈再拜。

答韓愈論史官書

柳宗元[①]

正月二十一日，宗元頓首十八丈[②]退之侍者前：獲書言史事，云具[③]《與劉秀才書》，及今乃見書稿，私心甚不喜，與退之往年言史事甚大謬。

若書中言，退之不宜一日在館下，安有探宰相意，以爲苟以史筆榮一韓退之耶？若果爾，退之豈宜虚受宰相榮已，而冒居館下，近密地，

---

① 柳宗元，字子厚，唐河東（今山西運城）人，唐宋八大家之一，著有《河東先生集》。本文見載《柳河東集》卷三十一，原題作“與韓愈論史官書”。

② 丈，對長者的尊稱。韓愈比柳宗元年齡大，且排行十八，故稱十八丈。

③ 具，原作“且”，據《柳河東集》卷三十一《與韓愈論史官書》，明崇禎六年刻本改。

食奉養，役使掌故，利紙筆爲私書，取以供子弟費？古之志於道者，不宜若是。

且退之以爲紀録者有刑禍，避不肯就，尤非也。史以名爲褒貶，猶且恐懼不敢爲[①]。設使退之爲御史中丞大夫，其褒貶成敗人愈益顯，其宜恐懼尤大也。則又將揚揚入臺府，美食安坐，行呼唱於朝廷外衢而已耶？在御史猶爾，設使退之爲宰相，生殺、出入、升黜天下士，其敵益衆。則又將揚揚入政事堂，美食安坐，行呼唱於内庭外衢而已耶？又何以異不爲史而榮其號、利其禄也？

又言"不有人禍，則有天刑"。若以罪夫前古之爲史者，然亦甚惑。凡居其位，思直其道。道苟直，雖死不可迴也。如迴之，莫若亟去其位。孔子之困於魯、衛、陳、宋、蔡、齊、楚者，其時暗，諸侯不能以也。其不遇而死，不以作《春秋》故也。當其時，雖不作《春秋》，孔子猶不遇而死也。若周公、史佚，雖紀言書事，猶遇且顯也。又不得以《春秋》爲孔子累。范曄悖亂，雖不爲史，其族亦赤[②]。司馬遷觸天子喜怒，班固不檢下，崔浩沽其直以鬥暴虜，皆非中道。左丘明以疾盲，出於不幸。子夏不爲史亦盲[③]，不可以是爲戒。其餘皆不出此。是退之宜守中道，不忘其直，無以他事自恐。退之之恐，唯在不直、不得中道，刑禍非所恐也。

凡言二百年文武士，多有誠如此者。今退之曰："我一人也，何能明？"則同職者又所云若是，後來繼今者又所云若是，人人皆曰"我一

---

① 爲，原脱，據《柳河東集》卷三十一《與韓愈論史官書》，明崇禎六年刻本補。

② 赤，除掉、誅滅。赤族即誅滅全族。《漢書》卷八十七《揚雄傳》："客徒欲朱丹吾轂，不知一跌，將赤吾之族也。"顔師古注："誅殺者必流血，故云赤族。"

③ 子夏，即卜商。《史記》卷六十七《仲尼弟子列傳》："孔子既没，子夏居西河教授，爲魏文侯師。其子死，哭之失明。"

人”，則卒誰能紀傳之耶？如退之但以所聞知，孜孜不敢怠，則同職者及後來繼今者，亦各以所聞知，孜孜不敢怠，則庶幾不墜，使卒有明也。不然，徒信人口語，每每異辭，日以滋久，則云“磊磊軒天地”者，未必不沉没，且亂雜無可考，非有志者所忍恣也。果有志，豈當待人督責迫蹙，然後爲官守耶？

又凡鬼神事，渺茫荒惑無可準，明者所不道。退之之智，而猶懼如此。今學如退之，辭如退之，好言論如退之，慷慨自謂正直行行焉如退之，猶所云若是，則唐之史述其卒無可託乎？明天子、賢宰相得史才如此，而又不果，甚可痛哉！退之宜更思，可爲速爲。果卒以爲恐懼不敢，則一日可引去，又何以云“行且謀”也？今人當爲而不爲，又誘館中他人及後生者，此大惑已！不勉己而欲勉人，難矣哉！

論史上蕭至忠書[①]

劉知幾

僕自策名仕伍，待罪朝列，三爲史臣，再入東觀，竟不能勒成國典，貽彼後來者，何哉？静言思之，其不可有五故也。

何者？古之國史，皆出一家，如魯、漢之丘明、子長，晋、齊之董狐、南史，咸能立言不朽，藏諸名山，未聞藉於衆功，方云絶筆。惟後漢東觀，大集群儒，而著述無主，條章靡立。由是伯度[②]訝其不實，公理

---

① 本文見載劉知幾《史通》卷二十《忤時》。蕭至忠，字至忠，南蘭陵（今江蘇常州）人，唐朝宰相。

② 伯度，李法，東漢時漢中南鄭（今屬陝西）人。

以爲可焚。張、蔡[①]二子糾之於當代，傅、范[②]兩家嗤之於後葉。今史司取士有倍東京。人自以爲荀、袁[③]，家自稱爲政、駿[④]。每欲記一事，載一言，皆閣筆相視，含毫不斷。故首白可期，而汗青無日，其不可一也。

前漢郡國計書，先上太史，副上丞相。後漢公卿所撰，始集公府，乃上蘭臺。由是史官所修，載事爲博[⑤]。爰自近古，此道不行。史臣編録，惟自詢採。而左右二史，闕注起居。衣冠百家，罕通行狀。求風俗於州郡，視聽匪詳；討沿革於臺閣，簿籍難見。雖使尼父再出，猶且成於管窺。況僕限以中才，安能遂其博物？其不可二也。

昔董狐之書法也，以示於朝；南史之書弒也，執簡以往。而近代史局，皆通籍禁門，幽居九重，欲人不見。尋其義者，蓋由杜彼顔面，防諸請謁故也。然今館中作者，多士如林，皆願長喙，無聞齰舌。儻有五始初成，一字加貶，言未絶口而朝野具知，筆未涵毫而搢紳咸見。夫孫盛實録，取嫉權門；王劭直書，見仇貴族。人之情也，能無畏乎？其不可三也。

古者刊定一史，纂成一家，體統各殊，指歸咸別。夫《尚書》之教，以疏通知遠爲主；《春秋》之義，以懲惡勸善爲先。《史記》則退處士而進奸雄，《漢書》則抑忠臣而飾主闕。斯並曩賢得失之例，良史是非之準，作者言之詳矣。頃史官注記，多取稟監修，楊令公[⑥]法《春秋》則云

---

① 張、蔡，指張衡、蔡邕。

② 傅、范，指傅玄、范曄。

③ 荀、袁，指荀悦、袁宏。

④ 政、駿，指劉向、劉歆。

⑤ 博，原作“傳”，據浦起龍《史通通釋》卷二十，乾隆十七年浦氏求放心齋刻本改。

⑥ 楊令公，即楊再思，唐鄭州原武（今屬河南）人。景龍初，其以中書令監修國史。史稱其“爲人巧佞邪媚”，《舊唐書》有傳。

"必須直辭"，宗尚書[①]則曰"宜多隱惡"。十羊九牧[②]，其意難行；一國三公，適從焉在？其不可四也。

竊以史置監修，雖無古式，尋其名號，可得而言。夫言監者，蓋總領之義耳。如創紀編年，則年有斷限；草[③]傳敘事，則事有豐約。或可略而不略，或應書而不書，此失刊削之務也。屬辭比事，勞逸宜均；揮鉛奮墨，勤墮須等。某帙某篇，付之此職。某紀某傳，歸之彼官。此銓配之理也。斯並宜明立科條，審定區域。儻人思自勉，則書可立成。今監之者既不指授，修之者又無遵奉，用使爭學苟且，務相推避，坐變炎涼，徒延歲月。其不可五也。

凡此不可，其流實多，一言以蔽，三隅自反。而時談物議，焉得笑僕編次無聞者哉？比者伏見明公，每汲汲於勸誘，勤勤於課責[④]，或云"墳籍事重，努力用心"；或云"歲序已淹，何時輟手？"竊以綱維不舉，而督課徒勤，雖威以刺骨之刑，勖以懸金之賞，終不得也。《論語》曰："陳力就列，不能者止。"僕所以昔者布懷知己，歷詆群公，屢辭載筆之官，願罷記言之職者，正爲此耳。

當今朝號得人，國稱多士。蓬山[⑤]之下，良直差肩；芸閣之中，英奇接武。僕既功虧刻鵠[⑥]，筆未獲麟，徒殫太官之膳，虛索長安之米，乞以本職，還其舊居。多謝簡書，請避賢路。惟明公足下，哀而許之。

---

① 宗尚書，即宗楚客，字叔敖，其先南陽（今屬河南）人，後遷居蒲州（今山西永濟）。景龍初，其以兵部尚書監修國史。

② 十羊九牧，指官多民少，賦税剥削很重；也比喻使令不一，無所適從。《隋書》卷四十六《楊尚希傳》："所謂民少官多，十羊九牧。"

③ 草，原作"革"，據《史通通釋》，乾隆十七年浦氏求放心齋刻本改。

④ 責，原作"績"，據《史通通釋》，乾隆十七年浦氏求放心齋刻本改。

⑤ 蓬山，秘書省的别稱。

⑥ 刻鵠，喻效仿前賢。又謂弄巧成拙，適得其反。

論史曹[①]

劉知幾

劉知幾曰：史曹崇扃峻宇，深附九重，雖地處禁中，而人同方外。可以養拙，可以藏愚，或終年卒歲，竟無所删述，而人莫之知也；或輒不自揆，輕弄筆端，而人莫之見也。繡衣直指[②]所不能繩，强項申威所不能及。斯固素飧之窟宅，尸禄之淵藪也。

與馬植論作史書

劉軻[③]

始存之不以予古拙，不責予以今人之態，能遺其鉛黄外餙，直索予心於古人之心，在今之行古者然。雖無以應君子，幸存之不友予以面。予何人，敢不以心友於存之耶！且古人相知在此。今愚恐存之固有未予知者，矧與相面者，其能異於行路之人哉？固無也。有恨群居時，口未能言，及此還罷，又不相處。雖素尚蓄積，竟未得露一毫於方寸之地。每一相見，何嘗不嗛嗛於内，若飲者實滿於腹，思一吐而未果者。存之謂予是言似乎哉？以爲似，則予不得不吐於存之矣。

---

① 本文見載劉知幾《史通》卷十。

② 繡衣直指，官名，漢武帝所置，衣繡衣，持節及虎符，用軍興之法，負責發兵鎮壓農民起義。《漢書》卷十九《百官公卿表》上："繡衣直指出討姦猾，治大獄，武帝所製，不常置。"

③ 劉軻，字希仁，沛（今屬江蘇）人，唐元和年間進士，著有《三傳指要》《漢書右史》《隋監》等。本文見載《劉希仁文集》卷一，《唐文粹》卷八十二，原題作"與馬植書"。

先此二十年，予方去兒童心，將事四方志，若學山者以一簣不止，望嶔崟於上，誓不以丘陵其心而盡乎中道也。志且未決，適遭天譴，重罹凶咎，日月之下，獨有形影。存之以予此時宜如何心哉？苟將盡餘息以鴻同大化。或有論予者，相曉以古道，且曰："若身未立於時，若名未揚於人，若且死，獨不畏聖人之經戒，俾立身揚名之意耶？"蹶然而恐，震駭且久，曰："微夫子，吾幾得罪於聖人矣！"噫！聖人之言，天戒也。天戒何可違乎？

歷數歲，自洙泗渡于淮，達于江，過洞庭三苗，踰郴而南，沿湞江，浮滄溟，抵羅浮，始得師於壽春楊生。楊生以傳書爲道者也。始則三代聖王死，而其道盡留於《春秋》。《春秋》之道，某以不下床而求之，求之必謀吾所傳不失其指。每問一卷，講一經，説一傳，疑周公、孔子、左丘明、公羊高、穀梁赤，若迴環在坐，似假生之口以達其心也。邇來數年，精力刻竭，希金口木舌，將以卒其業。雖未能無愧於古人，然於聖人之道，非不孜孜也。既而曰："以是爲駕説之儒，曷若爲行道之儒耶？"貯之於心有經實，施之於事有古道，猶不愈於堆案滿架，矻矻於筆硯間耶？徒念既往者，未及孔門之宮墻，自謂與回、牛[①]相上下。傳經意者，家家自以爲商、偃[②]。執史筆者，人人自以爲遷、固。此愚所以憤悱，思欲以聖人之爲市南宜僚，以解其紛，以衡石輕重，俾將來者知聖代有譙周焉。此某所以蓄其心者。

元和初，方下羅浮，越梅嶺，泛贛江，浮彭蠡，又抵於匡盧[③]，匡盧有隱士茅君，腹笥古今史，且能言其工拙贅蠹，語經之文，聖人之語，

---

① 與回，原作小字注，結合文意，並參《劉希仁文集》，此二字當屬正文。回、牛，指顏回、冉耕。

② 商、偃，指子夏、子游。子夏，名卜商。子游，名言偃。

③ 匡盧，廬山，在今江西北部。

歷歷如指掌。予又從而明之者，若出井置之於泰山之上，其爲見非不弘矣。長恨司馬子長謂挈諸聖賢者，豈不然乎哉？脱漸子長之言，予之厄窮其身，將淬磨其心，亦天也，是天有意，我獨無恙，何也？夫然，亦何必瞽吾目然後《國語》，刖吾足然後《兵法》，抵宫刑然後《史記》耶？予是以自忘其愚瞽，故有《三傳指要》十五卷，《漢書右史》十卷，《黄中通理》三卷，《翼孟》三卷，《隋監》一卷，《三禪五革》一卷。每撰一書，何嘗不覃精潛思，綿絡指統。或有鼓吹於大君之前曰："真良史矣。"且曰："上古之人，不能昭明矣。"某其如何？有知予者，相期不啻於今人，存之信然乎哉？此古人所以許一死以謝知己，誠難事也。如不難，亦何爲必以古人期於今人待耶！

又自《史記》、班《漢》已來，秉史筆者，予盡知其人矣。言東漢有若陳宗、尹敏、伏無忌、邊韶①、崔實、馬日磾②、蔡邕、盧植、司馬彪、華嶠、范曄、袁宏；言國志有若衛顗③、繆襲、應璩、王沈④、傅玄、茅曜、薛瑩⑤、華覈⑥、陳壽；言晉洛京史有若陸機、束晳、王詮、詮子隱；言江左史有若鄧粲⑦、孫盛、王韶之、檀道鸞⑧、何法盛、臧榮緒⑨；言宋史有若何承天⑩、裴松之、蘇寶生、沈約、裴子野；言齊史有若江文通、吴

① 邊韶，字孝先，東漢陳留浚儀（今屬河南）人，曾參與編撰《東觀漢記》。
② 馬日磾，字翁叔，東漢扶風茂陵（今屬陝西）人，曾參與補續《東觀漢記》。
③ 衛顗，字伯孺，河東安邑（今屬山西）人，歷仕東漢、曹魏，曾奉詔參修魏史。
④ 王沈，字處道，太原晉陽（今屬山西）人，歷仕曹魏、西晉，曾參撰《魏書》。
⑤ 薛瑩，字道言，沛郡竹邑（今屬安徽）人，歷仕孫吴、西晉，曾參撰《吴書》。
⑥ 覈，原作"覆"。華覈，字永先，三國吴郡武進（今屬江蘇）人，曾參與編撰《吴書》。
⑦ 鄧粲，東晉長沙（今屬湖南）人，著有《晉紀》。
⑧ 檀道鸞，字萬安，南朝宋人，官至永嘉太守，著有《續晉陽秋》二十卷。
⑨ 臧榮緒，南朝宋東莞莒（今屬山東）人，著有《晉書》。
⑩ 何承天，南朝宋東海郯（今屬山東）人，曾受命編纂《宋書》，未成而卒。

均[1]；言梁史有若周興嗣[2]、鮑行卿[3]、何之元[4]、劉璠[5]；言陳史有若顧野王[6]、傅宰、陸瓊[7]、姚察、察子思廉；言十六國史有若崔鴻；言魏史有若鄧淵[8]、崔浩、浩弟覽、高允[9]、張偉、劉横、李彪[10]、邢巒[11]、温子昇、魏收；言北齊史有若祖孝徵[12]、陸元規[13]、湯休之、杜臺卿[14]、崔子發[15]、李德林、林子百藥；言後周史，有若柳虯、牛弘、令狐德棻、岑文本；言《隋書》有若王師邵、王胄[16]、顔師古、孔穎達、于志寧、李延壽；言皇家受命有若温大雅、魏鄭公、房梁公、長孫趙公、許敬宗、劉胤之[17]、楊仁卿、顧胤、牛鳳及、劉子玄、朱敬則[18]、徐堅[19]、吴兢[20]，次而修者亦近在耳目。於戲！自東觀至武德已來，其間作者遺草，有未行於時及修撰未既者，如聞並藏於史閣，固非外學者可得究諸。

予雖無聞良史，至於實録品藻，增損詳略，亦各有新意，豈無班、

---

① 吴均，字叔庠，吴興故鄣（今屬浙江）人，南朝齊梁間學者，著有《齊春秋》。
② 周興嗣，字思纂，陳郡項（今屬河南）人，南朝梁時佐撰國史。
③ 鮑行卿，南朝梁東海（今屬江蘇）人，官至步兵校尉，著有《皇室儀》十三卷。
④ 何之元，庐江灊（今屬安徽）人，歷仕梁、北齊、陳，著有《梁典》。
⑤ 劉璠，字寶義，廣陵（今屬江蘇）人，歷仕梁、北周，著有《梁典》三十卷。
⑥ 顧野王曾受命編撰陳史，《陳書》言其撰“《國史紀傳》二百卷，未就而卒”。
⑦ 陸瓊，字伯玉，南朝陳吴郡吴縣（今屬江蘇）人，著有《陳書》四十二卷、《嘉瑞記》三卷。
⑧ 鄧淵，字彦海，北魏雍州安定（今屬甘肅）人，曾奉詔撰國記。
⑨ 高允，字伯恭，北魏渤海（今屬河北）人，曾參撰國記。
⑩ 李彪，字道固，北魏頓丘衛國（今屬山東）人。
⑪ 邢巒，字洪賓，北魏河間鄚（今屬河北）人。
⑫ 祖孝徵，祖珽，字孝徵，北齊范陽遒（今河北淶水）人。
⑬ 陸元規，北朝齊人，曾任中書侍郎，著有《皇帝實録》。
⑭ 杜臺卿，字少山，博陵曲陽（今屬河北）人，仕北齊，曾修國史。
⑮ 崔子發，博陵安平（今屬河北）人，撰《齊紀》。
⑯ 王胄，字承基，瑯琊臨沂（今屬山東）人，歷仕陳、隋，官至朝散大夫。
⑰ 劉胤之，唐徐州彭城（今屬江蘇）人，官至楚州刺史，曾參與編撰《晋書》。
⑱ 朱敬則，字少連，唐亳州永城（今屬河南）人，曾兼修國史。
⑲ 徐堅，字元固，唐湖州（今屬浙江）人，著有《初學記》三十卷。
⑳ 兢，原作“競”，據《劉希仁文集》卷一，道光二十六年刻本改。

馬之文質，董、史之遺直者耶！蓋有之矣，我未之見也。常欲以《春秋》條貫，删補冗闕，掇拾衆美，成一家之盡善。有若採葑菲者無以下體，衣狐裘者無以羔袖，言不多乎哉？以爲多，則存之視予力志何如耳。昔阮嗣宗嗜酒，當時以爲步兵校尉[①]，雖非其任，貴且快意。今予之嗜書，有甚於嗣宗之嗜酒，且虚其腹，若行哺而實者，存之宜如何處予哉？傳不云乎，“心志既通，名譽不聞”，其足下何遺耶？此存之所宜動心也。脱禄不及厚孤弱，名不及善知友，匡廬之下，猶有田一成，耕牛兩具，僮僕爲相，雜書萬卷，亦足以養高頤神。誠知非丈夫矣，所立固不失谷口鄭子真[②]耳。敢布諸足下其圖之，某再拜。

史概

朱右[③]

古者伏羲氏作書契，製文字。軒轅之世，蒼頡主書史。唐虞置史官，《三墳》《五典》《八索》《九丘》，即古史也。夏終古、商高勢，皆太史也。《周官》有太史、小史、内史，皆掌史事。至於列國亦然，如晋之《乘》、楚之《檮杌》、魯之《春秋》是也。吾夫子因魯史修《春秋》，二百四十二年行事，始加筆削，垂鑒將來。

漢司馬遷父子頗紬金匱石室之藏，兼采《詩》《書》《左傳》《國語》

---

① 步兵校尉，官名，漢武帝時置。杜佑《通典》卷三十四《職官》：“漢掌上林苑門屯兵，晋阮籍聞步兵廚營人善釀，有貯酒三百斛，乃求爲之。至隋屬鷹揚府。”

② 鄭子真，鄭樸，西漢左馮翊谷口（今陝西咸陽）人。

③ 朱右，字伯賢，一字序賢，自號鄒陽子，元末明初臨海章安（今浙江臺州）人，著有《白雲稿》《春秋類編》《秦漢文衡》《元史補遺》《性理本源》。本文見載朱右《白雲稿》卷三。

《世本》《戰國策》《楚漢春秋》，作[①]《史記》，自五帝記漢武，爲本紀十二，表十、書八、世家三十、傳七十，共一百三十篇，成一家言。其文雄深多奇，卓然爲史氏宗，百代史官不能易其法。

後漢班固續父彪作《西漢書》，起高帝，終孝平，凡二百一十年，爲本紀十二、表八、志十、列傳七十，無《世家》而有《外戚傳》，自武帝以前，頗本於遷，其文雅馴，後人亦以爲法。宋范曄作《後漢書》，起光武，凡九紀，别爲《皇后紀》二，傳則增立《黨錮》《宦者》《文苑》《獨行》《方術》《逸民》《列[②]女》等篇，但文氣萎下，紀述膚陋，不免識者之議。

西晋[③]陳壽集三國舊史，撰《三國志》，以魏接漢統，蜀、吴爲傳，則大失《春秋》旨矣。習鑿齒嘗著《晋漢春秋》，起光武，至晋文平蜀乃爲漢亡，惜其書不傳也。

唐貞觀中，太宗以《晋史》何法盛等十八家製作未善，乃敕史官房玄齡、褚遂良[④]、許敬宗更加纂修，爲紀十、志二十、列傳七十、載紀三十。又命李淳風、敬播等十三人分掌著述，類例多出敬播，《天文》《律曆》則淳風爲之。當時作者有江左餘風，文多駢儷，非作史之體。故太宗親撰四贊[⑤]，以息浮議。齊沈約撰《宋書》，梁蕭子顯撰《齊書》。貞觀姚思廉受詔，續父察撰《梁[⑥]》《陳書》，魏徵裁其總論。北齊魏收撰《北魏書》。唐李百藥撰《北齊書》。唐初令狐德棻、岑文本[⑦]撰《北周

---

① 作，原脱，據《白雲稿》卷三《雜著》，《續修四庫全書》本補。
② 民列，原爲小字注，據文義及《白雲稿》卷三《雜著》，《續修四庫全書》本，實屬正文。
③ 西晋，原作“東晋”，據《白雲稿》卷三《雜著》，《續修四庫全書》本改。
④ 褚遂良，字登善，唐杭州錢唐（今浙江杭州）人，官尚書右僕射、桂州都督、愛州刺史等。
⑤ 四贊，宣帝、武帝二紀和陸機、王羲之二傳的史論。
⑥ 撰梁，原爲小字注，據《白雲稿》卷三《雜著》，《續修四庫全書》本，當爲正文。
⑦ 岑文本，字景仁，鄧州棘陽（今屬河南）人，後遷居江陵（今屬湖北），唐太宗朝宰相。

書》。顔師古、孔穎達、魏徵撰《隋書》，房玄齡總之。六朝以來，天下參隔，互相抵牾。唐李延壽續父業，論撰《南史》，起宋盡陳，又撰《北史》，起魏盡隋，共一百八十篇，今行於世。司馬公謂："延壽書亦近世佳史，陳壽之後，可以亞之。"

五代晉劉昫嘗撰唐史，今謂之《舊唐書》。宋仁宗詔歐陽脩、宋祁删修，《紀》《志》《表》歐陽主之，《列傳》宋祁主之，凡十有七年始成。《天文》《律曆》《五行志》則劉羲叟①，《方鎮》《百官》則梅堯臣，《禮儀》《兵志》則王景羲，故其成書，不無差異。

古之修史多出一家，司馬遷、班固、姚思廉、李延壽，皆父子相繼，論撰積數十年，然後書成。是以通知本末，事實貫穿，不相抵牾。其他則未能免也。唯《五代史》，宋仁宗以盧多遜②所修失實，命歐陽脩復加删述，爲《本紀》五，改《后妃》爲《家人傳》，《五臣傳》五，又别立《死節》《死事》《一行》《義見》《伶官》《宦者》《雜傳》七，《考》三，《世家》十一，《四夷附録》三，其立例皆寓褒貶，爲法甚精。書减舊史之半，而事迹稍增，議者以爲功不下馬遷，而筆力馳騁，反無駁雜之病，紀例精密，則不及耳。公亦自謂："《伶官傳》豈下於《滑稽》哉！"誠無憾矣！宋鄭樵博雅多聞，留心史學，謂班固不能繼述父志，以續馬遷，斷漢爲書，無復因承，古人損益會通之道自此失矣。於是總十七史，作《通志》，删其繁文，去其重複，存華取實，自成一家，學者便之。此史家之大略也。若宋司馬光《通鑑》、朱熹《綱目》則又資治道、存鑒戒之書，然紀載事實，則全史不可廢也。予嘗纂輯馬、班、歐陽論贊，爲《三史鈎玄》，又頗欲知諸史書大要，姑稽所聞，作《史概》。

① 劉羲叟，字仲庚，澤州晋城（今屬山西）人，曾參與編修《新唐書》，著有《十三代史志》等。
② 盧多遜，懷州河内（今屬河南）人，宋開寶年間，曾受詔參修《五代史》。

讀史法

劉因[1]

古無經史之分，《詩》《書》《春秋》皆史也。因聖人刪定筆削，立大經大典，即爲經也。史之興，自漢氏始。先秦之書，如《左氏傳》《國語》《世本》《戰國策》，皆掇拾記録無完書。司馬遷大集群書爲《史記》，上下數千載，亦云備矣。然而議論或駁而不純，取其純而舍其駁可也。後世史記，皆宗遷法，大同而小異。其創法立制，纂承六經，取三代之餘燼，爲百世之準繩，若遷者，可爲史氏之良者也。

班固《前漢史》與遷不相上下，其大原則出於遷而書少加密矣。《東漢史》成於范曄，其人詭異好奇，故其書似之，然論贊情狀有律，亞於遷、固，自謂"贊是吾文之奇作，諸序論往往不減《過秦》"[2]，則比擬太過。《三國》，陳壽所作，任私意而好文，奇功偉迹往往削没，非裴松之小傳，一代英偉之士，遂爲壽所誣。後世果有作者，必當改作，以正壽之罪，奮昭烈之幽光，破曹瞞之鬼賊，千古一快也。《晉史》成於李唐房、杜諸人，故獨歸美太宗耳，繁蕪滋漫，誣談、隱語、鄙泄之事具載之，甚失史體。《三國》過於略，而《晉書》過於繁，南北七代各有其書。至唐李延壽，總爲《南》《北史》，遣辭記事，頗爲得中，而其事迹污穢，雖欲文之，而莫能文矣。《隋史》成於唐，興亡之際，徼訐好惡，有浮於言者。唐史二，《舊書》劉昫[3]所作，固未完備，文不稱事；而

① 劉因，字夢吉，號静修。元保定容城（今河北榮城）人，著有《静修文集》。本文見載《静修文集》續集卷三。

② 范曄《獄中與諸甥侄書》，載《宋書》卷六十七《范曄傳》。

③ 劉昫，字燿遠，五代時冀州（今屬河北）人，後晉宰相。因國史修撰均爲時任宰相署名，因此署名《舊唐書》。

《新書》成於宋歐、宋諸公，雖云完備，而文有作爲之意，或過其實，而議論純正，非《舊書》之比也。然學者先當《舊》而後《新》。《五代》二書皆成於宋，《舊》則薛居正，《新》則歐陽子也。《新書》一出，前史皆廢，所謂一洗凡馬空者也。宋、金史皆未成，金史只有實録，宋事纂録甚多，而《東都事略》①最爲詳備。

是則前世之史也。學者必讀全史，歷代考之，廢興之由、邪正之迹、國體國勢、制度文物，坦然明白，時以六經旨要立論其間，以試己意，然後取温公之《通鑑》，宋儒之議論，校其長短是非，如是可謂之學史矣。學者往往全史未見，急於要名，欲以爲談説之鎡，觜吻之備。至於《通鑑》，亦不全讀，抄撮鈎節《通鑑》之大旨，温公之微意隨以昧没，其所以成就亦淺淺乎。

正史

《隋書·經籍志》

古者天子諸侯，必有國史，以記言行，後世多務，其道彌繁。夏殷已上，左史記言，右史記事②。

周則太史、小史、内史、外史、御史，分掌其事。而諸侯之國，亦置史官。又《春秋》《國語》引《周志》《鄭書》之説，推尋事迹，似當時記事，各有職司，後又合而撰之，總成書記。其後陵夷衰亂，史官放絶。秦滅先王之典，遺制莫存。至漢武帝時，始置太史公，命司馬談爲

① 《東都事略》，記北宋史，南宋孝宗時王稱撰。

② “左史記言，右史記事”，原作“左史記事”，據《隋書》卷三十三《經籍二》，中華書局1973年版改。

之，以掌其職。時天下計書，皆先上太史，副上丞相，遺文古事，靡不畢臻。談乃據《左氏》《國語》《世本》《戰國策》《楚漢春秋》，接其後事，成一家之言。談卒，其子遷又爲太史令，嗣成其志。上自黄帝，迄於炎漢，合十二本紀、十表、八書、三十世家、七十列傳，謂之《史記》。遷卒以後，好事者亦頗著述，然多淺鄙，不足相繼。至後漢扶風班彪，綴後傳數十篇，并譏正前失。彪卒，明帝命其子固續成其志。以爲唐、虞、三代，世有典籍，史遷所記，乃以漢氏繼於百王之末，非其義也。故斷自高祖，終於孝平、王莽之誅，爲十二紀、八表、十志、七十列傳[①]，潛心積思二十餘年。建初中，始奏表及紀、傳，其十《志》竟不能就。固卒後，始命曹大家續成之。先是明帝召固爲蘭臺令史，與諸先輩陳宗、尹敏、孟冀等，共成《光武本紀》。擢固爲郎，典校秘書。固撰後漢事，作列傳、載記二十八篇。其後劉珍[②]、劉毅[③]、劉陶[④]、伏無忌[⑤]等，相次著述東觀，謂之《漢記》。及三國鼎峙，魏氏及吴，並有史官。晋時，巴西陳壽删集三國之事，唯魏帝爲紀，其功臣及吴、蜀之主，並皆爲傳，仍各依其國，部類相從，謂之《三國志》。壽卒後，梁州大中正范穎表奏其事，帝詔河南尹、洛陽令就壽家寫之。

自是，世有著述，皆擬班、馬，以爲正史。作者尤廣，一代之史，至數十家。唯《史記》《漢書》師法相傳，並有解釋。《三國志》及范曄《後漢》雖有音注，既近世之作，並讀之可知。梁時，明《漢書》有劉

① 《隋書》卷三十三《經籍二》作“六十九列傳”，中華書局1973年版。

② 劉珍，字秋孫，東漢南陽蔡陽（今屬湖北）人，曾於東觀參撰《漢記》。

③ 劉毅，原作“毅”，據《隋書》卷三十三《經籍二》，中華書局1973年版補。劉毅，東漢南陽蔡陽（今湖北棗陽）人，著有《漢德論》《憲論》等。

④ 劉陶，字子奇，東漢潁陰（今屬河南）人，著有《七曜論》《匡老子》《反韓非》等。

⑤ 伏無忌，東漢琅琊東武（今山東諸城）人。

顯[①]、韋稜，陳時有姚察，隋代有包愷[②]、蕭該，並爲名家。《史記》傳者甚微。今依其世代，聚而編之，以備正史。

雜史

《隋書·經籍志》《宋三朝志》[③]

自秦撥去古文，篇籍遺散。漢初，得《戰國策》，蓋戰國游士記其策謀。其後陸賈作《楚漢春秋》，以述誅鋤秦、項之事。又有《越絶》[④]，相承以爲子貢[⑤]所作。後漢趙曄[⑥]又爲《吴越春秋》。其屬辭比事，皆不與《春秋》《史記》《漢書》相似，蓋率爾而作，非史策之正也。靈、獻之世，天下大亂，史官失其常守。博達之士，愍其廢絶，各記聞見，以備遺亡。是後群才景慕，作者甚衆。又自後漢以來，多抄撮舊史，自爲一書。或起自人皇，或斷之近代，亦各其志，而體制不經。又有委巷之説，迂怪妄誕，真虚莫測。然其大抵皆帝王之事，通人君子必博采廣覽，以酌其要，故備而存之，謂之"雜史"。

《宋三朝志》曰："雜史者，正史、編年之外，別爲一家，體制不純，

---

① 劉顯，字嗣芳，南朝梁沛國相縣（今屬安徽）人，累官尚書左丞。

② 包愷，字和樂，隋東海（今屬江蘇）人。

③《隋書·經籍志》，原作"《隋書·藝文志》"，據《隋書》卷三十三《經籍二》，中華書局1973年版改。又據文義增署"《宋三朝志》"。本文當爲卜氏據《文獻通考》卷一九五《經籍考》轉録《隋書·經籍志》《宋三朝志》內容。

④《越絶》，指《越絶書》，又稱《越絶記》，記載古代吴越地方史事，《四庫全書總目提要》卷六十六《史部二十二》載："不著撰人名氏。書中《吴地傳》稱勾踐徙琅琊，到建武二十八年，凡五百六十七年，則後漢初人也。"

⑤ 子貢，端木賜，孔子弟子。

⑥ 趙曄，字長君，東漢會稽山陰（今屬浙江）人，著有《吴越春秋》《韓詩譜》《詩道微》等。

事多異聞，言或過實。然事以質正疑謬，補緝闕遺。後之爲史者，有以取資，如司馬遷采《戰國策》《楚漢春秋》，不爲無益也。”

史記正義序

張守節[①]

《史記》者，漢太史公司馬遷作。遷生龍門[②]，耕牧河山之陽，南游江淮，講學齊魯之郡，紹太史，繼《春秋》，括文魯史而包《左氏》《國語》，采《世本》《戰國策》而摭《楚漢春秋》，貫紬經傳，旁搜史子，上起軒轅，下既天漢。作十二本紀，帝王興廢悉詳；三十世家，君國存亡畢著；八書，贊陰陽禮樂；十表，定代系年封；七十列傳，忠臣孝子之誠備矣。筆削冠於史籍，題目足以經邦。裴駰服其善序事理，辨而不華，質而不俚，其文直，其事核，不虛美，不隱惡，故謂之實録。自劉向、揚雄皆稱良史之才。况墳典湮滅，簡册闕遺。比之《春秋》，言辭古質；方之兩《漢》，文省理幽。

守節涉學三十餘年，六籍九流，地里蒼雅，鋭心觀採，評《史》《漢》，詮衆訓釋而作《正義》，郡國城邑，委曲申明，古典幽微，竊探其美，索理允愜，次舊書之旨，兼音解注，引致傍通，凡成三十卷，名曰《史記正義》。發揮膏肓之辭，思濟滄溟之海，未敢侔諸秘府，冀訓詁而齊流。庶貽[③]厥子孫，世疇兹史。

於時歲次丙子，開元二十四年八月，殺青斯竟。

---

① 張守節，唐蘇州吴（今江蘇蘇州）人。撰有《史記正義》。本文見載《史記正義》卷首。

② 龍門，西漢夏陽，即今陝西韓城，另説今山西河津。

③ 貽，原作“胎”，據《史記》卷末附《史記正義序》，中華書局 1959 年版改。

史記索隱序

司馬貞[①]

《史記》者，漢太史司馬遷父子之所述也。遷自以承五百之運，繼《春秋》而纂是史，其褒貶覈實頗亞於丘明之書，於是上始軒轅，下訖天漢，作十二本紀，十表，八書，三十系家，七十列傳，凡一百三十篇，始變左氏之體，而年載悠邈，簡册闕遺，勒成一家，其勤至矣。又其屬稿先據《左氏》《國語》《系本》《戰國策》《楚漢春秋》及諸子百家之書，而後貫穿經傳，馳騁古今，錯綜檃括，各使成一國一家之事，故其意難究詳矣。比於班書，微爲古質，故漢晋名賢未知見重，所以魏文侯聽古樂則唯恐卧，良有以也。

逮至晋末，有中散大夫東莞徐廣[②]始考異同，作《音義》十三卷。宋外兵參軍裴駰又取經傳訓釋作《集解》，合爲八十卷。雖粗見微意，而未窮討論。南齊輕車録事鄒誕生[③]亦作《音義》三卷，音則微殊，義乃更略，爾後其學中廢。貞觀中，諫議大夫崇賢館學士劉伯莊達學宏才，鈎深探賾，又作《音義》二十卷[④]，比於徐、鄒，音則具矣。殘文错節，異音微義，雖知獨善，不見傍通，欲使後人從何準的。

貞謏聞陋識，頗事鑽研，而家傳是書，不敢失墜。初欲改更舛錯，裨補疏遺，義有未通，兼重注述。然以此書殘缺雖多，實爲古史，忽加

① 司馬貞，字子正，唐河内（今河南沁陽）人。著有《史記索隱》。本文見載《史記索隱》卷首。

② 徐廣，字野民，東晋東莞姑幕（今江蘇常州）人。

③ 鄒誕生，曾任輕車録事參軍，著有《史記音義》三卷、《要用字語》四卷。

④ 二十卷，原作“三十卷”，據《史記》卷末附《史記索隱序》，中華書局 1959 年版改。

穿鑿，難允物情。今止探求異聞，採摭典故，解其所未解，申其所未申者，釋文演注，又爲述贊，凡三十卷，號曰《史記索隱》。雖未敢藏之書府，亦欲以貽厥孫謀云。

史記索隱後序[①]

司馬貞

夫太史公紀事，上始軒轅，下訖天漢，雖博采古文及傳記諸子，其間殘缺蓋多，或訪搜異聞以成其說，然其人好奇而詞省，故事覈而文微[②]，是以後之學者多所未究。其班氏之書，成於後漢。彪既依遷而述，所以條流更明，且又兼采衆賢，群理畢備，故其旨富，其詞文，是以近代諸儒共所鑽仰。其訓詁蓋亦多門，蔡謨[③]集解之時已有二十四家之説，所以於文無所滯，於理無所遺。而太史公之書，既上序軒、黄，中述戰國，或得之於名山壞宅，或取之以舊俗風謡，故其殘文斷句難究詳矣。

然古今爲注解者絕省，音義亦希。始後漢延篤[④]乃有《音義》一卷，又别有《音隱》五卷，不記作者何人，近代鮮有二家之本。宋中散大夫徐廣作《音義》十三卷[⑤]，唯記諸本異同，於義少有解釋。又中兵郎裴駰，亦名家之子也，作《集解》注本，合爲八十卷，見行於代。仍云亦

---

① 本文見載《史記索隱》卷二十八。

② 微，原作“徵”，據《史記》卷末附《史記索隱後序》，中華書局 1959 年版改。

③ 蔡謨，字道明，陳留考城（今屬河南）人，東晋時期“兖州八伯”之一。

④ 延篤，字叔堅，東漢南陽郡犨縣（今屬河南）人。

⑤ 十三卷，原作“一十卷”，據張文虎《校刊史記集解索隱正義札記》卷五，中華書局 2012 年版改。

有《音義》，前代久已散亡。南齊輕車録事鄒誕生亦撰《音義》三卷，音則尚奇，義則罕説。隋秘書監柳顧言[①]尤善此史。劉伯莊云，其先人曾從彼公受業，或音解隨而記録，凡三十卷。隋季喪亂，遂失此書。伯莊以貞觀之初，奉敕於弘文館講授，遂采鄒、徐二説，兼記憶柳公音旨，遂作《音義》三十卷。音乃[②]周備，義則更略，惜哉！古史微文遂由數賢秘寶，故其學殆絶。

前史部侍郎許子儒[③]亦作注義，不睹其書。崇文館學士張加會獨善此書，而無注義。貞少從張學，晚更研尋，初以殘缺處多，兼鄙褚少孫誣謬，因憤發而補《史記》，遂兼注之，然其功殆半。乃自唯曰："千載古史，良難紬繹。"[④]因退撰《音義》，重作贊述，蓋欲以剖盤根之錯節，遵北轅於司南也。凡爲三十卷，號曰《史記索隱》云。

補史記序[⑤]

司馬貞

太史公，古之良史也。家承二正之業，人當五百之運，兼以代爲史官，親掌圖籍，慨《春秋》之絶筆，傷舊典之闕文，遂乃錯綜古今，囊括記録，本皇王之遺事，採人臣之故實，爰自黄帝，迄於漢武，歷載悠邈，舊章罕補，漁獵則窮於百氏，筆削乃成於一家，父作子述，其勤至

① 柳顧言，名謇，字顧言，河東（今屬山西）人，後遷居江南。

② 乃，原作"反"，據《史記》卷末附《史記索隱後序》，中華書局1959年版改。

③ 許子儒，唐潤州句容（今屬江蘇）人，曾爲《史記》作注，未就而終。

④ "千載古史，良難紬繹"，原作"千載古良史，難更然"，據《史記》卷末附《史記索隱後序》，中華書局1959年版改。紬繹，理出端緒，引申爲闡述。

⑤ 本文見載董誥《全唐文》卷四百二。

矣！然其叙勸褒貶，頗稱折衷，後之作者，咸取則焉。夫以首創者難爲功，因循者易爲力。自左氏之後，未有體制，而司馬公補立紀傳規模，别爲書表題目。觀其本紀十二，象歲星之一周；八書有八篇，法天時之八節；十表放剛柔十日；三十世家比月有三旬；七十列傳取懸車[①]之暮齒；百三十篇象閏餘而成歲。其間禮樂刑政，君舉必書，福善禍淫，用垂炯戒[②]。事廣而文局，詞質而理暢，斯亦盡美矣。而有未盡善者，具如後論。

雖意出當時，而義非經遠。蓋先史之未備，成後學之深疑。借如本紀叙五帝而闕三皇，世家載列國而有外戚。邾、許，春秋次國，略而不書；張、吴[③]，敵國蕃王，抑而不載，並編録有闕，竊所未安。又列傳所著，有管、晏[④]及老子、韓非[⑤]。管、晏乃齊之賢卿，即如其例，則吴之延陵[⑥]、鄭之子産[⑦]、晋之叔向[⑧]、衛之史魚[⑨]，盛德不闕，何爲蓋闕？伯陽清虚爲教，韓子峻刻制法，静躁不同，德刑斯舛。今宜柱史[⑩]共漆園同傳，公子與商君並列，可不善歟！其中遠近乖張，詞義踳駁，或篇章倒錯，或贊論粗疏，蓋由遭逢非罪，有所未暇。故十篇有録無書是也。然其網絡古今，叙述懲勸，異左氏之微婉，有南史之典實。所以揚雄、班固等咸

① 懸車，指七十歲，古人七十歲辭官家居，廢車不用，此處泛指七十。
② 用垂炯戒，原爲小字夾注，據文義並《全唐文》卷四百二《補史記序》，中華書局 1983 年版改。
③ 張吴，原作“張具”，據董誥《全唐文》卷四百二，中華書局 1983 年版改。
④ 管、晏，指管仲、晏嬰。管仲，名夷吾，字仲，亦稱“管子”。晏嬰，字仲，史稱“晏子”。
⑤ 韓非，又稱韓非子，戰國末期韓國新鄭（今屬河南）人，法家代表人物。著有《韓非子》。
⑥ 延陵，春秋時吴國季札。
⑦ 子産，公孫僑，字子産，又字子美，亦稱公孫僑、公孫成子、國僑等。
⑧ 叔向，羊舌肹，字叔向，又稱叔肹，春秋時期晋國大夫。
⑨ 史魚，名佗，字子魚，春秋時衛國大夫。
⑩ 史，原作“下”，據董誥《全唐文》卷四百二，中華書局 1983 年版改。

稱其有良史之才，蓋信乎其然也。

後褚少孫亦頗加補綴，然猶未能周備。貞業謝顓門人，非博古而家傳是學，頗事討論，思欲續成先志，潤色舊史，輒黜陟升降，改定篇目。其有不備，並採諸典籍，以補闕遺。其百三十篇之贊，記非周悉，並更申而述之，附於衆篇之末。雖曰狂簡，必有可觀。其所改更，具條於後。至如徐廣，唯略出音訓，兼記異同，未能考覈是非，解釋文句。其裴駰實亦後進名家，博採群書，專取經傳訓釋，以爲《集解》，然則時有冗長。至於盤根錯節，殘缺紕繆，咸拱手而不言，斯未可謂通學也。

今輒按今古，仍以裴爲本，兼自見愚管，重爲之注，號曰“小司馬《史記》”。然前朝顔師古，止注漢史，今並謂之“顔氏《漢書》”。貞雖位不逮顔公，既補史舊，兼下新意，亦何讓焉！

史記集解序

裴駰[①]

班固有言曰：“司馬遷據《左氏》《國語》，采《世本》《戰國策》，述《楚漢春秋》，接其後事，訖于天漢。其言秦漢詳矣。至於采經摭傳，分散數家之事，甚多疏略，或抵捂，亦其所涉獵者廣博，貫穿經傳，馳騁古今，上下數千載間，斯已勤矣。又其是非頗謬於聖人，論大道則先黃老而後六經，序游俠則退處士而進姦雄，述貨殖則崇勢利而羞賤貧，此其所蔽也。然自劉向、揚雄博極群書，皆稱遷有良史之才，服其善序

① 裴駰，字龍駒，南朝河東聞喜（今屬山西）人，著有《史記集解》。本文見載《史記集解》卷首。

事理，辯而不華，質而不俚，其文直，其事核，不虚美，不隱惡，故謂之實録。”[①] 駰以爲固之所言，世稱其當。雖時有紕繆，實勒成一家，總其大較，信命世之宏才也。

考較此書，文句不同，有多有少，莫辯其實，而世之惑者，定彼從此，是非相貿，真僞舛雜。故中散大夫東莞徐廣，研核衆本，爲作《音義》。具列異同，兼述訓解，粗有所發明，而殊恨省略。聊以愚管，增演徐氏，采經傳百家并先儒之説，豫是有益，悉皆抄内。删其游辭，取其要實。或義在可疑，則數家兼列。《漢書音義》稱“臣瓚”者，莫知氏姓，今直云“瓚曰”。又都無姓名者，但云“漢書音義”。時見微意，有所裨補。譬嘒星之繼朝陽，飛塵之集華嶽。以徐爲本，號曰《集解》。未詳則闕，弗敢臆説。人心不同，聞見異辭，班氏所謂“疏略抵捂”者，依違不悉辯也。愧非胥臣之多聞，子産之博物，妄言末學，蕪穢舊史，豈足以關諸畜德，庶賢無所用心而已。

司馬談司馬遷[②]

司馬遷《自叙》

司馬氏世典周史，至談爲太史公，太史公學天官於唐都[③]，受《易》於楊何[④]，習道論於黄子。太史公仕於建元、元封之間，既掌天官，不治民，有子曰遷。遷生龍門，耕牧河山之陽。年十歲則誦古文，二十而南

---

① 見班固《漢書》卷六十二《司馬遷傳》。

② 本文見載司馬遷《史記》卷一百三十《太史公自序》。

③ 唐都，西漢天文學家，方士，曾參加《太初曆》的改定。

④ 楊何，字叔元，西漢淄川（今山東淄博）人，著有《易傳楊氏》二卷。

游江、淮，上會稽，探禹穴，窺九疑[①]，浮於沅、湘，北涉汶、泗，講業齊、魯之都，觀孔子之遺風，鄉射鄒嶧[②]，厄困鄱、薛、彭城，過梁、楚以歸。於是遷仕爲郎中，奉使西征巴、蜀以南，南略邛、笮、昆明，還報命。

是歲，天子始建漢家之封，而太史公留滯周南，不得與從事，故發憤且卒。而子遷適使反，見父於河洛之間。太史公執遷手而泣曰："余先周室之太史也。自上世嘗顯功名於虞夏，典天官事。後世中衰，絶於予乎？汝復爲太史，則續吾祖矣。今天子接千歲之統，封泰山，而余不得從行，是命也夫，命也夫！余死，汝必爲太史；爲太史，無忘吾所欲論著矣。且夫孝，始於事親，忠於事君，終於立身。揚名於後世，以顯父母，此孝之大者。夫天下稱誦周公，言其能論歌文武之德，宣周邵之風，達太王、王季之思慮，爰及公劉，以尊后稷也。幽厲之後，王道缺，禮樂衰，孔子修舊起廢，論《诗》《書》，作《春秋》，則學者至今則之。自獲麟以來四百餘歲，而諸侯相兼，史記放絶。今漢興，海内一統，明主、賢君、忠臣、死義之士，余爲太史而弗論載，廢天下之史文，余甚懼焉，汝其念哉！"遷俯首流涕曰："小子不敏，請悉論先人所次舊聞，弗敢闕。"

卒三歲，而遷爲太史令，紬史記石室金匱之書。五年而當太初元年，十一月甲子朔旦冬至，天曆始改，建於明堂，諸神受紀[③]。

太史公曰："先人有言：'自周公卒五百歲而有孔子，孔子卒後至於今五百歲，有能紹明世，正《易傳》，繼《春秋》，本《詩》《書》《禮》《樂》之際。'意在斯乎！意在斯乎！小子何敢讓焉！"

---

① 九疑，蒼梧山，其山九峰皆相似，故曰"九疑"。張晏云："九疑舜葬，故窺之。"

② 鄒，地名，今山東鄒城。嶧，山名，今山東鄒城境。

③ 諸神受紀，諸侯群臣皆受瑞紀。裴駰案："韋昭曰'告於百神，與天下更始，著紀於是'。"

上大夫壺遂曰："孔子之時，上無明君，下不得任用，故作《春秋》，垂空文以斷禮義，當一王之法。今夫子上遇明天子，下得守職，萬事既具，咸各序其宜，夫子所論，欲以何明？"

太史公曰："唯唯，否否，不然。余聞之先人曰：'伏羲至純厚，作《易》八卦，堯舜之盛，《尚書》載之，禮樂作焉。湯武之隆，詩人歌之。《春秋》采善貶惡，推三代之德，褒周室，非獨刺譏而已也。'漢興以來，至明天子，獲符瑞，封禪，改正朔，易服色，受命於[①]穆清，澤流罔極，海外殊俗，重譯款塞，請來獻見者，不可勝道。臣下百官力誦聖德，猶不可宣盡其意。且士賢能而不用，有國者之耻；主上明聖而德不布聞，有司之過也。且余嘗掌其[②]官，廢明聖盛德不載，滅功臣世家賢大夫之業不述，墮先人所言，罪莫大焉。余所謂述故事，整齊其世傳，非所謂作也，而君比之於《春秋》，謬矣。"

於是論次其文。七年而太史公遭李陵之禍，幽於縲紲。乃喟然而嘆曰："是余之罪也夫！是余之罪也夫！身毁不用矣。"退而深惟曰："夫《詩》《書》隱約者，欲遂其志之思也。昔西伯拘羑里，演《周易》；孔子厄陈、蔡，作《春秋》；屈原[③]放逐，乃著《離騷》；左丘失明，厥有《國語》；孙子臏脚，而論《兵法》；不韋遷蜀，世傳《吕覽》；韓非囚秦，《説難》《孤憤》；《詩》三百篇，大抵賢聖發憤之所爲作也。此人皆意有所鬱結，不

① 色受命於，原爲小字注，據《史記》卷一百三十《太史公自序》，中華書局 1959 年版，當屬正文。

② 掌其，原爲小字注，據《史記》卷一百三十《太史公自序》，中華書局 1959 年版，當屬正文。

③ 屈原，芈姓，屈氏，名平，字原，又自云名正則，字靈均，戰國楚國丹陽秭歸（今湖北宜昌）人，著有《離騷》《九歌》《九章》《天問》等。

得通其道也，故述往事，思來者。”於是卒述陶唐[①]以來，至於麟止[②]。

維我漢繼五帝末流，接三代統業。周道廢，秦撥去古文，焚滅《詩》《書》，故明堂、石室、金匱、玉版、圖籍散亂。於是漢興，蕭何[③]次律令，韓信申軍法，張蒼[④]爲章程，叔孫通[⑤]定禮儀，則文學彬彬稍進，《詩》《書》往往間出矣。自曹參[⑥]薦蓋公言黄老，而賈生、晁錯明申商，公孫弘[⑦]以儒顯。百年之間，天下遺文古事，靡不畢集太史公。太史公乃父子相續纂其職。曰：“於戲！余維先人嘗掌斯事，顯於唐虞，至於周，復典之，故司馬氏世主天官。至於余乎，欽念哉！”罔羅天下放失舊聞，王迹所興，原始察終，見盛觀衰，論考之行事，略推三代，録秦漢，上記軒轅，下至于兹，著十二本紀，既科條之矣。並時異世，年差不明，作十表。禮樂損益，律曆改易，兵權山川鬼神，天人之際，承敝通變，作八書。二十八宿環北辰，三十輻共一轂，運行無窮，輔拂股肱之臣配焉，忠信行道，以奉主上，作三十世家。扶義俶儻，不令己失時，立功名於天下，作七十列傳。凡百三十篇，五十二萬六千五百字，爲《太史公書》。序略，以拾遺補藝，成一家之言，厥協六經異傳，整齊百家雜語，藏之名山，副在京师，俟後世聖人君子。

---

① 陶唐，帝堯，因曾封於陶與唐號“陶唐氏”。《尚書·夏書·五子之歌》云：“惟彼陶唐，有此冀方。”

② 麟止，漢武帝至雍獲白麟，司馬遷作《史記》於此處止筆。

③ 蕭何，沛郡豐邑（今江蘇徐州）人，西漢開國功臣，“漢初三傑”之一。

④ 張蒼，河南陽武（今河南原陽）人。秦時任御史，後仕西漢。

⑤ 叔孫通，薛縣（今山東棗莊）人，初爲秦待詔博士，後被秦二世封爲博士。

⑥ 曹參，字敬伯，沛（今江蘇徐州）人，西漢開國功臣。

⑦ 公孫弘，名弘，字季，一字次卿，齊地菑川（今山東壽光）人，爲西漢名臣。

正前史得失論

班彪[①]

論曰：唐虞三代，《詩》《書》所及，世有史官，以司典籍，暨於諸侯，國自有史。故《孟子》曰：“楚之《檮杌》，晋之《乘》，魯之《春秋》，其事一也。”定哀之間，魯君子左丘明，論集其文，作《左氏傳》三十[②]篇，又撰異同，號曰《國語》二十篇。由是《乘》《檮杌》之事遂闇，而《左氏》《國語》獨章。又有記録黄帝以來至春秋時帝、王、公、侯、卿、大夫，號曰《世本》[③]一十五篇。春秋之後，七國并争，秦並諸侯，則有《戰國策》三十篇。漢興定天下，太中大夫陸賈記録時功，作《楚漢春秋》九篇。孝武之世，太史令司馬遷採《左氏》《國語》，删《世本》《戰國策》，據楚漢列國時事，上自黄帝，下訖獲麟[④]，作本[⑤]紀、世家、列傳、書、表，凡百三十篇，而十篇缺焉。遷之所記，從漢元至武則絶，其功也[⑥]。至於採經摭傳，分散百家之事，甚多疏略，不如其本，務欲以多聞廣載爲功，論議淺而不篤。其論術學，則宗黄老而薄五經；序《貨殖》，則輕仁義而羞貧窮；道《游俠》，則賤守節而貴俗功；此其大敝伤道，所以遇極刑之咎也。然善述序事理，辯而不華，質而不俚，

---

① 班彪，字叔皮，東漢扶風安陵（今陝西咸陽）人。本文見載范曄《後漢書》卷四十。

② 十，原脱，據《後漢書》卷四十《班彪列傳》，中華書局1965年版補。

③ 《世本》，古代譜牒，據稱爲先秦或漢代史官修撰。

④ 獲麟，即漢武帝太始二年，《漢書》卷六《武帝紀》：“往者（太始二年），朕郊見上帝，西登隴首，獲白麟以饋宗廟。”

⑤ 作本，原爲小字注，據文義及《後漢書》卷四十《班彪列傳》，中華書局1965年版，當爲正文。

⑥ “從漢元至武則絶，其功也”，《後漢書》卷四十《班彪列傳》作“從漢元至武以絶，則其功也”，中華書局1959年版。

文與質相稱，蓋良史之才也。誠令遷依五經之法言，同聖人之是非，意亦庶幾矣！

夫百家之書猶可法也，若《左氏》《國語》《世本》《戰國策》《楚漢春秋》《太史公書》，今之所以知古，後之所由觀前，聖人之耳目也。司馬遷序帝王則曰“本紀”，公侯傳國則曰“世家”，卿士特起則曰“列傳”。又進項羽、陳涉[①]而黜淮南、衡山，細意委曲，條例不經。若遷之著作，採獲古今，貫穿經傳，至廣博也。一人之精，文重思煩，故其書落不盡，尚有盈辭，多不齊一。若序司馬相如，舉郡縣，著其字，至蕭、曹、陳平之屬，及董仲舒並時之人，不記其字，或縣而不郡者，蓋不暇也。今此後篇，慎覈其事，整齊其文，不爲《世家》，唯《紀》《傳》而已。傳曰："殺史見極，平易正直，《春秋》之義也。"

司馬遷傳贊[②]

班固

贊曰：自古書契之作而有史官，其載籍博矣。至孔氏纂之，上繼唐堯，下訖秦繆。唐虞以前，雖有遺文，其語不經，故言黃帝、顓頊[③]之事未可明也。及孔子因魯史記而作《春秋》，而左丘明論輯其本事以爲之傳，又纂異同爲《國語》。又有《世本》，録黃帝以來至春秋時帝、王、公、侯、卿、大夫祖世所出。春秋之後，七國並爭，秦兼諸侯，有《戰國策》。漢興伐秦定天下，有《楚漢春秋》。故司馬遷據《左氏》《國

---

① 陳涉，陳勝，字涉，陽城（今安徽界首）人，秦朝末年農民起義的領袖之一。

② 本文見載班固《漢書》卷六十二《司馬遷傳》。

③ 顓頊，原爲小字注，據《漢書》卷六十二《司馬遷傳》，中華書局 1962 年版，應爲正文。

語》、采《世本》《戰國策》，述《楚漢春秋》，接其後事，訖於天[①]漢。其言秦漢，詳矣。至於採經摭傳，分散數家之事，甚多疏略，或有抵牾，亦其涉獵者廣博，貫穿經傳，馳騁古今，上下數千載間，斯以勤矣。又其是非頗繆於聖人，論大道，則先黄老而後六經；序《游俠》，則退處士而進奸雄；述《貨殖》，則崇勢利而羞貧賤，此其所蔽也。然自劉向、揚雄博極群書，皆稱遷有良史之材，服其善序事理，辨而不華，質而不俚，其文直，其事核，不虚美，不隱惡，故謂之實録。嗚呼！以遷之博物洽聞，而不能以知自全，既陷極刑，幽而發憤，書亦信矣。迹其所以自傷悼，《小雅・巷伯》之倫[②]。夫惟《大雅》“既明且哲，能保其身”，难矣哉！

答孟判官論宇文生評史官書

柳冕[③]

昨暮辱問，兼示所寄宇文生書，憂深思遠，推仲尼之道，見天地之心，甚善。來書之意，遠者大者，斯盡善矣。其愚之所諭者，輒備聞見，以獻左右。

宇文生云：仲尼因舊史修《春秋》，所記不過二百四十二年，今子長乃軼孔氏而修數千年荒絶之書，助以黄老寓託之説。仲尼之所二，子長之所一；仲尼之所難，子長之所易。美則美矣！愚以爲未盡。

---

① 天，原作“大”，據《漢書》卷六十二《司馬遷傳》，中華書局1962年版改。

② 《毛詩序》云：“《巷伯》，刺幽王也，寺人傷于讒，故作是詩也。巷伯，奄官兮。”

③ 柳冕，字敬叔，唐河東（今山西永濟）人，歷任太常博士等。本文見載《唐文粹》卷八十二、《全唐文》卷五百二十七。

昔《大雅》喪，然後《頌》聲寢，王澤竭，然後《詩》不作。諸侯放恣，處士横議，孔子懼，作《春秋》以一王法。於是記言事以爲褒貶，盡聞見以爲實辭，舉凡例以爲異同，此夫子之所見也，故書之；所聞異同，此夫子之所傳聞也[①]，故書之；非此三者，夫子不書，此聖人之志也。非當十二公[②]之事，聖人以爲易；過十二公之事，聖人以爲難明矣。六經之作，聖人所以明天道，正人倫，助治亂。苟非大者，君子不學；苟非遠者，君子不言。學大則君子之德崇，言遠則君子之業廣。故仲尼嘆曰：大哉！堯之爲君也，惟天爲大，惟堯則之。巍巍乎其有成功也，焕乎其有文章也。又曰："周監於二代，郁郁乎文哉？吾從周。"於是叙《書》即起《堯典》，稱樂即美《韶》《武》，論《詩》即首《周南》，修《春秋》則繩以文武之道，然後樂正，《雅》《頌》各得其所。至於幽、厲、桓、莊，逶迤陵頽，斯不足徵也。故曰："夏禮，吾能言之，杞不足徵也；殷禮，吾能言之，宋不足徵也。足則吾能徵之矣。"是以三千之徒，無道桓、文之事者，豈不教尊而後道高，師聖而後功倍者也。曾子曰："尊其所聞，則高明矣；行其所知，則光大矣。"又來書罪子長《自序》云："夫子没五百年而《史記》作，非聖人而修聖人之名者，素王之篡臣也。"美則美矣，愚以爲未盡。

昔周公制禮五百年，而夫子修《春秋》；夫子没五百年，而子長修《史記》。遷雖不得聖人之道，而繼聖人之志；不得聖人之才，而得聖人之旨。自以爲命世而生，亦信然也。且遷之没已千載矣，遷之史未有繼之者，謂之命世，不亦宜乎！噫！遷承滅學之後，修廢起滯，以論天人

① 據影元翻宋小字本姚鉉《唐文粹》卷八十二柳冕《答孟判官論宇文生評史官書》，"所聞異同"與"此夫子之所傳聞也"間脱"此夫子之所聞也，故書之；所傳聞異同"諸文字。

② 十二公，魯國的十二個國君，即隱公、桓公、莊公、閔公、僖公、文公、宣公、成公、襄公、昭公、定公、哀公。

之際，以通古今之變。而微遷叙事，廣其所聞，是軒轅之道不滅矣。推而廣之，亦非罪也。且遷之過，在不本於儒教以一王法，使楊朱[①]、墨子得非聖人，此儒之罪也。不在於叙遠古，示將來也。足下豈不謂然乎？夫聖人之於《春秋》，所以教人善惡也。修經以志之，書法以勸之，立例以明之，恐人之不至也，恐人之不學也。苟不以其道示人，則聖人不復修《春秋》矣；不以其法教人，則後世不復師聖人矣。故夫求聖人之道，在求聖人之心；求聖人之心，在書聖人之法。法者，凡例褒貶是也，而遷捨之。《春秋》尚古，而遷變古，由不本於經也。以遷之雄才，奮史筆，不虚美，不隱惡，守凡例而書之，則與左氏並驅争先矣。苟知聖人之法，則知《春秋》之可興；知《春秋》之可興，則君子乎哉！宇文生近之矣。

昔者仲尼門人，得其門者，然後見宗廟之美；升其堂者，然後見雅頌之聲；入其室者，然後見道德之奥。雖道有污隆，性有深淺，然當其所得，莫不有聖人之道。故言而爲經，動而爲教者學也。不學而至者無焉。故曰：不登高山，不知天之高也；不臨深谿，不知地之厚也；不遊聖人之門，不知道德之富也。今《大雅》既隱，賢人隨之，苟非君子，孰能知道？宇文生居於今之世，行於古之道，君子以爲難；前志之所遺，此子之所得，君子以爲難。爲僕謝之，夫言大道者不可以小説，應黄鐘者不可以末音，師聖人者不可以無法，三者知之斯爲難，文之爲難，斯又難之。僕智不足，而强言之。頓首。

---

① 楊朱，字子居，魏國（一説秦國）人，戰國初期著名思想家，道家楊朱學派的創始人。

諸儒論史記

晁氏　陳氏　李方叔　朱子[①]

晁氏曰：右漢太史令司馬遷續其父談書，創爲義例，起黄帝，迄漢武獲麟之歲。撰成十二紀以序帝王，十年表以貫歲月，八書以紀政事，三十世家以敘公侯，七十列傳以志士庶。上下三千餘載，凡爲五十二萬六千五百言。遷没後，缺《景》《武紀》《禮》《樂》《律書》《三王世家》《漢興以來將相年表》《日者》《龜策傳》《靳蒯列傳》等十篇。元成間，褚少孫追補，及益以武帝後事，辭旨淺鄙，不及遷書遠甚。遷書舊，裴駰爲之解，云：班固常譏遷"論大道則先黄老而後六經，序游俠則退處士而進姦雄，述貨殖則崇勢利而羞貧賤"。後世愛遷者多以此論爲不然，謂遷特感當世之所失，憤其身之所遭，寓之於書，有所激而爲此言耳，非其心所謂誠然也。當武帝之世，表章儒術，而罷黜百家，宜乎大治，而窮奢極侈，海内凋弊，反不若文景尚黄老時人主恭儉，天下饒給。此其所以先黄老而後六經也。武帝用法刻深，群臣一言忤旨，輒下吏誅，而當刑者得以貨免。遷之遭李陵之禍，家貧無財賄自贖，交游莫救，卒陷腐刑。其進雄姦者，蓋遷嘆時無朱家之倫，不能脱己於禍，故曰"士窮窘得委命"，此豈非人所謂賢豪者邪！其羞貧賤者，蓋自傷特以貧故，

---

① 本文原未署作者，此據卷一目録及文本所補。又，本文或爲卜氏據《文獻通考》一百九十一《經籍考》轉録。晁氏，晁公武。陳氏，陳振孫，曾名瑗，字伯玉，號直齋，南宋湖州安吉（今屬浙江）人，著有《直齋書録解題》。李方叔，即李廌，北宋華州（今屬陝西）人，著有《師友談記》等。朱子，朱熹，字元晦，又字仲晦，號晦庵，晚稱晦翁，婺源（今江西婺源）人，歷任福建漳州知府、浙東巡撫等職，謚號"文"，故世稱朱文公，著有《四書章句集注》《楚辭集注》等。

不能自免於刑戮，故曰“千金之子，不死於市”，非空言也。固[1]不察其心而驟譏之，過矣！

陳氏曰：漢太史令夏陽司馬遷子長撰，宋南中郎參軍河東裴駰集注。按：班固云：“遷據《左氏》《國語》，采《世本》《戰國策》，述《楚漢春秋》，接其後事訖於天漢，斯以勤矣！十篇闕，有録亡書。”張晏曰：遷没之後，亡《景》《武紀》、《禮》《樂》《兵書》、《漢興將相年表》《三王世家》《日者》《龜策》《靳歙傅寬[2]列傳》。元成之間，褚先生補作《武紀》《三王世家》《日者》《龜策傳》，言辭鄙陋，非遷本意也。顔師古曰：本無《兵書》，張説非也。今按此十篇者，皆具在。褚所補《武紀》全寫《封禪書》，《三王世家》但述封拜策書，二列傳皆猥釀不足道。而其餘六篇，《景紀》最疏略，《禮》《樂書》謄《荀子·禮論》、河間王《樂紀》，《傅靳列傳》與《漢書》同，而《將相年表》迄鴻嘉，則未知何人所補也。褚先生者，名少孫。裴駰，即注《三國志》松之之子也。始徐廣作《史記音義》，駰本之以成《集解》。竊嘗謂著書立言，述舊易，作古難。六藝之後，有四人焉：摭實而有文采者，左氏也；憑虚而有理致者，莊子也；屈原變《國風》《雅》《頌》而爲《離騷》；及子長易編年而爲紀傳，皆前未有比，後可以爲法，非豪傑特起之士，其孰能之？

李方叔《師友讀書記》曰：司馬遷作《史記》，大抵譏漢武帝所短爲多，故其用意遠，揚雄、班固之論不得實。《秦始皇本紀》皆譏武帝也，可以推求《史記》，其意深遠，則其言愈緩；其事繁碎，則其言愈簡，此《詩》《春秋》之義也。

朱子曰：伯恭、子[3]約宗太史公之學，以爲非漢儒所及，某嘗痛與之

---

① 固，原作“故”，據馬端臨《文獻通考》卷一百九十一《經籍考》，中華書局 2011 年版改。

② 寬，原作“歙”，據《史記》卷九十八《傅靳蒯成列傳》，中華書局 1959 年版改。

③ 子，原作“大”，據《朱子語類》卷一百二十二《吕伯恭》，中華書局 1986 年版改。

辨[①]。子由《古史》言馬遷“淺陋而不學，疏略而輕信”，此二句最中馬遷之失，伯恭極惡之。《古史序》云：“古之帝王，其必爲善，如火之必熱，水之必寒；其不爲不善，如騶虞之不殺，竊脂之不穀。”此語最好，某嘗問伯恭：“此豈馬遷所能及？”然子由此語雖好，又自有病處，如云“帝王之道，以無爲宗”之類，他只説得個頭勢大，然下面工夫又皆空疏。亦猶馬遷《禮書》云“大哉，禮樂之道，洋洋乎鼓舞萬物，役使群動”，説得頭勢甚大，然下面亦空疏，却引荀子諸説以足之。又如《諸侯年表》，盛言形勢之利，有國者不可無，末却云“形勢雖强，要以仁義爲本”，他上文本意主張形勢，而其末却如此説者，蓋他也知仁義是個好底物事，不得不説，且説教好看。如《禮書》所云，亦此意也。伯恭極喜渠此等説，以馬遷知行夏之時，乘殷之輅，服周之冕，爲得聖人爲邦之法，非漢儒所及。此亦衆所共知，何必馬遷！然遷嘗從董仲舒游，《史記》中有“余聞之董生云”，此等語言，亦有所自來也。遷之學，也説仁義，也説詐力，也用權謀，也用功利。然其本意却祇在於權謀、功利。又如《伯[②]夷傳》孔子正説伯夷“求仁而得仁，又何怨”，他一傳中，首尾皆是怨辭，盡説壞了伯夷。子由《古史》皆删去之，盡用孔子之語作傳，豈可以子由爲非，馬遷爲是？可惜子約[③]死了，此論至死不曾明。聖賢以六經垂訓，炳若丹青，無非仁義、道德之説。今求義理，不於六經，而反取疏略淺陋之子長，亦惑之甚矣。

---

① 之辨，原爲小字注，據文義並《朱子語類》卷一百二十二《吕伯恭》，中華書局 1986 年版改。

② 如伯，原爲小字注，據文義當爲正文。

③ 約，原作“由”，據《朱子語類》卷一百二十二《吕伯恭》，中華書局 1986 年版改。

論史記

鄭樵[1]

仲尼既没，諸子百家興焉。各效《論語》，以空言著書。至於歷代實迹，無所統繫。迨漢建元、元封之後，司馬氏父子出焉。世司典籍，工於制作。故能上稽仲尼之意，會《詩》《書》《左傳》《國語》《世本》《戰國策》《楚漢春秋》之言，通黄帝、堯、舜至於秦漢之世，勒成一書，分爲五體：本紀記年，世家傳代，表以正曆，書以類事，傳以著人，使百代而下，史官不能易其法，學者不能捨其書，六經之後，惟有此作。故謂："周公五百歲而有孔子，孔子五百歲而在斯乎！"是其所以自待者已不淺。

然大著述者，必深於博雅，而盡見天下之書，然後無恨。當遷之時，挾書之律初除，得書之路未廣，亘三千年之史籍，而跼蹐於七八種書，所可爲遷恨者，博不足也。凡著書，雖雜前人之書，必自成一家言。左氏，楚人也，所見多矣，而其書皆楚人之詞。公羊，齊人也，所聞多矣，而其書皆齊人之語。今遷書全用舊文，間以俚俗，良由採摭未備，筆削不遑，故曰："余不敢墮先人之言，乃述故事，整齊其傳，非所作也。"劉知幾亦譏其多聚舊記，時插新言[2]。所可爲遷恨者，雅不足也。

大抵開基之人不免草創，全屬繼志之士爲之彌縫。晋之《乘》，楚之《檮杌》，魯之《春秋》，其實一也。《乘》《檮杌》無善後之人，故其書不行。《春秋》得仲尼挽之於前，左氏推之於後，故其書與日月並傳。不

① 鄭樵，字漁仲，宋莆田（今福建莆田）人，世稱夾漈先生，著有《通志》等。本文見載鄭樵《通志》總序。

② 見劉知幾《史通》卷一《六家》。

然，則一卷事目，安能行於世！自《春秋》之後，惟《史記》擅制作之規模，不幸班固非其人，遂失會通之旨。司馬氏之門户，自此衰矣。

先公曰：太史公整齊世傳，論次其文，七年而遭李陵之禍。於是述陶唐迄麟趾，是《史記》二千四百一十三年之書，以七年而成。

論史記①

王應麟

班固謂司馬遷《史記》“十篇有録亡書”。顔師古以爲此十篇者其篇具在，或草具而未成，非皆無書也。②

其一曰《景紀》，此其篇具在者也，所載間有班書所無者。

其二曰《武紀》，十篇唯此篇亡。衛宏《漢官③舊儀注》曰：“司馬遷作本紀，極言景帝之短及武帝之過，武帝怒而削去之。”衛宏與班固同時，是時兩《紀》俱亡。今《景紀》所以復出者，武帝特能毁其副在京師者耳。藏之名山，固自有他本也。《武紀》終不能見者，豈非指切尤甚，雖民間有畏禍而不敢藏乎④！

其三曰《漢興以來將相年表》，其書具在，但前闕叙。

其四曰《禮書》，其《叙》具在。自“禮由人起”以下，則草具而未成者也。

---

① 本文見王應麟《漢藝文志考證》卷三“《太史公》百三十篇”條引吕祖謙説。原文載吕祖謙《東萊吕太史别集》卷十四，題作“辨史記十篇有録無書”。

② 吕祖謙《辨史記十篇有録無書》：“以張晏所列亡篇之目校之《史記》，或其篇具在，或草具而未成，非皆無書也。”

③ 官，原脱，據《東萊吕太史别集》卷十四，中華再造善本影印宋刻元明清遞修本補。

④ 雖民間有畏禍而不敢藏乎，《東萊吕太史别集》卷十四作“雖民間亦畏禍而不藏乎”。

其五曰《樂書》，其叙具在。自“凡音之[①]起”而下，則草具而未成者也。

其六曰《律書》，其叙具在。自“《書》曰七正二十八舍”以下，則草具而未成者也。

其七曰《三王世家》，其書雖亡，然《叙傳》云：“三子之王，文辭可觀，作《三王世家》。”則其所載，不過奏請及策書。或如《五宗世家》，其首略叙其所自出，亦未[②]可知也。贊乃真太史公語也。

其八曰《傅靳蒯成列傳》，此其篇具在而無刓缺者也。張晏乃謂褚先生所補，褚先生論著附見《史記》者甚多，試取一二條與此傳並观之，則雅俗妍媸自可了矣。

其九曰《日者列傳》，自“余志而著之”以上，皆太史公本書。

其十曰《龜策列傳》，其序[③]具在。自“褚先生曰”以下，乃其所補爾。方班固時，東觀、蘭臺所藏，十篇雖有録無書，正如古文《尚書》，兩漢諸儒皆未嘗見，至江左始盛行，固不可以其晚出，遂疑以爲僞也。

讀貨殖傳

趙汸[④]

《貨殖傳》當與《平準書》參看，《平準書》是譏人臣横歛以佐人主

① 音之，原爲小字注，據《東萊吕太史别集》卷十四，中華再造善本影印宋刻元明清遞修本，應爲正文。

② 亦未，原爲小字注，據《東萊吕太史别集》卷十四，中華再造善本影印宋刻元明清遞修本，應爲正文。

③ 序，原作“事”，據《東萊吕太史别集》卷十四，中華再造善本影印宋刻元明清遞修本改。

④ 趙汸，字子常，休寧（今安徽黄山）人，元末明初文學家，人稱東山先生，著有《東山存稿》等。本文見載程敏政《明文衡》卷四十六《讀貨殖傳》。

之欲，《貨殖傳》是譏人主好貨，使四方皆變其舊俗趨利。書首言漢興接秦之弊，高祖重本抑末，輕徭薄賦，故文景之世國家無事，百姓給足，府庫充實，人人自愛而重犯法。後面序武帝事，節節與前相反。至贊論，始推唐虞三代以[①]來，而舉戰國秦皇功利之禍爲證。則武帝不能法祖宗之仁厚，而蹈始皇之覆轍，不待譏議而可見。學者先讀此贊，而後讀其書，使先後相承，則太史公之意瞭然矣。

若《貨殖傳》乃此書之注脚，而未有察其意者，蓋傳中所謂當世賢人，則書中所斥不軌逐利之民也。傳中所序陶朱公、白圭輩妙於治生，即書中三人言利事析秋毫之比也。傳言鄙人牧長[②]，窮鄉寡婦，禮抗萬乘，名顯天下，宣曲任氏，以田畜高而人主重之，即書中言卜式以家財助縣官，天子尊顯之，以風百姓，意尤著矣。蓋見始皇、武帝皆以好大喜功，國用不足，而後眷眷於此等人也。傳中歷舉四方百貨所出、行賈所在甚詳，即書中置大農諸官，盡籠天下之利，貴賣賤買，所以天子無算之用皆出於此。傳中言千乘之侯尚猶患貧，即書中屢言稅賦竭，縣官大空是也。傳中言廊廟、巖穴[③]、軍士、任俠、攻剽、女姬、游閒、吏士等皆爲財利，所以深誚當世好貨之俗無貴賤也。末言當國者必以奇勝，而又歷數奸事惡業、賤行辱處之能致富，即書中所謂不益賦而天下用饒，亦此類矣。

循此傳之意，深陋爲天下國家者不當下行商賈之事。蓋是當時親睹言利之人誤國害民，如《封禪書》中所謂究觀方士祠官之意云者，故言之深切至此。後人但謂子長陷於刑法，無財可贖，故發憤作《貨殖傳》，

---

① 代以，原爲小字注，據程敏政《明文衡》卷四十六《讀貨殖傳》，《四部叢刊》本，當爲正文。

② 鄙人牧長，指烏氏倮，司馬遷《史記》卷一百二十九《貨殖列傳》："烏氏倮畜牧，及衆，斥賣，求奇繒物，閒獻遺戎王。戎王什倍其償，與之畜，畜至用谷量牛馬。秦始皇令倮比封君，以時與列臣朝請。"

③ 巖穴，原作"巖亢"，據程敏政《明文衡》卷四十六《讀貨殖傳》，《四部叢刊》本改。

豈爲知太史哉！雖然，遷之言亦激矣。予獨謂其書明白諄復如是，千百年來讀者猶未能深悉其意，况夫六藝之古遠淵奥，而傳注家自謂盡得經旨，可乎？

史記之誤

周密　陸深[①]

班孟堅《漢書》大抵沿襲《史記》，至於季布、蕭何、袁盎、張騫[②]、衛、霍、李廣等贊，率因《史記》舊文稍增損之。《張騫贊》即《史記·大宛傳》後。或有全用其語者，前作後述，其體當然。至如《司馬相如傳贊》，乃固所自爲。而《史記》乃全載其語，而作“太史公曰”，何邪？又遷在武帝時，雄生漢末，安得謂[③]“揚雄以爲靡麗之賦，勸百而諷一”哉！諸家注釋，皆不及之。又《公孫弘傳》載[④]平帝元始中，詔賜弘子孫爵。徐廣注謂“後人寫此以續卷後”，然則相如之贊，亦後人剿入而誤以爲太史公無疑。

至若《管仲傳》云“後百餘年有晏子”，《孫武傳》云“後百餘歲有孫臏[⑤]”，《屈原傳》云“後百餘年有賈生”，皆以其近似，類推之耳。至

① 原署“周密”，據文本補加陸深。周密，字公瑾，號草窗，又號蕭齋、四水潜夫、華不注山人等，祖籍濟南，流寓吴興（今浙江湖州），著有《齊東野語》《癸辛雜識》《武林舊事》《志雅堂雜鈔》等。本文前兩段出自周密《齊東野語》卷十，最後一段出自陸深《儼山外集》卷十七。

② 張騫，字子文，漢中郡城固（今陝西漢中）人，絲綢之路的開拓者。

③ 謂，原作“爲”，據周密《齊東野語》卷十《史記多誤》，明正德刻本改。

④ 載，原作“在”，據周密《齊東野語》卷十《史記多誤》，明正德刻本改。

⑤ 孫臏，戰國時期齊國軍事家，著有《孫臏兵法》。

於《優孟[①]傳》云："其後二百餘年，秦有優旃[②]。"而《淳于髡傳》亦云："其後百餘年，楚有優孟。"何邪？殊不思優孟在楚莊王時，淳于在齊威王時，楚莊乃春秋之世，齊威乃戰國之時，謂"前百餘年，楚有優孟"可也，今乃錯繆若此。且見先傳髡而後叙孟，其次序曉然。謂之非誤，可乎？

又《史記》列傳詳於戰國，而略於春秋，或以爲《左氏》後出，子長所未見故爾。然諸儒明言采《世本》《左氏》《國語》《戰國策》諸書，豈子長自有深意耶？宋眉山王當嘗爲《列國諸臣傳》，效遷《史》，凡一百三十有四人，十萬餘言。亦有贊論，人稱其議論純正，文辭簡古，則子產、叔向諸公當無憾矣！特今世少傳其書爾。嘗觀司馬子長有言"左丘失明，厥有《國語》"，似是未嘗見《左傳》者。

前漢書叙例

顔師古[③]

儲君體上哲之姿，膺守器之重，俯降三善，博綜九流。觀炎漢之餘風，究其終始，懿孟堅之述作，嘉其宏贍。以爲服、應曩説疏紊尚多，蘇、晋衆家剖斷蓋鮮，蔡氏纂集尤爲抵牾。自兹以降，蔑足有云。悵前代之未周，愍將來之多惑，顧召幽仄，俾竭芻蕘，匡正睽違，激揚鬱滯，將以博喻胄齒，遠覃邦國，弘敷錦帶，啓導青衿。曲稟宏規，備蒙嘉惠，

① 優孟，春秋時楚國宫廷藝人，以優伶爲業，從小善辯，擅長表演，常談笑諷諫時事。
② 優旃，秦朝歌舞藝人，司馬遷稱其"善爲笑言，然合於大道"。
③ 顔師古，名籀，字師古，以字行，京兆萬年（今陝西西安）人，歷官秘書監、弘文館學士等，著有《漢書注》《匡謬正俗》《急就章注》等。本文見載《全唐文》卷一百四十八。

增榮改觀，重價流聲。斗筲之材，徒思罄力，駑蹇之足，終慚遠致。歲在重光，律中大吕，是謂涂月[①]，其書始就。不耻狂簡，輒用上聞，粗陳指例，式存揚搉。

《漢書》舊無注解，唯服虔[②]、應劭等各爲音義，自别施行。至典午中朝，爰有晋灼[③]，集爲一部，凡十四卷，又頗以意增益，時辯前人當否，號曰《漢書集注》。屬永嘉喪亂，金行播遷，此書雖存，不至江左。是以爰自東晋迄於梁陳，南方學者皆弗之見。有臣瓚者，莫知氏族，考其時代，亦在晋初，又總集諸家音義，稍以己之所見，續厠其末，舉駁前説，喜引《竹書》，自謂甄明，非無差爽，凡二十四卷，分爲兩帙。今之《集解音義》則是其書，而後人見者不知臣瓚所作，乃謂之應劭等《集解》。王氏[④]《七志》，阮氏[⑤]《七録》，並題云然，斯不審耳。學者又斟酌瓚姓，附著安施，或云傅族，既無明文，未足取信。蔡謨全取臣瓚一部散入《漢書》，自此以來始有注本。但意浮功淺，不加隱括，屬輯乖舛，錯亂實多，或乃離析本文，隔其辭句，穿鑿妄起。職此之由，與未注之前大不同矣。謨亦有兩三處錯意，然於學者竟無弘益。

《漢書》舊文多有古字，解説之後屢經遷易，後人習讀，以意刊改，傳寫既多，彌更淺俗。今則曲覈古本，歸其真正，一往難識者，皆從而釋之。

古今異言，方俗殊語，末學膚受，或未能通，意有所疑，輒就增損，流遁忘返，穢濫實多。今皆刪削，克復其舊。

---

① 涂月，農曆十二月。
② 服虔，字子慎，河南滎陽（今屬河南）人，東漢末著名學者。
③ 晋灼，河南（治所洛陽）人，著有《漢書集注》。
④ 王氏，王儉，字仲寶，南朝齊琅琊臨沂（今山東臨沂）人。
⑤ 阮氏，阮孝緒，南朝梁目録學家，著有《七録》。

諸表列位，雖有科條，文字繁多，遂致舛雜。前後失次，上下乖方，昭穆參差，名實虧廢。今則尋文究例，普更刊整，澄蕩愆違，審定阡陌，就其區域，更爲局界，非止尋讀易曉，庶令轉寫無疑。

禮樂歌詩，各依當時律吕，修短有節，不可格以恒例。讀者茫昧，無復識其斷章。解者支離，又乃[①]錯其句韻。遂使一代文采，空韞精奇。累業鑽求，罕能通習。今並隨其曲折，剖判義理。歷然易曉，更無疑滯。可得諷誦，開心順耳。

凡舊注是者，則無間然，其而存之，以示不隱。其有指趣略舉，結約未伸，衍而通之，使皆備悉。至於詭文僻見，越理亂真，匡而矯之，以袪惑蔽。若泛説非當，蕪辭競逐，苟出異端，徒爲煩冗，秖穢篇籍，蓋無取焉。舊所闕漏，未嘗解説，普更詳釋，無不洽通。上考典謨，旁究《蒼》《雅》，非苟臆説，皆有援據。六藝殘缺，莫睹全文，各自名家，揚鑣分路。是以向、歆、班、馬、仲舒、子雲所引諸經或有殊異，與近代儒者訓義弗同，不可追駁前賢，妄指瑕纇，曲從後説，苟會局塗。今則各依本文，敷暢厥指，非不考練，理固宜然，亦猶康成[②]注《禮》，與其《書》《易》相背[③]。元凱[④]解《傳》，無係毛、鄭《詩》文。以類而言，其意可了。爰自陳、項，以訖哀、平，年載既多，綜緝斯廣，所以紀、傳、表、志時有不同，當由筆削未休，尚遺秕稗，亦爲後人傳授，先後錯雜，隨手率意，遂有乖張。今皆窮波討源，構會甄釋。

字或難識，兼有借音，義指所由，不可暫闕。若更求諸别卷，終恐

---

① 又乃，原爲小字注，結合文意並參《全唐文》卷一百四十八，清嘉慶内府刻本，當屬正文。
② 康成，鄭玄。
③ 背，原作“偕”，據《全唐文》卷一百四十八，清嘉慶内府刻本改。
④ 元凱，杜預。

廢於披覽。今則各於其下，隨即翻音。至如常用可知，不涉疑昧者，衆所共曉，無煩翰墨。

近代注史，競爲該博，多引雜説，攻擊本文，至有詆訶言辭，掎摭利病，顯前修之紕僻，騁己識之優長，乃效矛盾之仇讎，殊乖粉澤之光潤。今之注解，翼贊舊書，一遵軌轍，閉絶歧路。

諸家注釋，雖見名氏，至於爵里，頗或難知，傳無所存，具列如左。

班彪班固[①]

班固《叙傳》

班彪，字叔皮，幼與從兄嗣共游學，家有賜書，内足於財。好古之士自遠方至，父黨揚子雲以下莫不造門。

叔皮唯聖人之道，然後盡心焉。年二十，遭王莽敗，世祖即位於冀州[②]。時隗囂[③]據壟擁衆，招輯英俊，而公孫述稱帝於蜀漢，天下雲擾，大者連州郡，小者據縣邑。囂問彪曰："往者周亡，戰國並争，天下分裂，數世然後乃定，其抑者從横之事復起於今乎？將承運迭興在於一人也？願先生論之。"對曰："周之廢興與漢異。昔周立爵五等，諸侯從政，本根既微，枝葉强大，故其末流有從横之事，其勢然也。漢家承秦之制，並立郡縣，主有專己之威，臣無百年之柄。至於成帝，假藉外家，哀、

① 本文見載《漢書》卷一百上《叙傳》。

② 冀州，古地名，今河北中南部及山西、河南、山東一帶。

③ 隗囂，字季孟，天水成紀（今屬甘肅）人，王莽時期官至國士，後歸順劉玄，劉秀即位後，勸劉玄歸順劉秀未遂，後到天水，病故。

平短祚，國嗣三絶[①]，危自上起，傷不及下。故王氏之貴，輕擅朝廷，能竊號位，而不根於民。是以即真之後，天下莫不引領而嘆，十餘年間，外内騷擾，遠近俱發，假號雲合，咸稱劉氏，不謀而同辭。方今雄桀帶州城者，皆無七國世業之資。《詩》云：'皇矣上帝，臨下有赫，鑒觀四方，求民之莫。'今民皆謳吟思漢，鄉仰劉氏，已可知矣。"囂曰："先生言周、漢之勢，可也，至於但見愚民[②]習識劉氏姓號之故，而謂漢家復興，疏矣！昔秦失其鹿[③]，劉季逐而掎之，時民復知漢乎！"既感囂言，又愍狂狡之不息，乃著《王命論》以救時難。

知隗囂終不寤，乃避地於河西。河西大將軍竇融加其美德，訪問焉。舉茂材，爲徐令，以病去官。後數應三公之召。仕不爲禄，所如不合；學不爲人，博而不俗；言不爲華，述而不作。

有子曰固，弱冠而孤。作《幽通之賦》，以致命遂志。

固以爲，唐虞三[④]代，《詩》《書》所及，世有典籍。故雖堯舜之盛，必有典謨之篇，然後揚名於後世，冠德於百王。故曰："巍巍乎，其有成功；焕乎，其有文章也！"漢紹堯運[⑤]，以建帝業。至於六世，史臣乃追述功德，私作《本紀》，編於百王之末，厠於秦、項之列。太初以後，闕而不録，故探纂前記，綴輯所聞，以述《漢書》。起元高祖，終於孝平、王莽之誅，十有二世，二百三十年，綜其行事，旁貫五經，上下洽通，爲春秋考紀、表、志、傳，凡百篇。

---

① 國嗣三絶，成帝、哀帝、平帝都無嗣。

② 民，原作"見"，據《漢書》卷一百上《叙傳》，中華書局 1962 年版改。

③ 秦失其鹿，用來比喻失去了對天下的統治權力，語出《史記·淮陰侯列傳》："秦失其鹿，天下共逐之，於是高材疾足者先得焉。"

④ 虞三，原爲小字注，據文義及《漢書》卷一百上《叙傳》，中華書局 1962 年版，當屬正文。

⑤ 運，原脱，據《漢書》卷一百上《叙傳》，中華書局 1962 年版補。

班固傳[①]

范曄

班固作《西漢書》，爲十二本紀、八表、十志、七十列傳。

固，字孟堅。年九歲，能屬文誦詩賦。及長，遂博貫載籍，九流百家之言無不窮究。所學無常師，不爲章句，舉大義而已。性[②]寬和容衆，不以才能高人，諸儒以此慕之。

父彪卒，固以彪所續前史未詳，乃潛精研思，欲就其業。既而有人上書顯宗，告固私改作國史者，有詔下郡，收固繫京兆獄，盡取其家書。先是扶風人蘇朗僞言圖讖事，下獄死。固弟超恐固爲郡所覈考，不能自明，乃馳詣闕上書，得召見，具言固所著述意，而郡亦上其書。顯宗甚奇之，召詣校書部，除蘭臺令史，與前睢陽令陳宗、長陵令尹敏、司隸從事孟異[③]共成《世祖本紀》。遷爲郎，典校秘書。固又撰功臣、平林、新市、公孫述事，作列傳、載記[④]二十八篇，奏之。帝乃復使終成前所著書。

固以爲漢紹堯[⑤]運，以建帝業，至於六世，史臣乃追述功德，私作本紀，編於百王之末，厠於秦、項之列，太初以後，闕而不録，故探撰前記，綴集所聞，以爲《漢書》。起元高祖，終於漢孝平王莽[⑥]之誅，十有二世，二百三十年，綜其行事，傍貫五經，上下洽通，爲春秋考紀、表、

---

① 本文見載范曄《後漢書》卷四十《班彪列傳》。
② 性，原作“惟”，據《後漢書》卷四十《班彪列傳》，中華書局 1965 年版改。
③ 孟異，原作“孟兾”，據《後漢書》卷四十《班彪列傳》，中華書局 1965 年版改。
④ 記，原作“紀”，據《後漢書》卷四十《班彪列傳》，中華書局 1965 年版改。
⑤ “堯”後原衍一“舜”字，據《後漢書》卷四十《班彪列傳》，中華書局 1965 年版改。
⑥ 王莽，原爲小字注，據《後漢書》卷四十《班彪列傳》，中華書局 1965 年版，當屬正文。

志、傳凡百篇。固自永平中始受詔，潛精積思二十餘年，至建初中乃成。當世甚重其書，學者莫不諷誦焉。

固後以母喪去官。永元初，大將軍竇憲出征匈奴，以固爲中護軍，與參議。北單于聞漢軍出，遣使款居延塞，欲修呼韓邪故事，朝見天子，請大使。憲上遣固行中郎將事，將數百騎與虜使俱出居延塞迎之。會南匈奴掩破北庭[①]，固至私渠海，聞虜中亂，引還。及竇憲敗，固先坐免官。

固不教學諸子，諸子多不遵法度，吏人苦之。初，洛陽令种兢[②]嘗行，固奴干其[③]車騎，吏椎呼之，奴醉罵，兢大怒，畏憲不敢發，心銜之。及竇氏客皆逮考，兢因此捕繫固，遂死獄中。時年六十一。詔以譴責兢，抵主者吏罪。

論曰："司馬遷、班固父子，其言史官載籍之作，大義粲然著矣。議者咸稱二子有良史之才。遷文直而事覈，固文贍而事詳。若固之序事，不激詭，不抑抗，贍而不穢，詳而有體，使讀之亹亹而不厭，信哉其能成名也。彪、固譏遷，以爲是非頗謬於聖人。然其論議常排死節，否正直，而不叙殺身成仁之爲美，則輕仁義，賤守節愈矣。固傷遷博物洽聞，不能以智免極刑；然亦身陷大戮，知及之而不能守之[④]。嗚呼，古人所以致論於目睫[⑤]也！

---

① 永元二年，南單于出雞鹿塞擊北匈奴於河雲，大破之。

② 兢，原作"競"，據《後漢書》卷四十《班彪列傳》，中華書局1965年版改。

③ "其"後原有"事"字，據《後漢書》卷四十《班彪列傳》，中華書局1965年版删。

④ "而"後原有"仁"字，據《後漢書》卷四十《班彪列傳》，中華書局1965年版删。"知及之而不能守之"，孔子言"有智而不能自守其身"。《論語·衛靈公》："知及之，仁不能守之，雖得之，必失之。"

⑤ 目睫，眼睛能見毫毛，而不能見睫毛。比喻見遠不見近，見人而不自見。

史論[①]

蘇洵

遷、固史雖以事辭勝，然亦兼道與法而有之，故時得仲尼遺意焉。吾今擇其書有不可以文曉而可以意達者四，悉顯白之，其一曰“隱而彰”，其二曰“直而寬”，其三曰“簡而明”，其四曰“微而切”。

遷之傳廉頗也，議救閼與[②]之失不載焉，見之《趙奢傳》；傳酈食其也，謀撓楚權之謬[③]不載焉，見之《留侯傳》。固之傳周勃也，汗出洽背[④]之耻不載焉，見之《王陵傳》；傳董仲舒也，議和親之疏不載焉，見之《匈奴傳》。夫頗、食其、勃、仲舒，皆功十而過一者也。苟列一以疵十，後之庸人必曰：“智如廉頗，辯[⑤]如酈食其，忠如周勃，賢如董仲舒，而十功不能贖一過。”則將苦其難而怠矣。是故本傳晦之，而他傳發之，則其與善也，不亦隱而彰乎？

遷論蘇秦[⑥]，稱其智過人，不使獨蒙惡聲；論北宫伯子[⑦]，多其愛人長者。固贊張湯[⑧]，與其推賢揚善；贊酷吏，人有所褒，不獨暴其惡。夫秦、伯子、湯、酷吏，皆過十而功一者也。苟舉十以廢一，後之凶人必曰：“蘇秦、北宫伯子、張湯、酷吏，雖有善不録矣，吾復何望哉？”是窒其

---

① 本文見載《蘇老泉嘉祐集》卷八。本文爲蘇洵所作《史論》中、下篇。

② 閼與，戰國時韓邑，後屬趙。公元前 270 年，趙將趙奢率軍在此擊敗秦軍。

③ 謀撓楚權之謬，指酈食其奉劉邦之命勸降齊王，事成，韓信妒其功，乃率兵攻齊，酈食其亦被齊王烹食。

④ 汗出洽背，《漢書》卷四十《王陵傳》，“汗出洽背，愧不能對。”

⑤ 辯，原作“辨”，據《蘇老泉嘉祐集》卷八，國家圖書館藏明刻本改。

⑥ 蘇秦，字季子，洛陽（今河南洛陽）人，戰國時期著名的縱横家。

⑦ 北宫伯子，漢文帝劉恒所寵幸的宦官，生性忠厚，其人愛護他人，恭謹厚道。

⑧ 張湯，京兆杜陵（今陝西西安）人，西漢時期酷吏。

自新之路，而堅其肆惡之志者也。故於傳詳之，於論於贊復明之，則其懲惡也，不亦直而寬乎？

遷表十二諸侯，首魯訖吳，實十三國，而越不與焉。夫以十二名篇，而載國十三，何也？不數吳也。皆諸侯耳，獨不數吳，何也？用夷禮也。不數而載之，何也？周裔而霸盟上國也。《春秋》書哀七年，公會吳於鄫[①]；書十二年，公會吳于櫜皋[②]；書十三年，公會晋侯及吳子於黄池[③]，此其所以雖不數而猶獲載也。若越區區於南夷，豺狼狐狸之與居，不與中國會盟以觀華風，而用夷俗之名以赴，故君子即其自稱以罪之。《春秋》書定五年，於越入吳；書十四年，於越敗吳于檇李，書哀十三年於越入吳。此《春秋》所以夷狄畜之也。苟遷舉而措之諸侯之末，則西戎獫狁亦或庶乎其間。是以絶而棄之，將使後之人君觀之，曰："不知中國禮樂，雖勾践之賢，猶不免乎絶与棄。"則其賤夷也，不亦簡而明乎？

固之表八而王侯六。書其人也，必曰某土某王若侯[④]某，或功臣外戚則加其姓，而首目之曰號謚姓名。此異姓列侯之例也。諸侯王其目止號謚，豈以其尊，故不曰名之耶？不曰名之而實名之，豈以不名則不著耶？此同姓諸侯王之例也。王子侯其目爲二，上則曰號謚名名之，而曰名之，殺一等矣。此同姓列侯之例也。及其下則曰號謚姓名。夫以同姓列侯而加之異姓之例，何哉？察其故，蓋元始之間，王莽僞褒宗室而封之者也，非天子親親而封之者也。宗室，天子不能封，而使王莽封之，故從異姓例，亦示天子不能有其同姓也。將使後之人君觀之，曰："權之歸於臣，雖同姓不能有，名器誠不可假人矣。"則其防僭也，不亦微而切乎？

---

① 鄫，古國名，春秋時鄭的一個附庸國，在今河南商丘。

② 櫜皋，地名，在今安徽巢湖。

③ 黄池，地名，在今安徽馬鞍山。

④ 侯，原作"後"，據《蘇老泉嘉祐集》卷八，國家圖書館藏明刻本改。

噫！隱而彰，則後人樂得爲善之利；直而寬，則後人知有悔過之漸；簡而明，則人君知中國禮義之爲貴；微而切，則人君知强臣專制之爲患。用力寡而成功博，其能爲《春秋》繼，而使後之史無及焉者，以是夫！

或問："子之論史，鉤抉仲尼、遷、固潛法隱義，善矣。仲尼則非吾所可評，吾惟意遷、固非聖人，其能如仲尼，無一可指之失乎？"曰：遷喜雜説，不顧道所可否。固貴諛僞，賤死義。大[①]者此既陳議矣，又欲寸量銖稱以摘其失，則煩不可舉，今姑告爾其尤大彰明者焉。

遷之辭淳健簡直，足稱一家，而乃裂取六經傳記，雜於其間，以破碎汩亂其體。五帝三代《紀》，多《尚書》之文。齊、魯、晋、楚、宋、衛、陳、鄭、吴、越《世家》，多《左傳》《國語》之文。《孔子世家》《仲尼弟子傳》，多《論語》之文。夫《尚書》《左傳》《國語》《論語》之文，非不善也，雜之則不善也。今夫繡繪錦縠，衣服之[②]窮美者也，尺寸而割之，錯而紉之以爲服，則綈繒[③]之不若。遷之書，無乃類是乎？其《自叙》曰"談爲太史公"，又曰"太史公遭李陵之禍"，是與父無異稱也。先儒反謂固没彪之名，不若遷讓美於談。吾不知遷於紀、於表、於書、於世家、於列傳，所謂"太史公"者，果其父耶，抑其身耶？此遷之失也。

固贊漢自創業至麟止之間，襲蹈遷論以足其書者過半。且褒賢貶不肖，誠己意也。盡己意而已，今又剽他人之言以足之。彼既言矣，申言之何益？及其傳遷、揚雄，皆取其自叙，屑屑然曲記其世系。固於他載，豈若是之備哉？彼遷、雄自序可也，己因之，非也。此固之失也。

---

① 大，原作"六"，據《蘇老泉嘉祐集》卷八，國家圖書館藏明刻本改。

② "之文"至"衣服之"，原爲小字注，據文意並《蘇老泉嘉祐集》卷八，國家圖書館藏明刻本，當爲正文。

③ 綈繒，指粗厚的絲織品。

或曰："遷、固之失既爾，遷、固之後，爲史者多矣，范曄、陳壽實巨擘焉，然亦有失乎？"曰：烏免哉！曄之史之傳，若《酷吏》《宦者》《列[1]女》《獨行》，多失其人。間有甚者，董宣[2]以忠毅，概之《酷吏》。鄭衆[3]、吕强[4]以廉明直諒，概之《宦者》。蔡琰以忍耻妻胡，概之《列女》。李善、王忳[5]以深仁厚義，概之《獨行》。與夫前書張湯不[6]載於《酷吏》，《史記》姚、杜、仇、趙[7]之徒，不載於《游俠》，遠矣。又其是非頗與聖人異，論竇武、何進，則戒以宋襄之違天[8]；論西域，則惜張騫、班勇[9]之遺佛書，是欲將相苟免以爲顺天乎？中國叛聖人以奉戎神乎？此曄之失也。

壽之志《三國》也，紀魏而傳吴、蜀。夫三國鼎立稱帝，魏之不能有吴、蜀，猶吴、蜀之不能有魏也。壽獨以帝當魏，而以臣視吴、蜀。吴、蜀於魏，何有而然哉？此壽之失也。

噫！固譏遷失而固亦未爲得，曄譏固失而曄益甚，至壽復爾。史之才誠難矣！後之史，宜以是爲監，無徒譏之也。

---

① 列，原作"烈"，據《蘇老泉嘉祐集》卷八，國家圖書館藏明刻本改。

② 董宣，字少平，東漢陳留（今河南開封）人，執法嚴厲，京城豪族貴戚懼之。

③ 鄭衆，字季産，南陽犨（今屬河南）人，漢和帝時宦官，不依附外戚，忠於皇帝。

④ 吕强，字漢盛，河南成皋（今河南滎陽）人，漢靈帝時宦官。

⑤ 王忳，原作"王仲"，據《後漢書》卷八十一《獨行列傳》改。王忳，字少林，東漢廣漢新都（今屬四川）人。

⑥ 不，原作"下"，據《蘇老泉嘉祐集》卷八，國家圖書館藏明刻本改。

⑦ "姚、杜、仇、趙"，《史記》卷一百二十四《游俠列傳》："至若北道姚氏，西道諸杜，南道仇景，東道趙他、羽公子，南陽趙調之徒，此盗跖居民間者耳，曷足道哉！"

⑧ 宋襄之違天，指宋國本爲一小國，宋襄公却圖謀稱霸，最終失敗之事。

⑨ 班勇，字宜僚，扶風平陵（今陝西咸陽）人，班超少子，東漢將領，著有《西域記》。

論前漢書[①]

晁氏

晁氏曰：後漢玄武司馬[②]班固續司馬遷《史記》，撰十二帝紀、八年表、十本志、七十列傳。起高祖，終於王莽之誅，二百三十九年，凡八十餘萬字。固既瘐死[③]，書頗散亂。章帝令其妹曹世叔妻昭，就東觀緝校，内八表、《天文志》皆其補也。唐太宗子承乾令顔師古考衆説爲之注。范曄譏固飾主闕，蓋亦不然，其贊多微文，顧讀者弗察耳。劉知幾又詆其《古今人物表》無益於漢史。此論誠然，但非固之罪也。至謂受金鬻笔，固雖諂附匪人，亦何至是歟？然識者以固書皆因司馬遷、王商、揚雄、歆、向舊文潤色之，故其文章首尾皆善，而中間頗冗瑣，良由商之才視數子微劣耳。固之自叙稱述者，豈亦謂有所本歟？

論西漢書[④]

鄭樵

夾漈[⑤]鄭氏曰：班固，浮華之士，全無學術，專事剽竊。肅宗[⑥]問以

---

① 本文見載晁公武《郡齋讀書志》卷二上。

② 玄武司馬，官名，漢代主管宫城玄武門之官。《後漢書》卷三十五《張曹鄭列傳》："玄武司馬，主玄武門，《續漢志》云：'宫掖門，每門司馬一人，秩比千石也。'"

③ 瘐死，囚犯在獄中因饑寒而死。瘐，原作"廋"，據晁公武《郡齋讀書志》卷二上，《四部叢刊》本改。

④ 本文當爲卜氏據《文獻通考》卷一百九十一《經籍考》轉録。又見載鄭樵《通志》總序。

⑤ 夾漈，夾漈山，在今福建莆田西北。

⑥ 肅宗，漢章帝劉炟。

制禮作樂之事，固對以在京諸儒必能知之。儻臣鄰皆如此，則顧問何取焉？及諸儒各有所陳，惟竊叔孫通十二篇之儀以塞白而已。儻臣鄰皆如此，則奏議何取焉？肅宗知其淺陋，故語竇憲曰："公愛班固而忽崔駰[①]。此葉公之好龍也。"固於當時已有定價，如此人才，將何著述？

《史記》一書，功在十表。猶衣裳之有冠冕，木水之有本源。班固不通旁行，却以古今人物强立等差，且謂漢紹堯運，自當繼堯，非遷作《史記》，厠於秦、項，此則無稽之談也[②]。由是斷漢爲書，是致周、秦不相因，古今成間隔。自高祖至武帝凡六帝之前，盡竊遷書，不以爲慚；自昭帝至平帝，凡六世之後，資於賈逵[③]、劉歆，復不以爲耻；况又有曹大家終篇，則固之自爲書也幾希。往往出固之胸中者，《古今人表》耳。他人無此謬也，後世衆史修書，道旁築室，掠人之文，竊鐘掩耳，皆固之作俑也。

固之事業如此，後來史家奔走班固之不暇，何能測其深淺？遷之於[④]固，如龍之於猪，奈何諸史棄遷而用固，劉知幾之徒尊班而抑馬。且善學司馬遷者莫如班彪。彪續遷書，自武昭至於後漢，欲令後人之續己，如己之續遷，既無衍文，又無絶緒，世世相承，如出一手，善乎其繼志也。其書不可得而見，所可見者，元成二帝贊耳，皆於本紀之外，别記所聞，可謂深入太史公之奥閫矣。凡《左氏》之有"君子曰"者，皆經之新意；《史記》之有"太史公曰"者，皆史之外事，不爲褒貶也；間有褒貶者，褚先生之徒雜之耳。且紀傳之中，既載褒貶善惡，足爲監戒，

---

① 崔駰，漢涿郡安平（今河北安平）人，通諸經。

② 談也，原爲小字注，據《文獻通考》卷一百九十一《經籍考》，中華書局2011年版，當爲正文。

③ 賈逵，字景伯，東漢扶风平陵（今陕西咸陽）人。

④ 之於，原爲小字注，據《文獻通考》卷一百九十一《經籍考》，中華書局2011年版，當爲正文。

何必紀傳之後更加褒貶？此乃諸生決科之文，何施於著述？殆非遷、彪之意。況謂爲贊，豈有貶[①]詞。後之史家，或謂之“論”，或謂之“序”，或謂之“銓”，或謂之“評”，皆效班固，臣不得不劇論固也。

古今人表論

楊慎[②]

班史《古今人表》，予反復論之，其謬有四：一曰識鑒之謬，二曰荒略之謬，三曰名義之謬，四曰妄作之謬。夫傳道者曾子，乃列於冉、閔、仲弓[③]之下，蓋不知曾子不與四科之故也。首霸者齊桓，乃居於四公之次，蓋不知五伯莫盛於桓、文之説也。魯隱列於下下，而葛伯[④]反在上中。若以讓桓爲行善而未盡，彼廢祀仇餉者，惡未極乎？嫪毐列於中下，而於陵仲子[⑤]與之同等。若以好名者誠非中道，彼淫穢叛逆者，尚可齒乎？此其識見之謬也。夔，后夔[⑥]也，居夔於上下，出后夔於下上；韋，豕韋也，置韋於下上，列豕韋於上下，是以一人而二之。鄢無恤與王良並著，范武子[⑦]與士會具垂，是舉名、謚而離之，此其荒略之謬也。玆二謬者，古今嘗論之，見於張晏[⑧]、羅泌之書，然猶就有成籍而讁之爾。若

---

① 貶，原作“褒”，據《文獻通考》卷一百九十一《經籍考》，中華書局2011年版改。

② 楊慎，字用修，號升菴，明四川新都（今四川成都）人，著有《升菴文集》《升菴外集》《丹鉛總録》等。本文見載《升菴文集》卷五。

③ 仲弓，即冉雍，字仲弓，春秋末期魯國陶（今山東定陶）人。

④ 葛伯，夏朝時葛國國君。葛國，古地名，今河南寧陵北。

⑤ 於陵仲子，指陳仲子，齊人。於陵，古地名，今山東周村及鄒平東南。

⑥ 后夔，舜的掌樂官。

⑦ 范武子，名會，字季，春秋時期晉國大夫。

⑧ 張晏，原作“張宴”，據《升菴文集》卷五《古今人表論》，明萬曆十年刻本改。

其名義、妄作之謬，則未有及之者也。

予以爲固作《漢書》，紀漢事也，鴻荒以來非漢家之宇，上古群佐非劉氏之臣，乃總古今以著《人表》，既已乖其名，復自亂其體，名義謬矣。有仲尼之聖，然後可以裁定前人、憲章後世，然而六經之述，必待晚年。固，何人也，而高下古今之人乎？依阿人螭，自取天憲，使其自署[①]，當在何等？身陷於重淵之下，而抗論於逵霄之上，誰其信哉？昔荀卿論十二子，一時人爾，識者猶或非之，固又豈卿儔哉？謂之妄作可也。大謬若此，而古人之論曾不及之，豈以爲不足論[②]乎？班史文詞，世所深好，蓋有愛之忘其醜者矣。注家之說曰："六家之論，輕重不同，百行所存，趨舍難一，班史[③]所論，未易掎摭。"陋哉顏氏，誠班氏之妄臣乎！

正史漢得失論

陳仁子[④]

古之修史多出家學，司馬遷、班固及姚思廉、李延壽，皆父子論撰，數十年方成。蓋講明是非，貫穿本末，非一人一日之力。遷史必推司馬談，固論必述司徒椽班彪，尊家學也。雖然，二家得失互有不同。王充

---

① 署，原作"置"，據《升菴文集》卷五《古今人表論》，明萬曆十年刻本改。

② 足論，原爲小字注，據《升菴文集》卷五《古今人表論》，明萬曆十年刻本，當屬正文。

③ 史，原脱，據《升菴文集》卷五《古今人表論》，明萬曆十年刻本補。

④ 陳仁子，字同俌，號古迂，宋末學者，著有《牧萊脞語》《文選補遺》。本文見載《文選補遺》卷二十一。

著書，既申班[①]而屈馬；張輔持論，又劣固而優遷。[②]今班氏譏遷先黄老後六經，退處士進姦雄；及傅玄貶固，又云論國體則飾主缺而折忠臣，叙世教則貴取容而賤直節，述時務則謹辭章而略事實。何也？遷刑，固亦死，談何易哉！

後漢書叙例

余靖[③]

景祐元年九月，秘書丞余靖上言："國子監所印《兩漢書》，文字舛譌，恐誤後學，臣謹參括衆本，旁據他書，列而辯之，望行刊正。"詔送翰林學士張觀[④]等詳定聞奏，又命國子監直講王洙[⑤]與靖偕赴崇文院讎對。

謹按，後漢明帝詔班固、陳宗、尹敏、孟冀作《世祖本紀》及《建武時功臣列傳》。後有劉珍、李充雜作建武已後至永初間紀傳。[⑥]又命伏無忌、黄景作《諸王》《王子恩澤侯表》并《單于》《西羌》《地理

① 申班，原爲小字注，據《文選補遺》卷二十一，當爲正文。

② 劉知幾《史通》卷七《鑒識》："王充著書，既甲班而乙馬；張輔持論，又劣固爾優遷。"原注："王充謂彪文義浹備，紀事詳贍，觀者以爲甲，以太史公爲乙也。張輔《名士優劣論》：'世人稱司馬遷、班固之才優劣，多以班爲勝。余以爲史遷叙三千年事，五十萬言，班固叙二百年事，八十萬言。煩省不敵，固之不如遷必矣。'"王充，字仲任，東漢會稽上虞（今屬浙江）人，著有《論衡》等。張輔，字世偉，東漢南陽西鄂（今屬河南）人。

③ 余靖，字安道，號武溪，北宋韶州曲江（今廣東韶關）人。天聖二年進士，官至刑部尚書，謚曰"襄"，後人尊稱忠襄公，著有《武溪集》。本文見載《余襄公奏議》卷上。

④ 張觀，字思正，北宋絳縣（今山西運城）人。

⑤ 王洙，字原叔，北宋應天府（今河南商丘）人，著有《王氏談録》。

⑥ 時爲安帝在位，奉鄧太后詔作。

志》。[1]又邊韶、崔寔、朱穆、曹壽作《皇后外戚傳》《百官表》及順帝功臣傳，成一百一十四篇，號曰《漢紀》。熹平[2]中，馬日磾、蔡邕、楊彪[3]、盧植續爲《東觀漢紀》。吴武陵太守謝承，作《漢書》一百三十卷。晋散騎常侍薛瑩作《後漢記》一百卷。泰始中，秘書丞司馬彪始取衆説，首光武，至孝獻，作《續漢書》。又散騎常侍華嶠删定《東觀記》，爲《漢後書》九十七篇。祠部郎謝沈[4]作《後漢書》一百二十二卷。秘書監袁山松[5]作一百卷。至宋，宣城太守范曄益集諸家，作十紀、十志、八十列傳，凡百篇；十志未成，曄被誅。至梁世，有剡令劉昭者補成之。唐章懷太子賢招集當時學者，右庶子[6]張太安、洗馬劉訥言[7]、洛州司户參軍格[8]希玄、學士許叔牙[9]、成玄一、史藏諸、周寶寧等同注范曄《後漢書》，儀鳳初上之，詔付秘書省，傳之至今。

靖、洙悉取館閣諸本參校，二年九月校畢，凡增五百一十二字，損一百四十三字，改正四百一十一字。

---

① 時爲桓帝元嘉中。

② 熹平，原作“嘉平”，據《余襄公奏議》卷上改。

③ 楊彪，原作“楊劇”，據《史通通釋》卷十二《古今正史第二》，上海古籍出版社 2009 年版改。

④ 謝沈，字行思，會稽山陰（今浙江紹興）人，西晋文學家。

⑤ 袁山松，東晋陳郡陽夏（今河南太康）人，博學能文，著有《漢後書》。

⑥ 右庶子，屬官名。唐東宫右春坊之長官。

⑦ 劉訥言，曾爲太子洗馬兼侍讀。編集《誹諧集》以進太子賢，後太子被廢，劉氏坐事除名，流配振州而卒。

⑧ 格，原作“革”，據《新唐書》卷八十一《章懷太子賢傳》，中華書局 1975 年版改。

⑨ 許叔牙，字延基，唐代潤州句容（今江蘇鎮江）人。

後漢書注補志序

劉昭[①]

臣昭曰：昔司馬遷作《史記》，爰建八書，班固因廣，是曰十志。天人經緯，帝政紘維，區分源奧，開廓著述，創藏山之秘寶，肇刊石之遐貫，誠有繁於《春秋》，亦自敏於改作。

至乎永平，執簡東觀，紀傳雖顯，書志未聞。推檢舊記，先有地理，張衡欲存炳發，未有成功。《靈憲》精遠，天文已焕。自蔡邕大弘鳴條，寔多紹宣。協妙元卓，律曆以詳。承洽伯始，禮儀克舉。郊廟社稷，祭祀該明。輪騑冠章，車服贍列。於是應、譙[②]纘其業，董巴[③]襲其軌。司馬《續書》總爲八志，律曆之篇仍乎洪[④]、邕所構，車服之本即依董、蔡所立，儀祀得於往制，百官就乎故簿，並籍據前修，以濟一家者也。王教之要，國典之源，粲然略備，可得而知矣。既接繼班《書》，通其流貫，體裁淵深雖難踰等，序致膚約有傷懸越，後之名史，弗能罷意。叔駿[⑤]之書，是謂十典，矜緩殺青，竟亦不成。二子平業，俱稱麗富，華轍亂亡，典則偕泯，雅言邃義，於是俱絶。沈、松[⑥]因循，尤解功創，時改見句，非更搜求，加藝文以矯前棄，流書品採自近録，初平、永嘉圖籍焚喪，塵消煙滅，焉識其限？借南晋之新虚，爲東漢之故實，是以學者亦無取焉。

---

① 劉昭，字宣卿，南朝梁平原高唐（今山東禹城）人，著有《後漢書注》一百二十五卷。
② 應，應劭；譙，譙周。
③ 董巴，三國時魏國官員，著有《大漢輿服志》一卷。
④ 洪，劉洪，字元卓，東漢泰山蒙陰（今山東臨沂）人。
⑤ 叔駿，華嶠。
⑥ 沈，謝沈；松，袁山松。

范曄《後漢》，良誠跨衆氏，序或未周，志遂全闕。國史鴻曠，須寄勤閑，天才富博，猶俟改具。若草昧厥始，無相憑據，窮其身世，少能已畢。還有承考之言，固深資父之力，太初以前，班用馬《史》，十志所因，寔多往制，升入校部，出二十載，續志昭表，以助其間，成父述者，夫何易哉！况曄思雜風塵，心橈成毁，弗克員就，豈以兹乎？夫辭潤婉贍，可得起改，覈求見事，必應寫襲，故序例所論，備精與奪，及語八志，頗褒其美，雖出拔前群，歸相沿也。又尋本書當作《禮樂志》，其《天文》《五行》《百官》《車服》，爲名則同。此外諸篇，不著紀傳，《律曆》《郡國》，必依往式。曄遺書自序，應遍作諸志，《前漢》有者，悉欲備製，卷中發論，以正得失，書雖未明，其大旨也。層臺雲構，所缺過乎榱桷。爲山霞高，不終踰乎一壚。鬱絶斯作，吁可痛哉！徒懷纘緝，理慚鈎遠，迺借舊志，注以補之。狹見寡陋，匪同博遠，及其所值，微得論列。分爲三十卷，以合范《史》。求於齊工，孰曰文類。比兹闕恨，庶賢乎已。

昔褚先生補子長之削少，馬氏接孟堅之不畢，相成之義，古有之矣。引彼先志，又何猜焉！而歲代逾邈，立言湮散，義存廣求，一隅未覿，兼鍾律之妙，素揖校讎，參曆算之微，有慚證辨，星候秘阻，圖緯藏嚴，是須甄明，每用疑略，時或有見，頗邀傍遇，非覽正部，事乖詳密。今令行禁止，此書外絶，其有疏漏，諒不足誚。

范曄傳

沈約[①]

范曄，字蔚宗，順陽人，母如厠産之，額爲磚所傷，故以磚爲小字，出繼從[②]伯弘之，後襲封武興縣侯。少好學，博涉經史[③]，善爲文章，能隸書，曉音律。爲征南將軍檀道濟司馬，後爲吏部郎。元嘉九[④]年，彭城太妃薨，將葬，祖夕，僚故並集東府。曄與司徒左西屬王深夜酣飲，開北牖聽挽歌爲樂。彭城王義康大怒，左遷宣城太守。不得志，乃删衆家《後漢書》爲一家之作，至於屈伸榮辱之際，未嘗不致意焉。曄有雋才，而薄情淺行，數犯名教，爲士流所鄙。性躁競，自謂才用不盡，常怏怏不得志。既有逆謀，曄家樂器服玩並皆珍麗，妓妾亦盛飾，母住止單陋，唯有一[⑤]厨盛樵薪，冬無被，叔父單布衣。曄及黨與並伏誅，曄時年四十八。

曄性精微有思致，觸類[⑥]多善，衣裳器物，莫不增損制度，世人皆法學之。撰《和香方》[⑦]。

曄獄中與諸生侄書以自序，其略曰："吾少懶學問，年三十許始有尚

① 沈約，原作"陳壽"，據沈約《宋書》卷六十九《范曄傳》改。沈約，字休文，吴興郡武康縣（今浙江德清）人，歷任左僕射、中書令、尚書令等，南朝梁開國功臣，著有《晋書》《宋書》《齊紀》《梁武帝本紀》等。

② 從，原脱，據《宋書》卷六十九《范曄傳》，中華書局 1974 年版補。

③ 博涉經史，四字原脱，據《宋書》卷六十九《范曄傳》，中華書局 1974 年版補。

④ 九，原作"元"，據《宋書》卷六十九《范曄傳》，中華書局 1974 年版改。

⑤ 一，原作"二"，據《宋書》卷六十九《范曄傳》，中華書局 1974 年版改。

⑥ 類，原作"數"，據《宋書》卷六十九《范曄傳》，中華書局 1974 年版改。

⑦《和香方》，我國第一部香類專著，今已佚。據嚴可均《全上古三代秦漢三國六朝文》之《和香方・自序》可瞭解其概。

耳。自爾以來，轉爲心化，至於所通處，皆自得之胸懷。常謂情志所託，故當以意爲主，以文傳意。以意爲主，則其旨必見；以文傳意，則其辭不流。然後抽其芬華，振其金石耳。觀古今文人，多不全了此處。年少中，謝莊[①]最有其分，手筆差易，於文不拘韻故也。吾思乃無定方。既造《後漢》，轉得統緒，詳觀古今著述及評論，殆少可意者。班氏最有高名，既任情無例，唯志可推耳。博贍不可[②]及之，正理未必愧也。吾雜傳論，皆有精意深旨，至於《循吏》以下及《六夷》諸序論，筆勢縱放，實天下之奇作。其中合者，往往不減《過秦》篇。嘗共比方班氏所作，非但不愧之而已。欲遍作諸志，前漢所[③]有者悉令備。雖事不必多，且使見文得盡。又欲因事就卷内發論，以正一代得失，意不復果。贊自是吾文傑思，殆無一字空設，奇變不窮，同合異體，乃自不知所以稱之。此書行，故應有賞音者。紀、傳例爲舉其大略耳，諸細意甚多。自古體大而思精，未有此也。恐世人不能盡之[④]，多貴古賤今，所以稱情狂言耳。吾書雖小小有意，筆勢不快，餘竟不成就，每愧此名。"曄《自序》並實，故存之。

曄少時，兄晏常云："此兒進利，終破門户。"果如其言。

① 謝莊，字希逸，南朝宋陳郡陽夏（今河南周口）人。

② 不可，原作"可不"，據沈約《宋書》卷六十九《范曄傳》，中華書局1974年版改。

③ 所，原作"可"，據《宋書》卷六十九《范曄傳》，中華書局1974年版改。

④ 之，原作"知"，據《宋書》卷六十九《范曄傳》，中華書局1974年版改。

論後漢書

陳氏　葉氏[①]

陳氏曰：志三十卷，晋秘書監河内司馬彪紹統撰。梁剡令平原劉昭宣卿補注。曄本書，《隋》《唐志》皆九十七卷。今書紀、傳共九十卷，蓋未嘗有志也。劉昭所注，乃司馬彪《續漢書》之八志爾，序文固云范志今闕，乃借舊志注以補之。其與范氏紀、傳自别爲一書。其後，《紀》《傳》孤行，而《志》不顯。至本朝乾興初，判國子監孫奭始建議校勘，但云補亡補[②]闕，而不著其爲彪書也。《館閣書目》乃直以百二十卷併稱曄撰，益非是。今考章懷注所引稱《續漢志》者，文與今志同，信其爲彪書不疑。彪，晋宗室高陽王睦之長子，多所著[③]述，注[④]《莊子》及《九州春秋》之類是也。

水心葉氏曰：前漢雖有太史令司馬遷，以爲百年之間，遺文古事靡不畢集，紬石室金匱，自成一家。然朝廷之上，本無史官可考；班固亦不過綴緝所聞爲書，賴其時天下一家，風俗稍質，流傳[⑤]不至甚謬。要之，兩《書》之不可盡信者亦多矣。至後漢始有史官，東觀著説，前後相承，范曄所以能述史於二百年之後，由有諸家舊書也。然東漢雖有著記，而當時風俗之質則不如前漢，而所載多溢詞。又，胡廣、蔡邕父子

---

① 陳氏，指陳振孫。葉氏，葉適，字正則，號水心居士，温州永嘉（今浙江温州）人，南宋著名學者，永嘉學派代表人，著有《習學記言》等。本篇第一段節自陳振孫《直齋書録解題》卷四，第二段節自葉適《習學記言》卷二十六。

② 補，原作“惜”，據《直齋書録解題》卷四，清乾隆武英殿聚珍版叢書本改。

③ 著，原作“注”，據《直齋書録解題》卷四，清乾隆武英殿聚珍版叢書本改。

④ 注，原脱，據《直齋書録解題》卷四，清乾隆武英殿聚珍版叢書本補。

⑤ 傳，原作“轉”，據《文獻通考》卷一百九十一《經籍考》，中華書局 2011 年版改。

竟不能成書，故一代典章，終以放失。范曄類次齊整，用律精深，但見識有限，體致局弱，爲可恨耳。其序論欲於班固之上增華積靡，縷貼綺繡以就篇帙，而自謂“筆勢縱放，實天下之奇作”；蓋宋齊以來文字，自應如此，不足怪也。

史學要義第二卷

後學秀水卜大有　輯

男都鄰　侄曰義　男曰謀　校

上三國志注表

裴松之[①]

臣松之言：臣聞智周則萬里自賓，鑒遠則物無遺照。雖盡性窮微，深不可識，至於緒餘所寄，則必接乎麤迹。是以體備之量，猶曰好察邇言。畜德之厚，在於多識往行。伏惟陛下道該淵極，神超妙物，暉光日新，郁哉彌盛。雖一貫墳典，怡心玄賾，猶復降懷近代，博觀興廢。將以總括前蹤，貽誨來世。

臣前被詔，使采三國異同以注陳壽《國志》。壽書銓叙可觀，事多審正，誠游覽[②]之苑囿，近世之嘉史。然失在於略，時有所脱漏，臣奉旨尋詳，務在周悉，上搜舊聞，傍摭遺逸。按，三國雖歷年不遠，而事關漢晋，首尾所涉，出入百載，注記分錯，每多舛互。其壽所不載，事宜存録者，則罔不畢[③]取以補其闕；或同説一事而辭有乖雜，或出事本異，疑不能判，並皆抄内以備異聞；若乃紕謬顯然，言不附理，則隨違矯正以懲其妄。其時事當否及壽之小失，頗以愚意有所論辯。自就撰集，已垂期月，寫校始訖，謹封上呈。

竊惟繢事以衆色成文，蜜蜂以兼采爲味，故能使絢素有章，甘踰本質。臣實頑乏，顧慚二物，雖自罄勵，分絶藻繢，既謝淮南食時之敏[④]，

---

① 裴松之，字世期，河東郡聞喜縣（今屬山西）人，宋文帝時任中書侍郎，受命注解《三國志》，事迹見《宋書》卷六十四《裴松之傳》。本文見載陳壽《三國志》卷末。

② 游覽，原爲小字注，據文義並《三國志》附《上三國志注表》，中華書局1982年版，當爲正文。

③ 畢，原作“必”，據《三國志》附《上三國志注表》，中華書局1982年版改。

④ 淮南食時之敏，班固《漢書》卷四十四《淮南衡山濟北王傳》：“初，安入朝獻所作《内篇》，新出，上愛祕之。使爲《離騷傳》，旦受詔，日食時上。”

又微狂[①]簡斐然之作，淹留無成，祇穢翰墨，不足以上酬聖旨，少塞愆責。愧懼之深，若墜淵谷。謹拜表以聞，隨用流汗，臣松之誠惶誠恐，頓首頓首，死罪謹言。

陳壽傳[②]

唐太宗

陳壽字承祚，巴西安漢人也。少好學，師事同郡譙周。仕蜀爲觀閣令史。宦人黄皓，專弄威權，大臣皆曲意附之，壽獨不爲之屈，由是屢被譴黜。

遭父喪，有疾，使婢丸藥，客往見之，鄉黨以爲貶議。及蜀平，坐是沉滯者累年。司空張華[③]愛其才，以壽雖不遠嫌，原情不至貶廢，舉爲孝廉，除佐著作郎，出補陽平[④]令。撰《蜀相諸葛亮集》，奏之，除著作郎，領本郡中正。撰魏、吴、蜀《三國志》，凡六十五篇，時人稱其善叙事，有良史之才。夏侯湛[⑤]時著《魏書》，見壽所作，便壞己書而罷。張華深善之，謂壽曰："當以《晋書》相付耳。"其爲時所重如此。或云丁儀、丁廙有盛名於魏，壽謂其子曰："可覓千斛米見與，當爲尊公作佳傳。"丁不與之，竟不爲立傳。壽父爲馬謖參軍，謖爲諸葛亮所誅，壽父亦坐被髡，諸葛瞻又輕壽。壽爲亮立傳，謂"亮將略非長，無應敵之

---

① 微狂，原作"徵往"，據《三國志》附《上三國志注表》，中華書局 1982 年版改。

② 本文見載《晋書》卷八十二。

③ 張華，字茂先，西晋范陽方城（今河北固安）人，著有《博物志》。

④ 陽平，古地名，陽平關，在今陝西漢中。

⑤ 夏侯湛，字孝若，西晋沛國譙縣（今安徽亳州）人。

才”，言“瞻惟工[①]書，名過其實”。議者以此少之。

張華將舉壽爲中書郎，荀勖[②]忌華而疾壽，遂諷吏部遷壽爲長廣[③]太守。辭母老不就。杜預將之鎮，復薦之於帝，宜補黄散，由是授御史治書。以母憂去職。母遺言令葬洛陽，壽遵其志。又坐不以母歸葬，竟被貶議。初，譙周嘗謂壽曰：“卿必以才學成名，當被損折，亦非不幸也，宜深慎之。”壽至此再致廢辱，皆如周言。後數歲，起爲太子中庶子，未拜。元康七年病卒，時年六十五。

梁州大中正、尚書郎范頵[④]等上表曰：“昔漢武帝詔曰：‘司馬相如病甚，可遣悉取其書。’使者得其遺書，言封禪事，天子異焉。臣等按故治書侍御史陳壽作《三國志》，辭多勸誡，明乎得失，有益風化。雖文艷不若相如，而質直過之，願垂採録。”於是詔下河南尹、洛陽令就家寫其書。壽又撰《古國志》五十篇、《益都耆舊傳》十篇，餘文章傳於世。

論三國志[⑤]

晁氏　葉氏

晁氏曰：晋陳壽撰魏四紀、二十六列傳，蜀十五列傳、吴二十列傳。宋文帝嫌其略，命裴松之補注，博採群説，分入書中，其多過本書數倍。

---

① 工，原作“上”，據《晋書》卷八十二《陳壽傳》，中華書局 1974 年版改。

② 荀勖，字公曾，潁川潁陰（今河南許昌）人，西晋開國功臣，著有《中經新簿》。

③ 長廣，古地名，今山東青島、嶗山等地。

④ 范頵，原作“范郡”，據《晋書》卷八十二《陳壽傳》，中華書局 1974 年版改。范頵，西晋惠帝時任尚書郎。

⑤ 本文系據《文獻通考》卷一百九十一轉引。第一段見載《郡齋讀書志》卷二上，第二段見載《習學記言序目》卷二十八。

王通數稱壽書，今細觀之，實高簡有法，如不言曹操本生而載夏侯惇及淵於諸曹傳中，則見嵩[①]本夏侯氏之子。高貴鄉公[②]書卒，而載司馬昭之奏，則見公之不得其死也。他皆類此，但以魏爲紀，而稱漢吴曰傳，又改漢曰蜀，世頗譏其失。

水心葉氏曰：陳壽筆[③]高處逼司馬遷，方之班固，但少文義緣飾爾，要終勝固也。近世有謂《三國志》當更修定者，蓋見注所載尚有諸書不知，壽盡取而爲書矣，注之所載皆壽書之棄餘也，後生誦讀不詳，輕立議論，最害事。

晋書

唐太宗[④]

貞觀二十年詔曰："晋史有十八家[⑤]，雖存記注，才非良史，書虧實録，榮緒[⑥]煩而寡要，行思[⑦]勞而少功，叔寧[⑧]味同畫餅，子雲[⑨]學湮涸

---

① 嵩，曹嵩，曹操之父。

② 高貴鄉公，曹髦，字彦士，沛國譙縣（今安徽亳州）人，曹魏皇帝。

③ 筆，原作"最"，據葉適《習學記言序目》卷二十八《蜀志·總論》改。

④ 唐太宗，原作"唐書"，據宋敏求《唐大詔令集》卷八十一，中華書局 2008 年版改，題作"修晋書詔"。今又見載《晋書》附録，中華書局 1974 年版。

⑤ 十八家，唐代官修《晋書》之前流行的十八種晋代斷代史書的總稱，包括九家《晋書》與九家《晋紀》。

⑥ 榮緒，指臧榮緒。

⑦ 行思，指謝沈。

⑧ 叔寧，指虞預。

⑨ 子雲，指蕭子雲，字景喬，南朝梁東海蘭陵（今屬山東）人。

流，處叔[1]不預於中興，法盛[2]莫過於創業，洎乎干、陸、曹、鄧[3]，略記帝王，鸞、盛、廣、松[4]，纔編載祀，其文既野，其事罕有。”

晉載記序[5]

《晉書》

晉史曰：古者帝王乃生奇類，淳維、伯禹之苗裔，豈異類哉！反首衣皮，餐膻飲湩，而震驚中域，其來自遠。天未悔禍，種落彌繁。其風俗險詖，性靈馳突，前史載之，亦以詳備。軒帝患其干紀，所以徂征；武王竄以荒服，同乎禽獸。而於露寒之野，候月覘風，睹隙揚埃，乘間騁暴，邊城不得緩帶，百姓靡有室家。孔子曰：“微管仲，吾其被髮左衽矣。”此言能教訓卒伍，整齊車甲，邊場既伏，境内以安。然則燕築造陽之郊，秦塹臨洮之險，登天山，絕地脉，苞玄菟[6]，款黄河，所以防夷狄之亂中華，其備豫如此。

漢宣帝初納呼韓，居之亭鄣[7]，委以候望，始寬戎狄。光武亦以南庭數萬徙入西河，後亦轉至五原，連延七郡。董卓之亂，則汾晉[8]之郊蕭

① 處叔，指王隱。
② 法盛，指何法盛。
③ 干、陸、曹、鄧，即干寶、陸機、曹嘉之、鄧粲。
④ 鸞、盛、廣、松，即檀道鸞、孫盛、徐廣、裴松之。
⑤ 本文見載《晉書》卷一百一。
⑥ 玄菟，古郡名，漢武帝時置，後泛指邊塞要地。
⑦ 亭鄣，在邊境及關寨所置守望報警之設施。
⑧ 汾晉，指汾水流域。亦特指山西太原地區。

然矣。郭欽[1]騰牋於武帝，江統[2]獻策於惠皇，皆以爲魏處戎夷，繡居都鄙，請移沙塞之表，定一殷周之服。統則憂諸并部，欽則慮在盟津。言猶自口，劉淵[3]已至。語曰“失以毫釐”，晋卿大夫之辱也！聰之誓兵，東兼齊地；曜之馳旆，西踰隴山，覆没兩京，蒸徒百萬。天子陵江御物，分據地險，迴首中原，力不能救，劃長淮以北，大抵棄之。胡人利我艱虞，分鑣起亂；晋臣或阻兵遐遠，接武效尤。大凡劉淵以惠帝永興元年據離石稱漢。後九年，石勒據襄國稱趙。張氏[4]先據河西，是歲，自石勒後三十六年也，重華自稱凉王。後一年，冉閔[5]據鄴稱魏。後一年，苻[6]健據長安稱秦。慕容氏先據遼東稱燕，是歲，自苻健後一年也，儁[7]始僭號。後三十一年，後燕慕容垂據鄴。後二年，西燕慕容冲據阿房。是歲也，乞伏國仁據枹罕稱秦。後一年，慕容永據上黨。是歲也，吕光[8]據姑臧[9]稱凉。後十二年，慕容德據滑臺稱南燕。是歲也，秃髮烏孤[10]據廉川稱南凉，段業據張掖稱北凉。後三年，李暠據敦煌稱西凉。後一年，沮渠蒙遜殺段業，自稱凉。後四年，譙縱據蜀稱成都王。後二年，赫連勃勃據朔方稱大夏。後二年，馮跋殺離班，據知龍稱北燕。提封天下，十喪其八。莫不龍旌帝服，建社開祊，華夷咸暨，人物斯在。或篡通都之

---

① 郭欽，曾上書於晋武帝司馬炎陳述“五胡之患”，主張徙戎。

② 江統，字應元，一説元世、德元，陳留圉（今屬河南）人，西晋官吏。

③ 劉淵，字元海，新興（今山西忻州）人，乘西晋内亂在并州自立，稱漢王，建立漢國。

④ 張氏，張軌，字士彦，建立前凉政權。

⑤ 冉閔，字永曾，魏郡内黄（今河南内黄）人，十六國時期建立冉魏政權。

⑥ 苻，原作“符”，據《晋書》卷一百一，中華書局1974年版改。

⑦ 儁，慕容儁，字宣英，昌黎棘城（今遼寧義縣）人，鮮卑族，十六國時前燕开國皇帝。

⑧ 吕光，字世明，氐族，略陽（今甘肅天水）人，十六國時期後凉建立者。

⑨ 姑臧，古地名，一稱“蓋臧”，又名凉州、西凉，在今甘肅武威，五胡十六國中前凉、後凉的都城，號稱“五凉古都”。

⑩ 秃髮烏孤，河西鮮卑人，十六國時期南凉國建立者。

鄉，或擁數州之地，雄圖内卷，師旅外并，窮兵凶於勝負，盡人命於鋒鏑，其爲戰國者一百三十六載，抑淵爲之禍首云。

晋書

《唐書·藝文志》

《晋書》一百三十卷，房玄齡、褚遂良、許敬宗、來濟、陸元仕、劉子翼[①]、令狐德棻、李義府、薛元超[②]、上官儀、崔行功[③]、李淳風、辛丘馭、劉引之、陽仁卿、李延壽、張文恭、敬播、李安期、李懷儼、趙弘智等修，而名爲御撰。

諸儒論晋書[④]

晁氏　鄭樵

晁氏曰：貞觀中，以何法盛等十八家晋史未善，詔房喬[⑤]與褚遂良、許敬宗再加撰次，乃據臧榮緒書增損之，後又命李淳風、李義府、李延壽等十三人分掌著述，敬播四人考正類例。西晋四帝五十四年，東晋十一帝一百二年，又胡、羯、氐、羌、鮮卑割據中原，爲五涼、四

① 劉子翼，字小心，常州晋陵（今江蘇常州）人，唐時任弘文館學士等，預修《晋書》。

② 薛元超，名振，唐蒲州汾陰（今山西萬榮）人。

③ 崔行功，唐恒州井陘（今屬河北）人，參與《晋書》的校理、編寫。

④ 本篇係據《文獻通考》卷一百九十二《經籍考》轉録。第一段見載晁公武《郡齋讀書志》卷二，第二段見載鄭樵《通志·校讎略》。

⑤ 房喬，房玄齡。

燕、三秦、二趙、夏、蜀十六國，共成帝紀十，志二十，列傳七十，載記三十。例出於播，《天文》《律曆》，淳風專之；喬以《宣》《武紀》；陸機、王羲之《傳》論，上所自爲，故曰“制旨”，又總題“御撰”焉。按歷代之史，惟《晋》叢冗最甚，可以無譏，至於取沈約誕誣之説，采《語林》《世説》《幽明録》[①]《搜神記》，詭異謬妄之言，亦不可不辨。

夾漈鄭氏曰：“古者修書，出於一人之手，成於一家之學，班、馬之徒是也。至唐始用衆手，《晋》《隋》二書是也。然亦隨其學術所長者而授之，未嘗奪人之所能而强人之所不能。如李淳風、于志寧[②]之徒，則授以志；如顔師古、孔穎達之徒，則授以紀傳。以顔、孔博通古今，于[③]、李明天文、地理、圖籍之學，所以《晋》《隋》二志高於古今，而《隋志》尤詳明。”

習鑿齒傳[④]

唐太宗

習鑿齒，字彦威，襄陽人也。宗族富盛，世爲鄉豪。鑿齒少有志氣，博學洽聞，以文筆著稱，荆州刺史桓温辟爲從事，江夏相袁喬[⑤]深器之，

---

① 《幽明録》，南朝宋劉義慶門客所撰，一本志怪小説集。

② 于志寧，字仲謐，雍州高陵（今陕西西安）人，官至光録大夫。

③ 于，原脱，據《文獻通考》卷一百九十二《經籍考》，中華書局 2011 年版補。《通志・校讎略》同。

④ 本篇今見載《晋書》卷八十二。

⑤ 江夏，今湖北武漢。喬，原作“橋”，據《晋書》卷八十三《袁喬傳》改。袁喬，字彦叔，陳郡陽夏（今河南太康）人。

數稱其才於温，轉西曹主簿，親遇隆密，爲滎陽太守。

是時温覬覦非望[①]，鑿齒在郡著《漢晋春秋》以裁正之。起漢光武，終於晋愍帝。於三國之時，蜀以宗室爲正，魏武雖受漢禪晋，尚爲篡逆，至文帝[②]平蜀，乃爲漢亡而晋始興焉。引世祖諱炎興而爲禪受，明天心不可以勢力强也。凡五十四卷。

俄以疾歸襄陽，尋而襄、鄧反正[③]，朝廷欲徵習鑿齒，使典國史，會卒，不果。臨終上疏曰：臣每謂皇晋宜越魏繼漢，不應以魏後爲三恪。而身微官卑，無由上達，懷抱愚情三十餘年，今沉淪重疾，微命難保。謹力疾著論一篇，寫上如左。願陛下考尋古義，求經常之表，超然遠覽，不以臣微賤廢其所言。論曰：或問："魏武帝功蓋中夏、文帝受禪於漢，而吾子謂漢終有晋，豈實理乎？且魏之見廢，晋道亦病，晋之臣子寧可以同此言哉？"答曰："此乃所以尊晋也。昔漢氏失御，九州殘隔，三國乘間，鼎峙數世。干戈日尋，流血百載。雖各有偏平，而其實亂也。先帝勢逼當年，力制魏氏，蠖屈從時，遂羈戎役，晦明掩耀，龍潛下位，俛眉重足，鞠躬屏息，道有不容之難，躬蹈履霜之險，可謂危矣！魏武既亡，大難獲免，始南擒孟達[④]，東蕩海隅，西抑勁蜀，旋撫諸夏，摧吴人入侵之鋒，掃曹爽見忌之黨，植靈根以跨中嶽，樹群才以翼子弟，命世之志既恢，非常之業亦固。景、文[⑤]繼之，剋伐貳違，以定厥庸，席卷梁益，奄征西極。至於武王，遂并强吴，混一宇宙，乂清四海，同軌二漢。除三國之大害，静漢末之交争，開九域之蒙晦，定千

① 非望，非分的希望，指桓温時有不臣之心。

② 文帝，司馬昭。

③ 襄、鄧，襄陽和鄧州。反正，復歸正道。是時襄陽爲苻堅所占，"反正"指襄陽和鄧州復歸東晋。

④ 孟達，字子度，扶風（今屬陝西）人，三國時期蜀漢將領。

⑤ 景、文，指司馬師和司馬昭。西晋建立後，司馬師被追謚爲景皇帝，司馬昭被追謚爲文皇帝。

載之盛功者，皆司馬氏也。而推魏繼漢，以晋承魏，比義唐虞，自託純臣，豈不惜哉！

“今若以魏有代王之德，則其道不足；有静亂之功，則孫劉鼎立。道不足則不謂制當年，當年[①]不制於魏，則魏未曾爲天下之主。昔共工伯有九州，秦政奄平區夏，鞭撻華戎，專總六合，猶不見序於帝王，淪没於戰國，何况暫制數州之人，威行境内而已，便可推爲一代者乎！若以晋嘗事魏，懼傷皇德，拘惜禪名，謂不可割，則惑之甚者也。何者？隗囂據隴，公孫[②]帝蜀，蜀隴之人雖服其役，取之大義，於彼何有！且吴楚僭號，周室未亡，子文[③]、延陵不見貶絶。宣帝[④]官魏，逼於性命，舉非擇木，何虧[⑤]德美。禪代之義，不同堯舜，校實定名，必彰於後。人各有心，事胡可掩！定空虚之魏以屈於己，孰若杖義而以貶魏哉！夫命世之人正情遇物，假之際會，必兼義勇。宣皇祖考立功於漢，世篤爾勞，思報亦深。魏武超越，志在傾主，德不素積，義險冰薄，宣帝與之，情將何重！雖形屈當年，意申百世，降心全己，憤慨於下，固非道服北面，有純臣之節，畢命曹氏，亡濟世之功者也。

“夫成業者係於所爲，不係所藉；立功者言其所濟，不言所起。是故漢高稟命於懷王，劉氏乘斃於亡秦，超二僞以遠嗣，不論近而計功，考五德於帝典，不疑道於力政，季無承楚之號，漢有繼周之業，取之既美，而己德亦重故也。凡天下事有可借喻於古以曉於今，定之往昔而足爲來證者。當春秋之時，吴楚二國皆僭號之王也。若使楚莊推鄢郢以尊有德，

---

① 兩個“當年”原爲小字注，據文義及《晋書》卷八十二《習鑿齒傳》，中華書局 1974 年版，當爲正文。

② 公孫，公孫述，字子陽，漢扶風茂陵（今陝西興平）人。

③ 子文，鬬穀於菟，字子文，春秋時楚國令尹。

④ 宣帝，司馬懿。

⑤ 虧，原作“休”，據《晋書》卷八十二《習鑿齒傳》，中華書局 1974 年版改。

闔閭舉三江以奉命世，命世之君、有德之主，或藉之以應天，或撫之而光宅，彼必自係於周室，不推吴楚以爲更代明矣。况積勛累功，静亂寧衆，數之所録，衆之所與，不資於燕噲之授，不賴於因藉之力，長轡廟堂，吴蜀兩斃，運奇二紀而平定天下，服魏武之所不能臣，蕩累葉之所不能除者哉！

“自漢末鼎沸五六十年，吴魏犯順而强，蜀人杖正而弱，三家不能相一，萬姓曠而無主。夫有定天下之大功，爲天下之所推，孰如見推於闇人，受尊於微弱？配天而爲帝，方駕於三代，豈比俛首於曹氏，側足於不正？即情而恒實，取之而無慚，何與詭事而託僞，開亂於將來[①]者乎？是故故舊之恩可封魏後，三恪之數不宜見列。以晋承漢，功實顯然，正名當事，情體亦厭，又何爲虚尊不正之魏而虧我道於大通哉！

“昔周人詠祖宗之德，追述翦商之功；仲尼明大孝之道，高稱配天之義。然后稷勤於所職，聿來未以翦商，異於司馬氏仕乎曹族，三祖之寓於魏世矣。且夫魏自君之道不正，則三祖臣魏之義未盡。義未盡，故假塗[②]以運高略；道不正，故君臣之節有殊。然則弘道不以輔魏，而無逆取之嫌。高拱不勞汗馬，而有静亂之功者，蓋勛足以王四海，義可以登天位，雖我德慚於有周，而彼道異於殷商故也。今子不疑共工之不得列於帝王，不嫌漢之係周而不係秦。何至於一魏猶疑滯而不化哉！夫欲尊其君而不知推之於堯舜之道。欲重其國而反厝之於不勝之地，豈君子之高義！若猶未悟，請於是止矣。”

① 將來，原爲小字注，據《晋書》卷八十二《習鑿齒傳》，中華書局 1974 年版，當爲正文。
② 假塗，原爲小字注，據《晋書》卷八十二《習鑿齒傳》，中華書局 1974 年版，當爲正文。

干寶傳[①]

唐太宗

干寶字令升，新蔡[②]人也。少勤學，博覽書記，以才器召爲著作郎。平杜弢[③]有功，賜爵關内侯。

中興草創，未置史官，中書監王導上疏曰："夫帝王之迹莫不以書，著爲令典，垂之無窮。宣皇帝廓定四海，武皇帝受[④]禪於魏，至德大勛，等蹤上聖，而紀傳不存於王府，德音未被乎管絃。陛下聖明，當中興之盛，宜建立國史，撰集帝紀，上敷祖宗之烈，下紀佐命之勛，務以實録，爲後代之準，厭率土之望，悦人神之心，斯誠雍熙之至美，王者之弘基也。宜備史官，敕佐著作郎干寶等漸就撰集。"元帝納焉，寶於是始領國史。以家貧，求補山陰令，遷始安太守。王導請爲司徒長史，遷散騎常侍。著《晋紀》，自宣帝迄于愍帝，五十三年，凡二十卷，奏之。其書簡略，直而能婉，咸稱良史。

嘗作《晋紀總論》，曰：昔高祖宣皇帝以雄才碩量，應時而仕，值魏太祖創基之初，籌畫軍國，嘉謀屢中，遂服輿軫，驅馳三世。性深阻有若城府，而能寬綽以容納；行任數以御物，而知人善采拔，故賢愚咸懷，大小畢力爾。乃取鄧艾於農隙，引州泰[⑤]於行役，委以文武，各善其事。故能西禽孟達，東舉公孫淵，内夷曹爽，外襲王陵，神略獨斷，征伐四

---

① 本文見載《晋書》卷八十二。

② 新蔡，今河南新蔡。

③ 杜弢，字景文，蜀郡成都（今四川成都）人，西晋末年流民首領。

④ 帝受，原爲小字注，據《晋書》卷八十二《干寶傳》，中華書局 1974 年版，當爲正文。

⑤ 州泰，三國時南陽（今屬河南）人，官至征虜將軍假節都督江南諸軍事。

克，維御群后，大權在己。於是百姓與能，大象始構。世宗承基，太祖繼業，玄豐亂内，欽誕冠外，潜謀雖密，而在機必兆，淮浦再擾，而許洛不震；咸黜異圖，用融前烈。然後推轂鍾鄧，長驅庸蜀，三關電埽，而劉禪入臣，天符人事，於是信矣。始當非常之禮，終受備物之錫。至于世祖，遂享皇極。仁以厚下，儉以足用，和而不弛，寬而能斷，故民詠惟新，四海悦勸矣。聿修祖宗之志，思輯戰國之苦。腹心不同，公卿異議，而獨納羊祜[①]之策，杖王、杜[②]之决，役不二時，江湘來同。掩唐虞之舊域，班正朔於八荒，天下書同文，車同軌，牛馬被野，餘糧委畝，故于時有"天下無窮人"之諺。雖太平未洽，亦足以明吏奉其法，民樂其生矣。武皇既崩，山陵未乾，而楊駿被誅，母后廢黜。尋以二公、楚王之變，宗子無維城之助，師尹無具瞻之貴，至乃易天子以太上之號，而有免官之謡。民不見德，惟亂是聞，朝爲伊周，夕成桀蹠，善惡陷於成敗，毁譽脅於世利，内外混淆，庶官失才，名實反錯，天綱解紐。國政迭移於亂人，禁兵外散於四方，方岳無鈞石之鎮，關門無結草之固。李辰、石冰傾之於荆楊[③]，元海、王彌撓之於青冀[④]，戎羯稱制，二帝失尊，何哉？樹立失權，託付非才，四維不張，而苟且之政多也。

夫作法於治，其弊猶亂；作法於亂，誰能救之！彼元海者，離石[⑤]之將兵都尉；王彌者，青州之散吏也。蓋皆弓馬之士，驅走之人，非有

---

① 祜，原作"祐"，據《晋書》卷五《孝愍帝紀》，中華書局1974年版改。

② 王、杜，王浚和杜預。蕭統《文選》卷四十九："咸寧五年，龍驤將軍王浚上疏曰：'吴王荒淫，且觀時運，宜征伐。'上將許之。賈充、荀勖等陳諫以爲不可，張華固勸之，杜預亦上疏。上先納羊祜之謀，重以浚、預之决，乃發詔諸方大舉。"

③ 蕭統《文選》卷四十九："李辰、石冰二人晋末掠楊州刺史陳徽，起兵爲亂。"

④ 元海，劉淵。王彌，字子固，東萊（今山東萊州）人，西晋叛軍領袖，爲石勒所殺。

⑤ 離石，地名，在今山西吕梁。

吴先主、諸葛孔明[①]之能也；新起之寇，烏合之衆，非吴蜀之敵也；脱耒爲兵，裂裳爲旗，非戰國之器也；自下逆上，非鄰國之勢也。然而擾天下如驅群羊，舉二都如拾遺芥，將相王侯連頸以受戮，后嬪妃主虜辱於戎卒，豈不哀哉！天下，大器也；群生，重畜也。愛惡相攻，利害相奪，其勢常也。若積水於防，燎火于原，未嘗暫静也。器大者，不可以小道治；勢重者，不可以争競擾。古先哲王知其然也，是以扞其大患，禦其大災。百姓皆知上德之生己，而不謂浚己以生也，是以感而應之，悦而歸之，如晨風之鬱北林，龍魚之趣藪澤也。然後設禮文以理之，斷刑罰以威之，謹好惡以示之，審禍福以喻之，求明察以官之，尊慈愛以固之。故衆知向方，皆樂其生而哀其死，悦其教而安其俗。君子勤禮，小人盡力，廉耻篤於家閭，邪僻消於胸懷。故其民有見危以授命，而不求生以害義，又况可奮臂大呼，聚之以干紀作亂乎！基廣則難傾，根深則難拔，理節則不亂，膠結則不遷，是以昔之有天下者之所以長久也。夫豈無僻主，賴道德典刑以維持之也。

昔周之興也，后稷生於姜嫄，而天命昭顯，文武之功起於后稷。至於公劉，遭夏人之亂，去邰之豳，身服厥勞。至於太王，爲戎翟所逼，而不忍百姓之命，杖策而去之。故從之如歸市，一年成邑，二年成都，三年五倍其初。至于王季，能貊其德音。至于文王，而惟新其命。由此觀之，周家世積忠厚，仁及草木，内隆九族，外尊事黄耉[②]，以成其福禄者也。而其妃后躬行四教，尊敬師傅，服澣濯之衣，修煩辱之事，化天下以成婦道。是以漢濱之女，守潔白之志，中林之士，有純一之德，始

① 諸葛孔明，諸葛亮，字孔明，號卧龍，琅琊陽都（今山東沂南）人，三國時期蜀漢丞相，著有《出師表》《誡子書》。

② 《漢書》卷八十六《何武王嘉師丹傳》："師古曰黄耉老人之稱也，黄謂白髮落更生黄者也，耉老人面色不净如垢也。"

於憂勤，終於逸樂。以三聖之知，伐獨夫之紂，猶正其名教，曰逆取順守。及周公遭變，陳后稷先公風化之所由，致王業之艱難者，則皆農夫、女工、衣食之事也。故自后稷之始基靖民，十五王而文始平之，十六王而武始居之，十八王而康克安之。故其積基樹本，經緯禮俗，節理人情，恤隱民事，如此之纏綿也。

今晉之興也，功烈於百王，事捷於三代，宣景遭多難之時，誅庶孽以便事，不及修公劉、太王之仁也。受遺輔政，屢遇廢置，故齊王不明，不獲思庸於亳；高貴冲人，不得復子明辟也。二祖逼禪代之期，不暇待參分八百之會也。是其創基立本，異於先代者也。加以朝寡純德之人，鄉乏不貳之老，風俗淫僻，耻尚失所，學者以老莊爲宗而黜六經，談者以虛蕩爲辨而賤名檢，行身者以放濁爲通而狹節信，進士者以苟得爲貴而鄙居正，當官者以望空爲高而笑勤恪。是以劉頌屢言治道，傅咸每糾邪正，皆謂之俗吏；其倚仗虛曠，依阿無心者皆名重海內。若夫文王日旰不暇食，仲山甫夙夜匪懈者，蓋共嗤黜以爲灰塵矣。由是毀譽亂於善惡之實，情慝奔於貨欲之塗。選者爲人擇官，官者爲身擇利，而執鈞當軸之士，身兼官以十數。大極其尊，小録其要，而世族貴戚之子弟，陵邁超越，不拘資次。悠悠風塵，皆奔競之士，列官千百，無讓賢之舉。子真著《崇讓》而莫之省，子雅制九班而不得用。其婦女，莊櫛織紝皆取成於婢僕，未嘗知女工絲枲之業，中饋酒食之事也。先時而婚，任情而動，故皆不耻淫泆之過，不拘妒忌之惡，父兄不之罪也，天下莫之非也。又况責之聞四教於古，修貞順於今，以輔佐君子者哉！禮法刑政於此大壞，如水斯積而决其隄防，如火斯畜而離其薪燎也。國之將亡，本必先顛，其此之謂乎！故觀阮籍之行，而覺禮教崩弛之所由也。察庾純、賈充之争，而見師尹之多僻；考平吴之功，而知將帥之不讓；思郭欽之謀，而寤戎狄之有釁；覽傅玄、劉毅之言，而得百官之邪；核傅咸之奏、錢神之論，而睹寵賂之彰。民風國勢如此，雖以中庸之主治之，辛有必見之於祭祀，季札必得之於聲樂，范燮必爲之請死，賈誼[①]必爲之痛哭，又況我惠帝以放蕩之德臨之哉！懷帝承亂得位，羈於强臣，愍帝奔播之後，徒厠其虚名，天下之政既去，非命世之雄才不能取之矣！淳耀之烈未渝，故天命重集於中宗元皇帝。

上宋書表[②]

沈約

臣約言：臣聞大禹刊木，事炳虞書。西伯勘黎，功焕商典。伏惟皇基積峻，帝烈弘深，樹德往朝，立勛前代，若不觀風唐世，無以見帝嬀之美，自非睹亂秦餘，何用知漢祖之業。是以掌言[③]未記，爰動天情，曲詔史官，追述大典。臣實庸妄，文史多闕，以兹不才。對揚盛旨，是用夕惕載懷，忘其寢食者也。

臣約頓首死罪：竊惟宋氏南面，承歷統天，雖世窮八主，年減百載，而兵車亟動，國道屢屯，垂文簡牘，事數繁廣。若夫英主啓基，名臣建績，拯世夷難之功，配天光宅之運，亦足以勒銘鍾鼎，昭被方策。及虐后暴朝，前王罕二，國釁家禍，曠古未[④]書，又可以式規萬葉，作鑒於後。

宋故著作郎何承天始撰《宋書》，草立紀、傳，止於武帝功臣，篇牘未廣。其所撰志，唯《天文》《律曆》，自此外，悉委奉朝請山謙之。謙

---

① 賈誼，西漢洛陽（今河南洛陽）人，世稱賈生，著有《過秦論》《論積貯疏》等。

② 本文見載沈約《宋書》卷一百《自序》。

③ 掌言，即掌記，掌管記載國家大事官員。

④ 未，原作"永"，據《宋書》卷一百《自序》，中華書局1974年版改。

之，孝建[①]初，又被詔撰述，尋值病亡，仍使南臺侍御史蘇寶生續造諸傳，元嘉名臣，皆其所撰。寶生被誅，大明[②]中，又命著作郎徐爰踵成前作。爰因何、蘇所述，勒爲一史，起自義熙[③]之初，訖於大明之末。至於臧質[④]、魯爽[⑤]、王僧達[⑥]諸傳，又皆孝武所[⑦]造。自永光[⑧]以來，至於禪讓，十餘年内，闕而不續，一代典文，始末未[⑨]舉。且事屬當時，多非實録，又立傳之方，取捨乖衷，進由時旨，退傍世情，垂之方來，難以取信。臣今謹更創立，製成新史，自義熙肇號，終於昇明三年[⑩]。桓玄、譙縱、盧循、馬、魯之徒，身爲晋賊，非關後代。吴隱、謝混[⑪]、郗僧施，義止前朝，不宜濫入宋典。劉毅、何無忌、魏詠之、檀憑之、孟昶、諸葛長民，志在興復，情非造宋，今並刊除，歸之晋籍。

臣遠愧南、董，近謝遷、固，以閭閻小才，述一代盛典，屬辭比事，望古慚良，鞠躬跼蹐，靦汗亡厝。本紀、列傳繕寫已畢，合七帙[⑫]七十卷，臣今謹奏呈。所撰諸志，須成續上。謹條目録，詣省拜表奉書以聞。

臣約誠惶誠恐，頓首頓首。死罪死罪。

---

① 孝建，南朝宋孝武帝劉駿年號。
② 大明，南朝宋孝武帝劉駿年號。
③ 義熙，東晋安帝司馬德宗年號。
④ 臧質，字含文，東莞莒（今山東莒縣）人，南朝宋外戚。
⑤ 魯爽，小字女生，扶風郿縣（今陝西眉縣）人。初仕北魏，後爲劉宋將領。
⑥ 王僧達，南朝宋琅邪臨沂（今屬山東）人，官至中書令。
⑦ 武所，原爲小字注，據《宋書》卷一百《自序》，中華書局 1974 年版，當爲正文。
⑧ 永光，南朝宋廢帝劉子業年號。
⑨ 末未，原爲小字注，據《宋書》卷一百《自序》，中華書局 1974 年版，當爲正文。
⑩ 昇明三年，公元 479 年。
⑪ 謝混，字叔源，小字益壽，陳郡陽夏（今河南太康）人，東晋著名學者。
⑫ 七帙，原作“志表”，據《宋書》卷一百《自序》，中華書局 1974 年版改。

宋書志序 ①

沈約

左史記言，右史記事，事則《春秋》是也，言則《尚書》是也。至於楚《書》、鄭《志》、晋《乘》，楚《杌》之篇，皆所以照述前史，俾不泯於後。

司馬遷制一家之言，始區别名題，至乎禮儀、刑政，有所不盡，乃於紀傳之外，創立八書，片文隻事，鴻纖備舉。班氏因之，靡違前式，網羅一代，條流遂廣。《律曆》《禮樂》，其名不變，以《天官》爲《天文》，改《封禪》爲《郊祀》，易《貨殖》《平準》之稱，革《河渠》《溝洫》之名。綴孫卿之辭，以述《刑法》；采孟軻之書，用序《食貨》。劉向《洪範》，始自《春秋》，劉歆《七略》，儒墨異部，朱贛②博采風謡，尤爲詳洽，固並因仍，以爲三志。而《禮樂》疏簡，所漏者多，典章事數，百不記一。《天文》雖爲該舉，而不言天形，致使三天之説③紛然莫辨。是故蔡邕於朔方上書，謂宜載述者也。

漢興，接秦坑儒之後，典墳殘鈌，耆生碩老，常以亡逸爲慮。劉歆《七略》、固之《藝文》，蓋爲此也。河自龍門東注，横被中國，每漂决所漸，寄重灾深，堤築之功，勞役天下。且關、洛高塏，地少川源，是故鎬、酆、潦、潏④，咸入禮典。漳、滏、鄭、白⑤之饒，溝渠沾溉之利，皆

---

① 本文見載沈約《宋書》卷十一。

② 朱贛，西漢地理學家，著有《地理書》，爲班固《地理志》之本，後世方志之源。

③ 三天之説，我國古代記載天文（又稱渾儀）、周髀（又稱蓋天）、宣夜三家之説。

④ 鎬、酆、潦、潏，皆爲古代關中地區長安附近的水系。

⑤ 漳、滏、鄭、白，戰國時期修建的漳、滏十二磴及鄭渠、白渠。

民命之所祖，國以爲天，《溝洫》立志，亦其宜也。世殊事改，於今可得而略。

竊以班氏《律曆》，前事已詳，自楊偉改創《景初》[①]，而《魏書》缺志，及元嘉重造新法，大明博議回改[②]，自魏至宋，宜入今書。

班固《禮樂》《郊祀》，馬彪《祭祀》《禮儀》，蔡邕《朝會》，董巴《輿服》，並各立志。夫禮之所苞，其用非一，郊祭朝饗，匪云别事，旗章服物，非禮而何？今總而裁之，同謂《禮志》。《刑法》《食貨》，前説已該，隨流派别，附之紀傳。《樂經》殘缺，其來已遠，班氏所述，政抄舉《樂記》，馬彪《後書》，又不備續。至於八音衆器，並不見書，雖略見《世本》，所闕猶衆。爰及《雅》《鄭》，謳謡之節，一皆屏落，曾無概見。郊廟樂章，每隨世改，雅聲舊典，咸有遺文。又案今鼓吹鐃歌，雖有章曲，樂人傳習，口相師祖，所務者聲，不先訓以義。今樂府鐃歌，校漢魏舊曲，曲名時同，文字永異，尋文求義，無一可了。不知今之鐃章，何代曲也。今《志》自郊廟以下，凡諸樂章，非淫哇之辭，並皆詳載。

《天文》《五行》，自馬彪以後，無復紀録。何書自黄初之始，徐志肇義熙之元。今以魏接漢，式遵何氏。然則自漢高帝五年之首冬，暨宋順帝昇明二年[③]之孟夏，二辰六沴，甲子無差。聖帝哲王，咸有瑞命之紀，蓋所以神明寶位，幽贊禎符，欲使逐鹿弭謀，窺覬不作，握河括地，緑文赤字之書，言之詳矣。爰逮道至天而甘露下，德洞地而醴泉出，金芝玄秬之祥，朱草白鳥之瑞，斯固不可誣也。若夫衰世德爽，而嘉應不息，斯固天道茫昧，難以數推。亦由明主居上，而震蝕之灾不弭；百靈咸順，

① 魏明帝景初元年，尚書郎楊偉在《乾象曆》基礎上創立《景初曆》，同年起施行。
② 劉宋何承天撰《元嘉曆》，元嘉二十二年起施行。祖冲之撰《大明曆》，天監九年起施行。
③ 二年，原作“三年”，據《宋書》卷十一《志序》，中華書局 1974 年版改。

而縣象之應獨違。今立《符瑞志》，以補前史之闕。

地理參差，事難該辨，魏晋以來，遷徙百計，一郡分爲四五，一縣割成兩三，或昨屬荆、豫，今隸司[①]、兖，朝爲零、桂之土，夕爲廬、九之民，去來紛擾，無暫止息，版籍爲之渾淆，職方所以不能記。自戎狄内侮，有晋東遷，中土遺氓，播徙江外，幽、并、冀、雍[②]、兖、豫、青、徐之境，幽淪寇逆。自扶莫而裹足奉首，免身於荆、越者，百郡千城，流寓比室。人佇鴻雁之歌，士蓄懷本之念，莫不各樹邦邑，思復舊井。既而民單户約，不可獨建，故魏邦而有韓邑，齊縣而有趙民。且省置交加，日回月徙，寄寓遷流，迄無定託，邦名邑號，難或詳書。大宋受命，重啓邊隙，淮北五州，翦爲寇境，其或奔亡播遷，復立郡縣，斯則元嘉、泰始，同名異實。今以班固、馬彪二志，晋、宋《起居》，凡諸記注，悉加推討，隨條辨析，使悉該詳。

百官置省，備有前説，尋源討流，於事爲易。

元嘉中，東海何承天受詔纂《宋書》，其志十五篇，以續馬彪《漢志》，其證引該博者，即而因之，亦由班固、馬遷共爲一家者也。其有漏闕，及何氏後事，備加搜采，隨就補綴焉。淵流浩漫，非孤學所盡；足蹇途遥，豈短策能運。雖斟酌前史，備睹妍[③]嗤，而愛嗜異情，取捨殊意，每含毫握簡，杼軸忘餐，終亦不足與班、左並馳，董、南齊轡。庶爲後之君子削稿而已[④]焉。

---

① 司，原作“青”，據《宋書》卷十一《志序》，中華書局 1974 年版改。

② 雍，原作“雝”，據《宋書》卷十一《志序》，中華書局 1974 年版改。

③ 妍，原作“奸”，據《宋書》卷十一《志序》，中華書局 1974 年版改。

④ 已，原作“足”，據沈約《宋書》卷十一《志序》，中華書局 1974 年版改。

沈約傳[①]

姚思廉

約左目重瞳子，腰有紫志，聰明過人。好墳籍，聚書至二萬卷，京師莫比。少時孤貧，丐于宗黨，得米數百斛，爲宗人所侮，覆米而去。及貴，不以爲憾[②]，用爲郡部傳。嘗侍讌[③]，有妓師是齊文惠宫[④]人。帝問識座中客不？曰：“惟識沈家令。”約伏座流涕，帝亦悲焉，爲之罷酒。約歷仕三代，該悉舊章，博物洽聞，當世取則。謝玄暉[⑤]善爲詩，任彦昇[⑥]工於文章，約兼而有之，然不能過也。自負高才，昧於榮利，乘時藉勢，頗累清談。及居端揆，稍弘止足，每進一官，輒殷勤請退，而終不能去，論者方之山濤。用事十餘年，未嘗有所薦達，政之得失，唯唯而已。

初，高祖[⑦]有憾於張稷[⑧]，及稷卒，因與約言之。約[⑨]曰：“尚書左僕射出作邊州刺史，已往之事，何足復論。”帝以爲婚家相爲，大怒曰：“卿言如此，是忠臣邪？”乃輦歸内殿。約懼，不覺高祖起，猶坐如初。及還，未至床，而憑空頓於户下，因病，夢齊和帝以劍斷其舌。召巫視

① 本文見載姚思廉《梁書》卷十三。

② 憾，原作“怨”，據《梁書》卷十三《沈約傳》，中華書局 1973 年版改。

③ 讌，同“宴”，宴會、會飲。

④ 齊文惠，南朝齊文惠太子蕭長懋。宫，原作“時”，據《梁書》卷十三《沈約傳》，中華書局 1973 年版改。

⑤ 謝玄暉，謝朓，字玄暉，陳郡陽夏（今河南太康）人。南朝齊時著名詩人，世稱“小謝”。

⑥ 任彦昇，任昉，字彦昇，南朝梁文學家，著有《雜傳》《地記》。

⑦ 高祖，蕭衍。

⑧ 張稷，字工喬，吴郡吴縣（今江蘇蘇州）人，南朝梁開國功臣。

⑨ 言之約，三字原脱，據《梁書》卷十三《沈約傳》，中華書局 1973 年版補。

之，巫言如夢。乃呼道士奏赤章[①]於天，稱禪代之事，不由己出。高祖遣上省醫徐奘視約疾，還具以狀聞。先此，約嘗侍讌，值豫州獻栗，徑寸半，帝奇之，問曰："栗事多少？"與約各疏所憶，少帝三事。出謂人曰："此公護前，不讓即羞死。"帝以其言不遜，欲抵其罪，徐勉[②]固諫乃止。及聞赤章事，大怒，中使譴責者數焉，約懼，遂卒。有司謚曰文，帝曰："懷情不盡曰隱。"故改爲隱云。所著《晋書》百一十卷，《宋書》百卷，《齊紀》二十卷，《高祖紀》十四卷[③]，《邇言》十卷，《謚例》十卷，《宋文章志》三十卷，《文集》一百卷，皆行於世。又撰《四聲譜》，以爲在昔詞人，累千載而不寤，而獨得胸衿，窮其妙旨，自謂入神之作，高祖雅不好焉。帝問周捨曰："何謂四聲？"捨曰："天子聖哲是也。"然帝竟不遵用。

諸儒論宋書[④]

晁氏　葉氏

晁氏曰：梁沈約撰十本紀，三十志，六十列傳。齊永明[⑤]中，約奉詔爲是書，以何承天書爲本，旁采徐爰之説，頗爲精詳。但本志兼載魏晋，失於限斷。又王邵謂其喜造奇説，以誣前代，如琅琊王妃通小吏牛氏，

① 赤章，道家向天官禱告禳灾的章本。

② 徐勉，字修仁，東海郯城（今山東郯城）人，南朝梁文學家。

③ 卷，原脱，據姚思廉《梁書》卷十三《沈約傳》，中華書局 1973 年版補。

④ 本文當爲卜氏據《文獻通考》卷一百二十九《經籍考》轉録。第一段出自晁公武《郡齋讀書志》卷二《正史類》，第二段出自葉適《習學記言序目》卷三十一《南史》。

⑤ 永明，南朝齊武帝蕭賾年號。

生中宗[①]，孝武[②]於路太后處寢息，時人多有異議之類是也。後梁武帝知而不以爲非。嘉祐中，以《宋》《齊》《梁》《陳》《魏》《北齊》《周書》舛繆亡缺，始詔館職讎校。曾鞏等以秘閣所藏多誤，不足憑以是正，請詔天下藏書之家悉上異本，久之始集。治平中，鞏校定《南齊》《梁》《陳》三書上之，劉恕等上《後魏書》，王安國上《周書》。政和中，始皆畢，頒之學官，民間傳者尚少。未幾，遭靖康丙午之亂，中原淪陷，此書幾亡。紹興十四年，井憲孟[③]爲四川漕，始檄諸州學官求當日所頒本，時四川五十餘州皆不被兵，書頗有在者，然往往亡缺不全。收合補綴，獨少《後魏書》十許卷，最後得宇文季蒙家本，偶有所少者，於是七史遂全，因命眉山刊行焉。

水心葉氏曰：遷、固爲書、志，論述前代舊章，以經緯當世，而漢事自多闕略。蔡邕、胡廣[④]始有纂輯，陳壽、范曄廢不復著。至沈約，比次漢魏以來，最爲詳悉，唐人取之，以補《晋記》，然後歷代故實可得而推。雖去遷、固本意已遠，然古事既不能追，則所當存者，隨世有無而已。但其體煩雜，非復前比，殆成會要矣。學者立乎千載之後，考見始末，當使[⑤]相承如一日。若姑競遷、固之華而不求其實，則失之遠矣。

---

① 中宗，東晋開國皇帝司馬睿。

② 孝武，南朝宋孝武帝劉駿。

③ 井憲孟，原作“并憲孟”，據《郡齋讀書志》卷二《正史類》，《四部叢刊》本改。井憲孟，井度，南陽（今河南南陽）人，南宋藏書家、刻書家。

④ 胡廣，字伯始，東漢南郡華容（今湖北監利）人，東漢著名學者。

⑤ 使，原作“在”，據《習學記言序目》卷三十一《南史》改。

南齊書目録序

曾鞏[①]

《南齊書》八紀、十一志、四十列傳，合五十九篇，梁蕭子顯撰。始，江淹已爲十志，沈約又爲《齊紀》，而子顯自表武帝，别爲此書。臣等因校正其訛謬，而叙其篇目曰：

將以是非、得失、興壞、理亂之故而爲法戒，則必得其所託，而後能傳於久，此史之所以作也。然而所託不得其人，則或失其意，或亂其實，或析理之不通，或設辭之不善，故雖有殊功韙德非常之迹，將闇而不章，鬱而不發，而檮杌、嵬瑣、奸回、凶慝之形，可幸而掩也。

嘗試論之，古之所謂良史者，其明必足以周萬事之理，其道必足以適天下之用，其智必足以通難知之意，其文必足以發難顯之情，然後其任可得而稱也。何以知其然邪？昔者唐虞有神明之性，有微妙之德，使由之者不能知，知之者不能名，以爲治天下之本。號令之所布，法度之所設，其言至約，其體至備，以爲治天下之具，而爲二《典》[②]者，推而明之。所記者豈獨其迹邪，并與其深微之意而傳之。小大精粗無不盡也，本末先後無不白也。使誦其説者如出乎其時，求其指者如即乎其人。是可不謂明足以周萬事之理，道足以適天下之用，智足以通難知之意，文足以發難顯之情者乎？則方是之時，豈特任政者皆天下之士哉？蓋執簡操筆而隨者，亦皆聖人之徒也。

兩漢以來，爲史者去之遠矣。司馬遷從五帝三王既殁數千載之後，

---

① 曾鞏，字子固，北宋撫州南豐（今江西南豐）人，唐宋八大家之一，世稱南豐先生，著有《元豐類稿》《隆平集》。本文見載曾鞏《元豐類稿》卷十一。

② 二《典》，《堯典》《禹典》。

秦火之餘，因散絶殘脱之經，以及傳記百家之説，區區掇拾，以集著其善惡之迹、興廢之端，又創己意，以爲本紀、世家、八書、列傳之文，斯亦可謂奇矣。然而蔽害天下之聖法，是非顛倒而采摭謬亂者，亦豈少哉？是豈可不謂明不足以周萬事之理，道不足以適天下之用，智不足以通難知之意，文不足以發難顯之情者乎！

夫自三代以後，爲史者如遷之文，亦不可不謂雋偉拔出之材、非常之士也。然顧以謂明不足以周萬事之理，道不足以適天下之用，智不足以通難知之意，文不足以發難顯之情者，何哉？蓋聖賢之高致，遷固有不能純達其情，而見之於後者矣，故不得而與之也。遷之得失如此，況其他邪？至於宋、齊、梁、陳、後魏、後周之書，蓋無以議爲也。

子顯之於斯文，喜自馳騁，其更改破析、刻雕藻績之變尤多，而其文益下，豈夫材固不可以强而有邪？數世之史既然，故其事迹曖昧，雖有隨世以就功名之君，相與合謀之臣，未有赫然得傾動天下之耳目，播天下之口者也。而一時偷奪傾危、悖理反義之人，亦幸而不暴著於世，豈非所託不得其人故邪？可不惜哉！

蓋史者所以明夫治天下之道也，故爲之者亦必天下之材，然後其任可得而稱也。豈可忽哉！

臣恂、臣寶臣、臣穆、臣藻、臣洙、臣覺、臣彦若、臣鞏謹叙目録，昧死上。

蕭子顯傳[①]

姚思廉

子顯字景陽，子恪第八弟也。幼聰慧，文獻王[②]異之，愛過諸子。七[③]歲，封寧都縣侯。永元[④]末，以王子例拜給事中。天監初，降爵爲子。累遷安西外兵，仁威記室參軍，司徒主簿，太尉録事。

子顯偉容貌，身長八尺。好學，工屬文。嘗著《鴻序賦》，尚書令沈約見而稱曰："可謂得明道之高致，蓋《幽通》之流也。"又採衆家《後漢》，考正同異，爲一家之書。又啓撰《齊史》，書成，表奏之，詔付秘閣。累遷太子中舍人[⑤]，建康令，邵陵王友，丹陽尹丞，中書郎，守[⑥]宗正卿。出爲臨川内史，還除黄門郎[⑦]。中大通[⑧]二年，遷長兼侍中。高祖雅愛子顯才，嘉其容止吐納，每御筵侍坐，偏顧訪焉。嘗從容謂子顯曰："我造《通史》，此書若成，衆史可廢。"子顯對曰；"仲尼贊《易》道，黜《八索》，述職方，除《九丘》，聖製符同，復在兹日。"時以爲名對。三年，以本官領國子博士。高祖所製經義，未列學官，子顯在職，表置助教一人、生十人。又啓撰高祖集，并《普通北伐記》。其年遷國子祭酒，

---

① 本文今見載姚思廉《梁書》卷三十五。

② 文獻王，蕭嶷，南朝齊豫章王，謚號"文獻"。

③ 子七，原爲小字注，據《梁書》卷三十五《蕭子顯傳》，中華書局 1973 年版，當爲正文。

④ 永元，南朝齊東昏侯蕭寶卷的年號。

⑤ 太子中舍人，太子官屬，與中庶子共掌文翰。

⑥ 守，原作"中"，據《梁書》卷三十五《蕭子顯傳》，中華書局 1973 年版改。

⑦ 黄門郎，官名，一稱黄門侍郎，掌機要文字。

⑧ "通"下原衍"長"字，據《梁書》卷三十五《蕭子顯傳》，中華書局 1973 年版删。中大通，梁武帝蕭衍年號。

又加侍中，於學遞述高祖《五經義》[①]。五年，選吏部尚書，侍中如故。

子顯性凝簡，頗負其才氣。及掌選，見九流賓客，不與交言，但舉扇一撝而已，衣冠竊恨之。然太宗素重其爲人，在東宫時，每引與促宴。子顯嘗起更衣，太宗謂坐客曰："嘗聞異人間出，今日始知是蕭尚書。"其見重如此。

子顯嘗爲《自序》，其略云："余爲邵陵王友，忝還京師，遠思前比，即楚之唐、宋，梁之嚴、鄒。追尋平生，頗好辭藻，雖在名無成，求心已足。若乃登高目極，臨水送歸，風動春朝，月明秋夜，早鷹初鶯，開花落葉，有來斯應，每不能已也。前世賈、傅、崔、馬、邯鄲、繆、路之徒，並以文章顯，所以屢上歌頌，自比古人。天監十六年，始預九日朝宴，稠人廣坐，獨受旨云：'今雲物甚美，卿得不斐然賦詩。'詩既成，又降帝旨曰：'可謂才子。'余退謂人曰：'一顧之恩，非望而至，遂方賈誼何如哉？未易當也。'每有製作，特寡思功，須其自來，不以力構。少來所爲詩賦，則《鴻序》一作，體兼衆製，文備多方，頗爲好事所傳，故虚聲易遠。"

子顯所著《後漢書》一百卷，《齊書》六十卷，《普通北伐記》五卷，《貴儉傳》三十卷，文集二十卷。

北齊書

晁公武[②]

《北齊書》，《本紀》八、《列傳》四十二，共五十卷。唐李百藥父德

① 五經義，原作"三經義"，據《梁書》卷三十五《蕭子顯傳》，中華書局 1973 年版改。

② 晁公武，原作"唐書"，今據晁公武《郡齋讀書志》卷五改。本文見載《郡齋讀書志》卷五。

林，在齊嘗著紀傳。貞觀初，詔分修諸史，百藥因父書續成以獻，百藥避唐朝稱諱，不書世祖、世宗之類，例者不一，議者少之。

王劭傳[①]

魏徵

王劭，字君懋，太原晋陽人也。父松年，齊通直散騎侍郎[②]。劭少沉默，好讀書。弱冠，齊尚書僕射魏收辟參開府軍事，累遷太子舍人，待詔文林館。時祖孝徵、魏收、陽休之[③]等嘗論古事，有所遺忘，討閱不能得，因呼劭問之。劭具論所出，取書驗之，一無舛誤。自是大爲時人所許，稱其博物。後遷中書舍人。齊滅，入周，不得調。高祖受禪，授著作佐郎。以母憂去職，在家著《齊書》。時制禁私撰史，爲内史侍郎李元操[④]所奏。上怒，遣使收其書，覽而悦之。於是起爲員外散騎侍郎，修起居注。

劭上表言符命，上大悦，以劭爲至誠，寵錫日隆。劭在著作將二十年，專典國史，撰《隋書》八十卷。多録口敕，又採迂怪不經之語及委巷之言，以類相從，爲其題目，辭義繁雜，無足稱者，遂使隋代文武名臣列將善惡之迹，堙没無聞。初撰《齊誌》，爲編年體，二十卷，復爲《齊書》紀傳一百卷，及《平賊紀》三卷。或文詞鄙野，或不軌不物，駭

---

① 本文見載魏徵《隋書》卷六十九。

② 通直散騎侍郎，官名，掌顧問應對。

③ 陽休之，字子烈，右北平無終（今屬天津）人，北朝時期文學家。

④ 内史侍郎，隋唐時期内史省次官。李元操，本名孝貞，字元操，因隋祖諱，因改稱字，趙郡柏（今河北隆堯）人，歷仕北齊、北周、隋。

人視聽，大爲有識所嗤鄙。然其採擿經史謬誤，爲《讀書記》三十卷，時人服其精博。爰自志學，暨乎暮齒，篤好經史，遺落世事。用思既專，性頗恍忽，每至對食，閉目凝思，盤中之肉，輒爲僕從所啖。劭弗之覺，唯責肉少，數罰厨人。厨人以情白劭，劭依前閉目，伺而獲之，厨人方免笞辱。其專固如此。

李德林李百藥傳[①]

魏徵　宋祁

李德林字公輔，博陵安平人也。幼聰敏，年數歲，誦左思[②]《蜀都賦》，十餘日便度。高隆之[③]見而嗟嘆，遍告朝士云："若假其年，必爲天下偉器。"鄴京人士多就宅觀之，月餘，日中車馬不絶。年十五，誦五經及古今文集，日數千言。俄而該博墳典，陰陽緯候，無不通涉。善屬文，辭覈而理暢。魏收嘗對高隆之謂其父曰："賢子文筆，終當繼温子昇[④]。"隆之大笑曰："魏常侍殊已嫉賢，何不近比老、彭，乃遠求温子！"年十六，遭父艱，自駕靈輿，反葬故里。時正嚴冬，單衰跣足，州里人物由是敬慕之。博陵豪族有崔諶[⑤]者，僕射之兄，因休假還[⑥]鄉，車服甚盛。將從其宅詣德林赴吊，相去十餘里，從者數十騎，稍減留。比至德林門，才餘五騎，云不得令李生怪人燻灼。德林居貧轗軻，母氏多疾，方留心

---

① 本文輯自《隋書》卷四十二《李德林傳》、《新唐書》卷一百二《李百藥傳》。

② 左思，字太冲，齊國臨淄（今山東淄博）人，西晋著名文學家。

③ 高隆之，字延興，北齊洛陽（今屬河南）人。一説出自高平金鄉（今山東金鄉）。

④ 温子昇，字鵬舉，太原（今屬山西）人，東魏著名文學家。

⑤ 崔諶，字貿本，清河（今河北清河）人。

⑥ 還，原作"遠"，據《隋書》卷四十二《李德林傳》，中華書局 1973 年版改。

典籍，無復宦情。其後，母病稍愈，逼令仕進。

任城王湝[①]爲定州刺史，重其才，召入州館。朝夕同游，殆均師友，不爲君民禮數。嘗語德林云："竊聞蔽賢蒙顯戮。久令君沉滯，吾獨得潤身，朝廷縱不見尤，亦懼明靈所譴。"於是舉秀才入鄴，於時天保[②]八年也。王因遺尚書令楊遵彦[③]書云："燕趙固多奇士，此言誠不爲謬。今歲所貢秀才李德林者，文章學識，固不待言，觀其風神器宇，終爲棟梁之用。至如經國大體，是賈生、晁錯之儔；雕蟲小技，殆相如、子雲之輩。今雖唐虞君世，俊乂盈朝，然修大厦者，豈厭夫良材之積也。吾嘗見孔文舉[④]《薦禰衡表》云：'洪水横流，帝思俾乂。'以正平[⑤]比夫大禹，常謂擬諭非倫。今以德林言之，便覺前言非大。"遵彦即命德林製《讓尚書令表》，援筆立成，不加治點。因大相賞異，以示吏部郎中陸卬。卬云："已大見其文筆，浩浩如長河東注。比來所見，俊生制作，乃涓澮之流耳。"卬仍命其子乂[⑥]與德林周旋，戒之曰："汝每事宜師此人，以爲模楷。"

德林美容[⑦]儀，善談吐。齊天統中，兼中書侍郎，於賓館受國書，陳使江總目送之曰："此即河朔之英靈也。"器量沉深，時人未能測，唯任城王湝、趙彦深[⑧]、魏收、陸卬大相欽重，延譽之言，無所不及。德林少孤，未有字，魏收謂之曰："識度天才，必至公輔，吾輒以此字卿。"從

---

① 湝，高湝，北齊建立後被封爲任城王。

② 天保，北齊文宣帝高洋年號。

③ 楊遵彦，楊愔，字遵彦，小名秦王，弘農華陰（今陝西華陰）人，南北朝時期北齊宰相。

④ 孔文舉，孔融，字文舉，東漢末魯國（今山東曲阜）人，"建安七子"之一。

⑤ 正平，禰衡，字正平，東漢末平原郡（今山東德州）人。

⑥ 乂，原作"久"，據《隋書》卷四十二《李德林傳》，中華書局 1973 年版改。

⑦ 容，原作"咨"，據《隋書》卷四十二《李德林傳》，中華書局 1973 年版改。

⑧ 趙彦深，趙隱，字彦深，南陽宛（今河南南陽）人，北齊官吏。

官以後，即典機密，性重慎，嘗云古人不言温樹，何足稱也。少以才學見知，及位望稍高，頗傷自任。争名之徒，更相譖毁，所以運屬興王，功參佐命，十餘年間竟不徙級。敕撰《齊史》未成。

有子曰百藥，字重規，幼多病，祖母趙以“百藥”名之。七歲能屬文，父友陸乂等共讀徐陵文，有“刈琅邪之稻”之語，嘆不得其事。百藥進曰：“《春秋》‘鄅子藉稻’，杜預謂在琅邪。”客大驚，號奇童。引蔭補三衛長。乃性疏悦，喜劇飲。開皇初，授太子通事舍人，兼學士。被讒，輒謝病去。十九年，召見仁壽宫，襲父爵安平公。僕射楊素、吏部尚書牛弘[①]愛其才，署禮部員外郎。奉詔定五禮、律令、陰陽書。

初，以疾去舍人也，煬帝在揚州，召不赴，銜之。及即位，奪爵，爲桂州司馬。官廢，還鄉里。大業九年，戍會稽，管崇亂，城守有功，帝顧其名謂虞世基[②]曰：“是子故在，宜斥醜處。”乃授建安郡丞。至烏程[③]，江都難作，沈法興、李子通、杜伏威更相滅，百藥轉側寇亂中，數被僞署，危得不死。會高祖遣使招伏威，百藥勸朝京師，既至歷陽，中悔，欲殺之，飲以石灰酒，因大利，瀕死，既而宿病皆愈。伏威詒書輔公祏[④]使殺之，爲王雄誕保護得免。公祏反，授吏部侍郎。或謂帝：“百藥與同反。”帝大怒。及平，得伏威所與公祏書，乃解，猶貶涇州司户。

太宗至涇州，召與語，悦之。貞觀元年，拜中書舍人，封安平縣男。明年，除禮部侍郎。時議裂土與子弟功臣，百藥上《封建論》，理據詳切，帝納其言而止。四年，授太子右庶子。太子數戲媟無度，乃作《贊道賦》以諷。它日，帝曰：“朕見卿賦，述古儲貳事，勸勵甚詳，向任

---

① 牛弘，字里仁，隋安定鶉觚（今甘肅靈臺）人，曾主修《開皇律》《五禮》。

② 虞世基，字茂世，會稽餘姚（今浙江餘姚）人。

③ 烏程，古地名，今浙江湖州。

④ 輔公祏，齊州臨濟（今山東章丘）人，隋末唐初江南地區農民起義軍領袖。

卿，固所望耳。”賜綵三百段。遷散騎常侍，進左庶子、宗正卿，爵爲子。久之，固乞致仕。帝嘗與僣賦《帝京篇》，嘆其工，手詔曰：“卿何身老而才之壯，齒宿而意之新乎？”卒，年八十四，謚曰康。

百藥，名臣子，才行世顯，爲天下推重。侍父母喪還鄉，徒跣數千里。服雖除，容貌癯瘠者累年。好獎薦後進，得俸祿與親黨共之。翰藻沈鬱，詩尤其所長，樵厮皆能諷之。所撰《齊史》行於時。

梁書目録序

曾鞏[1]

《梁書》，六本紀、五十列傳，合五十六篇。唐貞觀[2]三年，詔右散騎常侍姚思廉撰。思廉者，梁史官察之子。推其父意，又頗采諸儒謝吴[3]等所記，以成此書。臣等既校正其文字，又集次爲目録一篇，而叙之曰：

自先王之道不明，百家並起，佛最晚出，爲中國之患，而在梁爲尤甚，故不得而不論也。蓋佛之徒，自以爲吾之所得者内，而世之論佛者皆外也，故不可詘；雖然，彼惡睹聖人之内哉？《書》曰：“思曰睿，睿作聖。”蓋思者，所以致其知也。能致其知者，察三材之道，辨萬物之理，小大精粗，無不盡也。此之謂窮理，知之至也。知至矣，則在我者之足貴，在彼者之不足玩，未有不能明之者也。有知之之明而不能好之，未可也，故加之誠心以好之；有好之之心而不能樂之，未可也，故加之至意以樂之。能樂之則能安之矣。如是，則萬物之自外至者，安能累我

① 本文見載曾鞏《元豐類稿》卷十一。

② 貞觀，原作“正觀”，係避宋仁宗諱。

③ 謝吴，南朝梁著名史學家，著有《梁書》《梁元帝實録》。

哉？萬物之所不能累，故吾之所以盡其性也。能盡其性則誠矣。誠者，成也，不惑也。既誠矣，必充之使可大焉。既大矣，必推之使可化焉。能化矣，則含智之民，肖翹之物，有待於我者，莫不由之以全其性，遂其宜，而吾之用與天地參矣。德如此其至也，而應乎外者未嘗不與人同，此吾之道所以爲天下之通道也。故與之爲衣冠、飲食、冠婚、喪祭之具，而由之以教其爲君臣、父子、兄弟、夫婦者，莫不一出乎人情；與之同其吉凶而防其憂患者，莫不一出乎人理。故與之處而安且治之所集也，危且亂之所去也。與之所處者其具如此，使之化者其德如彼，可不謂聖矣乎。既聖矣，則無思也，其至者循理而已；無爲也，其動者應物而已。是以覆露乎萬物，鼓舞乎群衆，而未有能測之者也，可不謂神矣乎。神也者，至妙而不息者也。此聖人之内也。聖人者，道之極也，佛之説其有以易此乎？求其有以易此者，故其所以爲失也。夫得於内者，未有不可行於外也；有不可行於外者，斯不得於内矣。《易》曰："智周乎萬物而道濟乎天下，故不過。"[①] 此聖人所以兩得之也。知足以知一偏，而不足以盡萬事之理。道足以爲一方，而不足以適天下之用，此百家之所以兩失之也。佛之失其不以此乎。則佛之徒自以謂得諸内者，亦可謂妄矣。

　　夫學史者將以明一代之得失也，臣等故因梁之事，而爲著聖人之所以得及佛之所以失之以傳之者，使知君子之所以距佛者非外，而有志於内者，庶不以此而易彼也。

---

① 《周易·繫辭上傳》："正與天地相似，故不違；知周乎萬物而道濟乎天下，故不過；旁行而不流，樂天知命，故不憂；安土敦乎仁，故能愛。"

陳書目録序[①]

曾鞏

《陳書》，六本紀、三十列傳，凡三十六篇。唐散騎常侍姚思廉撰[②]。

父察，梁、陳之史官也，録二代之事，未就而陳亡。隋文帝見察，甚重之，每就察訪梁、陳故事，察因以所論載，每一篇成輒奏之，而文帝亦遣虞世基就察求其書，又未就而察[③]死。察之將死，屬思廉以繼其業。唐興，武德五年，高祖以自魏以來二百餘歲，世統數更，史事放逸，乃詔譔次，而思廉遂受詔爲《陳書》，久之，猶不就。貞觀三年，遂詔論譔於秘書内省，十年正月壬子始上之。

觀察等之爲此書，歷三世，傳父子，更數十歲而後乃成，蓋其難如此。然及其既成，與《宋》《魏》《梁》《齊》等書，世亦傳之者少，故學者於其行事之迹，亦罕得而詳也。而其書亦以罕傳，則自秘府所藏，往往脱誤。嘉祐六年八月，始詔校讎，使可鏤板，行之天下。而臣等言《梁》《陳》等書缺，獨館閣所藏，恐不足以定著，願詔京師及州縣藏書之家，使悉上之。先皇帝爲下其事，至七年冬稍稍始集。臣等以相校，至八年七月，《陳書》三十六篇者始校定，可傳之學者。其疑者亦不敢損益，特各疏于篇末。其書舊無目録[④]，列傳名氏多闕謬，因别爲目録一篇，使覽者得詳焉。

夫陳之爲陳，蓋偷爲一切之計，非有先王經紀、禮義、風化之美，

---

① 本文見載曾鞏《元豐類稿》卷十一。

② 撰，原脱，據《曾鞏集》卷十二，中華書局 1984 年版補。

③ 察，原作“瘵”，據《元豐類稿》卷十一《陳書目録序》，《四部叢刊》本改。

④ 録，原脱，據《元豐類稿》卷十一《陳書目録序》，《四部叢刊》本補。

制治之法可章示後世。然而兼權尚計，明於任使，恭儉愛人，則其始之所以興；惑於邪臣，溺於嬖妾，忘患縱欲，則其終之所以亡。興亡之端，莫非自己致者。至於有所因造，以爲號令、威刑、職官、州郡之制，雖其事已浅，然亦各施於一時，皆學者之所不可不考也。而當時之士，自争奪詐僞，苟得偷合之徒，尚不得不列以爲世戒，而况於壞亂之中，蒼皇之際，士之安貧樂義，取舍去就，不爲患禍、勢利動其心者，亦不絶於其間。若此人者，可謂篤於善矣。蓋古人之所思見而不可得，《風雨》[1]之詩所爲作者也，安可使之泯泯不少概見於天下哉？則陳之史其可廢乎？

蓋此書成之既難，其後又久不顯，及宋興已百年，古文遺事，靡不畢講，而始得盛行於天下，列於學者，其傳之之難又如此，豈非遭遇固自有時也哉！

臣恂、臣穆、臣藻、臣覺、臣彦若[2]、臣洙、臣鞏謹叙目録，昧死上。

姚察姚思廉傳

姚思廉　宋祁[3]

姚察，字伯審，吴興武康人也。九世祖信，吴太常卿，有名江左。

察幼有至性，事親以孝聞。六歲，誦書萬餘言。弱不好弄，博奕雜戲，初不經心。勤苦厲精，以夜繼日。年十二，便能屬文。父上開府僧

---

① 《風雨》，《詩經·鄭風》裏的一篇。

② 彦若，徐彦若，字俞之，鄭州新鄭（今河南新鄭）人，唐昭宗時宰相。

③ 本文原未署作者，此據底本卷二目録補。本文見載《陳書》卷二十七《姚察傳》、《新唐書》卷一百二《姚思廉傳》。

垣[①]，知名梁武代，二宮禮遇優厚，每得供賜，皆回給察兄弟，爲游學之資，察並用聚蓄圖書，由是聞見日博。年十三，梁簡文帝時在東宫，盛修文義，即引於宣猷堂聽講論難，爲儒者所稱。及簡文嗣位，尤加禮接。

察所撰梁、陳史雖未畢功，隋文帝開皇之時，遣内史舍人虞世基索本，且進上，今在内殿。梁、陳二史本多是察之所撰，其中序、論及紀傳有所闕者，臨亡之時，仍以體例誡約子思廉，博訪撰續，思廉泣涕奉行。思廉在陳爲衡陽王府法曹參軍，轉會稽王主簿。入隋，補漢王府行參軍，掌記室，尋除河間郡司法。大業初，内史侍郎虞世基奏思廉踵成梁、陳二代史，自爾以來，稍就補續。

姚思廉，本名簡，以字行，陳吏部尚書察之子。陳亡，察自吴興徙京兆，遂爲萬年人。思廉少受《漢書》於察，盡傳其業。寡嗜欲，惟一於學，未嘗問家人生貲。

入隋，爲漢王府參軍事[②]。初，察在陳，嘗修梁、陳二史，未就，死，以屬思廉，故思廉[③]表父遺言，有詔聽續。遷代王府侍讀。王[④]爲皇[⑤]太子，遷洗馬。即位[⑥]，改著作郎、弘文館學士。詔與魏徵共撰《梁》《陳書》，思廉采謝靈運、顧野王等諸家言，推究總括，爲梁、陳二家史，以卒父業。

---

① 垣，原作“坦”，據《陳書》卷二十七《姚察傳》，中華書局 1972 年版改。
② 事，原脱，據《新唐書》卷一百二《姚思廉傳》，中華書局 1975 年版補。
③ 故思廉，三字原脱，據《新唐書》卷一百二《姚思廉傳》，中華書局 1975 年版補。
④ 據《新唐書》卷一百二，“王”前有省文，此“王”指唐秦王（李世民），非隋代王。
⑤ 皇，原脱，據《陳書》卷二十七《姚察傳》，中華書局 1972 年版補。
⑥ 即位，原脱，據《新唐書》卷一百二《姚思廉傳》，中華書局 1975 年版補。

上十志啓

魏收[①]

臣收等啓：昔子長命世偉才，孟堅冠時特秀，憲章前哲，裁勒墳史，紀傳之間，申以書、志，緒言餘迹，可得而聞。叔峻删緝後劉，紹統削撰季漢，十志實範遷、固，表蓋闕焉。曹氏一代之籍，了無具體；典午[②]終世之筆，罕云周洽。假復事播，四夷盗聽，間有小道俗言，要奇好異，考之雅舊，咸乖實録。自永嘉喪圮，中原淆然[③]，偏僞小書，殆無可取。魏有天下，跨蹤前載，順末[④]克讓，善始令終。陛下極聖窮神，奉天屈己，顧眄百王，指掌萬世，深存有魏撫運之業，永念神州人倫之緒。臣等肅奉明詔，刊著魏籍，編紀次傳，備聞天旨。竊謂志之爲用，網羅遺逸，載紀不可，附傳非宜。理切必在甄明，事重尤應標著，搜獵上下，總括代終，置之衆篇之後，一統天人之迹[⑤]，褊心末識，輒在於此。是以晚始撰録，彌歷炎凉，採舊增新，今乃斷筆。時移世易，理不刻船，登閣含毫，論叙殊致。《河溝》往時之切，《釋老》當今之重，《藝文》前志可尋，《官氏》魏代之急，去彼取此，敢率愚心。謹成十志二十卷，請續於傳末。并前例目，合一百三十一卷。

---

① 魏收，字伯起，鉅鹿下曲陽（今屬河北）人，南北朝著名史學家，著有《魏書》。本文見載《魏書》卷一百四《前上十志啓》。

② 典午，“司馬”的隱語，借指晋朝。陳壽《三國志》卷四十二《譙周傳》：“周語次，因書版示立曰：‘典午忽兮，月酉没兮。’典午者謂司馬也；月酉者謂八月也。至八月而文王（司馬昭）果崩。”晋帝司馬氏，後以“典午”指晋朝。

③ 淆然，原作“淆亂”，據《魏書》卷一百四《前上十志啓》，中華書局 1974 年版改。

④ 順末，原作“顧未”，據《魏書》卷一百四《前上十志啓》，中華書局 1974 年版改。

⑤ 迹，原作“迩”，據《魏書》卷一百四《前上十志啓》，中華書局 1974 年版改。

臣等妨官秉筆，迄無可採，塵黷旒冕，墮深冰谷。謹啓。

後魏書目録序

范祖禹[①]

《魏書》十二紀、九十二列傳、十志，凡一百一十四篇，舊分爲一百三十卷，北齊尚書右僕射魏收撰。

初，魏史官鄧淵、崔浩、高允皆作編年書，遺落時事，三不存一。太和[②]中，李彪、崔光[③]始分紀、傳、表、志之目。宣武[④]時，邢巒撰《高祖起居注》，崔鴻、王遵業[⑤]補續，下逮明帝。其後，温子昇作《莊帝紀》三卷，濟陰王暉業撰《辨宗室録》三十卷。魏末山偉以代人諂附元天穆、爾朱世隆，與綦儁更主國書，二十餘年，事迹蕩然，萬不記一。

北齊文宣天保二年，詔魏收修史。博訪百家譜狀，搜采遺軼，包舉一代始終，頗爲詳悉。收所取史官，本欲才不逮己，故房延祐、辛元植、睦仲讓[⑥]、刁柔[⑦]、裴昂之、高孝幹皆不工纂述，其三十五例[⑧]、二十五序、九十四論、前後二表、一啓，咸出於收。五年，表上之。悉焚崔、李舊書。收黨齊毁魏，褒貶肆情，時論以爲不平。文宣命收於尚書省與諸家

① 范祖禹，字淳甫，一字夢得，成都華陽（今四川成都）人。著有《唐鑑》《帝學》《仁皇政典》等。本篇見載《魏書》卷末，題爲“舊本魏書目録叙”。

② 太和，北魏孝文帝拓跋宏的第三個年號。

③ 崔光，字長仁，北魏清河（今山東臨清）人，曾與李彪共纂國史。

④ 宣武，北魏宣武帝元恪。

⑤ 王遵業，北魏太原晋陽（今山西太原）人，著有《三晋記》。

⑥ 讓，原脱，據《魏書》卷末附《舊本魏書目録叙》，中華書局1974年版補。

⑦ 刁柔，字子温，北齊渤海饒安（今河北鹽山）人，官至中書舍人。

⑧ 五例，原作“伍例”，據《魏書》卷末附《舊本魏書目録叙》，中華書局1974年版改。

子孫訴訟者百餘人評論。收始亦辨答，後不能抗。范陽盧斐[①]、頓丘李庶、太原王松年，並坐謗史，受鞭配甲坊，有致死者。衆口沸騰，號爲“穢史”。時僕射楊愔、高正德用事，收皆爲其家作傳，二人深黨助之，抑塞訴辭，不復重論，亦未頒行。孝昭皇建[②]中，命收更加審覈。收請寫二[③]本，一送并省，一付鄴下，欲傳録者，聽之。群臣競攻其失。武成[④]復敕收更易刊正。收既以魏史招衆怨咎，齊亡之歲，盗發其冢，棄骨於外。

隋文帝以收書不實，平繪《中興書》叙事不倫，命魏澹、顔之推、辛德源[⑤]更撰《魏書》九十二卷，以西魏爲正，東魏爲僞，義例簡要，大矯收、繪之失，文帝善之。煬帝以澹書猶未盡善，更敕楊素及潘徽[⑥]、褚亮[⑦]、歐陽詢别修《魏書》。未成而素卒。唐高祖武德五年，詔侍中陳叔達等十七人分撰後魏、北齊、周、隋、梁、陳六代史，歷年不成。太宗初，從秘書奏，罷修《魏書》，止撰五代史。高宗時，魏澹孫同州刺史克己續十志十五卷，魏之本系附焉。《唐書·藝文志》又有張大素《後魏書》一百卷、裴安時《元魏書》三十卷，今皆不傳。稱魏史者，惟以魏收書爲主焉。

孔子稱：“質勝文則野，文勝質則史。”三代文章，莫盛於周。東周、秦、漢雖戰争喪亂，前古遺風餘烈，流而未絶。賢君忠臣蹈道之徒，功業行誼，彰灼顯布。高才秀士，詞章論議，諫諍辨説，嘉謀奇策，皆可以驚聽動俗，爲後世軌範。而左丘明、司馬遷、班固，以良史

---

① 盧斐，字子章，北齊范陽涿（今河北涿州）人。
② 皇建，北齊孝昭帝高演的年號。
③ 二，原作“一”，據《魏書》卷末附《舊本魏書目録叙》，中華書局 1974 年版改。
④ 武成，北齊武成帝高湛。
⑤ 辛德源，字孝基，陝西狄道（今甘肅臨洮）人，歷仕北齊、北周、隋，曾與王劭同修國史。
⑥ 潘徽，字伯彦，隋吴郡（今浙江紹興）人，曾助楊素撰《魏書》。
⑦ 褚亮，字希明，杭州錢塘（今浙江杭州）人，歷仕隋唐，官至通直散騎常侍。

之才，博學善叙事，不虚美隱惡，故傳之簡牘，千餘年而不磨滅。東漢、魏、晋，去聖人稍遠，史官才益淺薄。永興失政，戎狄亂華，先王之澤掃地盡矣。

拓跋氏乘後燕之衰，蠶食并、冀，暴師喋血三十餘年，而中國略定。其始也，公卿方鎮皆故部落酋大，雖參用趙魏舊族，往往以猜忌夷滅。爵而無禄，故吏多貪墨；刑法峻急，故人相殘賊；不貴禮義，故士無風節；貨賂大行，故俗尚傾奪。遷洛之後，稍用夏禮。宣武柔弱，孝明冲幼，政刑弛緩，風俗媮惡，上下相蒙，紀綱大壞。母后[①]亂於内，群盗撓其外，禍始於六鎮，釁成於爾朱，國分爲二而亡矣。雖享國百餘年，典章制度，内外風俗，大抵與劉、石、慕容、苻、姚略同。道武、太武暴戾甚於聰、虎。孝文之疆，不及苻堅。其文章儒學之流，既無足紀述，謀臣辯士將帥功名，又不可希望前世。而修史者言詞質俚，取捨失衷，其文不直，其事不核，終篇累卷，皆官爵州郡名號，雜以冗委瑣曲之事，覽之厭而遺亡，學者陋而不習，故數百年間，其書亡逸不完者，無慮三十卷。今各疏於逐篇之末。然上繼魏、晋，下傳周、齊、隋、唐，百[②]六十年廢興大略，不可闕也。

臣攽、臣恕、臣燾[③]、臣祖禹，謹叙《目録》，昧死上。

---

① 母后，孝明帝之母胡太后。

② 百，原脱，據魏收《魏書》卷末附《舊本魏書目録叙》，中華書局 1974 年版補。

③ 燾，安燾，字厚卿，開封（今河南開封）人，北宋嘉祐年間進士。

後周書目録序

王安國[1]

《周書》本紀八、列傳四十二，合五十篇，唐令狐德棻請撰次，而詔德棻與陳叔達、庾儉成之。仁宗時，出太清樓本，合史館秘閣本，又募天下獻書，而取夏竦[2]、李巽[3]家本，下館閣是正其文字。今既鏤板，以傳學官，而臣等始預其是正，又序其《目録》一篇曰：

周之六帝，當四海分裂之時，形[4]勢劫束，毅然有志合天下於一，而材足以有爲者，特文帝而已。文帝召蘇綽於稠人之中，始知之未盡也，臥予之言，既當其意，遂起，並晝夜諮諏酬酢，知其果可以斷安危治亂之謀，而詘己以聽之。考於書，唯府兵之設，斂千歲已散之民而係之於兵，庶幾得三代之遺意，能不駭人視聽以就其事，而效見於後世。

文帝嘗患文章浮薄，使綽爲《大誥》以勸，而卒能變一時士大夫之制作。然則勢在人上，而欲鼓舞其下者，奚患不成？雖然，非文帝之智，内有以得於己；而蘇綽之守，外不詘於人，則未可必其能然也。以彼君臣之相遭，非以先王之道，而猶且懇懇以誘之言；又况無所待之豪傑，可易以畜哉？夫以德力行仁，所以爲王霸之異，而至於詘己枉人，則未始不同。然而君能畜臣者，天下之至難。《傳》曰：“取人以身，修身以道，修道以仁。”蓋道極於不可知之神，而人有其質，推之爲天下國家之

---

① 王安國，字平甫，撫州臨川（今江西臨川）人，北宋熙寧間進士。本篇見載《周書》卷末，題作“舊本周書目録序”。

② 夏竦，字子僑，北宋江州德安（今江西德安）人，曾奉命修先朝國史。

③ 巽，原作“選”，據吕祖謙《宋文鑒》卷第九十，《四部叢刊》本改。李巽，字令叔，趙州贊皇（今河北贊皇）人，唐朝著名學者，著有《唐書本傳》《書史會要》。

④ 形，原作“刑”，據《周書》卷末附《舊本周書目録序》，中華書局 1971 年版改。

用者，以其粗爾；然非致其精於己，則其粗亦不能以爲人。惟能自愛其身，則内不欺其心，内不欺其心，則外不蔽於物，然後好惡無所作，而尚何有己哉？能無己，始可以得己，而足以揆天下之理，知人之言，而邪正無以廋其實，尚何患乎論之不一哉？於是賢能任使之盡其方，而吾所省者，以天下之耳目，而小人不能託忠以誣君子，又從而爲之勸禁，則小人忿欲之心已黜於冥冥之際；君子樂以其類進而摩厲其俗，凜然有耻。君臣相與謀於上，因敝以新法度，而令能者馳騖於下，有忠信之守而無傅會遷就之患，則法度有怫於民而下不以情赴[①]上者乎？蓋虛然後能受天下之實，約然後能操天下之煩，垂纓搢袵，俯仰廟堂，無爲以應萬幾者，致其思而已矣。

夫思之爲王者事，君臣一也，而君之勢則異焉。世獨頌堯舜之無爲，而安知夫人主自宜無爲，而思則不可一日已也？《書》曰："思曰睿。"揚雄曰："於道則勞。"其不然歟？蓋夫法度善矣，非以道作其人，則不能爲之守。而民之多寡，物之豐殺，法度有視時而革者，必待人而後謀，則是可不致其思乎？苟未能此，而徒欲法度之革者，是豈先王爲治之序哉！彼區區之周，何足以議！徒取其能因一時君臣之致好，猶足以見其效；又況慨然行先王之道，而得大有爲之勢乎？是固不宜無論也。

臣燾、臣安國、臣希謹昧死上。

---

① 赴，原作"赳"，據《周書》卷末附《舊本周書目録序》，中華書局 1971 年版改。

令狐德棻傳[①]

宋祁

令狐德棻，宜州華原人。父熙，隋鴻臚卿[②]。其先乃燉煌[③]右姓。德棻博貫文史。大業末，爲藥城[④]長，屬亂，不就官。淮安王神通[⑤]據太平宫起兵，立總管府，署德棻府記室。高祖入關，引直大丞相府記室。武德初，爲起居舍人，遷秘書丞。

方是時，大亂後，經籍亡散，秘書湮缺，德棻始請帝重購求天下遺書，置吏補[⑥]録。不數年，圖典略備。又建言："近代無正史，梁、陳、齊文籍猶可據，至周、隋事多脱捐[⑦]。今耳目尚相及，史有所凴；一易世，事皆汩暗，無所掇拾。陛下受禪於隋，隋承周，二祖功業多在周，今不論次，各爲一王史，則先烈世庸不光明，後無傳焉。"帝謂然。於是詔中書令蕭瑀、給事中王敬業、著作郎殷聞禮[⑧]主魏，中書令封德彝[⑨]、舍人顏師古主隋，大理卿崔善爲[⑩]、中書舍人孔紹安、太子冼馬蕭德言主梁，太子詹事裴矩、吏部郎中祖孝孫[⑪]、秘書丞魏徵主齊，秘書監竇璡、給事中

① 本篇見載宋祁等《新唐書》卷一百二。
② 鴻臚卿，官名，鴻臚寺的主官，掌外藩朝會。
③ 燉煌，古地名，今甘肅敦煌縣西。
④ 藥城，古地名，今安徽亳縣東南。
⑤ 神通，李神通，名壽，唐高祖堂弟，被封淮安王。
⑥ 補，原作"採"，據《新唐書》卷一百二《令狐德棻傳》，中華書局1975年版改。
⑦ 捐，原作"損"，據《新唐書》卷一百二《令狐德棻傳》，中華書局1975年版改。
⑧ 殷聞禮，陳郡長平（今河南西華）人，武德初年擔任中書舍人，後參與修撰《梁書》，書未成而逝世。
⑨ 封德彝，字德彝，觀州蓨縣（今河北景縣）人，曾參撰隋史。
⑩ 崔善爲，貝州武城（今山東武城）人，善曆數。
⑪ 祖孝孫，幽州范陽（今河北涿州）人，曉曆算，參與修撰齊史。

歐陽詢、文學姚思廉主陳，侍中陳叔達、太史令庾儉及德棻主周。整振論撰，多歷年不能就，罷之。

貞觀三年，復詔撰定。議者以魏有魏收、魏澹二家，書爲已詳，惟五家史當立。德棻更與秘書郎岑文本、殿中侍御史崔仁師次《周史》，中書舍人李百藥次《齊史》，著作郎姚思廉次《梁》《陳》二史，秘書監魏徵次《隋史》，左僕射房玄齡總監。修撰之原，自德棻發之，書成，賜絹四百匹。遷禮部侍郎，兼修國史。累進爵彭城縣子。轉太子右庶子。

隋書後述

魏徵[①]

《隋書》自開皇、仁壽時，王劭爲書八十卷，以類相從，定爲篇目。至於編年、紀傳，並闕其體[②]。唐武德五年，起居舍人令狐德棻奏請梁、陳、齊、周、隋五代史。十二月，詔中書令封德彝、舍人顔師古修《隋史》。綿歷數載，不就而罷。貞[③]觀三年，續詔秘書監魏徵修《隋史》，左僕射房喬總監。徵又奏於中書省置秘書内省，令前中書侍郎顔師古、給事中孔穎達、著作郎許敬[④]宗撰《隋史》。徵總知其務，多所損益，務存簡正。序、論皆徵所作。凡成帝紀五、列傳五十。十年正月壬子，徵等詣闕上之。十五年，又詔左僕射于志寧、太史令李淳風、著作郎韋安仁、符璽郎李延壽同修《五代史志》。凡勒成十志三十卷。顯慶元年五月

---

① 本篇見載《隋書》卷末，題爲“宋天聖二年隋書刊本原跋”，據此，卜氏此篇題爲魏徵，疑誤。

② 體，原作“書”，據章如愚《山堂考索》前集卷十五《正史》，文淵閣《四庫全書》本改。

③ 貞，原作“正”，據《隋書》卷末《宋天聖二年隋書刊本原跋》，中華書局 1973 年版改。

④ 敬，原作“恭”，據章如愚《山堂考索》前集卷十五《正史》，文淵閣《四庫全書》本改。

己卯，太尉長孫無忌[①]等詣朝堂上進，詔藏秘閣。後又編第入《隋書》，其實别行，亦呼爲《五代史志》。

隋書[②]

鄭樵

唐貞觀中，詔諸臣分修五代史，顔師古、孔穎達撰次隋事，起文帝，作三[③]紀、五十列傳，惟十志未奏。又詔于志寧、李淳風、韋安仁[④]、李延壽、令狐德棻共加裒綴[⑤]，高宗時上之，志寧乃上包梁、陳、齊、周，屬之隋事，析爲三十篇，號《五代志》，與書合八十五篇。臣按，《隋志》極有倫類，而本末兼明，惟《晋志》可以無憾，遷、固以來，皆不及也。正爲班、馬只事虚言，不求典故實迹，所以三代紀綱，至遷八書，固十志，幾於絶緒，雖其文彩灑然可喜，求其實用則無有也。觀《隋志》所以該五代，南北兩朝，紛然淆亂，豈易貫穿，而讀其書則了然如在目。良由當時區處各當其才，顔、孔通古今而不明天文地理之序，故只令修紀傳，而以十志付之志寧、淳風輩，所以粲然具舉。

---

① 長孫無忌，字輔機，河南洛陽（今洛陽）人，唐朝初期宰相、外戚。

② 本篇見載鄭樵《通志》卷六十五《藝文略》。

③ 三，原作“五”，據《通志》卷六十五《藝文略》，文淵閣《四庫全書》本改。

④ 仁，原作“化”，據《通志二十略・藝文略》，中華書局 1995 年版改。

⑤ 裒綴，編纂輯集。

答王績[①]借隋紀書

陳叔達[②]

賢弟千牛[③]及家人典琴至，頻辱芳翰[④]，索下官所撰《隋紀》。雖承厚眷，懣然自失，誠恐持郄克[⑤]之質，入邯鄲之墟，奏曹、鄶之音，歷莖英[⑥]之肆，所以遲迴簡牘。伏念旬時，輒撲短懷，仰違前命。今奉來札，誨責逾深，既以驕鄙相訶，又以緘縢致誚。欲加之罪，其無辭乎！正當要使必致耳。了不知賢兄芮城有《隋書》之作。足下既圖繼就，須有考尋，謹依高旨，繕録馳送。

然僕雖不佞，頗聞君子之論矣。嘗以謂爲國以禮，君舉必書。故左史記言，右史記事。言者，申立德立功之意也；事者，叙立德立功之迹也。所以明勸沮，所以别是非。自非可以關社稷之安危，涉天人之興廢。古之君子，何嘗取諸，褒貶之作，有由然也。

自微言泯絶，大義乖墜，三代之教亂於甲兵，六經之術滅於煨燼。君人者尚空名以夸六合，史官者貴虚飾以佞一時。下及馬遷，爰逮班固，咸有述作。庶幾聖賢，其於斟酌典謨，表章微絶，曾不能觸其藩籬者也。魏晋之際，夫何足云？中原版蕩，史道息矣。然國於天地，有與立焉。

---

① 王績，字無功，自號東皋子、五斗先生，唐绛州龍門（今山西河津）人。

② 陳叔達，字子聰，吴興長城（今浙江長興）人，南朝陳宣帝子，唐武德五年封江國公。本文見載《全唐文》卷一百三十二、《唐文粹》卷八十二，均題作“答王績書”。

③ 千牛，本爲刀名，刀之鋭利可屠千牛，後指皇帝身邊的警衛人員。

④ 芳翰，對他人來信的敬稱。唐玄宗《登蒲州逍遥樓》：“一覽遺芳翰，千載肅如神。”

⑤ 郄克，春秋時晋國的公族大夫。

⑥ 莖英，《五莖》《六英》的並稱，皆古樂名。《周禮·春官·大司樂》“以樂舞教國子”，賈公彦疏引《樂緯》：“顓頊之樂曰《五莖》，帝嚳之樂曰《六英》。”元稹《奉制試樂爲御賦》：“非勞韎韐，但布《莖》《英》。”

苟能宅郊禋，建社稷，樹師長，撫黎元，雖復五裂山河，三分躔次[①]，規模典式，豈徒然哉？是賢兄文中子知其若此也。恐後之筆削，陷於繁碎，宏綱正典，暗而不宣。乃興《元經》[②]，以定真統。蓋獲麟之事，夫何足以知之？

叔達亡國之餘，幸賴前烈。有隋之末，濫尸[③]貴郡，因沾善誘，頗識大方。至若梁魏周齊之間，耳目耆舊所接，風流人物，名實可知；衣冠道義，謳謡尚在。頃者，皇建其極，君子道亨，憑藉時來，妄叨近侍，廟堂多暇，典墳自娱。覽後魏、周、齊之紀傳，考下官之所聞見，曾不喜怒隨意，曲直任情，叙致浮雜，褒貶阿黨。述時望者，以爵禄爲榮談；陳國紀者，以狙譎爲能事。至於密會王道，潜濟生人，既昧於知音，咸寢而不記。貪賕[④]寫其祖父冠冕、胤嗣婚姻，以爲譜牒[⑤]之證耳。豈不痛哉！風俗之壞，一至於此。雖人倫王化，備列《元經》，而恢談碩議，或不可捨。是以薛記室及賢兄芮城常悲魏、周之史，各著春秋。近更研覽，真良史焉！

古人云，過高唐者，學王豹[⑥]之謳；游睢涣者，學藻繪之功。竊惟隋氏之王，三十六年，成敗否泰，目所親睹。誠懼後之作者，復習向時之弊焉，故聊因掌壺之暇，著《隋紀》二十卷。騁辭流離，則愧於心矣。書事簡要，則嘗有志焉。孔子曰："我欲載之空言，不如附之於行事。"

① 躔次，日月星辰在運行軌道上的位次。

② 《元經》，隋王通撰，唐薛收續並作傳，宋阮逸注。其書始晋太熙元年，終隋開皇九年，凡九卷，稱爲通之原書；末一卷自隋開皇十年迄唐武德元年，稱收所續。

③ 濫尸，居其位而不盡其責。庾信《哀江南賦》："謬掌位於中軍，濫尸丞於御史。"

④ 賕，受賄。

⑤ 牒，原作"諜"，據《全唐文》卷一百三十三，中華書局 1983 年版改。

⑥ 王豹，春秋衛國人，善謳。相傳王豹是古時"十二音神"之一，有"韻吟王豹"之美譽。《孟子·告子下》"昔者王豹處於淇，而河西善謳。"

儻近是乎！謹恃疇眷，以塵清覽；當積兼金，以購黜[①]竄耳。又恐足下紀傳之作，須備異聞，今更附王胄《大業起居注》往。

南史序[②]

蒯東寅

《南史》所載宋、齊、梁、陳本紀十卷、列傳七十卷，李延壽撰述之筆詳矣。僕請概而言之：宋高祖[③]討桓玄[④]，除晋孽，自爾骨肉相殘。七傳爲齊太祖[⑤]所滅。齊興僅二十四年，東昏[⑥]、和帝廢弑之禍酷列。梁武受禪，輕納侯景[⑦]，結怨東魏，疆埸淪亡，子孫被其弑逆，國祚易而爲陳。傳四帝，而後主無道，納隋叛降，竟爲隋俘，天下混一，歸於隋。吁！四朝代謝，不過一百七十三年。彼享國修短，廢興治亂之迹，史臣述之，垂世鑑戒。一開卷間，瞭然在目。覧之者鮮不惕然於心。較之唐堯在位七十載，周家傳祚八百六十有七，天壤差殊矣。

---

① 黜，原作“點”，據《唐文粹》卷八十二《答王績書》，《四部叢刊》本改。

② 《南史》附録《序》其末云：“蜀人蒯東寅忝郡文學，黽勉與力，因喜書成，傳之永久，與天下覽者共之，故僭爲引筆，序其顛末云。”

③ 宋高祖，劉裕，字德輿，小名寄奴，彭城縣綏輿里（今江蘇徐州）人，南朝劉宋開國皇帝。

④ 桓玄，字敬道，一名靈寶，譙國龍亢縣（今安徽懷遠）人，大司馬桓温之子，發動叛亂，建立桓楚。後爲劉裕討滅。

⑤ 齊太祖，即齊高帝蕭道成，字紹伯，小字鬥將，南蘭陵郡蘭陵縣（今江蘇常州）人，南朝齊開國皇帝。

⑥ 東昏，即東昏侯（《南史》也作齊廢帝）蕭寶卷，字智藏，本名明賢，南蘭陵郡蘭陵縣（今江蘇常州）人，南朝齊皇帝。

⑦ 侯景，本姓侯骨，字萬景，朔州（今山西朔州）人，羯族。太清二年，發動叛亂，攻破建康，屠戮門閥世家，囚殺梁武帝父子。大寶二年，篡位自稱皇帝，國號爲漢。

進北史南史表

李延壽[①]

臣延壽言：臣聞史官之立，其來已舊，執簡記言，必資良直。是以《典》《謨》載述，唐、虞之風尤著，《誥》《誓》斯陳，殷、周之烈彌顯。魯書有作，鹿門貽鑒於臧孫；晋《乘》無隱，桃園[②]取譏於趙孟。斯蓋哲王經國，通賢垂範，懲誡之方，率由茲義。逮秦書既煬，周籍俱湮。子長創制，五三畢紀，條流且異，綱目咸張。自斯以後，皆所取則。雖左史筆削，無乏於時，微婉所傳，唯稱班、范。次有陳壽《國志》，亦曰名家。並已見重前修，無俟揚榷。

洎[③]紫氣南浮，黄旗東徙，時更五代，年且三百。元熙以前，則總歸諸晋，著述之士，家數雖多，泛而尚略，未聞盡善。太宗文皇帝神資睿聖，天縱英靈，爰動冲襟，用紆玄覽[④]，深嗟蕪穢，大存刊勒，既懸諸日星，方傳不朽。然北朝自魏以還，南朝從宋以降，運行迭變，時俗污隆，代有載筆，人多好事，考之篇目，史牒不少，互陳聞見，同異甚多。而小説短書，易爲湮落，脱或殘滅，求勘無所。一則王道得喪，朝市貿遷，日失其真，晦明安取？二則至人高迹，達士弘規，因此無聞，可爲傷嘆。三則敗俗巨蠹，滔天桀惡，書法不記，孰爲勸奬？

---

① 李延壽，字遐齡，唐相州（今河南安陽）人，預修《隋書》《五代史志》《晋書》，撰有《南史》《北史》。本文見載《北史》卷一百。

② 桃園，春秋晋國園名。《史記》卷三十九《晋世家》："盾遂奔，未出晋境。乙丑，盾昆弟將軍趙穿襲殺靈公於桃園而迎趙盾。"裴駰《集解》引虞翻曰："園名也。"

③ 洎，原作"泊"，據《北史》卷一百《序傳》，中華書局 1974 年版改。

④ 玄覽，老子哲學中的一種直覺方法，指人的内心。《老子》第十章曰："滌除玄覽，能無疵乎？"

臣輕生多幸，運奉[①]千齡，從貞觀以來，屢叨史局，不揆愚固，私爲修撰。起魏登國元年，盡隋義寧二年，凡三代二百四十四年，兼自東魏天平元年，盡齊隆化二年，又四十四年行事，總編爲本紀十二卷，列傳八十八卷，謂之《北史》。又起宋永初元年，盡陳禎明三年，四代一百七十年，爲本紀十卷，列傳七十卷，謂之《南史》。凡八代，合爲二書，一百八十卷，以擬司馬遷《史記》。就此八代，而梁、陳、齊、周、隋五書，是貞觀中敕撰，以十志未奏，本猶未出。然其書及志，始末是臣所修。臣既夙懷慕尚，又備得尋聞，私爲抄録，一十六年，凡所獵略，千有餘卷。連綴改定，止資一手。故淹時序，迄今方就。唯鳩聚遺逸，以廣異聞，編次别代，共爲部秩。除其冗長，捃其菁華。若文之所安，則因而不改，不敢苟以下愚，自申管見。雖則疎野，遠慚先哲，於披求所得，竊謂詳盡。其《南史》刊勒已定，《北史》勘校粗了。既撰自私門，不敢寢嘿，又未經聞奏，亦不敢流傳。輕用陳聞，伏深戰越[②]。謹言。

李大師李延壽自序[③]

《北史》

李大師，字君威，世居相州，幼而爽悟，神情警發，標格嚴峻，人並敬憚之。身長七尺五寸，風儀甚偉。好學，無所不窺，善綴文。備知前代故事，若指諸掌；商較當世人物，皆得其精。弱冠，州將賀蘭寬[④]召

---

① 奉，原作“泰”，據李延壽《北史》卷一百《序傳》，中華書局 1974 年版改。

② 戰越，因惶恐而戰慄。越，殞越，惶恐。多用於章表或上書。

③ 本文見載《北史》卷一百《序傳》。

④ 賀蘭寬，北周位至開府儀同大將軍，仕隋，歷汴、鄭二州刺史。

補主簿。寬當時位望，又與大師年事不侔，初見，言未及終，便改容加敬，曰：“名下故無虚士。今者非以相勞，自望坐嘯有託耳。”每於私室接遇，恒盡忘年之歡。俄而以資調補左翊衛率，尋除冀州司户参軍[①]。遂以譴徙配西會州[②]。

大師既至會州，忽忽不樂，乃爲《羈思賦》以見其事。侍中、觀公楊恭仁[③]時鎮凉州，見賦異之，召至河西，深相禮重，日與游處。

大師少有著述之志，常以宋、齊、梁、陳、齊、周、隋南北分隔，南書謂北爲“索虜”，北書指南爲“島夷”。又各以其本國周悉，書别國並不能備，亦往往失實。常欲改正，將擬《吴越春秋》，編年以備南北。至是無事，而恭仁家富於書籍，得恣意披覽。宋、齊、梁、魏四代有書，自餘竟無所得。居二年，恭仁入爲吏部尚書，大師復還會州。武德九年，會赦，歸至京師。尚書右僕射封德彝、中書令房玄齡並與大師親通，勸留不去，曰：“時屬惟新，人思自效，方事屏退，恐失行藏之道。”大師曰：“昔唐堯在上，下有箕山之節，雖以不才，請慕其義。”於是儆装東歸。家本多書，因編緝前所修書。貞觀二年五月，終於鄭州滎陽縣野舍，時年五十九。既所撰未畢，以爲没齒之恨焉。所製文筆詩賦，播遷及遭火，多致失落，存者十卷。子慶孫、正禮、利王、延壽、安世。

延壽與敬播俱在中書侍郎顔師古、給事中孔穎達下删削。既家有舊本，思欲追終先志，其齊、梁、陳五代舊事所未見，因於編緝之暇，晝夜抄録之。至五年，以内憂去職。服闋，從官蜀中，以所得者編次之。然尚多所闕，未得及終。十五年，任東宫典膳丞日，右庶子、彭陽公令狐德棻又啓延壽修《晋書》，因茲復得勘究宋、齊、魏三代之事所未得

① 司户参軍，官名，掌户籍、賦税、倉庫交納之事。

② 西會州，古地名，今甘肅靖遠。

③ 楊恭仁，名温，字恭仁，弘農華陰（今陝西華陰）人，歷仕隋唐，官至中書令。

者。十七年，尚書右僕射褚遂良時以諫議大夫奉敕修《隋書》十志，復準敕召延壽撰録，因此遍得披尋。時五代史既未出，延壽不敢使人抄録，家素貧罄，又不辦傭人書寫。至於魏、齊、周、隋、宋、齊、梁、陳正史，並手自寫，本紀依司馬遷體，以次連綴之。又從此八代正史外，更勘雜史於正史所無者一千餘卷，皆以編入。其煩冗者，即削去之。始末修撰，凡十六載。始宋，凡八代，爲《北史》《南史》二書，合一百八十卷。其《南史》先寫訖，以呈監國史、國子祭酒令狐德棻，始末蒙讀了，乖失者亦爲改正，許令聞奏。次以《北史》諮知，亦爲詳正。因遍諮宰相，乃上表。

舊唐書叙

文徵明[①]

嘉靖己亥，吳郡重刊《唐書》成，乃御史聞人公詮所欲梓行者也。書凡二百卷，本紀二十卷，志三十，列傳百有五十，石晋宰相涿人劉昫所撰。命徵明爲之序。按唐令狐德棻等撰武德、貞[②]觀兩朝國史，至吳兢始合前後，爲書百卷。而柳芳、韋述嗣緝之，起義寧[③]訖開元，僅百餘年。而于休烈[④]、令狐峘[⑤]以次增緝之，起建中[⑥]而止，而大曆、元和以

① 文徵明，初名璧，字徵明，後以字行，號衡山居士，長洲（今江蘇蘇州）人。著有《莆田集》等。本文見載《莆田集》卷十七。

② 貞，原作“真”。

③ 義寧，隋恭帝楊侑的年號。

④ 于休烈，唐京兆高陵（今陝西西安）人，開元年間進士。

⑤ 令狐峘，唐宜州華原（今陝西耀縣）人，令狐德棻五世孫，天寶年間進士。

⑥ 建中，唐德宗李适年號。

後，則成於崔龜從[①]。厥後[②]韋澳[③]諸人又增緝之，凡爲書百四十有六卷。而芳等又有《唐曆》四十卷，《續曆》二十二篇，皆當時記載之言，非成書也。晋革唐命，昫等始因舊史續成此書。

然《五代史》昫傳不載此事，豈其書出一時史館，而昫特[④]以宰相領其事耶？然不可考已。或謂五代搶攘，文氣卑弱，而是書紀次無法，詳略失中，不足傳遠。宋慶曆中詔翰林儒臣刊修之，自慶曆甲申至庚子，歷十有七年，成新書二百二十五卷，視舊史削六十一傳，而增傳三百三十有一。别撰《宰相》《方鎮》及《宗室世系》《宰相世系》四表。續撰《儀衛》及《選舉》及《兵》及《藝文》四志，所謂其事則增於前，其文則省於舊，實當時表奏之語。而第賞制詞，亦謂閎博精覈，度越諸子，良以宋景文、歐陽文忠，皆當時大手筆[⑤]，而是書實更二公之手，故朝野尊信而舊書遂廢不行。然議者則以用字奇澀爲失體，刊削詔令爲太略，固不若舊書之爲愈也。司馬氏修《通鑑》采據舊史，而於新書無取焉。惟周益公[⑥]稱其删繁爲簡，變今以古，有合於所謂“文省於舊”之論。而劉元城[⑦]顧謂“事增文省，正新書之失”。唐庚氏尤深斥之，乃極言舊書之佳，其所引“决海救焚”，“引鴆止渴”之語，豈直工儷而已，自是一代名言也。然則是書也，其可以無傳乎？雖然，不能無可議者。段秀實[⑧]請辭郭晞[⑨]，有“吾戴吾頭”之語。《新書》省一“吾”字，議者

① 崔龜從，字玄告，唐清河（今河北邢臺）人，元和年間進士，官至中書侍郎、同平章事。
② 後，原作“從”，據《莆田集》卷十七，文淵閣《四庫全書》本改。
③ 韋澳，字子斐，唐京兆（今陝西西安）人，大和年間進士。
④ 特，原作“時”，據文徵明《莆田集》卷十七，文淵閣《四庫全書》本改。
⑤ 大手筆，原作“良史才”，據《莆田集》卷十七，文淵閣《四庫全書》本改。
⑥ 周益公，周必大。
⑦ 劉元城，名安世，字器之，號元城，北宋魏（今河北大名）人，熙寧年間進士，以直諫聞名。
⑧ 段秀實，字成公，唐隴州汧陽（今陝西千陽）人。
⑨ 郭晞，唐華州鄭縣（今陝西華縣）人，郭子儀第三子，曾平定河中叛亂。

以爲失實，是矣。而舊史《秀實傳》乃都不書。夫秀實，大節固不以此，而此事亦卓偉可喜。柳宗元敘事尤號奇警，且鄭重致詞，上於史館，若是不得登載，則其所遺亦多矣。甚者詆韓愈文章爲紕謬，謂《順宗實録》繁簡不當，拙於取舍，異哉？豈晁氏所謂“多所遺漏，是非失實”者耶？甚矣，作史之難也！心術有邪正，詞理有工拙，識見有淺深，而史隨以異，要在傳信傳著不失其實而已。今二書具在，其工拙繁簡，是非得失，莫之有揜焉。彼斥《新書》爲亂道，誠爲過論，而或緣此遂廢舊史，又豈可哉！

刻舊唐書叙

聞人詮[①]

書以紀事，謏聞爲瞶；事以著代，間逸則遺。是故史氏之書，與天地相爲始終，六經相爲表裏，疑信並傳，闕文不飾，以紀事實，以昭世代。故六經道明，萬世宗仰，非徒文藝之誇誕而已也。《尚書》壁存，典訓不斁；《魯史》麟絶，杞宋失徵。繼而有作，其惟司馬氏及小司馬[②]，以迨班、范諸家。八書十志，經緯天人；八志十典，紘維政事。藏山刊石，繁[③]紹聖經；歷漢躋隋，炳發靈憲。是故王教之要，國典之源，代有徵考，若睹蓍蔡。

李唐嗣興，萬目畢舉，其經畫之精詳，維持之慎密，雖未上躡周軌，

---

① 聞人詮，字邦正，明浙江餘姚（今浙江余姚）人，王陽明的學生，校補《五經》《三禮》《舊唐書》，今行於世。本文見載《舊唐書》卷末，題爲“明重刻舊唐書聞序”。

② 小司馬，司馬貞，曾爲《史記》作注，名爲《史記索隱》。

③ 繁，原作“繫”，據《舊唐書》卷末附《明重刻舊唐書聞序》，中華書局1975年版改。

亦足並驟漢疆。晋史臣劉昫者，爰集館寮，博稽載典。纂修二十一本紀，首高祖以迄哀帝，而汶哲具昭。旁修十一志，始《禮儀》以終《刑法》，而巨細畢舉。列傳一千一百八十有奇。内以紀后妃之淑慝，外以悉文武之臧否。《宗室》族屬，互以時叙；《外戚》《宦官》，各以類别。《良吏》《酷吏》，鑒戒具昭；《忠義》《孝友》，褒論悉當。《儒學》《文苑》，表以著達；《方伎》《隱逸》，兼以察微。詳傳《烈女》以彰婦順，分傳蠻狄以立大防。卷凡二百一十有四，統名之曰《唐書》。識博學宏，才優義正，真有唐一代之良史，秦[①]、隋以下，罕有其儷，固後世之刑鑒具在也。有宋迭興，分職書局，載輯《唐鑑》於祖禹，繼纂《唐書》於昌朝，王、宋[②]諸賢，相繼彙輯，復成一代之新書，遂亡劉氏之舊帙。

詮謬司文學，遍歷輔畿，爰校六經，兼讎諸史，始知漢、晋以迄宋、元，皆有監本，司成甬川張公[③]，嘗奉旨校勘，總爲《二十一史》，刊證謬訛，粲然明備。惟劉氏《唐書》，鬱絶不傳，無所考覓。積集再期，酷志刊復，苦無善本，莫可繼志。竊惟古人有云："層臺雲構，所缺過乎榱桷；爲山霞高，不終逾乎一逵。"憫哉斯言，益用惶怵。乃旁謀學屬，博訪諸司，間禮儒賢[④]，以探往籍，更歷三載，竟莫有成[⑤]。數百年之闕典，於是乎始有可稽矣。物之成毁，信各有數，是書之成，夫豈偶哉！肇工於嘉靖乙未，卒刻於嘉靖戊戌。珠璣璀璨，亥豕盡刊；玉薤精嚴，塵葉罔翳。焕新一代之舊文，遐續百王之訓典，追配諸史，允備全書。因布多方，以惠多士。

---

① 秦，原作"陳"，據《舊唐書》卷末附《明重刻舊唐書聞序》，中華書局1975年版改。

② 王、宋，王疇與宋祁。

③ 甬川張公，張邦奇，字常甫，號甬川，明朝南京祭酒。

④ 間禮儒賢，四字原脱，據《舊唐書》卷末附《明重刻舊唐書聞序》，中華書局1975年版補。

⑤ 竟莫有成，四字原脱，據《舊唐書》卷末附《明重刻舊唐書聞序》，中華書局1975年版補。

舊唐書重鏤後序

楊循吉[①]

李唐氏有天下三百年，三代而降，英君明辟若唐文皇，功德固在首列。厥後子孫迭興，雖中更喪亂，猶不失爲盛朝。而玄、憲二宗至配貞觀，與漢七廟同稱，何也？其典章法度，貽謀之善，不可及已。蓋作唐史者有三人焉：吴兢[②]、韋述、令孤峘[③]，此皆金閨上彦[④]，操筆石渠[⑤]，而未竟一代。至石晋朝，始敕中書劉昫等因峘舊文，增爲百九十卷，然後有唐事迹悉載無遺，而撰述詳贍，妙極模寫，足以上追《史》《漢》，下包《魏》《陳》，信乎史之良者，無以加於是矣。奈何宋之慶曆，又出新編，大有增損，至使讀者不復得睹唐朝一詔令。歷年五百，舊書湮蔑，君子不能無病諸。

皇上右文弘道，化被四遠，由是縉紳士夫，咸以修緝典墳爲己任。此書故有刻本在吴中，惜亦未全。先任提學侍御北江聞人公聞之，慨然欲壽諸梓，與菁莪共擇可託者，得蘇學司訓沈君，有問學幹局，良儒師也。因授之[⑥]，俾董厥事，且命廣搜殘逸，足其卷數。工將畢，士子袁貞輩相率扣予，請先序諸後。予惟三古聖人作爲經書，人極立矣，十九朝

---

① 楊循吉，字君卿，號南峰、雁村居士，明南直隸蘇州吴縣（今江蘇蘇州）人。本文見載《舊唐書》卷首，題爲“重刻舊唐書序”。

② 兢，原作“競”，據《舊唐書》卷首《重刻舊唐書序》，中華書局 1975 年版改。

③ 峘，原作“垣”，據《舊唐書》卷首《重刻舊唐書序》，中華書局 1975 年版改。下文“因峘舊文”亦同。

④ 金閨上彦，指朝廷傑出的才士。語出南朝梁江淹《別賦》：“金閨之諸彦，蘭臺之群英。”

⑤ 石渠，閣名，西漢皇室藏書之處，在長安未央宫殿北。

⑥ “得蘇學司訓沈君，有問學幹局，良儒師也。因授之”原脱，據《舊唐書》卷首《重刻舊唐書序》，中華書局 1975 年版補。

史官述爲史書，往事鑒矣，去聖既遠，後儒蠹經，經不可蠹，猶雲翳白日，日行空自如也，史又可以新掩舊哉！且文章之作，率視其區宇之全缺。鉅唐疆域幅員萬里，其廣大與軒后等，是以詞華蔚茂，有至光焰萬丈者，郎舍[①]相踵，既出螭坳[②]親見，又遇劉司徒[③]之博洽，乃克成書，其難如此，忽有改圖，殆不其然。今日群公雲萃，留神盛舉，蓋匪創則無以始，弗繼將莫能終，至於中間經畫，尤艱其任。此殆至寶將出之幸，會其數，天也，偉矣哉！惜予耄矣，而不能卒業，抑不知青雲士能觀以否。所謂前朝國勢，先賢行事，故黎命脉，班班具存，推之於政，古今一也。有能舍其新而舊是圖，將來挾以爲國家用，吾知事業發揮，必當煒燁峥嶸，勝常而不凡也，詎止以資見聞談説而已哉！

吴兢傳[④]

宋祁

吴兢[⑤]，汴州浚儀人。少厲志，貫知經史，方直寡諧比，惟與魏元忠[⑥]、朱敬則游。二人者當路，薦兢才堪論譔，詔直史館，修國史。遷右拾遺内供奉。

---

① 郎舍，原作“彤管”，據《舊唐書》卷首《重刻舊唐書序》，清乾隆武英殿刻本改。
② 螭坳，宫殿螭階前坳處，朝會時爲殿下值班史官所站的地方。
③ 劉司徒，劉昫。
④ 本文見載歐陽脩等撰《新唐書》卷一百三十二《吴兢傳》。
⑤ 兢，原作“競”，據《新唐書》卷一百三十二《吴兢傳》，中華書局1975年版改。
⑥ 魏元忠，本名真宰，唐宋州宋城（今河南睢陽）人，官至宰相。

始，兢在長安、景龍間任史事，時武三思[①]、張易之[②]等監領，阿貴朋佞，釀澤浮辭，事多不實。兢不得志，私撰《唐書》《唐春秋》，未就。至是，丐官筆札，冀得成書。詔兢就集賢院論次。時張説[③]罷宰相，在家修史。大臣奏國史不容在外，詔兢等赴館撰録。進封長垣縣男[④]。久之，坐書事不當，貶荆州司馬，以史草自隨。蕭嵩[⑤]領國史，奏遣使者就兢取書，得六十餘篇。

天寶初，入爲恒王傅。雖年老衰僂甚，意猶願還史職。李林甫[⑥]嫌其衰，不用。卒，年八十。

兢叙事簡核，號良史。晚節稍疎牾，時人病其[⑦]太簡。初與劉子玄撰定《武后實録》，叙張昌宗[⑧]誘張説誣證魏元忠事，頗言"説已然可，賴宋璟[⑨]等激勵苦切，故轉禍爲忠，不然，皇嗣且殆"。後説爲相，讀之，心不善，知兢所爲，即從容謬謂曰："劉生書魏齊公事，不少假借，奈何？"兢曰："子玄已亡，不可受誣地下。兢實書之，其草故在。"聞者嘆其直。説屢以情蘄改，辭曰："徇公之情，何名實録？"卒不改。世謂今董狐云。

---

① 武三思，唐并州文水縣（今山西文水）人，武則天之侄，官至宰相，後死於政變。
② 張易之，小字五郎，唐定州義豐（今河北安國）人，武則天寵臣。
③ 張説，字道濟，一字説之，范陽方城（今河北固安）人，官至丞相，謚號"文貞"，著有《張燕公集》。
④ 進封長垣縣男，此六字原脱，據《新唐書》卷一百三十二《吴兢傳》，中華書局1975年版補。
⑤ 蕭嵩，字乔甫，南蘭陵郡（今江蘇武進）人，唐朝宰相。
⑥ 李林甫，小字哥奴，祖籍隴西，唐朝宰相。
⑦ 其，原脱，據《新唐書》卷一百三十二《吴兢傳》，中華書局1975年版補。
⑧ 張昌宗，小名六郎，定州義豐（今河北安國）人，武則天時期幸臣。
⑨ 宋璟，字廣平，唐邢州南和（今河北邢臺）人，官至宰相。

柳芳傳[①]

宋祁

柳芳，字仲敷，蒲州河東人。開元末，擢進士第，由永寧尉直史館。肅宗詔芳與韋述綴輯吴兢所次國史，會述死，芳緒成之，興高祖，訖乾元，凡百三十篇。叙天寶後事，棄取不倫，史官病之。

上元中，坐事徙黔中[②]。後歷左金吾衛騎曹參軍、史館修撰。然芳篤志論著，不少選忘厭。承寇亂，史籍湓缺。芳始謫時，高力士亦貶巫州[③]，因從力士質開元、天寶及禁中事，具識本末。時國史已送官，不可追刊，乃推衍義類，仿編年法，爲《唐曆》四十篇，頗有異聞。然不立褒貶義例，爲諸儒譏訕。改右司郎中、集賢殿學士，卒。

韋述[④]

宋祁

韋述，弘機[⑤]曾孫。家厨書二千卷，述爲兒時，誦憶略遍。父景駿，景龍中爲肥鄉令，述從到官。舉進士，時述方少，儀質陋侻，考功員外郎宋之問曰："童子何業？"述曰："性嗜書，所撰《唐春秋》三十篇，

---

① 本文見載歐陽脩等撰《新唐書》卷一百三十二。
② 黔中，古地名，今四川彭水。
③ 巫州，古地名，今屬湖南。
④ 本文見載歐陽脩等撰《新唐書》卷一百三十二。
⑤ 弘機，韋弘機，唐雍州萬年（今陝西西安）人，著有《西征記》。

恨未畢，它唯命。”之問曰：“本求茂才，乃得遷、固。”遂上第。開元初，爲櫟陽[①]尉。秘書監馬懷素[②]奏述與諸儒即秘書續《七志》，五年而成。先是，詔修《六典》，歷年未有所適。及蕭嵩引述撰定，述始摹周六官領其屬，事歸於職，規制遂定。初，令狐德棻、吴兢等撰武德以來國史，皆不能成。述因二家參以後事，遂分紀傳，又爲例一篇。嵩欲蚤就，復奏起居舍人賈登、著作佐郎李鋭助述紬續。逮成，文約事詳，蕭穎士[③]以爲譙周、陳壽之流。改國子司業，充集賢學士，累遷工部侍郎，封方城縣侯。

述典掌圖書，餘四十年，任史官二十年，澹榮利，爲人純厚長者，當世宗之。接士無貴賤與均。蓄書二萬卷，皆手校定，黄墨[④]精謹，内秘書不逮也。安禄山亂，剽失皆盡，述獨抱國史藏南山。身陷賊，污僞官。賊平，流渝州[⑤]，爲刺史薛舒[⑥]所困，不食死。廣德初，甥蕭直爲李光弼[⑦]判官，詣闕奏事稱旨。因理述“倉卒奔逼，能存國史，賊平，盡送史官于休烈，以功補過，宜蒙恩宥”。有詔贈右散騎常侍。

韋氏之顯者，孝友、詞學則承慶、嗣立，邃音樂有萬石，達禮儀則叔夏，史才博識有述。所著書二百餘篇行於時。弟逌、迪，學業亦亞述。與逌對爲學士，與迪並禮官，搢紳高之。時趙冬曦兄弟亦各有名。張説嘗曰“韋、趙兄弟，人之杞梓[⑧]”云。

---

① 櫟陽，古地名，今陝西臨潼。
② 馬懷素，字惟白，唐潤州丹徒（今江蘇鎮江）人。
③ 蕭穎士，字茂挺，唐蘭陵（今山東蒼山）人，開元年間進士。
④ 黄墨，黄色與墨色，古代校書常用這兩種顔色，故借指校點書籍。
⑤ 渝州，古地名，今屬四川。
⑥ 薛舒，字仲和，河中寶鼎（今山西萬榮）人，官至黔中經略使。
⑦ 李光弼，營州柳城（今遼寧朝陽）人，契丹族，唐朝中期名將，著有《將律》等。
⑧ 杞梓，優秀人才。

答皇甫湜論唐書

李翱[①]

辱書覽所寄文章，辭高理直，歡悦無量，有足發予者。自别足下來，僕口不曾言文，非不好也。言無所益，衆亦未信。秖足以招謗忤物，於道無明，故不言也。僕到越中，得一官，三年矣。材能甚薄，澤不被物。月費官錢，自度終無補，累求罷去，尚未得，以爲愧。僕性不解諂佞，復不能曲事權貴，以故不得齒於士林。而足下亦抱屈在外，故略有所説。

凡古賢聖得位於時，道行天下，皆不著書，以其事業存於制度，足以自見故也。其著書者，蓋道德充積，阨摧於時，身卑處下，澤不能潤物，耻灰泯而燼滅，又無聖人爲之發明。故假空言，是非一代，以傳無窮，而自光耀於後。故或往往有著書者。僕近寫得《唐書》，史官才薄，言辭鄙浅，不足以發揚高祖、太宗列聖明德，使後之觀者，文采不及周、漢之書。僕以爲西漢十一帝，高祖起布衣，定天下，豁達大度，東漢所不及。其餘惟文、宣二帝爲優。自惠、景以下，亦不皆明於東漢明、章兩帝。而前漢事迹灼然，傳在人口者，以司馬遷、班固叙述高簡之工，故學者悦而習焉，其讀之詳也。足下讀范曄《漢書》、陳壽《三國志》、王隱《晋書》，生熟何如左丘明、司馬遷、班固書之温習哉！故温習者事迹彰，而罕讀者事迹晦。讀之疎數，在辭之高下，理必然也。唐有天下，聖明繼於周漢。而史官叙事，曾不如范曄、陳壽所爲，况足擬望左丘明、司馬遷、班固之文哉？僕所以爲耻。當兹得於時者，雖負作者之材，其

---

① 李翱，字習之，唐隴西成紀（今甘肅天水）人，與皇甫湜一起師從韓愈。本文見載李翱《李文公集》卷六，題爲“答皇甫湜書”。

道既能被物，則不肯著書矣。

僕竊不自度，無位於朝，幸有餘暇，而辭句足以稱贊明盛，紀一代功臣賢士行迹，灼然可傳於後代，自以爲能不滅者，不敢爲讓。故欲筆削國史，成[①]不刊之書。用仲尼褒貶之心，取天下公是公非以爲本。群黨之所謂是者，僕未必以爲是；群黨之所謂非者，僕未必以爲非。使僕書成而傳，則富貴而功德不著者，未必聲名[②]於後；貧賤而道德全者，未必不烜赫於無窮。韓退之所謂"誅奸諛於既死，發潛德之幽光"[③]，是翺心也。

僕文采雖不足以希左丘明、司馬子長，足下視僕叙高愍女[④]、楊烈婦[⑤]，豈盡出班孟堅、蔡伯喈[⑥]之下耶？仲尼有言："不有博弈者乎？爲之猶賢乎已。"[⑦]僕所爲，雖無益於人，比之博弈，猶爲勝也。足下以爲何如哉？古之賢聖，當仁不讓於師。仲尼則曰："文王既没，文不在兹乎？"[⑧]又曰："予欲無言。天何言哉？"[⑨]孟軻則曰："予之不遇魯侯，天也。臧氏之子，安能使予不遇哉？"[⑩]司馬遷則曰：成一家之言，藏諸名山，以俟後聖人君子。[⑪]僕之不讓，亦非大過也。幸無怪。

---

① 史成，原爲小字注，據文義及《李公文集》卷六《答皇甫湜書》，《四部叢刊》本，當爲正文。

② 名，原作"明"，據《李公文集》卷六《答皇甫湜書》，《四部叢刊》本校改。

③ 見《昌黎先生文集》卷十六《答崔立之書》。

④ 高愍女，高妹妹，名妹妹，謚"愍"，唐朝烈女，其父爲唐代將領高彦昭。

⑤ 楊烈婦，唐李侃妻。

⑥ 蔡伯喈，蔡邕，字伯喈，歷任侍御史、左中郎將等職，世稱"蔡中郎"，東漢時期名臣。

⑦ 語出《論語·陽貨》。

⑧ 語見《論語·子罕》。

⑨ 語見《論語·陽貨》。

⑩ 語出《孟子·梁惠王上》。

⑪ 《史記》卷一百三十《太史公自序》："成一家之言，厥協六經異傳，整齊百家雜語，藏之名山，副在京師，俟後世聖人君子。"

進新唐書表

曾公亮[①]

臣公亮言：竊惟唐有天下，幾三百年，其君臣行事之始終，所以治亂興衰之迹，與其典章制度之美，宜其燦然著在簡册。而紀次無法，詳略失中，文采不明，事實零落，蓋又百有五十年，然後得以發揮幽深，補緝闕亡，黜正僞繆，克備一家之史，以爲萬世之傳。成之至難，理若有待。

臣公亮誠惶誠恐，頓首頓首。伏惟體天法道欽文聰武聖神孝德皇帝[②]陛下，有虞舜之智而好問，躬大禹之聖而克勤，天下和平，民物安樂。而猶垂心積精，以求[③]治要，日與鴻生舊學講誦六經，考覽前古，以謂商周以來，爲國長久，惟漢與唐，而不幸接乎五代。衰世之士，氣力卑弱，言淺意陋，不足以起其文，而使明君賢臣，雋功偉烈，與夫昏虐賊亂，禍根罪首，皆不得暴其善惡以動人耳目，誠不可以垂勸戒，示久遠，甚可嘆也！乃因邇臣之有言，適契上心之所閔，於是刊修官翰林學士兼龍圖閣學士、給事中、知制誥臣歐陽脩，端明殿學士兼翰林侍讀學士、龍圖閣學士[④]、尚書吏部侍郎臣宋祁，與編修官禮部郎中、知制誥臣

---

① 曾公亮，字明仲，號樂正，北宋泉州晋江（今福建泉州）人，著有《武經總要》。

② 體天法道欽文聰武聖神孝德皇帝，宋仁宗趙禎。

③ 以求，原爲小字夾注，據歐陽脩《歐陽文忠公集》表奏書啓四六集卷二《進新修唐書表》，《四部叢刊》本，實爲正文。

④ 龍圖閣學士，五字原脱，據歐陽脩《歐陽文忠公集》表奏書啓四六集卷二《進新修唐書表》，《四部叢刊》本補。

范鎮[①]，刑部郎中、知制誥臣王疇[②]，太常博士、集賢校理臣宋敏求，秘書丞臣吕夏卿[③]，著作佐郎臣劉羲叟等，並膺儒學之選，悉發秘府之藏，俾之討論，共加删定，凡十有七年，成二百二十五卷。其事則增於前，其文則省於舊。至於名篇著目，有革有因，立傳紀實，或增或損，義類凡例，皆有據依。纖悉綱條，具載別録。臣公亮典司事領，徒費日月，誠不足以成大典，稱明詔，無任慚懼戰汗屏營之至。

諸儒論新唐書

晁氏　陳氏[④]

晁氏曰：皇朝嘉祐中，曾公亮等被詔删定，歐陽脩撰紀志，宋祁撰列傳。舊書約有一百九十卷，新書約一百七十四卷，而其中增表。故書成上於朝，自言曰："其事則增於前，其文則省於舊也。"而議者頗謂永叔事《春秋》，每務褒貶；子京通小學，唯刻意文章。采雜説既多，往往牴牾，有失實之嘆焉。

陳氏曰：初，慶曆中，詔王堯臣[⑤]、張方平[⑥]等刊修，久而未就。至和初乃命脩爲紀志，祁爲列傳，范鎮、王疇、宋敏求、吕夏卿、劉羲叟

① 范鎮，字景仁，北宋四川華陽（今四川成都）人，寶元年間進士，著有《東齋記事》等。

② 王疇，字景彝，北宋曹州濟陰（今山東曹縣）人，天聖八年進士，被薦編修《唐書》。

③ 吕夏卿，字縉叔，北宋泉州晋江（今福建泉州）人，慶曆二年進士，著有《唐書直筆》。

④ 本文爲卜氏據《文獻通考》卷一百九十二《經籍考》轉録晁公武《郡齋讀書志》卷二上、陳振孫《直齋書録解題》卷四對《新唐書》所作的按語。

⑤ 王堯臣，字伯庸，北宋應天府虞城（今河南虞城）人，天聖年間進士，曾與歐陽脩合撰《崇文總目》。

⑥ 張方平，字安道，南京（今河南商丘）人，北宋景祐年間舉茂才異等，官至參知政事。

同編修。嘉祐五年上之。凡廢傳六十一，增傳三百三十一，志三，表四。故其進書上表曰：“其事則增於前，其文則省於舊。”第嘗增秩訓詞，劉敞原父[①]所行，最爲古雅。曰[②]：“古之爲國者，法後王，爲其近於己，制度文物可觀故也。唐有天下且三百年，明君賢臣，相與經營扶持之，其盛德顯功、美政善謀，固已多矣。而史官非其人，記述失序，使興敗成壞之迹晦而不章，朕甚恨之。肆擇廷臣筆削《舊書》，勒成一家。具官歐陽脩、宋祁，創立紀統，裁成大體；范鎮等網羅遺逸，厥協異同。凡十有七年，大典乃立，閎富精覈，度越諸子矣。皆讎有功，朕將據古鑒今，以立時治。爲朕得法，其勞不可忘也。皆增秩一等，布書於天下，使學者咸觀焉。”舊例，書止著官高一人名銜，歐公曰：“宋公於我爲前輩，且於此書用力久且深，何可没也？”遂於紀傳各著之，宋公感其退遜。今按舊書成於五代文氣卑陋之時，紀次無法，詳略失中，論贊多用儷語，固不足傳世。而新書不出一手，亦未得爲全善。本紀用《春秋》法，削去詔令，雖太略猶不失簡古。至列傳用字[③]多奇澀，殆類虯户銑谿體[④]，識者病之。歐公嘗卧聽《藩鎮傳序》曰：“使筆力皆如此，亦未易及也。”然其《序》全用杜牧[⑤]《罪言》，實無宋公一語。然則歐公殆不滿於宋，名銜之著，固惡夫争名，抑亦以自表異耶？温公《通鑑》多據舊史，而唐庚子西直謂《新唐書》敢亂道而不好，雖過甚，亦不爲亡謂也。劉元城

① 劉敞原父，劉敞，字原父，世稱公是先生，北宋臨江新喻（今屬江西）人，慶曆六年進士。著名經學家，長於《春秋》三傳，熟悉史學，著有《春秋權衡》《春秋意林》等。

② 曰，此指《新唐書》編成後宋仁宗詔令中的話。據説這篇訓詞爲劉敞所作。

③ 用字，原爲小字注，據《文獻通考》卷一百九十二《經籍考》，中華書局 2011 年版，當爲正文。

④ 虯户銑谿體，比喻作文喜用僻辭古語，故作高深。

⑤ 杜牧，唐京兆萬年（今陝西西安）人，字牧之，大和年間進士，官終中書舍人，世稱“杜樊川”，著有《樊川文集》。

亦謂"事增文省，正新書之失處"云。

宋祁傳[①]

歐陽玄

宋祁，字子京，雍丘人。與兄庠同舉進士，禮部奏祁第一，庠第二。章獻太后不欲以弟先兄，乃擢庠第一，而置祁第十。人呼曰"二宋"，以大小别之。有司言："太常舊樂數增損，其聲不和。"詔祁同案試，李照定新樂，胡瑗[②]鐘磬，祁皆典之。成，遷尚書工部員外郎、同修起居注[③]、權三司度支判官。次當知制誥，而庠方參知政事，乃以爲天章閣待制。庠罷，祁亦出[④]知壽州[⑤]。還，知制誥，爲翰林學士。庠復知政事，罷祁翰林學士，改龍圖閣學士、史館修撰，修《唐書》。又上《禦戎論》七篇。加端明殿學士[⑥]，特遷吏部侍郎、知益州。尋除三司使。右司諫吴及嘗言祁在定州不治，縱家人貸公使錢數千緡[⑦]，在蜀奢侈過度。既而御史中丞包拯亦言祁益部多游燕，且其兄方執政，不可任三司。乃知鄭州。《唐書》成，遷左丞。以羸疾請便醫藥，入判尚書都省。踰月，拜翰林學士承旨，詔遇入直，許一子主湯藥。尋卒。

---

① 本文見載脱脱等撰《宋史》卷二百八十四。

② 胡瑗，字翼之，北宋泰州如皋（今江蘇如皋）人，著有《尚書全解》《春秋要義》等。

③ 郎同修起居注，六字原脱，據《宋史》卷二百八十四《宋祁傳》，中華書局1985年版補。

④ 出，原作"黜"，據《宋史》卷二百八十四《宋祁傳》，中華書局1985年版改。

⑤ 壽州，古地名，今安徽壽縣。

⑥ 加端明殿學士，六字原脱，據《宋史》卷二百八十四《宋祁傳》，中華書局1985年版補。

⑦ 公使錢數千緡，六字底本刊印不清，據《宋史》卷二百八十四《宋祁傳》，中華書局1985年版補。

祁兄弟皆以文學顯，而祁尤能文，善議論，然清約莊重不及庠，論者以祁不至公輔，亦以此云。修《唐書》十餘年，自守亳州，出入内外嘗以稿自隨，爲列傳百五[①]十卷。預修《籍田記》《集韻》。又撰《大樂圖》二卷，文集百卷。祁所至，治事明峻，好作條教。其子遵《治戒》不請謚，久之，學士承旨張方平言祁法應得謚，謚曰[②]"景文"。

五代史[③]

晁公武

《五代史》，本紀十二，家人傳八，臣傳十一，《死節》《死事》《一行》《六臣》《義兒》《伶官》《宦者傳》各一，《雜傳》十九，《司天考》二，《職方考》一，《世家年譜》十一，《四夷附録》三，共七十四卷。宋開寶中，詔薛居正[④]修。歐陽脩以居正史繁猥失實，重加修定，藏於家。脩歿後，朝廷聞之，取以付國子監刊行，《國史》稱其以繼班固、劉向，人不以爲過，特恨其《晋出帝論》，以爲濮園而發云。

---

① 百五，原倒作"五百"，據《宋史》卷二百八十四《宋祁傳》，中華書局1985年版改。

② 曰，原脱，據《宋史》卷二百八十四《宋祁傳》，中華書局1985年版補。

③ 本文見載南宋晁公武《郡齋讀書志》卷二上，有增補。

④ 薛居正，字子平，開封府浚儀縣（今河南開封）人，五代至北宋初年大臣，主持編撰《舊五代史》。

五代史記序

陳師錫[①]

孟子曰："三代之得天下也以仁，其失天下也以不仁。"[②]自生民以來，一治一亂，旋相消長，未有去仁而興，積仁而忘者。甚哉，五代不仁之極也！其禍敗之復，殄滅剥喪之威，亦其效耳。夫國之所以存者以有民，民之所以生者以有君。方是時，上之人以慘烈自任，刑戮相高，兵革不休，夷滅構禍，置君猶易吏，變國若傳舍，生民膏血塗草野，骸骼暴原隰，君民相視如髦蠻[③]草木，幾何其不胥爲夷也！逮皇天悔禍，真人出寧，易暴以仁，轉禍以德，民咸保其首領，收其族屬，各正性命，豈非天邪！方夷夏相蹂，兵連亂結，非無忠良豪傑之士竭謀单智，以緩民之死，乃湮没而無聞矣。否閉極而泰道升，聖人作而万物睹，指揮中原，兵不頓刃，向之滔天巨猾，摇毒煽禍以害斯人者，蹈鼎鑊斧鑕之不暇，豈非人邪？天與人相爲表裏，和同於無間。聖人知天之所助，人之所歸，國之所恃以爲固者，仁而已，非特三代然也。堯舜之盛，漢唐之興，秦隋之暴，魏晋之亡，南北之亂，莫不由此也。五代距今百有餘年，故老遺俗，往往垂絶，無能道説者，史官秉筆之士，或文采不足以耀無窮，道學不足以繼述作，使五十有餘年間，廢興存亡之迹，奸臣賊子之罪，忠臣義士之節，不傳於後世，來者無所考焉。惟廬陵歐陽公，慨然以自

① 陳師錫，字伯脩，北宋建州建陽（今福建建陽）人，熙寧年間進士。本文見載《五代史記》卷首。

② 《孟子》卷七《離婁章句上》。

③ 視如髦蠻，原作"昧如弁髦"，據《五代史記》卷首《五代史記序》，百衲本改。

任，蓋潛心累年而後成書，其事迹[①]實録，詳於舊記，而褒貶義例，仰師《春秋》，由遷、固而來[②]，未之有也。至於論朋黨宦女[③]，忠孝兩全，義子降服，豈小補哉，豈小補哉！

五代史

徐無黨[④]

徐無黨曰：凡諸國名號，《梁本紀》自封梁王以後始稱梁；《唐本紀》自封晋王以後始稱晋，自建國號唐以後始稱唐，各從其實也。自傳而下，於未封王建國之前，或稱梁、稱晋、稱唐者，史官從後而追書也。唐嘗稱晋，而石敬瑭[⑤]又稱晋，李昪[⑥]又稱唐。劉龑[⑦]已稱漢，而劉旻[⑧]又稱漢。王建已稱蜀，而孟知祥[⑨]又稱蜀。石晋自爲一代，不待别而可知。唐、漢、蜀則加東、南、前、後以别其世家。梁初嘗封沛、東平，南唐初嘗稱齊，三號當時已不顯著，故皆略而不道。五代亂世，名號交雜而

---

① 迹，原作“迩”，據《五代史記》卷首《五代史記序》，百衲本改。
② 來，原作“耒”，據《五代史記》卷首《五代史記序》，百衲本改。
③ 宦女，原作“宦竪”，據《五代史記》卷首《五代史記序》，百衲本改。宦女指宦官和女寵。
④ 徐無黨，初名光，北宋婺州永康（今浙江永康）人，皇祐五年進士，官至政和殿學士，注釋歐陽脩撰《新五代史》。本文见載《五代史記》卷首。
⑤ 瑭，原作“塘”，據《五代史記》卷首，百衲本改。石敬瑭，太原（今山西太原）人，五代時期後晋開國皇帝。
⑥ 昪，原作“昇”，據《五代史記》卷首，百衲本改。李昪，字正倫，小字彭奴，徐州（今江蘇徐州）人，公元 937 年稱帝，國號齊，公元 939 年又改國號爲唐，史稱南唐。
⑦ 龑，原作“龔”，據《五代史記》卷首，百衲本改。劉龑，原名劉岩，泉州（今福建泉州）人，公元 917 年割據嶺南建立政權，次年改國號曰“漢”，史稱南漢。
⑧ 劉旻，原名劉崇，沙陀族，後漢高祖劉知遠之弟，北漢開國君主。
⑨ 孟知祥，字保胤，邢州龍岡（今河北邢臺）人，五代十國時期後蜀開國皇帝。

不常，史家撰述，隨事爲文，要於理通事見而已，覽者得以詳焉。

跋五代史

楊士奇[①]

《五代史》七十四卷，總十册，吾郡歐陽文忠公著，板在太學。前史文章，卓然高世，爲世師法者，司馬遷《史記》、班固《前漢書》及公此書而已。而義例之精，《史》《漢》不及。

論五代史死節傳、死事傳

唐樞[②]

《五代史》，傳“死節”三人，復傳“死事”十五人。死非節不成事，外“死節”可無“死事”。而謂三人全節盡於誼，十五人只隨事漫焉而死，抑殊訝之。士之委質必先擇於所從，從之而復正其行，徒以感恩爲報，則徒人費、石之紛如其人也。即曰：“漫焉死！漫焉死！”《傳》烏乎爲！王彦章丁衰國運，趙岩、張漢傑既間以群小，孤懸危疑之兵，未遇敵而身已殲之，非大帥見幾之誼。裴約以裨將守澤，正使李嗣昭卒，

① 楊士奇，楊寓，字士奇，號東里，明泰和（今江西泰和）人，著有《三朝聖諭録》《奏對録》《歷代名臣奏議》等。本文見載《東里文集》卷十。

② 唐樞，字惟中，號子一，世稱一庵先生，湖州歸安（今浙江湖州）人，嘉靖五年（1526）進士，著有《木鐘臺集》。本文見載《木鐘臺集·證道篇》。

法當攝事，容其子韜叛而降梁，乃約自坐其失，十居九耳。劉仁贍[①]臣南唐李景，鎮壽州，與周世宗[②]相持，景已畏，割地奉表，而仁贍久不肯下，以死。三人者，綱舉之未明所擇，目考之不能無遺評，則二傳不必分可也。

論五代史唐六臣傳

唐樞

歐陽子傳唐六臣，六外無臣，吾不信也。唐可傳，唐外不能復傳，吾不信也。白馬之慘[③]，其機先呈，獨於張廷[④]範發哉！故不特禍裴樞[⑤]。裴樞之諍前乎廷範，可無當諍。大臣審於履霜，不能回則去，出處之義不明，《微子》十八篇[⑥]有成案。後世學不自察，泥處則長往以恣私便，泥出則求通以殉事功。若孔子無可無不可出於性，性與天地民物爲公，故畏天命、悲人窮，性不容已之仁。處以性，性必見幾而作，故不見行，可不際，可不供養，不仕，性無不宜之義。後世以私滅性，使不爲六臣遇，而興六臣之心，使六臣以迹餙辭，亦有可言者。

① 劉仁贍，字守惠，彭城（今江蘇徐州）人，五代十國時南唐大將。
② 周世宗，柴榮，曾改姓郭，又稱郭榮，邢州堯山（今河北隆堯）人，五代時期後周皇帝。
③ 白馬之慘，白馬驛之禍，天祐二年，朱溫在李振的鼓動下殺死衆多大臣之事。
④ 廷，原作“延”，據《新五代史》卷三十五《唐六臣傳》，中華書局 1974 年版改。
⑤ 裴樞，字紀聖，絳州聞喜（今山西聞喜）人，唐末大臣，白馬驛之禍爲朱溫所殺。
⑥ 《微子》十八篇，《論語》第十八篇《微子》。

歐陽脩傳[①]

歐陽玄

歐陽脩，字永叔，廬陵人。被召撰《唐書》，又自撰《五代史》，其爲紀，一用《春秋》法，於唐《禮樂志》，明前世禮樂之本出於一，而後世禮樂爲空名；《五行志》不書事應，盡破漢儒災異附會之説。其論著類此。《五代史》辭約而事備，及正前史之失爲尤多。[②]

修《唐書》最後置局，專修紀志而已，列傳則尚書宋祁修也。朝廷以一書出於兩手，體不能一，遂詔脩刊詳列傳，令刪削爲一體。脩雖受命，退而嘆曰："宋公於我爲前輩，且人所見多不同，豈可悉如己意？"於是一無所易。及書成，奏御，吏白舊制修書只列書局中官高者一人姓名，云某等奉敕撰。而公官高當書。脩曰："宋公於列傳用功深而爲日久，豈可揜其名而奪其功乎？"於是紀志書脩姓名，列傳書宋姓名。此例皆前未有，自脩爲始也。祁聞而喜曰："自古文人不相讓，而好相陵掩，此事前所未聞也。

脩修《五代史》，記褒貶善惡，其法甚精，發論必以"嗚呼"，曰："此亂世之書也，吾用《春秋》之法，師其意而不襲其文。"其曰："昔孔子作《春秋》，因亂世而立治法。余述本紀，以治法而正亂君。"此其志也。書減舊史之半，而事迹比舊史添數倍。議者以爲功不下司馬遷，又謂筆力馳騁相上下而無駁雜説。至於紀例精密，則遷不及也。亦嘗謂："我作《伶官傳》，豈下《滑稽》者也！"

---

① 本篇自"被召撰《唐書》"至"豈下《滑稽》者也"，見載朱熹《三朝名臣言行録》；自"神宗嘗問王安石"以下見載《續資治通鑑長編》卷二百六十三"熙寧八年閏四月丁未"條。

② 朱熹《三朝名臣言行録》於此下原注云："行狀。"即以上文字原見於吴充《歐陽文忠公行狀》。

神宗[①]嘗問王安石[②]："脩所爲《五代史》如何？"安石曰："臣方讀數册，其文辭多不合義理。"上曰："責以義理，則脩止於如此。每卷後論説皆稱'烏乎'，是事事皆可嘆嗟！"

進宋史表

歐陽玄代阿魯圖[③]

開府儀同三司、上柱國、録軍國重事、中書右丞相、監修國史、領經筵事、提調宣政院太醫院廣惠司事臣阿魯圖等言：竊惟周公念先業之艱難，《七月》之詩是作；孔子論前王之文獻，二代之禮可言。故觀趙氏隆替之由，足見皇元混一之績。欽惟世祖聖德神功文武皇帝，初由宗邸親總大軍，龍旂出指於離方，羽葆歸登於乾御。櫛風沐雨，詎辭跋履之勞；略地攻城，咸遵稟授之算。揚舲而平江、漢，卷甲而克襄、樊，龔行弔伐之師，昭受寵綏之寄。及夫收圖書於勝國，輯黼冔[④]於神京，拔宋臣而列政塗，載宋史而歸秘府。然後告成郊廟，錫慶臣民，推大賚以惟均，示一統之無外。樞庭偃武，既編戡[⑤]定之勛；翰苑摛文，尋奉纂修之旨。事機有待，歲月易遷，累朝每切於繼承，多務未遑於制作。

臣阿魯圖等誠惶誠恐，頓首頓首，欽惟皇帝陛下恢弘至道，紹述丕

---

① 神宗，宋神宗趙頊。

② 王安石，字介甫，號半山，撫州臨川（今江西撫州）人，謚號"文"，世稱王文公，著有《臨川集》。

③ 阿魯圖，元末著名官員，主持編修《宋史》。本文見載歐陽玄《圭齋文集》卷十三、《宋史》附録《進宋史表》。

④ 冔，原作"哻"，指帽子，繪有黑白斧形花紋。

⑤ 戡，原作"勘"，據《圭齋文集》卷十三，《四部叢刊》本改。

謨。往行前言，樂討論[①]於古訓；祖功宗德，思揚厲於耿光。惟我朝大啓基圖，彼吴會後歸版籍，視金源其未遠，紬石室以具存，及兹累洽之時，成此彌文之典。命臣阿魯圖、左丞相臣别兒怯不花[②]領史事，前右丞相臣脱脱爲都總裁，平章政事臣帖睦爾達世[③]、御史大夫臣惟一、翰林學士承旨臣起巖[④]、臣玄、治書侍御史臣好文、禮部尚書臣沂、崇文太監臣宗瑞爲總裁官，平章政事臣納麟、臣伯顔、前中書右丞臣達世貼睦爾、左丞臣守簡、參議臣岳柱[⑤]、臣拜住、臣陳思謙、郎中臣斡欒、臣孔思立等協恭董治，史官工部侍郎臣斡玉倫徒、秘書卿臣泰[⑥]不華、太常僉院臣杜秉彝、翰林直學士臣宋褧、國子司業臣王思誠、臣汪澤民、集賢待制臣干文傳[⑦]、翰林待制臣張瑾、臣貢師道、宣文閣鑒書博士臣麥文貴[⑧]、監察御史臣余闕[⑨]、太常博士臣李齊、翰林修撰臣劉聞、太醫院都事臣賈魯、國子助教臣馮福可、太廟署令臣陳祖仁[⑩]、西臺御史臣趙中、翰林應奉臣王儀、臣余貞、秘書著作佐郎臣譚慥、翰林編修臣張翥[⑪]、國子助教臣吴當、經筵檢討臣危素[⑫]編劘分局，彙粹爲書。起自東都，迄於南渡，紀載餘三百載，始終纔一再期。

---

① 論，原作“訂”，據《圭齋文集》卷十三，《四部叢刊》本改。
② 别兒怯不花，字大用，丞相阿忽臺子，元末著名官員。
③ 帖睦邇達世，字九成，元末著名官員，著有《書史會要》。
④ 起巖，張起巖，字夢臣，祖籍章丘，移家禹城，元朝首屆科舉狀元。
⑤ 岳柱，字止所，一字兼山，畏兀人，趙國公阿魯渾薩理長子。
⑥ 泰，原作“秦”，據《圭齋文集》卷十三，《四部叢刊》本改。
⑦ 干文傳，字壽道，號仁裏，晚號止齋，元平江（今江蘇蘇州）人。
⑧ 麥文貴，字敬存，元南雄（今廣東南雄）人，官至集賢侍講學士，預修《宋史》。
⑨ 余闕，字廷心，一字天心，元河西武威（今甘肅武威）人，著有《青陽集》。
⑩ 陳祖仁，字子山，汴梁（今河南開封）人，元至正二年左榜狀元。
⑪ 張翥，字仲舉，晉寧（今山西臨汾）人，元代詩人。
⑫ 危素，字太僕，金溪（今江西撫州）人，歷仕元明兩代，著有《説學齋稿》。

考夫建隆、淳化之經營，景德[①]、咸平之潤色，慶曆、皇祐以忠厚美風化，元豐、熙寧以聰明紊憲章，馴致紹聖紛紜，崇寧荒亂，治忽昭陳於方册，操存實本於宮庭。若乃建炎、紹興之圖回，乾道、淳熙之保乂，正直用則人存政舉，邪佞進則臣辱主憂。光、寧之朝，僅守宗社；理、度之世，日蹙封疆，顧乃拘信使以渝盟，納叛臣而侵境，由姦權之擅命，啓事釁以召兵。厥後瀛國歸朝，吉王航海，齊亡而訪王蠋[②]，乃存秉節之臣；楚滅而諭魯公，堪矜守禮之國。

載惟真元之會合，屬當泰道之熙明，衆言淆亂於當時，大誼昭宣於今日。矧先儒性命之説，資聖代表章之功，先理致而後文辭，崇道德而黜功利，書法以之而矜式，彝倫賴是而匡扶。雖微董孤直筆之可稱，庶逃司馬寡識而輕信。至若論其有弊，亦惟斷以至公。大概聲容盛而武備衰，論建多而成效少。且辭之煩簡以事，而文之今古以時，舊史之傳述既多，雜記之蒐羅又廣。於是參是非而去取，權豐約以損增，事嚴敢計於疾徐，日積亦虞於玩愒。

臣阿魯圖等忝司當撰，實預提綱，周詢在局之言，靡不究心乃職。第述作之才有限，而報效之志無窮。儻垂清燕之觀，尚助緝熙之益。曰若帝堯，曰若帝舜，惟聖心稽古之功；監於有夏，監於有殷，乃臣子告君之道。謹撰述本紀四十七卷，志一百六十二卷，表三十二卷，列傳、世家二百五十五卷，裝潢四百九十二帙，隨表塵獻以聞。下情無任慚懼戰汗屏營之至。

① 德，原作“定”，據《圭齋文集》卷十三，《四部叢刊》本改。
② 蠋，原作“燭”，據《圭齋文集》卷十三，《四部叢刊》本改。

進遼史表

歐陽玄代脱脱[①]

開府儀同三司、上柱國、録軍國重事、中書右[②]丞相、監修國史、領經筵事臣脱脱言：竊惟天文莫驗於璣衡，人文莫證於簡策[③]。人主監天象之休咎，則必察乎璣衡之精；監人事之得失，則必考乎簡策之信。是以二者所掌，俱有太史之稱。然天道幽而難知，人情顯而易見。動静者吉凶之兆，敬怠者興亡之機。史臣雖述前代之設施，大意有助人君之監戒。

遼自唐季，基於朔方。造邦本席於干戈，致治能資於黼黻[④]。敬天尊祖，而出入必祭；親仁善鄰，而和戰以宜。南府治民，北府治兵。春狩省耕，秋狩省斂。吏課每嚴於芻牧，歲饑屢賜乎田租。至若觀市赦罪，則吻合六典之規；臨軒策士[⑤]，則恪遵三歲之制。享國二百一十九載，政刑日舉，品式備具，蓋有足尚者焉。迨夫子孫失御，上下離心。驕盈盛而釁隙生，讒賊興而根本蹙。變强爲弱，易於反掌。吁！可畏哉！

天祚[⑥]自絶，大石[⑦]苟延。國既丘墟，史亦蕪茀。耶律儼語多避忌，陳大任辭乏精詳。《五代史》繫之終篇，宋舊史埒諸載記。予奪各徇其主，傳聞况失其真。我世祖皇帝[⑧]一視同仁，深加愍惻。嘗敕詞臣撰次三

---

① 脱脱，蔑里乞氏，字大用，主持編修《遼史》《宋史》《金史》。本文見載《遼史》附録。

② 右，原作“左”，據《遼史》附録《進遼史表》，中華書局 1974 年版改。

③ 簡策，即簡册，由竹簡編連而成，後指史籍、典籍。

④ 黼黻，借指爵禄。

⑤ 臨軒策士，皇帝親試貢士之稱。《宋史》卷一百五十四《輿服志六》：“集英殿，臨軒策士則御焉。”

⑥ 天祚，遼天祚帝耶律延禧。

⑦ 大石，耶律大石。

⑧ 世祖皇帝，元世祖孛兒只斤・忽必烈。

史，首及於遼。六十餘年，歲月因循，造物有待。

臣脱脱誠惶誠恐頓首頓首：欽惟皇帝陛下，如堯稽古，而簡寬容衆；若舜好問，而濬哲冠倫。講經兼誦乎祖謨，訪治旁求乎往牒[①]。兹修史事，斷自宸衷。睿旨下而徵聘行，朝士賀而遺逸起。於是命臣脱脱以中書右丞相領都總裁，中書平章政事臣鐵睦爾達世、中書右丞今平章政事臣賀惟一[②]、御史中丞今翰林學士承旨臣張起巖、翰林學士臣歐陽玄、侍御史今集賢侍講學士兼國子祭酒臣呂思誠、翰林侍講學士臣揭傒斯奉命爲總裁官。中書遴選儒臣宗文太監今兵部尚書臣廉惠山海牙[③]、翰林直學士臣王沂[④]、秘書著作佐郎臣徐昺、國史院編修官臣陳繹曾分撰《遼史》。起至正三年四月，迄四年三月。發故府之櫝藏，集遐方之匭獻，蒐羅剔抉，删潤研劘。紀志表傳，備成一代之書；臧否是非，不迷千載之實。臣脱脱叨承隆寄，幸睹成功。載宣日月之光華，願效涓埃之補報。我朝之論議歸正，氣之直則辭之昌；遼國之君臣有知，善者喜而惡者懼。所撰本紀三十卷、志三十二[⑤]卷、表八卷、列傳四十六卷，各著論贊，具存體裁，隨表以聞。上塵天覽，下情無任慚懼戰汗屏營之至。

---

① 往牒，往昔的典籍。
② 賀惟一，字允中，初姓賀氏，名惟一，後賜姓蒙古氏，名太平，元朝中書省左丞相。
③ 廉惠山海牙，字公亮，畏兀兒人，官翰林學士。
④ 王沂，字師魯（一作思魯），元代真定（今河北正定）人，參撰遼、宋、金三朝史。
⑤ 二，原作“一”，據《遼史》附録《進遼史表》，中華書局 1974 年版改。

進金史表[①]

歐陽玄代阿魯圖

開府儀同三司、上柱國、録軍國重事、中書右丞相、監修國史、領經筵事、提調太醫院廣惠司[②]事臣阿魯圖言：竊惟漢高帝入關，任蕭何而收秦籍；唐太宗即祚，命魏徵以作《隋書》。蓋曆數歸真主之朝，而簡編載前代之事，國可滅史不可滅，善吾師惡亦吾師。矧夫典故之源流，章程之沿革，不披往牒，曷蓄前聞。

維此金源，起於海裔，以滿萬之衆，横行天下。不十年之久，専制域中。其用兵也，如縱燎而乘風；其得國也，若置郵而傳令。及煟興於禮樂，方焕有乎聲明。嘗循初而迄終，因考功而論德。非武元[③]之英略，不足以開九帝之業；非大定[④]之仁政，不足以固百年之基；天會[⑤]有吞四海之勢，而未有壹四海之規；明昌[⑥]能成一代之制，而亦能壞一代之法。海陵[⑦]無道，自取覆敗；宣宗[⑧]輕動，曷濟中興？迨夫浚郊多壘之秋，汝水飛煙之日，天人屬望，久有在矣；君臣守義，蓋足取焉。

我太祖法天啓運聖武皇帝[⑨]，以有名之師，而釋奕世之憾；以無敵之

---

① 本文見載脱脱等撰《金史》附録《進金史表》。

② 太醫院廣惠司，官署名，廣惠司秩正三品，掌修制御用回回藥物及合劑。

③ 武元，指完顔阿骨打。

④ 大定，金世宗完顔雍年號，此指完顔雍。

⑤ 天會，金太宗完顔晟年號，此指完顔晟。

⑥ 明昌，金章宗完顔璟年號，此指完顔璟。

⑦ 海陵，金海陵王完顔亮。

⑧ 宣宗，金宣宗完顔珣，本名完顔吾睹補。

⑨ 太祖法天啓運聖武皇帝，孛兒只斤・鐵木真，尊號“成吉思汗”，元朝建立後，追尊廟號太祖，謚號“法天啓運聖武皇帝”。

仁，而收兆民之心。勁卒擣居庸關[①]，北拊其背；大軍出紫荆口[②]，南扼其吭。指顧可成於隽功，操縱莫窺於廟算[③]；懲彼取遼之暴，容其涉河以遷。太宗英文皇帝[④]席卷雲、朔，而徇地并、營；囊括趙、代，而傳檄齊、魯。滅夏國以蹴秦、鞏，通宋人以逼河、淮。睿宗仁聖景襄皇帝[⑤]冒萬險，出饒風[⑥]，長驅平陸，戰三峰[⑦]，乘大雪，遂定中原。

太陽出而爝火熸，正音作而衆樂廢。爰及世祖聖德神功文武皇帝，恢弘至化，勞來遺黎。燕地定都，撤武靈之舊址；遼陽建省，撫肅慎[⑧]之故墟。于時張柔[⑨]歸金史於其先，王鶚[⑩]輯金事於其後。是以纂修之命，見諸敷遺之謀，延祐[⑪]申舉而未遑，天曆[⑫]推行而弗竟。

臣阿魯圖誠惶誠懼，頓首頓首，欽惟皇帝陛下緝熙聖學，紹述先猷，當邦家閒暇之時，治經史討論之務。念彼泰和以來之事迹，涉我聖代初興之歲年。太祖受帝號於丙寅，先五載而朱鳳應；世皇毓聖質於乙亥，蚤一歲而黃河清。若此貞符，昭然成命。第以變故多而舊史闕，耆艾没而新説訛，弗折衷於大朝，恐失真於他日。於是聖心獨斷，盛事力行，申命臣阿魯圖以中書右丞相、臣别兒怯不花[⑬]以中書左丞相領三史事，臣脱脱以前

① 居庸關，古地名，在今北京昌平西北三十里。

② 紫荆口，古地名，在今河北易縣西八十里紫荆嶺上。

③ 廟算，朝廷或帝王對戰事進行的謀劃。

④ 太宗英文皇帝，孛兒只斤·窩闊臺，元朝建立後，追尊廟號太宗，謚號“英文皇帝”。

⑤ 睿宗仁聖景襄皇帝，孛兒只斤·拖雷，元朝建立後，追尊廟號睿宗，謚號“仁聖景襄皇帝”。

⑥ 饒風，古地名，饒風關，在今陝西石泉縣西北饒鳳嶺上。

⑦ 三峰，中原之代稱。

⑧ 肅慎，中國古代居於東北的一個民族，亦作“息慎”“稷慎”。

⑨ 張柔，字德剛，易州定興縣（今河北保定）人，金末元初名將。

⑩ 王鶚，字百一，曹州東明（今山東東明）人，金正大元年狀元，著有《應物集》。

⑪ 延祐，元仁宗孛兒只斤·愛育黎拔力八達年號。

⑫ 天曆，元文宗孛兒只斤·圖帖睦爾年號。

⑬ 花，原作“化”，據《金史》附録《進金史表》，中華書局 1975 年版改。

中書右丞相仍都總裁，臣御史大夫帖睦爾達世、臣中書平章政事賀惟一、臣翰林學士承[①]旨張起巖、臣翰林學士歐陽玄、臣治書侍御史李好文[②]、臣禮部尚書王沂、臣崇文太監楊宗瑞[③]爲總裁官，臣江西湖東道肅政廉訪使沙剌班[④]、臣江西湖東道肅政廉訪副使王理、臣翰林待制伯顔[⑤]、臣國子博士費著[⑥]，臣秘書監著作郎趙時敏，臣太常博士商企翁爲史官，集衆技以責成書，佇奏篇以覽近監。

臣阿魯圖仰承隆委，俯竭微勞。紬石室之文，誠乏司馬遷之作；獻《金鏡》之録，願攄張相國之忠。謹撰述本紀十九卷、志三十九卷、表四卷、列傳七十三卷、目録二卷，裝潢成一百三十七帙，隨表以聞。上塵天覽，無任慚愧戰汗屏營之至。

歐陽玄傳

宋濂[⑦]

歐陽玄，字原功，其先家廬陵，與文忠公脩同所自出。至曾大父新，

---

① 承，原作“丞”，據《金史》附録《進金史表》，中華書局1975年版改。
② 李好文，字惟中，號河濱漁者，大名府東明縣（今山東菏澤）人，元至治元年進士，參與編修《遼史》《金史》和《宋史》。
③ 楊宗瑞，字廷鎮，揭陽槎橋（今廣東揭陽）人，元泰定年間進士，參與編修《遼史》《金史》和《宋史》。
④ 沙剌班，字敬臣，號山齋，畏兀兒人，元朝大臣，爲《金史》纂修官之一。
⑤ 伯顔，一名師聖，字宗道，哈剌魯氏，隸軍籍蒙古萬户府，開州濮陽縣（今河南濮陽）人，參與修撰《金史》。
⑥ 費著，成都華陽（今四川成都）人，官至太史院都事、翰林學士，著有《歲華紀麗譜》《蜀錦譜》等。
⑦ 宋濂，初名壽，字景濂，號潛溪，別號龍門子、玄真遁叟等，金華浦江（今浙江浦江）人，謚號“文憲”，著有《宋學士全集》。本文見載《元史》卷一百八十二《歐陽玄傳》。

始遷居瀏陽，故玄爲瀏陽人①。玄幼岐嶷，始從鄉先生張貫之學，日記數千言，即知屬文。年十四，益從宋故老習爲詞章，下筆輒成章，每試庠序，輒占高等②。弱冠，下帷數年，人莫見其面。經史百家，靡不研究，伊、洛諸儒源委，尤爲淹貫。

延祐元年，詔設科取士，玄以《尚書》與貢。明年，賜進士出身，授岳州路平江州同知。升歷國子監丞。致和③元年，遷翰林待制，兼國史院編修官。時當兵興，玄領印攝院事，日直内廷，參决機務，凡遠近調發，制詔④書檄，皆經撰述之。明年，初置奎章閣學士院，又置藝文監隸焉，皆選清望官居之，文宗親署玄爲藝文少監，奉詔纂修《經世大典》⑤。元統⑥元年，拜翰林直學士，編修四朝實録，俄兼國子祭酒。至正改元，詔修遼、金、宋三史，召爲總裁官，發凡舉例，俾論撰者有所據依。史官中有悻悻露才、論議不公者，玄不以口舌争，俟其呈稿，援⑦筆竄定之，統系自正。至論、贊、表、奏，皆玄屬筆。

---

① 故玄爲瀏陽人，六字原脱，據《元史》卷一百八十二《歐陽玄傳》，中華書局1976年版補。

② 等，原作“算”，據《元史》卷一百八十二《歐陽玄傳》，中華書局1976年版改。

③ 致和，元泰定帝年號。

④ 詔，原脱，據《元史》卷一百八十二《歐陽玄傳》，中華書局1976年版補。

⑤ 《經世大典》，元官修政書，時稱《皇朝經世大典》，趙世延、虞集爲總裁官，八百八十卷，目録十二卷，公牘一卷，纂修通議一卷。書成後，僅有“繕寫呈上”之寫本，未有刻本。原書除序録存於《元文類》外，《永樂大典》殘本中有小部分遺文。

⑥ 元統，元順帝年號。

⑦ 援，原作“授”，據《元史》卷一百八十二《歐陽玄傳》，中華書局1976年版改。

進元史表[①]

宋濂

銀青榮禄大夫、上柱國、録軍國重事、中書左丞相兼太子少師、宣國公臣李善長[②]等言：

伏以紀一代以爲書，史法相沿於遷、固；考前王之成憲，周家有監於夏、殷。蓋因已往之廢興，用作將來之法戒。惟元氏之有國，本朔漠以造家。事兵戈而争强，併部落者十世；逐水草而爲食，擅雄長於一隅。逮至成吉思之時，聚會斡難河[③]之上，方尊位號，始定教條。既近取於乃蠻[④]，復遠攻於回紇[⑤]。渡黄河以蹴西夏，踰居庸以瞰中原。太宗繼之，而金源爲墟；世祖承之，而宋籙遂訖。立經陳紀，用夏變夷。肆宏遠之規模，成混一之基業。爰及成、仁之主，見稱願治之君。唯祖訓之式遵，思孫謀之是遺。自兹以降，亦號隆平。豐亨豫大[⑥]之言，壹倡於天曆之世；離析渙奔之禍，馴致於至正之朝。徒玩細娱，浸忘遠慮。權奸蒙蔽於外，嬖倖蠱惑於中。周綱遽致於陵遲，漢網實因於疏闊。由是群雄角逐，九域瓜分。風波徒沸於重溟，海岳竟歸於真主。

臣善長等誠惶誠恐，頓首頓首：欽惟皇帝陛下奉天承運，濟世安民。建萬世之丕圖，紹百王之正統。大明出而爝火熄，率土生輝；迅雷鳴而衆響銷，鴻音斯播。載念盛衰之故，乃推忠厚之仁。僉言實既亡而名亦

① 本文見載宋濂等撰《元史》附録。

② 李善長，字百室，濠州定遠（今安徽定遠）人，明初官至左丞相，監修《元史》。

③ 斡難河，河流名，即鄂嫩河，位於蒙古和俄羅斯境内。

④ 乃蠻，古族名，居住於蒙古高原西部。

⑤ 回紇，古族名，又名回鶻，遊牧於今鄂爾渾河流域。

⑥ 豐亨豫大，形容富足興盛的太平安樂景象，出自《周易・豐》《周易・豫》。

隨亡，獨謂國可滅而史不當滅。特詔遺逸之士，欲求論議之公。文辭勿致於艱深，事迹務令於明白。苟善惡瞭然在目，庶勸懲有益於人。此皆天語之丁寧，足見聖心之廣大。於是命翰林學士臣宋濂、待制臣王褘協恭刊裁，儒士臣汪克寬、臣胡翰、臣宋僖[①]、臣陶凱、臣陳基、臣趙壎、臣曾魯[②]、臣趙汸、臣張文海、臣徐尊生、臣黄篪、臣傅恕、臣王錡、臣傅著[③]、臣謝徽[④]、臣高啓分科修纂。上自太祖，下迄寧宗，據十三朝《實録》之文，成百餘卷粗完之史。若自元統以後，則其載籍靡存。已遣使而[⑤]旁求，俟續編而上送。愧其才識之有限，弗稱三長；兼以紀述之未周，殊無寸補。臣善長忝司鈞軸，幸睹成書。信傳信而疑傳疑，僅克編摩於歲月；筆則筆而削則削，敢言褒貶於《春秋》。仰塵乙夜之觀，期作千秋之鑒。所譔《元史》，本紀三十七卷，志五十二卷，表六卷，傳六十三卷，目録二卷，通計一百六十卷，凡一百三十萬六千餘字，謹繕寫裝潢成一百二十册，隨表上進以聞。臣善長下情無任激切屏營之至[⑥]。

---

① 宋僖，字無逸，餘姚（今浙江餘姚）人，仕元時任繁昌教諭，入明後曾參與編修《元史》。

② 曾魯，字德之，新淦（今江西新干）人，著有《大明集禮》。

③ 傅著，字則明，長洲（今江蘇蘇州）人，明初學者。

④ 徽，原作“徵”，據《元史》附録《進元史表》，中華書局 1976 年版改。謝徽，字元懿，長洲（今江蘇蘇州）人，明初學者。

⑤ 使而，原爲小字注，據《元史》附録《進元史表》，中華書局 1976 年版，當爲正文。

⑥ 無任激切屏營之至，原爲小字注，據《元史》附録《進元史表》，中華書局 1976 年版，當爲正文。

補元史記[①]

宋濂

洪武元年秋八月，上既平定朔方，九州攸同，而金匱之書悉輸[②]於秘府。冬十有二月，乃詔儒臣發其所藏，纂修《元史》，以成一代之典，而臣濂、臣禕實爲之總裁。明年春二月丙寅開局，至秋八月癸酉書成，紀凡三十有七卷，志五十有三卷，表六卷，傳六十有三卷。丞相、宣國公臣善長率同列表上，已經御覽。至若順帝之時，史官職廢，皆無《實録》可徵，因未得爲完書。上復詔儀曹遣使行天下，其涉於史事者，令郡縣上之。又明年春二月乙丑開局，至秋七月丁亥書成，又復上進，以卷計者，紀十，志五，表二，傳三十又六。凡前書有所未備，頗補完之。其時與編摩者，則臣趙壎、臣朱右、臣貝瓊、臣朱世濂、臣王廉、臣[③]王彝、臣張孟兼、臣高遜志、臣李懋、臣李汶、臣張宣[④]、臣張簡、臣杜寅、臣俞寅、臣殷弼，而總其事者，仍臣濂與臣禕焉。合前後二書，復釐分而附麗之，共成二百一十卷。舊所纂録之士，其名見於表中者，或仕或隱，皆散之四方，獨壎能終始其事云。

昔者，唐太宗以開基之主，干戈甫定，即留神於《晋書》，敕房玄齡等撰次成編，人至今傳之。欽惟皇上龍飛江左，取天下於群雄之手，大統既正，亦詔修前代之史，以爲世鑒。古今帝王能成大業者，其英見卓

① 本文見載宋濂《宋學士文集》卷一，題作“元史目録後記”；宋濂等撰《元史》附録《宋濂目録後記》。

② 輸，原作“入”，據《宋學士文集》卷一，《四部叢刊》本改。

③ “臣”前衍一“臣”字，據《宋學士文集》卷一，《四部叢刊》本删。

④ 張宣，字藻重，一作藻仲，江陰（今江蘇江陰）人，元末明初學者。

識，若合符節蓋如是。於戲盛哉！第臣濂等以荒唐繆悠之學，義例不明，文辭過陋，無以稱塞詔旨之萬一。夙夜揣分，無任戰兢。今鏤板訖功，謹繫歲月次第於目録之左，庶幾博雅君子相與刊定焉。

洪武三[①]年十月十三日，史臣金華宋濂謹記。

跋元史[②]

楊士奇

一、此書於元百餘年之事備矣，而亡國之際，忠邪之迹或略，或於故老所傳聞者相戾，蓋當時急於成書，不暇遍訪而詳覈也。

論宋、遼、金三史

葉盛[③]

楊廉夫[④]《正統辨》，誠亦萬世公論。解學士縉紳[⑤]所作《元鄉貢進士周君墓表》，其言曰："宋承中華之統三百餘年，致治幾於三代，不幸

① 三，原作"二"，據宋濂《宋學士文集》卷一，《四部叢刊》本改。

② 本文見載楊士奇《東里文集》卷十，題作"書元史後"。

③ 葉盛，字與中，明江蘇昆山（今屬江蘇）人，正統年間進士，官至吏部左侍郎，著有《水東日記》《蜕菴集》等。本文見載《水東日記》卷二十四，題作"正統辨"。

④ 楊廉夫，楊維楨，字廉夫，號鐵崖，諸暨（今浙江諸暨）人，元泰定年間進士，官至建德路總管府推官，元亡不仕。明洪武二年詔修禮樂，著有《東維子集》《鐵崖古樂府》等。

⑤ 解學士縉紳，指解縉，字大紳，一字縉紳，號春雨、喜易，江西吉安吉水（今江西吉水）人，明洪武二十一年中進士，官至翰林學士兼右春坊大學士，主持纂修《永樂大典》，著有《解學士集》等。

遼、金二虜，孽牙其間，至元氏遂以夷狄入而代之，誠有天地以來非常之變。然一統者亦幾百年，有不得而廢之者，於是正統之論，益紛紛矣。當元至正中，危素始建言修《宋史》，而二虜皆有故臣，遂爲三史。於時以布衣慨然争之，不合徑去者，吾家季大父伯中與里人周公以立也，豈非偉男子哉！蓋當是時，得入史館以爲至幸，一俯首聽事，即富貴可指日得，而二公不屑也，其視區區之富貴爲何如哉！以立所上書萬言，其略曰：遼與本朝不相涉，又其事首尾已[①]具《五代史》，雖不論可也。所當論者，宋與金而已。然本朝平金在先而事體輕，平宋在後而事體重。宋之爲宋，媲之漢、唐而有光；遼、金之爲遼、金，比之元魏而猶歉。或曰，金人嘗甘心於徽、欽，靖康統絶，則金當續矣。臣愚應之曰，周幽王嘗陷犬戎之難[②]，平王[③]東遷，宗國黍離[④]矣；仲尼作《春秋》，乃明尊周之義，周之統未嘗繇幽王[⑤]而絶也。晉懷愍[⑥]亦罹青衣之辱[⑦]，元帝[⑧]南渡，神州陸沈矣；朱子述《綱目》，亦申帝晉之義，晉之統未嘗隨懷愍而遂亡也。聖賢經世立法，正以存天下之大防焉耳。書奏不報。伯中復上書，揭文安公[⑨]與二公言合，同館皆嚾然以爲狂。揭公深是之，而不能主也。嗚呼！是雖一時廢不用，萬世之下，雖與日月争光可也。”

---

① 已，原脱，據葉盛《水東日記》卷二十四，中華書局 1980 年版補。

② 犬戎之難，發生於公元前 771 年，西夷犬戎攻入西周都城鎬京，殺周幽王。

③ 平王，周平王姬宜臼（一作宜咎）。

④ 黍離，用作感慨亡國之詞。《詩・王風・黍離序》：“《黍離》，閔宗周也。周大夫行役，至於宗周，過故宗廟宫室，盡爲禾黍，閔周室之顛覆，徬徨不忍去而作是詩也。”

⑤ 幽王，周幽王姬宫涅。

⑥ 晉懷愍，西晉懷帝司馬熾與愍帝司馬鄴。

⑦ 青衣之辱，漢趙帝劉聰爲了宣示威儀，羞辱晉臣，宴請群臣的時候，命令晉懷帝與晉愍帝穿著青衣，裹著頭巾，給王公貴族行酒、洗酒杯。

⑧ 元帝，東晉元帝司馬睿。

⑨ 揭文安公，揭傒斯。

予謂其言可以佐佑廉夫之説，雖然，豈惟是哉！在元有鉅儒吴文正公[①]，亦曰："元氏宅土中神，皇主天下，書傳三千年，未有如此者。夷夏之辯，豈不明甚矣乎！"我太祖皇帝諭孔氏之詔曰："吾率中土之士，奉天逐胡，以安中夏。"大哉王言矣！後來吴思庵訥[②]《岳武穆褒忠録序》，亦皆是説之輿衛羽翼，世必有是其説而與數書並傳者矣。

紀瀛國公事實記

袁忠徹　陳霆[③]

予幼時聞諸先生與先人言，宋幼主北遷，元降封爲瀛國公。一夕，世祖夢金龍舒爪纏殿柱。明日，瀛國來朝，立所夢柱下。世祖感其事，欲除之，謀諸臣下，瀛國知懼，遂乞從釋，號合尊大師，往西天受佛法，獲免。過朔北扎顏之地，謁周王（即明宗），見瀛國后罕禄魯氏，郡王阿兒厮蘭[④]之裔孫也。明宗[⑤]愛而納之。未幾，生妥懽帖睦爾[⑥]。後有言於文宗[⑦]，詔曰："明宗在朔漠之時，素謂非己子。"遂兩徙高麗海島，尋移廣

---

① 吴文正公，吴澄，字幼清，撫州崇仁（今江西崇仁）人，宋元之際著名學者，著有《五經纂言》《草廬精語》等。

② 吴思庵訥，吴訥，字敏德，號思庵，常熟雙溪（今江蘇常熟）人，著有《文章辨體》《思庵集》等。

③ 袁忠徹，字静思，鄞（今浙江寧波）人，著有《人相大成》《符臺外集》等。陳霆，字聲伯，明浙江德清人，弘治十五年進士，著有《水南稿》等。本文見載袁忠徹《符臺外集》卷下。

④ 阿兒厮蘭，塞爾柱帝國第二代蘇丹。

⑤ 明宗，元明宗孛兒只斤・和世㻋。

⑥ 妥懽帖睦爾，元順帝孛兒只斤・妥懽帖睦爾。民間又稱其爲至正帝、庚申帝等。

⑦ 文宗，元文宗孛兒只斤・圖帖睦爾。

西。文宗崩，丞相燕鐵木兒[①]請於文后卜答失里[②]，立太子燕帖古思[③]，后不從命，立明宗次子亦隣真班，是爲寧宗。

寧宗崩，燕鐵木兒復請立燕帖古思。后曰："吾子尚幼，明宗長子妥懽帖睦爾在廣西，年十三矣。"乃命中書右丞闊里吉思[④]往廣迎之，至良鄉，燕鐵木兒既見，且陳迎立之意。妥懽帖睦爾幼，且畏之，一無所答。於是燕帖木兒疑之。適太史亦言不可立，立則天下亂，遂不果。文后視政一年，燕鐵木兒薨，學士虞集[⑤]上封事，不肯草詔。文后與大臣及學士巎巎[⑥]等定議，立侄妥懽帖睦爾爲帝，且詔尊文后，曰："燕鐵木兒猶懷兩端，遷延數月，天殞厥躬，永惟皇太后之子，一以至公爲心，親挈大寶，畀予兄弟。迹其定策兩朝，功德隆盛。"帝以虞集之上封事，乃曰："唵咯餓秀才，怎麼知我家事。"集驚懼，喪。順[⑦]帝立之八年六月，撤文宗廟主，徙文后，幽於東安[⑧]，放其太子燕帖古思於高麗，中道謀殺之。

嗚呼！順帝享國，實由文后，然聽讒臣之言，遂至文后母子被害。夫宋待柴世宗之後，代居顯官，詳見史册。而瀛國孤兒寡婦，元君忍不相容也。瀛國居燕八年，因殺文丞相，方給衣糧，此待之薄甚。迨感夢有疑，瀛國逆知，假往西天，又遇周王奪其后而生順帝。以明宗朔漠之

---

① 鐵，原作"銕"，據《符臺外集》卷下，明刻本改。燕鐵木兒，伯牙吾臺·燕鐵木兒，又作燕帖木兒，元欽察人，歷任同知宣徽院事、左衛親軍都指揮使、僉書樞密院事，元代權臣。

② 卜，原作"后"，袁忠徹《符臺外集》卷下訛作"十"，葉盛《水東日記》卷四十、程敏政《宋遺民録》卷十五載此文並作"卜"，考諸史事，作"卜"是。卜答失里，弘吉剌部人，元文宗圖帖睦爾的皇后。

③ 燕帖古思，孛兒只斤氏，元文宗圖帖睦爾與卜答失里皇后所生次子。

④ 闊里吉思，元世祖忽必烈外孫。

⑤ 虞集，字伯生，號道園，臨川崇仁（今江西崇仁）人，著有《道園學古録》《道園遺稿》等。

⑥ 巎巎，康里巎巎，字子山，號正齋、恕叟，元康里部（西北遊牧民族）人。

⑦ 順，原作"明"，據《符臺外集》卷下，明刻本改。

⑧ 東安，古地名，今屬湖南。

言觀之，明爲遺腹也。而天不負宋，而又享國之久。然順帝之負文后，豈其少恩哉？國祚之歸於大明宜矣。

予歸老於家，或誦虞文靖公詩所紀瀛國之事，因而有感，遂並書舊所聞者，使知宋三百年之德澤不泯也如是。順帝幽文后，殺其太子，此又天使宋之遺孽滅胡之報復也。①

① “所聞者”至“報復也”，原爲小字注，據《符臺外集》卷下，明刻本，當屬正文。

史學要義第三卷

後學秀水卜大有　輯

侄曰時　男郊　男曰至　侄白鄣　校

御製資治通鑑序[①]

宋神宗

朕惟君子多識前言往行以畜其德，故能剛健篤實，輝光日新。《書》亦曰："王，人求多聞，時惟建事。"《詩》《書》《春秋》皆所以明乎得失之迹，存[②]王道之正，垂鑒戒於後世者也。

漢司馬遷紬石室金櫃之書，據左氏《國語》，推《世本》《戰國策》《楚漢春秋》，采經摭傳，罔羅天下放失舊聞，考之行事，馳騁上下數千載間，首記軒轅，至於麟止，作爲紀、表、世家、書、傳，後之述者不能易此體也。惟其是非不謬於聖人，褒貶出於至當，則良史之才矣。

若稽古英考，留神載籍，萬幾之暇，未嘗廢卷。嘗命龍圖閣直[③]學士司馬光論次歷代君臣事迹，俾就秘閣翻閱，給吏史筆札，起周威烈王，訖於五代。光之志謂周道衰，王室微，禮樂征伐自諸侯出，平王東遷，齊、秦、楚、晋始大，桓、文更霸，猶託尊王爲辭以服天下；威烈王自陪臣命[④]韓、魏、趙爲諸侯，周雖未滅，王制盡矣！此亦古人述作造端立意之所由也。其所以載明君、良臣，切摩治道，議論之精語，德刑之善制，天人相與之際，休咎庶徵之原，威福盛衰之本，規模利害之效，良將之方略，循吏之條教[⑤]，斷之以邪正，要之以治忽，辭令淵源之體，箴

① 本文見載司馬光《資治通鑑》卷首《資治通鑑序》。
② 存，原脱，據《資治通鑑》卷首《資治通鑑序》，中華書局 1956 年版補。
③ 直，原脱，據《資治通鑑》卷首《資治通鑑序》，中華書局 1956 年版補。
④ 威烈王自陪臣命，原作"自威烈王陪臣執命"，據《資治通鑑》卷首《資治通鑑序》，中華書局 1956 年版改。
⑤ 條教，原作"教條"，據《資治通鑑》卷首《資治通鑑序》，中華書局 1956 年版改。

諫深切之義，良謂備焉。凡十六代，勒成二百九十六[①]卷，列於户牖之間而盡古今之統，博而得其要，簡而周於事，是亦典刑之總會，册牘之淵林矣。

荀卿有言："欲觀聖人之迹，則於其粲然者矣，後王是也[②]。"自餘治世盛王，有慘怛之愛，有忠利之教，或知人善任，恭儉勤畏，亦各得聖賢之一體，孟軻所謂"吾於《武成》取二三策而已"。至於荒墮顛危，可見前車之失；亂賊姦宄，厥有履霜之漸。《詩》云："商鑒不遠，在夏後之世。"故賜其書曰[③]《資治通鑑》，以著朕之志焉耳。

進資治通鑑表

司馬光[④]

臣光言：先奉敕編集歷代君臣事迹，又奉聖旨賜名《資治通鑑》，今已了畢者。

伏念臣性識愚魯，學術荒疏，凡百事爲，皆出人下，獨於前史，粗嘗盡心，自幼至老，嗜之不厭。每患遷、固以來，文字繁多，自布衣之士，讀之不遍；況於人主，日有萬幾，何暇周覽？臣常不自揆，欲删削冗長，舉撮機要，專取關國家興衰，繫生民休戚，善可爲法，惡可爲戒者，爲編年一書，使先後有倫，精粗不雜。私家力薄，無由可成。

---

① 六，原作"四"，據《資治通鑑》卷首《資治通鑑序》，中華書局 1956 年版改。

② 矣後王是也，五字原脱，據《資治通鑑》卷首《資治通鑑序》，中華書局 1956 年版補。

③ 書曰，原爲小字注，據《資治通鑑》卷首《資治通鑑序》，中華書局 1956 年版，當爲正文。

④ 司馬光，字君實，號迂叟，陝州夏縣（今山西夏縣）人，世稱涑水先生，北宋寶元元年進士，官至尚書左僕射兼門下侍郎，卒贈太師、温國公，謚號"文正"，主持編修《資治通鑑》等。本文見載《資治通鑑》附録《進書表》。

伏遇英宗[①]皇帝，資睿知之性，敷文明之治，思歷覽古事，用恢張大猷，爰詔下臣，俾之編集。臣夙昔所願，一朝獲伸，踊躍奉承，惟懼不稱。先帝仍命自選辟官屬，於崇文院置局，許借龍圖、天章閣、三館[②]、秘閣書籍，賜以御書筆墨繒帛，及御前錢，以供果餌，以內臣爲承受[③]。眷遇之榮，近臣莫及。不幸書未進御，先帝違棄群臣。陛下紹膺大統，欽承先志，寵以冠序，錫之嘉名；每開經筵[④]，常令進讀。臣雖頑愚，荷兩朝知待如此甚厚，隕身喪元，未足報塞。苟智力所及，豈敢有遺？會差知永興軍，以衰疾不任治劇，乞就冗官。陛下俯從所欲，曲賜容養，差判西京留司御史臺，及提舉嵩山崇福宮[⑤]。前後六任，仍聽以書局自隨，給之禄秩，不責職業。臣既無他事，得以研精極慮，窮竭所有。日力不足，繼之以夜。遍閱舊史，旁采小説，簡牘盈積，浩如煙海。抉擿幽隱[⑥]，校計毫釐。上起戰國，下終五代，凡一千三百六十三年，修成二百九十四卷。又略舉事目，年經國緯，以備檢尋，爲目録三十卷。又參考群書，評其同異，俾歸一塗，爲《考異》三十卷，合三百五十四卷。自治平開局，迨今始成。歲月淹久，其間牴牾，不敢自保。罪負之重，固無所逃。中謝[⑦]。

重念臣違離闕庭[⑧]，十有五年，雖身處於外，區區之心，朝夕夢寐，何嘗不在陛下之左右。顧以駑蹇，無施而可，是以專事鉛槧，用酬大恩，

---

① 英宗，宋英宗趙曙，原名趙宗實。

② 三館，史館、集賢院、昭文館。

③ 內臣，太監；承受，專門負責聯絡的官員。

④ 經筵，漢唐以來帝王專爲講經論史而特設的御前講席。

⑤ 崇福宮，初名萬歲觀，創建於西漢元封元年，宋代改名崇福宮，爲名儒去集之地。

⑥ 抉擿幽隱，發掘隱蔽罕見的史料。

⑦ 古代臣子上謝表，例有“誠惶誠恐”“頓首”“死罪”一類的套語，表示謙恭。後人編印文集往往從略，而旁注“中謝”二字。

⑧ 闕庭，朝廷。

庶竭涓塵，少禪海嶽。臣今筋骸癯瘁，目視昏近，齒牙無幾，神識昏耗，目前所爲，旋踵遺忘。臣之精力，盡於此書。伏望陛下寬其妄作之誅，察其願忠之意，以清閑之燕，時賜省覽。監前世之興衰，考當今之得失，嘉善矜惡，取是捨非，足以懋稽古之盛德，躋無前之至治，俾四海群生，咸蒙其福，則臣雖委骨九泉，志願永畢矣。

謝賜資治通鑑序表[①]

司馬光

臣光言：伏蒙聖恩，令臣讀所修《資治通鑑》，仍面賜御製御書序一篇者。臣性識駑鈍，學問空淺，偶自幼齡，粗涉群史。常欲芟[②]去蕪雜，發揮精雋，窮探治亂之迹。上助聖明之鑒。功大力薄，任重道悠，徒懷寸心，行將白首。伏遇先皇帝若稽古道，博采微言，俾摭舊聞[③]，遂伸微志。尚方紙墨，分於奏御之餘；内閣圖書，從其假借之便。未遑汗簡，已泣遺弓[④]。陛下祗服駿命，丕承[⑤]前烈。臣以屬稿有緒，不可不成。受詔所爲，不敢不上。銓次無法，抵牾實多，仰污覽觀，伏須罪戾。豈謂皇帝陛下赦其狂簡，賞其專勤，思所以旌異於他書，焜燿於群下，特發

① 本文見載《温國文正司馬公文集》卷五十七。

② 芟，削除，原作“芆”，據《温國文正司馬公文集》卷五十七《謝賜資治通鑑序表》，《四部叢刊》本改。

③ 聞，原作“文”，據《温國文正司馬公文集》卷五十七《謝賜資治通鑑序表》，《四部叢刊》本改。

④ 遺弓，爲帝王死亡的委婉語。

⑤ 承，原作“顯”，據《温國文正司馬公文集》卷五十七《謝賜資治通鑑序表》，《四部叢刊》本改。

殊恩，不用常例。屬當勸講之始，俾參經史之末。迨此清閑，命之進讀，而又序其本原，冠於篇帙。發言爲典，肆筆成書。炳蔚互變，如虎豹之明[①]；灝噩[②]無涯，逾商周之盛。况復褒貶是非，古人有所未至；造端立意，愚臣不能自言。陛下一賜指陳，涣然冰釋。至於"博而得其要，簡而周於事，典刑之總會，册牘之淵林"，臣實何人，克堪此語！若乃嘉文宣以作則，授正觀而爲師，兹實生民之福，豈伊微臣之幸！中謝。

竊以周之南、董，漢之遷、固，皆推高一時，播美千載。未有親屈帝文，特紆宸翰，曲蒙奬飾，大振輝光。如臣樸樕[③]小才，固非先賢之比；便蕃茂澤，獨專後世之榮。退自揣循，殆無容措。遂使螢爝末照，依日月以永存；草木常名，附天地而不朽。臣不任懇款之至。

注資治通鑑序

胡三省[④]

古者國各有史，以紀年書事。晋《乘》、楚《檮杌》，雖不可復見，《春秋》經聖人筆削，周轍既東，二百四十二年事，昭如日星。秦滅諸侯，燔天下書，以國各有史，刺譏其先，疾之尤甚。《詩》《書》所以復見者，諸儒能藏之屋壁。諸國史記，各藏諸其國，國滅而史從之。至漢時，獨有《秦記》。太史公因《春秋》以爲《十二諸侯年表》，因《秦

① 炳蔚，形容文采鮮明華美。虎豹之明，喻富有文采。《周易·革卦》："大人虎變，其文炳也。君子豹變，其文蔚也。"

② 灝噩，博大。揚雄《法言·問神》："虞夏之書渾渾爾，商書灝灝爾，周書噩噩爾。"

③ 樸樕，叢木、小樹，喻淺陋、平庸，用爲謙詞。

④ 胡三省，字身之，又字景參，號梅澗，臺州寧海（今浙江寧海）人，南宋寶祐四年進士，著有《資治通鑑音注》。本文見載《資治通鑑》卷首《新注資治通鑑序》。

記》以爲《六國年表》，三代則爲《世表》。當其時，黃帝以來《諜記》猶存，具有年數。子長稽其曆、譜諜、終始五德之傳，咸與古文乖異。且謂孔子序《書》，略無年月，雖頗有，然多闕。夫子之弗論次，蓋其慎也。子長述夫子之意，故其表三代也，以世，不以年。《汲冢紀年》出於晋太康初，編年相次，起自夏、殷、周，止魏哀王之二十年。此魏國史記脱秦火之厄，而晋得之，子長不及見也。子長之史，雖爲紀、表、書、傳、世家，自班孟堅以下不能易。雖以紀紀年，而書事略甚，蓋其事分見志、傳，紀宜略也。自荀悦《漢紀》以下，紀年書事，世有其人。獨梁武帝《通史》至六百卷。侯景之亂，王僧辯[①]平建業，與文德殿書七萬卷俱西。江陵之陷，其書燼焉。唐四庫書，編年四十一家，九百四十七卷。而王仲淹《元經》十五卷，蕭穎士依《春秋》義類，作傳百卷，逸矣！今四十一家書存者復無幾。乙部書以遷、固等書爲正史，編年類次之。蓋紀、傳、表、志之書行，編年之書特以備乙庫之藏耳。

宋英宗皇帝命司馬光論次歷代君臣事迹，爲編年一書。神宗皇帝以“鑑于往事，有資於治道”，賜名曰《資治通鑑》，且爲序其造端立意之由。温公之意，“專取關國家盛衰，繫生民休戚，善可爲法，惡可爲戒者”，以爲是書。治平、熙寧間，公與諸人議國事、相是非之日也。蕭、曹畫一之辯[②]，不足以勝變法者之口。分司西京，不豫國論，專以史局爲事。其忠憤感概不能自已於言者，則智伯才德之論，樊英[③]名實之説，唐太宗君臣之議樂，李德裕、牛僧孺争維州事之類是也。至黃幡綽[④]、石野

① 王僧辯，字君才，太原郡祁縣（今山西晋中）人，南朝梁名將，平定侯景之亂。

② 辯，原作“辨”，據《資治通鑑》卷首《新注資治通鑑序》，中華書局 1956 年版改。

③ 樊英，原作“繁纓”，據《資治通鑑》卷首《新注資治通鑑序》，中華書局 1956 年版改。樊英，字季齊，南陽魯陽（今河南南陽）人，兼明五經，善風角、星算、河洛七緯。

④ 黃幡綽，唐玄宗時宫廷藝人，擅長演參軍戲，常以幽默言語諷刺皇帝的過失，唐人筆記多載其事。

猪俳諧之語，猶書與局官，欲存之以示警。此其微意，後人不能盡知也，編年豈徒哉！

世之論者率曰："經以載道，史以記事，史與經不可同日語也。"夫道無不在，散於事爲之間。因事之得失成敗，可以知道之萬世亡弊，史可少歟？爲人君而不知《通鑑》，則欲治而不知自治之源，惡亂而不知防亂之術；爲人臣而不知《通鑑》，則上無以事君，下無以治民；爲人子而不知《通鑑》，則謀身必至於辱先，作事不足以垂後；乃如用兵行師，創法立制，而不知迹古人之所以得，鑑古人之所以失，則求勝而敗，圖利而害，此必然者也。

孔子序《書》，斷自唐虞。訖《文侯之命》，而繫之秦。魯《春秋》則始於平王之四十九年。左丘明傳《春秋》，止哀之二十七年趙襄子[①]惎智伯[②]事。《通鑑》則書趙興智滅以先事。以此見孔子定《書》而作《春秋》，《通鑑》之作實接《春秋左氏》後也。

温公遍閱舊史，旁採小説，抉擿幽隱，會稡爲書，勞矣！而修書分屬，漢則劉攽[③]，三國訖于南北朝則劉恕，唐則范祖禹。各因其所長屬之，皆天下選也，歷十九年而成，則合十六代、一千三百六十二年行事爲一書，豈一人心思耳目之力哉！

公自言："修《通鑑》成，惟王勝之[④]借一讀。他人讀未盡一紙，已欠伸思睡。"是正文二百九十四卷，有未能遍觀者矣。若《考異》三十卷，所以參訂群書之異同，俾歸於一。《目録》三十卷，年經國緯，不特

① 趙襄子，嬴姓，趙氏，名無恤，亦作"毋恤"，聯合韓、魏攻滅智氏，謚號"襄"，史稱趙襄子。

② 智伯，即智瑶，姬姓，智氏出自荀氏，故其又稱荀瑶，謚號"襄"，史稱智襄子。

③ 劉攽，字貢夫，一作貢父、贛父，號公非，臨江新喻（今江西新余）人，北宋慶曆年間進士，參與編修《資治通鑑》。

④ 王勝之，王益柔，字勝之，北宋洛陽（今河南洛陽）人，用蔭入官。

使諸國事雜然並録者，粲然有别而已，前代曆法之更造，天文之失行，實著於《目録》上方，是可以凡書目録觀邪？

先君篤史學。淳祐癸卯，始患鼻衄，讀史不暫置，灑血漬書，遺迹故在。每謂三省曰："《史》《漢》自服虔、應劭至三劉，注解多矣。章懷[①]注范史，裴松之[②]注陳壽史，雖間有音釋，其實廣異聞，補未備，以示博洽。《晋書》之楊正衡，《唐書》之竇苹、董衝，吾無取焉。徐無黨注《五代史》，粗言歐公書法義例，他未之及也。《通鑑》先有劉安世《音義》十卷，而世不傳。《釋文》本出於蜀史炤[③]，馮時行[④]爲之序。今海陵板本又有温公之子康《釋文》，與炤本大同而小異。公休於書局爲檢閲官，是其得温公辟咡之教，詔劉、范諸公群居之講明，不應乖剌乃爾。意海陵《釋文》非公休爲之。若能刊正乎？三省捧手對曰："願學焉。"

乙巳，先君卒，盡瘁家蠱，又從事科舉，史學不敢廢也。寶祐丙辰，出身進士，始得大肆其力於是書。游宦遠外，率攜以自隨。有異書異人，必就而正焉。依陸德明[⑤]《經典釋文》，鳌爲《廣注》九十七卷；著《論》十篇，自周訖五代，略叙興亡大致。咸淳[⑥]庚午，從淮壖歸杭都，延平廖公[⑦]見而韙之，禮致諸家，俾讎校《通鑑》以授其子弟，爲著《讎校通鑑凡例》。廖轉薦之賈相國。德祐[⑧]乙亥，從軍江上，言輒不用。既而軍潰，間道歸鄉里。丙子，浙東始騷，辟地越之新昌[⑨]，師從之，以孥免，失其

---

① 章懷，原作"韋昭"，據《資治通鑑》卷首《新注資治通鑑序》，中華書局1956年版改。

② 裴松之，原作"漢松之"，據《資治通鑑》卷首《新注資治通鑑序》，中華書局1956年版改。

③ 史炤，字見可，南宋眉州眉山（今四川眉山）人，著有《資治通鑒釋文》。

④ 馮時行，字當可，恭州壁山（今屬四川）人，宋紹興年間進士，著有《縉雲集》五十五卷。

⑤ 陸德明，名元朗，字德明，唐蘇州吴（今江蘇蘇州）人，秦王府十八學士之一。

⑥ 咸淳，宋理宗趙禥年號。

⑦ 延平廖公，廖瑩中，字群玉，邵武（今福建邵武）人，南宋刻書家。

⑧ 德祐，宋恭帝趙㬎年號。

⑨ 新昌，古地名，今屬浙江。

書。亂定反室，復購得他本爲之注。始以《考異》及所注者散入《通鑑》各文之下，曆法、天文則隨《目録》所書而附注焉。迄乙酉冬，乃克徹編。凡紀事之本末，地名之同異，州縣之建置離合，制度之沿革損益，悉疏其所以然。若《釋文》之舛謬，悉改[①]而正之，著《辯誤》十二卷。

嗚呼！注班《書》者多矣。晋灼集服、應之義，而辨其當否；臣瓚總諸家之説，而駁以己見。至小顔[②]新注，則又譏服、應之疏紊尚多，蘇、晋之剖斷蓋鮮，訾臣瓚以差爽，詆蔡謨以牴牾；自謂窮波討源，構會甄釋，無復遺恨。而劉氏兄弟之所以議顔者，猶顔之議前人也。人苦不自覺，前注之失，吾知之；吾注之失，吾不能知也。又古人注書，文約而義見。今吾所注，博則博矣，反之於約，有未能焉。世運推遷，文公[③]儒師，從而凋謝，吾無從而取正。或勉以北學於中國。嘻，有志焉，然吾衰矣！

旃蒙作噩冬十有一月乙酉日長至，書於梅磵蠖居。

乞令校資治通鑑所寫稽古録劄子[④]

元祐元年上

司馬光

臣聞史者今之所以知古，後之所以知先，是故[⑤]人主不可以不觀史。

---

① 改，原作"反"，據《資治通鑑》卷首《新注資治通鑑序》，中華書局 1956 年版改。
② 小顔，顔師古。
③ 公，原作"人"，據《資治通鑑》卷首《新注資治通鑑序》，中華書局 1956 年版改。
④ 本文見載司馬光《温國文正司馬公文集》卷五十一。
⑤ 故，原作"知"，據《温國文正司馬公文集》卷五十一，《四部叢刊》本改。

善者可以爲法，不善者可以爲戒。自生民以來，帝王之盛者，無如堯舜。書稱其德，皆曰“稽古”。然則治天下者，安可以不師古哉？伏見皇帝陛下初開經筵，先講《論語》，讀祖宗《寶訓》。《論語》記孔子之言[①]行，《寶訓》述祖宗之聖謀，誠爲從學之要。然國家未有天下以前帝王之事，臣愚以爲亦不可不知也。顧以年祀悠遠，載籍浩博，非一日二日所能遍閱而周知，所宜提其綱目，撮其精英，然後可以見治亂存亡之大略也。

臣先於英宗皇帝時嘗采獵經史，上自周威烈王二十三年，下盡周世宗顯德六年，略舉每年大事，編次爲圖，年爲一行，六十行爲一重，五重爲一卷。凡一千三百六十二年，共成五卷，謂之《歷年圖》，上之，以省煩文，便觀覽。臣又於神宗皇帝時，受詔修《國朝百官公卿表》。臣依司馬遷法，自建隆元年至治平四年，各記大事於上方，書成上之，有詔附於國史。臣今更討論經史，上自伏羲，下至周威烈王二十二年，略序大要，以補二書之闕，合爲二十卷，名曰《稽古録》。欲繕寫奏御，而私家少得筆吏，恐日近不能了畢。竊見先有聖旨，令秘書省正字[②]范祖禹等就本省校定臣所編修《資治通鑑》，見有筆吏及紙劄等物。伏望聖慈特降指揮，許臣並上件《稽古録》送祖禹等，令就本局繕寫校對訖，先次上進，候將來讀祖宗《寶訓》了日，若别未有書可讀，欲乞且取臣此書進讀。仍令侍讀官隨文解釋，則前王軌轍，皆可概見，庶幾足以資稽古之萬一，輔聖性之聰明。取進止。

---

① 言，原作“書”，據《温國文正司馬公文集》卷五十一，《四部叢刊》本改。

② 正字，官名，北齊始置，主要負責讎校典籍、刊正文章。

代司馬丞相進稽古録表

黄庭堅[①]

臣光言：竊以九州四海，一日萬幾。將察知民物之性情，蓋布在文武之方册。雖歷年多而舉其大要，則用力少而見夫全功。恭以皇帝陛下富有春秋，弭寧方夏。念終始典於學，於緝熙單厥心。延登老成，親近勸講。發《論語》章句，探經藝之同歸；誦《寶訓》丁寧，憲祖宗之不易。本有如是，實惟濫觴。惟稽古堯舜之舊章，惟信史《春秋》之成法，高山可仰，覆轍在前。其興亡在知人，其成敗在立政。或當艱難之運，而不能師用賢智；或有惻隱之意，而無以照知忠邪。載籍之編，患乎太漫；鑒觀之主，力不暇遑。敢用芟夷，略存體要。由三晋開國，迄於顯德之末造，臣既具之於《歷年圖》；自六合爲宋，接乎熙寧之始元，臣又著之於《百官表》。乃若威烈丁丑[②]而上，伏羲書契已來，對越神人，可用龜鏡，悉從論纂，皆有依憑。總而成書，爲《稽古録》二十卷，因仍書局，繕寫奏篇。兹冒昧以上陳，助聰明之遠覽。中謝。恭惟太皇太后陛下，定九鼎以守天下之公器，乘六龍以御古今之正權。思齊之功，啓佑聖學；過物之濟，燕及宗祧。至於法弊於凉而改爲，官非其人而變置，御戎之策上下，措國之勢安危。據舊以鑒新，去彼而取此。陶成萬化，柬在兩宫。七廟垂無彊之休，微臣與不朽之業。干冒宸扆，臣無任。

---

① 黄庭堅，字魯直，乳名繩權，號清風閣、山谷道人、山谷老人、涪翁等，世稱黄山谷、黄太史、黄文節、豫章先生，洪州分寧（今江西九江）人，著有《山谷詞》《豫章黄先生集》等。本文見載《豫章黄先生集》卷二十。

② 威烈丁丑，周威烈王二十二年，公元前 404 年。

進歷代通鑑纂要表

李東陽[1]

臣某等恭承先帝敕旨，纂修《歷代通鑑纂要》，今已成書，謹奉表上言：伏以世有古今，史册鑒興衰之迹；聖無先後，文章昭作述之光。事或因舊以爲新，體則似輕而實重。司存纂輯，道切規箴。寧辭寸晷之多，圖效萬分之一。洪惟孝宗敬皇帝[2]，德運堯文，聖躋湯敬。求多聞於古訓，發涣命於群臣。謂先儒《綱目》之書，本明正統；顧上古帝王之世，未稡成編。下逮宋元，尤多卷帙。盈箱充棟，實繁四庫之藏；旰食宵衣，豈有三餘之暇。親分義例，預錫名稱。寒暄閲二載之期，朱墨更數人之手。攀龍髯而莫逮，撫蠹簡以增悲。不敏是慚，無功可録。

伏遇皇帝陛下英明出類，剛健居中。上同舜哲之重華，下軼啓賢之繼道。實録方修於金匱，餘功載續於汗青。非徒撮要以删繁，抑亦要終而原始。政必稽其得失，行必著其忠邪。詞雖省而事已該，人既往而言獨在。博采諸家之斷，略致商評；間陳一得之愚，代爲講説。法多從舊，理貴折衷。不求敝力於難知，務期開卷而有益。肇呈首帙，進讀經幃；漸底終篇，告成寢廟。

臣等或躬承神授，或續奉宸音。心微河嶽之涓塵，識陋海天之蠡管。治鑑開英皇館局，而成於神宗之朝；《政要》本貞觀君臣，乃輯於開元之世。矧兹庸劣，詎免稽遲，幸惟往責之粗償，敢詫前時之未有。

伏願聖不自聖，益弘作聖之功；新又日新，茂著知新之效。考治亂

---

① 李東陽，字賓之，號西涯，茶陵（今湖南茶陵）人，明天順八年進士，官至文淵閣大學士，著有《懷麓堂稿》《燕對録》等。本文見載《歷代通鑑纂要》卷首。

② 孝宗敬皇帝，朱祐樘，年號弘治。

存亡之故，爲賞刑黜陟之規。主善爲師，豈謂借才於異代；建中制事，用能垂裕於後昆。謹以所修《歷代通鑑纂要》九十二卷，目録、凡例一卷，共六十册。表上進。

與李西涯論歷代通鑑纂要書

謝鐸[①]

夫法古求治，固聖主望道未見之盛心；稽古陳謨，亦人臣納約自牖之素志。而諸老先生乃以編纂之任分委某等，此又古者大臣以人事君之義。某雖駑下，敢不黽勉從事。竊嘗聞之朱子之言曰："古史之體可見者，《書》與《春秋》而已。《春秋》編年通紀，以見事之先後。《書》則每事别記，以具事之首尾。蓋當時史官既以編年紀事，於事之大者，則又采合而别記之。若二《典》所記，上下百有餘年，而《武成》《金縢》[②]諸篇，其所記載或更數月，或歷數年。故左氏之於《春秋》，既依經作傳，而又别爲《國語》以記其事，亦此類也。"

某愚竊謂：今之《纂要》，合無先爲編年，略如《春秋》《左傳》之例，而又每事别記，以仿佛《書》與《國語》之例，庶幾統緒可正，事體不遺。蓋統緒莫大於創業守成，而事體莫要於知人立政。一覽之餘，誠知歷代創業之艱難與夫守成之不易。凡其統緒所在，孰爲正而可法，孰爲不正而可戒；某君以用某人行某政而治，某君以用某人行某政而亂。

---

① 謝鐸，字鳴治，號方石，太平桃溪（今浙江温嶺）人，明天順末進士，著有《桃溪集》《伊洛淵源續録》《尊鄉録》等。本文見載賀復徵《文章辨體彙選》卷二百三十三。

② 《武成》《金縢》均爲《尚書》中的篇目。《武成》出自梅賾《古文尚書》，《今文尚書》無此篇。《金縢》篇記載周武王死後成王消除對周公誤解的事件。

邪正治亂之間，惕若覆車之在前，儼乎高山之可仰，則所謂宏綱要義，足爲監戒，可以裨益宸聰，恢弘治化者，端在是矣。若乃編年之書，蓋必以《皇極經世》[①]爲例。而統之分合，則又不能不取例於《綱目》也。蓋《綱目》於吕后[②]、新莽之年，皆冠以甲子而分書之。當其時，天下之統未嘗不合於一。特賊后、篡臣不可比於正統，故不得而不分書之耳。賊后、篡臣既不可爲統，而夷狄如元，獨可以爲統乎？此《綱目》之所未書，正今日之所當正也。昔人嘗推亡秦以爲閏位，以其强暴并吞，非若漢、唐、宋諸君之猶有志於救民者也。秦既不得爲統之正，而司馬晉、楊隋之篡竊弑逆，亦新莽之流亞耳，又可以上陪諸君，而例以正統予之哉？此雖《綱目》之所已書，而義理無窮，參之後賢之論，恐亦未必無可議也。又孔子删《書》，斷自唐虞。蓋以洪荒世遠，不可考信。而伏羲、神農、黄[③]帝繼天立極，開物成務之功，澤流萬世，凡有血氣者所不可忘。故於《易·繫下傳》又推言之，是皆聖經之所紀載，孔子之所嘗言者也。孔子萬代帝王師，孔子不可言，誰復敢言之哉！苟於孔子所不言而復言之，以是而求治，以是而陳謨，亦多見其惑矣！某愚以爲今日之《纂要》，欲自三皇五帝始合，亦斷自伏羲炎黄，庶幾上不失《易》《書》之旨，而近亦《經世》《稽古録》之遺意也。

---

① 《皇極經世》，宋邵雍撰，是一部運用易理和易教推究宇宙起源、自然演化和社會歷史變遷的著作，以河洛、象數之學顯於世。

② 吕后，吕雉，字娥姁，碭郡單父縣（今山東單縣）人，漢高祖劉邦之妻，通稱漢高后、吕太后等。

③ 黄，原作“皇”，據《文章辨體彙選》卷二百三十三，明淵著堂鈔本改。

資治通鑑綱目序例[1]

朱熹

先正温國司馬文正公受詔編集《資治通鑑》，既成，又撮其精要之語，别爲《目録》三十卷并上之。晚病本書太詳，《目録》太簡，更著《舉要曆》八十卷，以適厥中，而未成也。紹興初，故侍讀南陽胡文定公[2]始復因公遺稿，修成《舉要補遺》若干卷，則其文愈約而事愈備矣。然往者得於其家而伏讀之，猶竊自病記識之弗强[3]，不能有以領其要而及其詳也。故嘗過不自料，輒與同志因兩公四書，别爲義例，增損檃括，以就此編。蓋表歲以首年，而因年以著統，大書以提要，而分注以備言。使夫歲年之久近，國統之離合，事辭之詳略，議論之同異，通貫曉析，如指諸掌，名曰《資治通鑑綱目》，凡若干卷，藏之巾笥。姑以私便檢閲，自備遺忘而已。若兩公述作之本意，則有非區區所敢及者。雖然，歲周於上而天道明矣，統正於下而人道定矣，大綱概舉而監戒昭矣，衆目畢張而幾微著矣。是則凡爲致知格物之學者，亦將慨然有感於斯，而兩公之志，或庶乎其可以默識矣。因述其指意條例如此，列於篇端，以俟後之君子云。乾道壬辰[4]夏四月甲子書。

---

① 本文見載朱熹《晦庵先生朱文公文集》卷七十五。

② 胡文定公，胡安國，字康侯，宋建寧崇安（今福建武夷山）人。紹聖年間進士，謚號“文定”。著有《春秋傳》《資治通鑑舉要補遺》等。

③ 强，原作“疆”，據《晦庵先生朱文公文集》卷七十五，《四部叢刊》本改。

④ 乾道壬辰，宋孝宗趙昚乾道九年，公元 1173 年。

資治通鑑綱目考異序

汪克寬[1]

或问《春秋》凡例，子朱子曰："《春秋》之有例固矣，奈何非夫子之所爲也。夫子作《春秋》，筆則筆，削則削，游、夏尚不能措一辭，而三傳各立凡例。後之言《春秋》者，又各立例，殆將數十百家，言人人殊，學者將安取衷哉？"

朱子筆削《資治通鑑》爲《綱目》，褒貶去取，一準《春秋》書法，别統系以明大一統之義，表歲年以仿首時之體，辨名號以正名紀，即位改元以正始書，尊立崩葬以叙始終，書篡弑廢徙以討亂賊，書祭祀以著吉禮之得失，書行幸田狩以著巡游之荒怠，書恩澤制詔以著命令之美惡，書朝會聘問以著賓禮之是非，書封拜黜罷以見賞罰之當否，書征伐戰攻以志用兵之正僞，書人事以寓予奪，書灾祥以垂勸戒。片言隻字，如持構衡以較輕重，銖積黍分，芒忽靡忒[2]。故手筆《凡例》一卷，備列所以筆削之法。

學者據此以求《綱目》之旨，不須更設注脚，而史外傳心之要典瞭然在目，如示諸掌。與傳者之自立例以言《春秋》，蓋不齊壤翅矣。然魯齋王公刊之金華，敬所文君刊之宣城，而傳之未廣也。至元丁丑[3]，友人

---

① 汪克寬，字德一，又字仲裕，明祁門（今屬安徽）人，人稱環穀先生，著有《環穀集》等。本文見載《御批資治通鑑綱目》卷首下。卜氏據該書两部分輯録而成。自篇首至"於卷首云"，原題作"汪克寬考異凡例序"，且綴以年月、署名；自"克寬謹按"以下，原書置於《考異凡例》篇首。

② 芒忽，"芒"和"忽"都是極小的單位，兩者並稱形容極微小。靡忒，不變更。

③ 至元丁丑，元順帝至元三年，公元 1266 年。

倪仲弘[①]偶得於其友朱平仲，遂以示余。余喜其有益於後學，欲鋟棗，俾遠其傳。海寧任用和以其子從余游，聞而樂之，迺刻諸家塾。余因考其同異，以附於後，並識其所從來之顛末於卷首云。

克寬謹按：前《綱目凡例》与《綱目》之書，皆子朱子手筆，褒善貶惡，明著義例，悉用《春秋》書法，一字不苟。然學者抄録，書肆傳刊，久而漏誤者多，尹氏《發明》乃或曲爲之説。噫！朱子論《春秋》變例，謂門人曰：此烏可信！聖人作《春秋》，正欲示萬世不易之法，今乃忽用此説以誅人，未幾又用此説以賞人，使天下後世皆求之，而莫識其意，是乃後世弄法舞文之吏之所爲也，曾謂大中至正之道而如此乎？竊詳此言，則《綱目》之與《凡例》時或異同，皆抄録傳刊之失也。況尹氏所記《綱目》，如秦王遷太后[②]誤作秦人，隋主堅弑介公闡[③]誤作殺，慕容泓[④]敗死作貶死，徵士陶潛[⑤]作處士之類，訛舛尤甚。克寬自幼受讀，嘗有所疑，而未敢决其必然。今僭躐，謹摭刊本《綱目》與子朱子《凡例》相戾者，敬録如左，以俟有識者考焉。

---

① 倪仲弘，倪士毅，字仲弘，號道川，元徽州休寧（今安徽休寧）人，著有《四書輯釋》。

② 秦王，秦始皇嬴政；太后，秦始皇之母趙姬。

③ 介公闡，北周静帝宇文闡，禪位於楊堅後被封爲“介國公”。

④ 慕容泓，十六國時期西燕開國皇帝。

⑤ 陶潛，陶淵明，字元亮，别號五柳先生，潯陽柴桑（今江西九江）人，友人私謚“靖節”，世稱靖節先生，著有《陶淵明集》。

資治通鑑綱目考證序

徐昭文[①]

《資治通鑑綱目》，子朱子所修之書也。朱子祖《春秋》而修是書，所以示天下後世不易之大法。昭文竊嘗讀《綱目》而考《凡例》，據《凡例》以證《綱目》。今諸刊本所書之綱與所定凡例，或多不合，至如承統之帝或稱爲主，嗣君之號或加於前，此皆有關乎君臣父子之教、義理得失之大者也。又若正統曰帝，而有誤書主者；無統曰主，而有誤書帝者。太子即位書名而或不書，王公繼世書嗣而或書立。漢初因秦正朔而或誤書夏時，賢臣卒書官爵而或誤加謚號。封爵除拜或不加貴屬或不加宦者，無以著其與政之禍。弒君弒后或誤書殺，或不書進毒，無以正其罪惡之實。若臨視如幸、征討攻擊、誅斬弒殺、殂薨卒死，凡此之類，相因互誤者，不能悉舉。

初朱子之修是書也，凡例既定，晚年付門人訥齋趙氏[②]接續成之。今所存語録多面命之辭，手書告戒，至甚諄切，其曰綱欲謹嚴而無脱落，目欲詳備而不煩冗，豈訥齋屬筆之際尚欠詳謹，故有脱誤，失朱子之本意，初學受讀者不能無疑也。果齋李氏[③]曰："朱子蓋欲稍加更定，而未暇焉。"勉齋黄氏[④]亦曰："《綱目》近能成編，每以未及修補爲恨。"牧

① 徐昭文，字季章，元上虞（今屬浙江）人，著有《通鑑綱目考證》。本文見載《御批資治通鑑綱目》卷首下。

② 訥齋趙氏，趙思淵。

③ 果齋李氏，李方子。

④ 勉齋黄氏，黄榦，字直卿，號勉齋，南宋福州閩縣（今屬福建）人，師從朱熹，著有《朱子行狀》。

庵[①]姚氏序《國統離合表》，僅得三誤，其一則建安末年誤書“延康”[②]，今刊本已正之矣。新安汪氏[③]《考異》多所究明，惜其未精也。昭文僭不自揆，輒本大賢之立言，摭諸儒之同異，反覆訂定，補漏正誤，注於各提要之下，間亦竊附己意，以明君臣父子之教、夫婦適庶之別、正統無統之名、内夏外夷之分、外戚養子之禍、女寵宦寺之權。雖一得愚見，庶或有以推廣述作之本義，名曰《資治通鑑綱目考證》，以俟君子正焉。至正己亥[④]中秋序。

資治通鑑綱目集覽序例

王幼學[⑤]

余嘗自恨賦性魯鈍，學不逮人，歷代陳迹懵懵無知。用是，伏讀文公《通鑑綱目》，志在涉獵，冀可粗通。奈其中有假字古文，有援引幽邃，或句讀疑難，讀而值之，訓詁弗明，理辭彌躓，未免澄凝繹味，鄭重覃思，甚至移日通宵，竟不會其指要。迺重尋古史，申請老師，雖舉南榮[⑥]之宿滯，冰釋於一旦，復苦華子之忘病，尤劇於中年，以故不揆管錐，妄擬闕指，煩墻間之筆札，勤窗下之編抄，紬繙經傳群書，采剌儒先囊説。事必窮其波源而隨加演注，字必究其巢穴而即便翻音。凡載

① 牧庵，姚燧，字端甫，號牧庵，元洛陽（今河南洛陽）人。
② 延康，漢獻帝劉協的年號。
③ 新安汪氏，汪克寬。
④ 至正己亥，元順帝至正十九年，公元1359年。
⑤ 王幼學，字行卿，別號慈湖，元望江（今安徽安慶）人，著有《資治通鑑綱目集覽》。本文見載《御批資治通鑑綱目》卷首下。
⑥ 南榮，南方之地。

《綱目》文辭，靡不鋭心覈實。至如山河形勝，動植飛潛，南北方言，荒裔殊俗，亦無放失，悉用旁搜。舊書之解者，見有不同説或相戾，兹皆兼録，務廣異聞。其有所引，根據未詳，鑽研未至，不肯鑿空決臆，寧如夏五郭公[①]，句讀若涉疑昧，則必剖判義理，而注曰“句絶”；或備録一句全文，而注曰“爲句”。庶爾後讀之脱復迷忘，賴有此編矣。猶患屬輯無倫，漫然難檢，遂本《綱目》篇章，揭以帝王《載紀》。雖然，按《綱目》義例，以得統之國大字特書，無統之國兩行分注。且無統之作，動輒二三，多至十數，若皆小字分注，似覺要領支離。今從變例，以閏秦、吕后、新莽、劉玄[②]、南朝五季不得統者，與晚周、漢、晋、隋、唐正統之國，一體特書。如七雄、西楚、曹魏、孫吴、北朝諸國及諸竊號僭名，俱不枚標，顯列大概，欲端緒同歸，便於披閲而已。非敢别爲義例，而故相抵牾也。編始於大德己亥，迄于延祐戊午，積二十年，七易稿而編甫成。以其薈蕞叢集[③]，頗可省覽，因題之曰《通鑑綱目集覽》。既成，六年三復讎正。每一過目，輒見舛遺。先哲有云：“校書如塵埃風葉，隨掃隨有。”噫，誠哉言也！彼且云然，況謏聞陋識者乎！其盤根錯節，尚有望於畜德醇儒云。于時歲次甲子泰定元年正月燈夕前一日謹書。

---

① 夏五郭公，意思比喻文字脱漏。

② 劉玄，字聖公，南陽蔡陽（今湖北棗陽）人，漢朝宗室後代。

③ 叢集，原爲夾注，當屬正文。

資治通鑑綱目集覽正誤序

陳濟[①]

按，《資治通鑑》全書二百九十四卷，惟胡三省音注優於諸家。第篇帙浩繁，人不易致，故學者多讀《綱目》。王行卿《集覽》爲《綱目》而作，是以盛行於世，惜其草率欠精，繆戾爲多，如三家文，若元表政君之類，有誤初學非淺。蚤歲閲習，見有未當，輒用他書考正，無慮四百餘條，間有標舉而無注者，闕其所不知，固無足議，亦爲逐一考補，久而成編，至今三十年矣。謂夫摭前人之短，非謹厚者，所爲藏諸巾笥，不以示人。歷年既久，重加修改，義有所疑，旁質同志，索藁觀之，時見與可，力勸梓行，亦不之許。自念少好史學，頗嘗究心，每見《集覽》於《綱目》不易曉處，當釋而不釋者尚多，甚欲别爲一書，通載詳注，而力衰目昏，不能著筆，深爲没齒之恨。猶慮一旦溘先朝露，姑掇舊稿，大字凈書，以遺兒輩習之，非有隱於人。楚齊失得，徒貽當世譏議云耳。永樂壬辰[②]正月上日識。

---

① 陳濟，字伯載，明武進（今江蘇常州）人，曾爲《永樂大典》都總裁，著有《書傳補》《元史舉要》《通鑑綱目集覽正誤》《思齋集》等。本文見載《御批資治通鑑綱目》卷首下。

② 永樂壬辰，明成祖永樂十年，公元 1412 年。

資治通鑑綱目書法序

揭傒斯[①]

孔子因魯史作《春秋》，以爲萬世之法；朱子因司馬氏《通鑑》作《綱目》，以正百王之統。此天地之經，君臣之義，而聖賢之心也。世之言《春秋》者，自《公羊》《穀梁》《左氏》以下，無慮數十家，而義猶有所未明，疑猶有所未解者。魯史不可復見，且聖人之制作也，後之羽翼六經者宜莫如，朱子猶不敢言《春秋》，然《綱目》之作，非深得聖人之旨者不能也。故朱子不言《春秋》，而知《春秋》者莫如朱子。世之言《綱目》者，亦無慮數十家，既有《春秋》爲之義例，又有諸史可以究其始末，且去朱子之世爲未遠，而又有親及其門者，然言愈煩，而義愈密。非深得朱子之意，如朱子之知《春秋》者，不能言也。能言未有若廬陵劉氏《綱目書法》者。其辭則《公羊》《穀梁》，其義則《春秋》，而其志則朱子也。

古之有天下者莫若舜、禹、湯、武，然湯有慚德，武未盡善。舜、禹之後得天下者莫如漢，曹氏親受漢禪，威加中國，卒不能奪諸葛孔明"漢賊"之分。元魏據有中國，行政施化，卒不能絶區區江左之晋而繼之。此萬世之至公而不可易焉者，而猶或易之，此《綱目》不得不繼《春秋》而作，而《書法》不得不爲《綱目》而發也。此朱子之志也。

劉氏諱友益，字益友。遭宋訖録，閉門讀書，既深於經，復長於史。其爲此書幾三十年，寸寸而較，銖銖而積，微辭隱義，高見特識，既足

① 揭傒斯，字曼碩，號貞文，龍興富州（今江西豐城）人，官至翰林侍講學士，著有《文安集》。本文見載《文安集》卷八。

以啓發千載而中有無窮之憂，余故曰：非深知朱子之意，如朱子之知《春秋》者，不能言，能言未有若劉氏《綱目書法》者。而又曰：此朱子之志也。烏乎，後之覽是書者尚求其志哉！

資治通鑑綱目發明序

尹起莘[①]

先正朱文公先生修《通鑑綱目》，觀其自序，有曰："歲周於上而天道明，統正於下而人道定，大綱概舉而監戒昭，萬目畢張而幾微著。"則知先正致力是書者，其有補於世教，甚不淺也。又曰："是則凡爲致知格物之學者，亦將慨然有感於斯。"又曰："因述其指意條例於篇端，以俟後之君子。"則知先正注意是書，其有望於後人發揮而講明之者，亦甚不淺也。且夫先正書法有正例、有變例，正例則始終、興廢、灾祥、沿革及號令、征伐、殺生、除拜之類，義固可見；若其變例，則善可爲法、惡可爲戒者，皆特筆書之。如張良[②]在秦，而書曰韓人；陶潛在宋，而書曰晋處士；揚雄在漢，而書曰莽大夫；吕后在一統之時，而以分注紀其年；武氏改號光宅，而止書中宗嗣聖[③]之類，是皆變文見意者也。至於其間微詞奥義，又有不可得而遍舉。如陶侃[④]以藩鎮入擊賊，而必書温嶠以

---

① 尹起莘，字耕道，南宋處州遂昌（今浙江遂昌）人，著有《資治通鑑綱目發明》。本文見載《御批資治通鑑綱目》卷首下。

② 張良，字子房，潁川城父（今河南郟縣）人，西漢開國功臣，封留侯，與韓信、蕭何並稱爲"漢初三傑"。

③ 嗣聖，唐中宗李顯年號。

④ 陶侃，字士行，原鄱陽（今江西鄱陽）人，後徙居廬江尋陽（今江西九江），東晋著名將領。

陶侃討峻[①]；褚淵[②]以舊臣爲司空，而必書於齊王道成稱帝之下；唐宇文士及[③]，邪佞之臣也，而卒書其爵；五代馮道[④]，失節之人也，而卒具其官。凡若此類，殆未易察。儻徒習其句讀，而不究其指歸，則先正書法之義隱矣。此固鯫生所以妄意發明，有不容自已者。況是書之作，其大經大法，如尊君父而討亂賊，崇正統而抑僭僞，褒名節而黜佞邪，貴中國而賤夷狄，莫不有繫於三綱五常之大，真所謂爲天地立心，爲生民立極，爲先聖繼絶學，爲後世開太平者也。昔孟軻氏以孔子作《春秋》，與抑洪水、膺戎狄、放龍蛇、驅虎豹者[⑤]，異事而同功。切謂《綱目》之作，其有補於世教，殆亦有得於《春秋》之旨，皆所以遏人欲於横流，存天理於既泯，是烏可不講究而發揚之哉！

今兹所述，止欲發明書法指意，使之顯著而已。其間亦有先儒已嘗議論者，則不復述；或雖已有議論而指意不同者，則自以己意附見；又有雖嘗發明，而先後義例相類如一者，亦不重舉。求其大要，不過如此。雖未能貫通奥旨，然於其大義，亦或略見萬分之一。世之君子儻因瞽言而不徒以史學視之，亦足以無負於先正之志矣。管見之愚如此，幸毋誚其僭！

---

① 峻，蘇峻，字子高，東晉長廣掖（今屬山東）人。

② 褚淵，字彦回，河南陽翟（今河南禹州）人，南朝宋齊時大臣。

③ 宇文士及，字仁人，唐京兆長安（今陝西西安）人。

④ 馮道，字可道，瀛州景城（今河北滄州）人，歷仕於燕王劉守光、後唐、後晉、後漢、後周，官居宰相。

⑤ 抑洪水，指大禹治水。膺戎狄、放龍蛇、驅虎豹者，指周公旦。

資治通鑑綱目書法後序

賀善[①]

先生[②]既取《綱目》要領，命善爲之贊矣。至是復曰：夫子是書，其筆削之精微，正在變例，又不可不知也。然大要不過辨名分、正綱常，以示勸戒爾。豈固取褒貶之權以自與哉？爲往聖繼絶學，爲萬世開太平，此其志也。因即書法而求之，有遷北逾年而仍補書其六年者，存中國也。有始即王位而即大書元皇帝者，予正統也。或取它人子爲太子，則獨書太子即位而無名，别世[③]嫡也。或立危病者爲皇后，則止書皇后崩而不氏，惜母儀也。立后書氏，譏屬少，則書其名曰劉娥[④]，而後江沱之分明。立妃書氏，譏欺人，則書其名曰楊太真，而後閨門之行飭。將正太后[⑤]以弑君，則子生，先書魏主之子，而人知無二上矣。將責嗣君以瀆倫，則前朝先書以爲才人，而世知有三綱矣。或殺人而書於殿内，以譏其暴，則刑人者必以義。或棄賢而書未入宫，以譏其褊，則退臣者必以禮。非日食不書晦朔，甚殺臣之忍，則特書十二月晦，而淫虐止矣。非星變不書晝夜，志女寵之陰，則特書萬年宫夜大水[⑥]，而惑溺懲矣。謀反有主名，而書曰霍氏謀反[⑦]，謂其舉族皆反也，則亂略知。所戒討罪先渠魁，而書

① 賀善，宋人，與黄榦爲同門友，從學於朱熹，有云朱熹《通鑑綱目》爲未成之書，善嘗争論之。本文見載《御批資治通鑑綱目》卷首下。

② 先生，《資治通鑑綱目書法》的撰者劉友益。

③ 無名别世，四字原爲小字注，據《御批資治通鑑綱目》卷首下，清武英殿刻本，實爲正文。

④ 劉娥，章獻明肅皇后，宋真宗趙恒第三任皇后，謚號“章獻明肅皇后”。

⑤ 太后，北魏孝明帝的母親胡太后。

⑥ 萬年宫夜大水，永徽五年，唐高宗和武則天巡幸萬年宫時遭遇大水的事。

⑦ 霍氏，指西漢宣帝時霍雲、霍山等謀反的事情。

曰討爾朱氏，謂其舉族可誅也，則逆黨自此孤。或死之異地而書於陷城，以明其節。或爵於異代而書於始卒，以予其忠。不揜其名以勸賢，則有以叔侄而一語兩書疏。並列其罪以懲惡，則有以父子而一語兩書劉。兩國各兵而同書之，以示謀人人亦謀之之譏。兩國異事而不殊之，以爲忘憂憂必及之之戒。若此類者不可勝舉，皆變例也，皆所以垂世教也。嗚呼，備矣！非朱夫子，其孰能修之？非先生，孰能明之？抑嘗請於先生曰：或者以是書爲門人之作，又或以爲未脱稿之書，何如？曰：皆非也。胡不觀《綱目》篇端之自叙乎？夫子固曰輒與同志取兩公四書，别爲義例，增損檃括矣，且如《尚書集傳》，止曰訂定，豈肯奪門人之名以爲己作哉？若以爲未脱稿者，則又不然。夫子之修《綱目》也，書成之歲，僅逾强仕，非脱年之絶筆也，是後二十八年修書者復九，如《詩傳》《易啓蒙》《通書解》諸書，皆在《綱目》已成後，安有書未脱稿而遽及它書耶？書未脱稿而可謂之通貫曉析，如指諸掌耶？即此二説可以涣然冰釋矣。因誌於此，以解議者之惑。

至順壬申[①]序。

資治通鑑綱目後序

李方子[②]

《春秋》，魯史之舊名也；編年，魯史之舊制也；策書，魯史之舊文也。夫子述而不作，孰謂《春秋》爲作？曰：其事則述，其義則作。本

---

① 至順壬申，元文宗至順三年，公元 1332 年。

② 李方子，字公晦，號果齋，南宋昭武（今福建邵武）人，著有《禹貢解》等。本文見載《御批資治通鑑綱目》卷首下。

天道以正人事，本王道以正伯圖。嚴君臣，辨内外，懲惡而勸善，其要歸於撥亂世反諸正。筆則筆，削則削，非聖人孰能作之？故《春秋》，史也，而謂之經。自聖經孤行，三家各以所聞爲傳，舛迕異同，不能盡合於聖人之意，學者病之。然其大經大法，所以建諸天地而不悖，質諸鬼神而無疑，百世以俟聖人而不惑者，固非專門名家之流所能揜蔽之也。

粵自紀傳創興，而編年之法廢。細大不捐，猥釀不綱，而策書之法廢。是非去取，由其一隅之見，不能不謬於聖人，而懲勸之法又廢矣。獨司馬公處史法廢墜之餘，超然遠覽，推本荀悦《漢紀》，以爲《資治通鑑》一書，凡一千三百六十二年之事，珠貫繩聯，粲然可考。而《春秋》編年之法始復，其功可謂偉矣！若策書之法，公嘗著於《稽古録》而不引之於此以相附近，廣記備言，曲暢旁通，包括既衆，前後相承，若長江大河順流東趨。雖欲盡爲界限而莫可得，蓋其詳固未易記識，而其大要亦未易以概舉也。至於帝曹魏寇蜀漢，帝朱梁而寇河東，繫武后之年，黜中宗之號，與夫屈原、四皓[①]之見削，揚雄、荀彧[②]之見取，若此類，其於《春秋》懲勸之法，又若有未盡用者，此子朱子《綱目》之所爲作也。

踵編年之成文，還策書之舊制。一年之内，綱别其條，一條之下，採摭其要，井井有條，如指諸掌。細故浮辭，因就刊削，至言確論，復多增補，簡而周，詳而整。綱仿《春秋》而參取群史之良，目仿左氏，而稽合諸儒之粹。至於大經大法，則一本於聖人之述作，使明君賢輔有以昭其功，亂臣賊子無所逃其罪。而凡古今難制之變，難斷之疑，皆得參驗稽決，以合於天理之正，人心之安，而後世權謀術數、利害苟且之

---

① 四皓，商山四皓，是秦朝末年四位博士：東園公唐秉、夏黄公崔廣、綺里季吴實、甪里先生周術。

② 荀彧，字文若，東漢潁川潁陰（今河南許昌）人，官至侍中、守尚書令，封萬歲亭侯。

私，一毫無得參焉。則是繼《春秋》而作，未有若此書之盛者也。況於兼策牘之制，會文質之中，不使孤行，以啓後世異同之説，其亦毫髮無遺恨矣。

或曰："然則此書之作，曷爲不繼《春秋》？麗澤先生吕公[①]之爲《大事記》也，固接於獲麟，且託始而迷先幾，《齋居感興》亦既言之矣，今而不易，何也？"曰：《事記》之書，用馬遷之法者也，故續獲麟而無嫌。《綱目》之書，本《春秋》之旨者也，故續獲麟而不可，夫固各有當也。自有史册而有《春秋》，自有《春秋》而有《通鑑》，有《通鑑》而有《綱目》，其間蓋欲晚歲稍加更定，以趨詳密，而力有未暇焉者。然其大經大法之所存，是豈秦漢以後，操觚執簡之士，所能歷其庭而涉其級哉？

歲在庚午，方子始獲傳此於嗣子寺正君而服膺焉。試吏南來，負以與俱，會建安真侯德秀[②]惠臨此邦，暇日取而讀之，喟然嘆曰："大哉深乎！信《春秋》以來，未之有也，爲人君而通此書，足以明德威之柄，燭治亂之原。爲人臣而通此書，足以守經事之正，達變事之權，蓋窮理致用之總會，而萬世史筆之準繩規矩也。"慨郡計堇堇無乏，乃相與[③]隱覈滲漏之餘財，復求寺正君新校之本，參定而鋟諸木。蓋將上禆乙夜之觀覽，而下淑學者之講明。閲歲書成，而侯易帥江右，元戎將啓行矣，於是亟以告諸朝廷，請上其板於成均，以給四方之求，且庶幾乎轉以上聞，又俾方子書其所爲刻之故，方子固不得而辭也。

昔者竊聞之，二程子倡明斯道，以續絶學之傳，其於史事，若未數

---

① 麗澤先生吕公，吕祖謙，字伯恭，南宋婺州（今浙江金華）人，人稱"小東萊先生"，著有《東萊集》《歷代制度詳説》《東萊博議》等。

② 建安真侯德秀，真德秀，本姓慎，因避孝宗諱改姓真，始字實夫，後更字景元，又更爲希元，號西山，建寧浦城（今福建浦城）人，官參知政事，著有《西山文集》等。

③ 相與，原爲小字注，據《御批資治通鑑綱目》卷首下，清武英殿刻本，當爲正文。

數然也。然伯子讀《漢書》，未嘗輒遺一字，叔子每觀史至半，必掩卷思其成敗，其有不合，又復深思，研精若此，豈有他哉？學之全體大用，固當無所不用其極也。至於此書之成，義正而法嚴，辭覈而旨深，陶鎔歷代之偏駁，會歸一理之純粹，振麟經[①]之墜緒，垂懿範於將來，蓋斯文之能事備矣。使司馬公見之，必將心滿意愜，有起予之嘆。而王氏高談性命，絶滅史學，卒稔夷狄之禍，君子所以深誅而不聽者也。雖然，五經備而後《春秋》作。五經言其理，《春秋》言其用，理未極於精微，《春秋》未易學也。子朱子首釋四書，以示入道之要，次及諸經，而後可以讀此書焉。學者必循序而學之，然後本末兼該，内外融貫，其於學之全體大用，儻庶幾乎。苟不揣其本而齊其末，不養其内而急其外，遽以此書爲先，夫豈不足措之事業？終不若體用兩全之爲純且懿也，故具論之。而著書之凡例，立言之異同，又附列於其後，使覽者得考焉。

嘉定己卯[②]冬十月庚午謹書。

通鑑綱目附釋序[③]

宋濂

新安子朱子既釋諸經，患史學失褒貶之義，無以示勸懲，親爲《通鑑提要》，以授弟子天台趙師淵幾道[④]，使著其目、凡例，蓋一十九門，總一百三十又三條，凡下有月，日下有類，至詳且悉也。師淵遂據《提要》

① 麟經，指《春秋》。
② 嘉定己卯，南宋寧宗嘉定十二年，公元1219年。
③ 本文見載宋濂《宋學士文集》卷二十五。
④ 趙師淵幾道，趙師淵，字幾道，號訥齋，台州黄巖（今浙江台州）人，南宋乾道八年進士。

爲《綱目》五十九卷。朱子重爲之審定，故其中亦頗與《凡例》弗合。書既成，流布四方，《凡例》則知者絶少。博學如王文憲公柏[①]，僅獲一見於五十餘年之後，他固可知已。所以尹起莘之著《發明》，劉友益之解《書法》，皆想像而爲之辭。徐而察焉，或有未慊於人心者。永嘉孔君克表，殊竊病焉，於是歷考義例異同。凡朱子微意，先儒有未發者，及發之而未當者，皆備疏其綱之左。目中音義、事證及名物、度數之屬，亦不可不知，仍取史炤、胡三省、王幼學三家，會粹群書而折衷之，通成若干卷，名曰《通鑑綱目附釋》云。

濂聞作史者，實原於《春秋》，雖立言有不同，其編年紀事則一而已。釋《春秋》者，不翅數百家。史固非經也，有疑難而不能通者，其尚可略之乎！司馬遷《史記》，注者一十又四；班固《漢史》亦至三十，迨今猶未已也，况朱子上取法《春秋》大經大法，皦如日星，文憲公至稱爲續經之作，其又可與諸史例論之乎？孔君之留心於此，誠可謂賢也已。抑又聞是書之成，卷帙浩繁，不能無舛訛。李心傳[②]謂唐肅宗時直脱二年之事，武德八年以後迄於天佑之季，甲子多差，而周公謹[③]所疏爲尤多，蓋又不止乎此也。將師淵不暇察邪？抑朱子春秋高而未及悉正之邪？孔君尚有以刊定之，庶幾爲《綱目》之忠臣也歟？

濂侍講禁林，孔君來爲修撰，出以相示。濂爲之驚喜，且謂其書世决不可無，特爲序於首簡。彼穿鑿性命，簸弄詞章，而無益於人者，視此其亦知愧哉！

---

① 王柏，字會之，號長嘯，南宋婺州金華（今浙江金華）人。

② 李心傳，字微之，又字伯微，號秀岩，隆州井研（今四川井研）人，南宋大臣，著有《建炎以來繫年要録》《建炎以來朝野雜記》《舊聞證誤》等。

③ 周公謹，周密。

孔君字正夫，克表其名也。宣聖五十五代孫，至正戊子[①]進士，博通六籍而文又稱之。士林咸推爲巨擘云。

通鑑綱目考證序[②]

朱右

上虞徐昭文考朱子《通鑑綱目凡例》以證刊本脱誤，及補朱子之未備，凡若干卷，名曰《考證》，有以淑後之人，其功不細矣！予乃爲之序，曰：大道之世，典禮命討皆原於天，禮樂征伐自天子出，書不作可也。大道既隱，禮樂征伐出自陪臣，刑爵不咨於衆，吾夫子蓋不得已而托二百四十二年典禮命討之權，此《春秋》之所由作也。自時明王不興，治教靡著，姦臣女后擅政滋甚，司馬氏述左氏爲编年而發原於韓、趙、魏，亦以王綱所繫、典禮所存而天下之大經大法在焉。子朱子又祖《春秋》以修《綱目》，其歲年之久近，國統之離合，政刑之得失，人材之賢否，大書以提其要，分注以備其辭，誠有得於筆削遺意，後世之鑒誠昭矣。近代尹起莘《發明》既相依附，汪克寛《考異》又多未精，比以朱子《凡例》，參會今本，未免致疑。玆讀徐君《考證》，則渙然冰釋矣。其大者，如莽之弑帝，必加進毒；操、懿進爵，必加自爲；劉裕、朱晃[③]稱帝，必著其姓；君臣之義，凛不可犯。漢昭烈[④]章武三年，分注建興[⑤]；

---

① 至正戊子，元惠宗至正八年，公元1348年。

② 本文見載朱右《白雲稿》卷五。

③ 朱晃，朱温，宋州碭山（今安徽碭山）人，五代後梁開國皇帝，唐僖宗賜名“朱全忠”，即位後改名朱晃。

④ 漢昭烈，漢昭烈帝劉備。

⑤ 建興，蜀漢後主劉禪的年號。

晉武太康十一年，分注永熙[①]；父子之倫有叙不紊。如漢景尊太后，則加薄氏，帝禪立張后，則加贵人，於以别嫡庶貴賤之分。竇憲曰舅，梁冀[②]曰后兄，楊堅曰后父，楊釗[③]曰贵妃兄，於以懲外戚僭竊之禍。高力士、李輔國[④]、程元振[⑤]輩，皆書宦者，於以防寺人干政之患。拓跋禄官[⑥]、南詔酋龍[⑦]之卒，皆以死書，於以戒四夷亂華之漸。李從珂[⑧]必書養子，又以著異姓絶嗣之危。他如高后廢少帝則改曰主，霍光[⑨]輔少主則改曰帝。至若臨視、如幸、攻[⑩]討、誅弑，莫不注意而備書之，一字褒貶，善惡靡逃，然後朱子立言之旨無毫髮爽，其君臣賢否之實，治忽盛衰之機，已瞭然於心目間。學者自是無缺略抵牾之患，徐君之用心可謂公且勤矣。使朱子復生，必將有起予之嘆。是書之行，詎不有關於世教也哉！

綱目之誤[⑪]

周密

《綱目》一書，其間不能無誤。北齊高緯[⑫]以六月游南苑，從官暍[⑬]

---

① 太康十一年四月晉惠帝司馬衷即位，改元永熙。

② 梁冀，字伯卓，安定郡烏氏縣（今寧夏固原）人，官大將軍，東漢時期外戚。

③ 釗，原作“劉”，據《白雲稿》卷五，文淵閣《四庫全書》本改。

④ 李輔國，本名静忠，博陸郡（今北京）人，唐朝中期權宦。

⑤ 程元振，京兆三原（今陝西三原）人，唐朝時期權宦。

⑥ 拓跋禄官，西晉惠帝時鮮卑族拓跋部酋長，北魏時追尊爲昭帝。

⑦ 南詔酋龍，名或作酋龍，唐時南詔國王。

⑧ 李從珂，本姓王，小字二十三，鎮州平山縣（今河北平山）人，後唐末代皇帝。

⑨ 霍光，字子孟，西漢河東平陽（今山西臨汾）人，官大將軍、大司馬。

⑩ 攻，原作“政”，據《白雲稿》卷五，文淵閣《四庫全書》本改。

⑪ 本文見載周密《齊東野語》卷十三。

⑫ 高緯，字仁綱，渤海蓨縣（今河北景縣）人，北齊後主。

⑬ 暍，原作“渴”，據《齊東野語》卷十三，明正德刻本改。下同。

死者六十人，見《本紀》。《通鑑》書曰“賜死”，賜乃暍死之訛耳。《綱目》乃曰“殺其從官六十人”，其誤甚矣！尹起莘曰：“此朱子書法所寓。”且引《孟子》殺人以挺與刃與政之説，固善矣。然其實則《通鑑》誤之於前，《綱目》承之於後耳。緯荒游無時，不避寒暑，於從官死者尚六十人，其餘可知矣，何必没其實哉？①

又郭威弑二君，《綱目》於隱帝②書“殺”，於湘陰王③書“弑”，尹又云：“此二君有罪無罪之别，書法所寓也。”然均之弑君，隱帝立已數年，湘陰未成乎君，不應書法倒置如此。④

又隋開皇十七年，詔諸司論屬官罪，聽律處决杖，《綱目》云：“蕭摩訶⑤子世略在江南作亂，摩訶當從坐。大理少卿趙綽⑥固諫，上命綽退，曰：‘臣奏獄未决，不敢退。’帝乃釋之。”按《通鑑》：“摩訶當從坐，上曰：‘世略年未二十，亦何能爲，以其名將之子，爲人所逼耳。’因赦摩訶。綽固諫不可，上不能奪，欲綽去而赦之，因命綽退。綽曰：‘臣奏獄未决，不敢退。’上曰：‘大理其爲朕特捨摩訶也！’因命左右釋之。”此乃綽欲令摩訶從坐而帝特赦之耳，《綱目》誤矣。⑦

又《通鑑》貞觀元年：“杜淹薦邸懷道⑧，云親見其諫煬帝幸江都，上

① “官死者尚六十人”“何必没其”，原皆作小字注，據《齊東野語》卷十三，明正德刻本，當屬正文。

② 隱帝，後漢隱帝劉承祐。

③ 湘陰王，劉贇，劉承祐死後被立爲帝。

④ 本段中“於隱帝書殺於”“此二君有罪無”“寓也然均”“湘陰未成乎君不應”，原皆作小字注，據《齊東野語》卷十三，明正德刻本，當屬正文。

⑤ 蕭摩訶，字元胤，蘭陵（今山東蘭陵）人，南朝陳名將。

⑥ 趙綽，隋河東（今屬山西）人，執法不阿。

⑦ 本段中“開皇”“論屬官罪聽律處决”“略在”“當從坐大理少卿趙綽固”“不敢退帝”“二十亦何能爲以其名將”“摩訶綽固”“欲綽去而”“奏獄”“其爲朕特捨摩訶也”“綽欲令摩訶從”“綱目誤矣”諸字，原皆爲小字注，據《齊東野語》卷十三，明正德刻本，當屬正文。

⑧ 杜淹，字執禮，京兆杜陵（今陕西西安）人，歷仕隋、王世充、唐。邸懷道，定州曲陽（今河北保定）人，官至左司郎中。

曰：‘知不可諫，何爲立其朝？卿仕世充尊顯，何亦不諫？’曰：‘臣非不諫，但不從耳。’上曰：‘世充若拒諫，卿何得免禍？’淹不能對。”按，此實責其知煬帝之不可諫，而猶立其朝耳。《綱目》乃於上言世充拒諫，易其語曰：“然則何以立於其朝？”失其實矣。①

《綱目》開元九年冬十一月“罷諸王都督刺史”以後凡四條。按《通鑑》是年之末十二月幸驪山②。是歲，諸王爲都督刺史者悉召還。此非十一月事，亦非十二月事，當依《通鑑》作“是歲”爲是。③

《綱目》德宗貞元二年十一月“皇后崩”，不書氏。按《通鑑》，是年十一月甲午，立淑妃王氏爲后，至丁酉崩，特四日耳。此承《通鑑》所書而逸其上文耳。尹又謂：“唐史妃久疾，帝念之，遂立爲后，册訖而崩。必有所寓意者。”亦過也。④

皇明憲宗純皇帝御製資治通鑑綱目序⑤

朱見深

朕惟朱子《通鑑綱目》，實備《春秋》經傳之體，明天理、正人倫，

① 本段中“薦邸懷道云親”“知不可諫何爲立其朝卿仕世”“不諫曰臣非不諫但”“上曰世充”“諫卿”“此實責其知煬帝之”“而猶立其朝耳綱”“拒諫易其語曰然則何以立於其朝”諸字，原皆作小字夾注，據《齊東野語》卷十三，明正德刻本，當屬正文。

② 驪山，在今陝西臨潼。

③ 本段中“綱目開元九年冬十一月罷諸”“刺史”“凡四條按通鑑”“幸驪山是歲諸王爲都督刺史者悉召還此非十一月事”“非十二月”“當依通鑑作是歲爲是”諸字，原皆爲小字夾注，據《齊東野語》卷十三，明正德刻本，當屬正文。

④ 本段文字原皆作小字夾注，據《齊東野語》卷十三，明正德刻本，當屬正文。

⑤ 本文見載《明憲宗實録》卷一百一十三，“成化九年二月丁丑”條。明憲宗純皇帝，原名朱見深，後更名爲朱見濡。

褒善貶惡，詞嚴而義精，其有功於天下後世大矣。顧傳刻歲久，間有缺訛，甚至書法與所著凡例、提要或有不同，是以後人疑焉。有考異、考證之作，兩存其説，終莫能定。朕嘗深求其故矣。蓋凡例、提要乃朱子親筆，以授門人，使據之以成書。及書既成，再加筆削，則隨事立文，時有小異，而大體終不出乎勸懲之外，豈可一一致疑其間。昔者五經同異，賴漢宣帝命諸儒講論於石渠閣，親稱制臨決，然後歸一。

朕於《綱目》斯有意焉，特命儒臣重加考訂，集諸善本，證以凡例，缺者補之，羡者去之，事關大義，若未踰年改元者，依例正之。至若漢初紀年首冬，惟景帝中後二年舊史誤列冬十月于歲終，朱子雖以傳疑，而吕東萊《大事記》已考正於次年首矣。此則宜從吕氏。其餘書法與凡例小異、無大關涉者，悉仍其舊。盡去《考異》《考證》，不使並傳，所以免學者之疑，成朱子筆削之志也。考訂上呈，具如朕意，《綱目》於是爲完書矣。

於戲！是書所載，自周、秦、漢、晋，歷南北朝、隋唐，以及五季，凡千三百六十二年之間，明君良輔有以昭其功，亂臣賊子無所逃其罪，而疑事悖禮咸得以折衷焉。俾後世爲君爲臣者因之以爲鑒戒勸懲，而存心施政胥由正道，圖臻于善治，其於名教，豈小補哉！然則是書誠足以繼先聖之《春秋》，爲後人之軌範，不可不廣其傳也。因命繕録定本，附以凡例，并刻諸梓以傳，爰序首簡，俾讀者知所自云。

成化九年二月十六日。

資治通鑑綱目序

張元禎[①]

我朱夫子《通鑑綱目》有汪克寬之《考異》、徐昭文之《考證》、王幼學之《集覽》、陳濟之《正誤》、劉友益之《書法》、尹起莘之《發明》數編者，建陽書肆舊多刻綴於是書各卷之末。今江西提學黄僉憲仲昭[②]以其不便於披閲，乃並係於是書各條之下，且具列其序述之意於首，俾讀者一覽，可知其大凡。同寅汪僉憲舜民[③]善之，於是相與校讎，刻之以惠學者，而屬元禎爲序。惟數編皆有功於《綱目》，《集覽》及《正誤》名物、字義之輯雖間有不恪，而甚省學者搜檢之勞。《考異》《考證》及《書法》《發明》其見互有不同，其説各有所主，《考異》《考證》一執夫子凡例以正變例之非，謂變例多傳刻錯誤，或强爲傅會，或即夫子未暇更定，嘗以爲恨，如黄勉齋、李果齋之所云。《書法》《發明》則深以是書筆削精微，全在變例，皆有大關涉存焉，非若正例之義顯易見也。

之二説各有攸當。凡例，夫子自筆，學者自當據之無疑，但嘗考之年譜與序例，《綱目》於夫子諸所著述成之特蚤，及觀屬趙幾道編[④]緝之書，内有衰朽殊甚之言，則是書整頓，晚歲猶未竟也。殆凡例雖蚤立，編輯雖粗就，而大關涉之筆削至晚歲乃定，定之或猶有未悉耳。凡例多事之常，其編輯固可屬之人，筆削必事之變，非夫子其孰能裁之？二説

① 張元禎，初名元徵，字廷祥，南昌（今屬江西）人，著有《東白集》。本文見載《東白張先生文集》卷九。

② 黄僉憲仲昭，名潛，莆田（今屬福建）人，明成化二年進士，官至江西提學僉事。

③ 汪僉憲舜民，字從仁，婺源（今江西婺源）人，明成化間進士。

④ 道編，原爲小字注，據《東白張先生文集》卷九，明正德十二年刻本，當屬正文。

蓋俱不可得而廢也。善醫者不可無方，亦不可概以方，善將者不可無法，亦不可概以法。讀是書者不可無例，亦不可概以例，誠能即夫子諸所著述，本之以五經，先之以四書，精研通融，而《春秋》可與語，則是書意指瞭然，諸説之得失不足辨矣！敬以是復二君而爲讀者告焉。

弘治丙辰[①]二月甲子序。

皇明憲宗純皇帝御製續資治通鑑綱目序[②]

朱見深

朕惟天地綱常之道載諸經，古今治亂之迹備諸史，自昔帝王以人文化成天下，未始不資於經史焉。我太宗文皇帝表章五經四書，輯成《大全》，綱常之道，粲然復明，後有作者，不可尚已。朕祗承丕緒[③]，潛心經訓，服膺有年。間閲歷代史書，舛雜浩繁，不可殫紀。惟宋儒朱子因司馬氏《資治通鑑》，著爲《綱目》，權度精切，筆削謹嚴，自周威烈王至於五季，治亂之迹，瞭然如指諸掌，蓋深有得於孔子《春秋》之心法者也。展玩之餘，因命儒臣重加校訂，鋟梓[④]頒行。顧宋、元二代之史，迄無定本，雖有《長編》《續編》[⑤]之作，然采擇不精，是非頗謬，概以朱子書法，未能盡合。乃申敕儒臣，發秘閣之載籍，參國史之本文，一遵朱子凡例，編纂二史，俾上接《通鑑綱目》，共爲一書。始於宋建隆庚申[⑥]，

① 弘治丙辰，明孝宗弘治九年，公元1496年。

② 本文見載商輅《御批續資治通鑑綱目》卷首，題作"成化御製原序"。

③ 丕緒，指國家大業。

④ 鋟梓，刻板印刷。

⑤ 《長編》，指李燾《續資治通鑑長編》。《續編》，舊題元陳桱《通鑑續編》。

⑥ 建隆庚申，宋太祖建隆元年，公元960年。

終於元至正丁未[①]，凡四百有八年，總二十有七卷，名曰《續資治通鑑綱目》。而凡誅亂討逆，内夏外夷，扶天理而遏人欲，正名分以植綱常，亦庶幾得朱子之意，而可以羽翼乎聖經。仍命梓行，嘉惠天下。於戲！人不考古無以證今，觀是編者，足以鑒前代之是非，知後來之得失，而因以勸於爲善，懲於爲惡，正道由是而明，風俗以之而厚，所謂以人文化成天下者，有不在玆乎？用述其概，冠於篇端，以垂示無窮焉。

成化十二年[②]十一月十五日。

進續資治通鑑綱目表

商輅[③]

資德大夫、正治上卿、太子少保、吏部尚書兼文淵閣大學士臣商輅，資政大夫、户部尚書兼翰林學士臣萬安[④]等，玆者奉敕以宋、元二史編纂《續資治通鑑綱目》，今已成書，謹用繕寫裝潢進呈。臣輅等誠惶誠恐，稽首頓首，上言：伏以經以載道，闡萬世之文明；史以輔經，昭累朝之鑒戒。東魯大聖[⑤]刪述於前，考亭大儒[⑥]祖述於後，此《春秋》爲經中之史，而《綱目》實史中之經。嗣是以來，諸家並作。著宋史者訖無定論，撰元書者罔有折衷。或雜於遼、金而昧正統之歸，或成於草率而

---

① 至正丁未，元惠宗至正二十七年，公元 1367 年。

② 成化十二年，公元 1476 年。

③ 商輅，字弘載，號素庵，明淳安（今浙江淳安）人，著有《資治通鑑綱目續編》《商文毅疏略稿》《商文毅公集》。本文見載《商文毅公集》卷一。

④ 萬安，字循吉，眉州（今四川眉山）人，正統十三年進士。

⑤ 東魯大聖，孔子。

⑥ 考亭大儒，朱熹。

失繁簡之制，或善善惡惡之靡實，或是是非非之弗公。況其前後抵牾，予奪乖謬，衆説紛紜，卒未有能會於一者，是誠有待於今日也。天啓皇明，誕膺景運[①]，我太宗文皇帝崇儒重道，稽古右文，既表章乎經書，獨未遑於史鑒。恭惟皇帝陛下，睿知聰明，聖神文武，重華[②]協帝，於昭不顯之誠；五福錫民，建用惟皇之極。咨詢治道，日御經筵。謂經史垂訓雖殊，道並行而不悖；《綱目》傳舊而作，詞愈約而益精。爰因書法同異之疑，嘗有儒臣校讎之命，鋟之文梓，賜諸廷臣，嘉惠及於萬年，文教敷於四海。乃者載發九重之詔，俾續二代之編，迹宋元之盛衰，法儒先之衮鉞[③]。大開兩局，筆札給自尚方；務備一家，史官公於遴選。搜羅剔抉，存其信而傳其疑；討論研磨，詳其大而略其細。惟趙宋自建隆之創業，積而爲慶曆之昇平，迨熙、豐[④]之紛更，馴以致靖康之禍亂，比偏安於江左，竟訖籙[⑤]於海南。其中命令之施，紀綱之布，國體安危之係，民生休戚之關，大書特書咸據往牒，正例變例悉本成規。彼契丹出自鮮卑，女真起於渤海，皆以桀黠之虜，割據於鄰壤，亦爲采摭其事，附見於當時。若胡元之主中華，尤世運之丁極否，冠履倒置，天地晦冥，三綱既淪，九法亦斁，第已成混一之勢，矧復延七八之傳，故不得已大書其年，亦未嘗無外夷之意。末紀天兵之征討，實彰帝業之輝煌，汛掃腥膻之風，復還禮樂之俗，謨邁三年鬼方之伐，威加六月玁狁之師，此我太祖高皇帝再闢乾坤，肇修人紀，巍巍功德，高五帝而冠百王者也。

臣輅等才不足以達經權之宜，學不足以盡古今之變，仰承隆命，愧

---

① 誕膺，承受天命或帝位。景運，好時運。

② 重華，比喻帝王功德相繼，累世升平。

③ 衮鉞，謂褒貶，古代賜衮衣以示嘉獎，給斧鉞以示懲罰。

④ 熙、豐，熙寧、元豐，宋神宗趙頊年號。

⑤ 訖籙，亦作“訖録”，謂天命已終，亦指已終止的天命。

乏良史之三長；俯竭微勞，已見星霜之再易。總以四百餘年之事，稡成二十七卷之書，上徹經幃，少塵睿覽。伏願正大綱，舉萬目，隆世道於亨嘉；興教化，淑人心，保鴻圖於悠久。臣等無任瞻天仰聖，激切屏營之至。謹奉表隨進以聞。

劉知幾史通[①]

晁公武

晁氏曰：唐劉知幾，長安、神龍間三爲史官，頗不得志。乃以前代書史，序其體法，因習廢置，掇其得失，述作曲直，分內、外篇，著爲評議，備載史策之要。當時徐堅深重之，云："居史職者，宜置坐右。"玄宗朝，詔其家録進，上讀而善之。宋子京稱唐舊史之文猥釀不綱，謂知幾工訶於古人而拙於用己。觀此書，知子京之論不誣。

劉知幾傳[②]

宋祁

劉子玄，名知幾，以玄宗諱嫌，故以字行。年十二，父藏器爲授《古文尚書》，業不進，父怒，楚[③]督之。及聞爲諸兄講《春秋左氏》，冒往聽，退輒辨析所疑，嘆曰："書如是，兒何怠！"父奇其意，許授《左

---

① 本文見載晁公武《郡齋讀書志》卷二下。

② 本文見載《新唐書》卷一百三十二《劉子玄傳》。

③ 楚，古代刑杖，意責打。

氏》。踰年，遂通覽群史。與兄知柔俱以善文詞知名。擢進士第，調獲嘉[①]主簿。

武后證聖初，詔九品以上陳得失。子玄上書，譏“每歲一赦，或一歲再赦，小人之幸，君子之不幸”。又言：“君不虛授，臣不虛受。妄受不爲忠，妄施不爲惠。今群臣無功，遭遇輒遷，至都下有‘車載斗量，杷椎碗脱’之諺。”又謂：“刺史非三載以上不可徙，宜課功殿，明賞罰。”后嘉其直，不能用也。

時吏横酷，淫及善人，公卿被誅死者踵相及。子玄悼士無良而甘於禍，作《思慎賦》以刺時。蘇味道[②]、李嶠[③]見而嘆曰：“陸機《豪士》之流乎，周身之道盡矣。”子玄與徐堅、元行冲[④]、吴兢等善，嘗曰：“海内知我者數子耳。”

累遷鳳閣[⑤]舍人，兼修國史。中宗時，擢太子率更令，介直自守，累歲不遷。會天子西還，子玄自乞留東都，三年，或言子玄身史臣而私著述，驛召至京，領史事。遷秘書少監。時宰相韋巨源[⑥]、紀處訥[⑦]、楊再思、宗楚客、蕭至忠皆領監修，子玄病長官多，意尚不一，而至忠數責論次無功，又仕偃蹇，乃奏記求罷去。因爲至忠言“五不可”，曰：“古之國史皆出一家，未聞藉功於衆。唯漢東觀集群儒，纂述無主，條章不建。今史司取士滋多，人自爲荀、袁，家自爲政、駿。每記一事，載一

---

① 獲嘉，地名，今河南新鄉。

② 蘇味道，唐趙州欒城（今河北欒城）人，乾封二年進士。

③ 李嶠，字巨山，唐趙州贊皇（今河北石家莊）人，與杜審言、崔融、蘇味道並稱“文章四友”。

④ 元行冲，名澹，字行冲，唐洛陽（今河南洛陽）人，著有《魏典》《群書四部録》等。

⑤ 鳳閣，中書省。武則天光宅元年改中書省爲此名，神龍元年復爲原名。

⑥ 韋巨源，京兆萬年（今陝西西安）人，唐武則天、中宗時宰相。

⑦ 紀處訥，唐秦州上邽（今甘肅天水）人，武三思連襟。

言，閣筆相視，含毫不斷，頭白可期，汗青無日。一不可。漢郡國計書上太史，副上丞相，後漢公卿所撰，先集公府，乃上蘭台，故史官載事爲廣。今史臣唯自詢采，二史不注起居，百家弗通行狀。二不可。史局深籍禁門，所以杜顔面，防請謁也。今作者如林，儻示褒貶，曾未絶口，而朝野咸知。孫盛取嫉權門，王劭見讎貴族，常人之情，不能無畏。三不可。古者史氏各有指歸，故司馬遷退處士、進奸雄，班固抑忠臣、飾主闕。今史官注記，類禀監修，或須直辭，或當隱惡，十羊九牧，其令難行。四不可。今監者不肯指授，修者又不遵奉，務相推避，以延歲月。五不可。"又言："朝廷厚用其才而薄其禮。"至忠得書，悵惜不許。楚客等惡其言詆切，謂諸史官曰："是子作書，欲致吾何地？"

始，子玄修《武后實録》，有所改正，而武三思等不聽。自以爲見用於時而志不遂，乃著《史通》内外四十九篇，譏評今古。徐堅讀之，嘆曰："爲史氏者宜置此坐右也。"又嘗自比楊雄者四："雄好雕蟲小伎，老而爲悔；吾幼喜詩賦而壯不爲，期以述者自名。雄準《易》作經，當時笑之；吾作《史通》，俗以爲愚。雄著書見尤於人，作《解嘲》；吾亦作《釋蒙》。雄少爲范逡、劉歆所器，及聞作經，以爲必覆醬瓿[①]；吾始以文章得譽，晚談史傳，由是減價。"其自感概如此。

子玄内負有所未盡，乃委國史於吴兢。開元初，遷左散騎常侍。嘗議《孝經》鄭氏學非康成注，舉十二條左證其謬，當以古文爲正。《易》無子夏傳，《老子》書無河上公[②]注，請存王弼[③]學。宰相宋璟等不然其論，奏與諸儒質辨。博士司馬貞等阿意，共黜其言，請二家兼行，惟子

① 覆醬瓿，比喻著作毫無價值，或無人理解，不被重視。

② 河上公，姓名不考，曾爲《老子》作注。

③ 王弼，字輔嗣，三國曹魏山陽高平（今山東微山）人，著有《老子指略》《周易略例》《道德經注》。

夏《易傳》請罷。詔可。會子貺爲太樂令，抵罪，子玄請於執政，玄宗怒，貶安州[①]別駕。卒，年六十一。

子玄領國史且三十年，官雖徙，職常如舊。禮部尚書鄭惟忠[②]嘗問："自古文士多，史才少，何耶？"對曰："史有三長：才、學、識。世罕兼之，故史者少。夫有學無才，猶愚賈操金，不能殖貨。有才無學，猶巧匠無楩楠[③]斧斤，弗能成室。善惡必書，使驕君賊臣知懼，此爲無可加者。"時以爲篤論。子玄善持論，辯據明鋭，視諸儒皆出其下，朝有論著輒豫。歿後，帝詔河南就家寫《史通》，讀之稱善。

讀史通

張唐英[④]

劉知幾著《史通》二十卷。徐堅曰："居此職者宜置此書於座右。"因求其書而觀之，則知劉子之用心亦勤矣。馳騁古今，發摘歷代史氏之失，雖班、馬、壽、曄皆爲輕重，兹可尚矣。至外篇《惑經》有未諭者十二條，始亦竊疑孔子於《春秋》有所疏略，乃取《春秋》而審詳之，則劉子乃好辨而不知《春秋》之旨，不識聖人之心也。劉子云："齊、鄭、楚國弑君，各以疾赴[⑤]，遂皆書'卒'，而正卿返不討賊，冢嫡藥不親嘗，而被以惡名，播諸來葉。且躬爲梟獍，則漏網遺名；迹涉瓜李，

① 安州，古地名，今廣西欽州。

② 鄭惟忠，宋州宋城（今河南商丘）人。

③ 楩楠，黄楩木和楠木。

④ 張唐英，字次功，宋蜀州新津（今四川成都）人，少年時中進士，官至殿中侍御史，著有《蜀檮杌》《宋名臣傳》等。本文見載《歷代名賢確論》卷七十四。

⑤ 疾赴，原爲小字注，據文義當屬正文。

乃凝脂顯戮[①]，其所未論者一也。”謂昭公元[②]年，圍弒其君郟敖[③]，而書曰“楚子麇卒”；襄公[④]七年，鄭子駟[⑤]弒其君僖公，而書曰“鄭伯髡頑[⑥]卒”；哀公十年[⑦]，齊人弒其君悼公[⑧]，而書曰“齊侯陽生卒”。且彼三國雖弒其君，而皆以疾赴告，故魯史因其赴告以爲實，而書之於策。及孔子修《春秋》，若其事有可以爲褒貶之法者，則因其文而筆削，以寄王法；如無足示法，則因其策，書傳疑傳信之文，實書其事。故他國以弒君告者，則書曰“弒君”，他國以疾告者，則書曰“卒”，皆赴告策書之舊文也。及授與丘明作傳，則俾遍觀諸國簡牘，實書其事，備其本末，以成其文。至於盾不討賊，止不嘗藥，而以弒君父之罪加之者，蓋孔子之志也。若爲正卿而不討賊，是君之讎可得而覬望也；若爲冢子而不嘗藥，則父之疾不在乎服勤就養也。故書盾之弒以教天下人臣之爲忠，書止之弒以教天下人子之爲孝，所謂原情而定罪，因罪以誅意，故曰：吾志在《春秋》，彼親弒君父，雖不書於經，而傳能備載其事，其罪逆不在言而可知矣，豈可謂躬爲梟獍則漏網遺名，迹涉瓜李則凝脂顯戮哉？以此知劉子徒好辯而不知《春秋》之旨矣。其他事以類推之，聖人之志皆顯然明白，故不復辯，學者當自求之，無惑劉子之異說可也。

---

① 凝脂，比喻事之嚴密。顯戮，明正典刑、陳屍示衆。

② 元，原作“九”，據《歷代名賢確論》卷七十四，光緒二十八年石印本改。

③ 圍，楚國公子圍。郟敖，楚愍王，春秋時楚國國君。

④ 襄公，原作“哀公”，《歷代名賢確論》卷七十四同，據《春秋左傳正義》，阮元校刻《十三經注疏》本改。

⑤ 子駟，鄭穆公之子。

⑥ 髡頑，鄭僖公，春秋時鄭國國君。

⑦ 十年，原作“七年”，《歷代名賢確論》卷七十四同，據《春秋左傳正義》，阮元校刻《十三經注疏》本改。

⑧ 悼公，原作“僖公”，據《歷代名賢確論》卷七十四，光緒二十八年石印本改。

古史叙①

蘇轍

蘇子曰：古之帝王皆聖人也，其道以無爲爲宗，萬物莫能嬰之。其於爲善，如水之必寒，如火之必熱；其於不爲不善，如騶虞之不殺，如竊脂之不穀。不學而成，不勉而得。其積之中者有餘，故其推之以治天下者，有不可得而知也。孔氏之遺書曰："喜怒哀樂之未發，謂之'中'；發而皆中節，謂之'和'。中也者，天下之大本也。和也者，天下之達道也。致中和，天地位焉，萬物育焉。"天地萬物猶將賴之以存，而況於人乎？

自三代之衰，聖人不作，世不知本而馳騁於喜怒哀樂之餘，故其發於事業，日以鄙陋，不足以睎聖人之萬一。雖春秋之際，王澤未竭，士生其間，習於禮義而審於利病，如管仲、晏子、子產、叔向之流，皆不足以知之。至於孔子，其知之者至矣，而未嘗言。孟子知其一二，時以告人，而天下亦莫能信也。陵遲及於秦漢，士益以功利爲急，言聖人者皆以其所知億之。儒者留於度數，而智者溺於權利，皆不知其非也。

太史公始易編年之法爲本紀、世家、列傳，記五帝三王以來，後世莫能易之。然其爲人淺近而不學，疏略而輕信。漢景武之間，《尚書》古文、《詩》毛氏、《春秋》左氏，皆不列於學官。世能讀之者少。故其記堯、舜、三代之事，皆不得聖人之意。戰國之際，諸子辯士各自著書，或增損古事以自信。一時之説，遷一切信之。甚者，或采世俗相傳之語，以易古文舊説。及秦焚書，戰國之史不傳於民間。秦惡其議己也，

① 本文爲卜氏輯録而成，前五段出自蘇轍《古史叙》，最後一段見其《古史跋》。

焚之略盡。幸而野史一二存者，遷亦未暇詳也。故其記戰國有數年不書一事者。

余竊悲之。故因遷之舊，上觀《詩》《書》，下考《春秋》及秦漢雜録，記伏犧、神農，訖秦始皇帝，爲七本紀、十六世家、三十七列傳，謂之《古史》。追録聖賢之遺意，以明示來世。至於得失成敗之際，亦備論其故。

嗚呼！由數千歲之後，言數千歲之前，其詳不可得矣。幸其猶有存也，而或又失之，此《古史》之所爲作也。

予少好讀《詩》《春秋》，皆爲之集傳。讀《太史公書》，質之《詩》《書》《左氏》《戰國策》，知其未能詳復而遽以爲書，亦欲正之而未暇也。元豐中，以罪謫高安，五年不得調職，雖賤且冗，而予僚許以閒暇，乃以其間，終緝二傳，刊正《古史》，得七本紀、十世家、七列傳，功未及究也。七年九月，得邑於歙。明年，至邑，而病寒熱，殆不能起。病愈，蒙恩召還爲諫官。又明年改元元祐，遂以愚闇進當要劇，與聞國政，而性弱才短，日不遑給，回視舊學，常恐終身不能復就也。九年三月，始以罪黜守臨汝①，不數月，復降守富春，行至彭澤②，復以少府監③分司南京而居高安。往來之間，凡十有一年。太守柳君平，年老更事，憐予遠來，其吏民亦知予疇昔之無害也，相與安之。於城東南陬得民居十數間，葺而居之，逾月而定。借書於州學，不足者求之諸生，以續《古史》之缺。明年三月而成，凡六十卷，蓋予十年所欲成就者，俯仰而得。堯舜三代之遺意，太史公之所不喻者，於此而明。戰國君臣得失成敗之

① 臨汝，古地名，今河南平頂山。

② 彭澤，古地名，今屬江西。

③ 少府監，官署名，掌冶五署及諸冶、鑄錢、互市等監，掌百工技巧之事。

迹，太史公之所脱遺者，於此而足。非閒廢有所不暇者也。時季子遜侍予，紬繹往牒，知予去取之意，舉爲之注，後世可考焉。紹聖二年三[①]月二十五日。

古史餘論[②]

朱熹

朱子曰："近世之言史者，惟此書爲近理。"其序言古帝王爲善、不爲不善之意，非近世論者所能及。而論史遷，以爲淺近而不學，疏略而輕信，亦中其病。顧其本末，乃有大不相應者。其曰"帝王之道以無爲宗，萬物莫能嬰之"，此特以老子、浮屠之意論聖人，非能知聖人之所以爲聖也，故其爲言虚空無實，而中外首尾不相爲用。其曰管、晏、叔向之流，皆不足以知之，與孔子知之而有隱，孟子知之而未盡者，皆何事耶？若但曰"以無爲宗，萬物莫能嬰之"而已，則數子之未知也不足恨，而孔孟之所知，吾恐其非此之謂也。此皆義理之本原，而不可失者。秦漢以來，史册之言近理而可觀者，莫如此書。而其所以講磨詠蹈者，又有所未精，是以雖既其文，而未既其實，雖聞其號而未燭厥理也。

① 三，原作"二"，據蘇轍《古史》卷末《古史跋》，宋刻元明遞修本改。

② 本文見載朱熹《晦庵先生朱文公文集》卷七十二。

史論

何喬新[1]

一代之興，必有一代之史；一代之史[2]，必屬一代之人。故有唐虞之史臣，而後有《典》《謨》之渾噩；有孔子之大聖，而後有《春秋》之謹嚴。苟非明足以周萬物之理，道足以適天下之用，智足以通難知之意，文足以發難顯之情，豈足以任其責哉！粤自麟經絶筆，史學寥寥，司馬遷易編年之法爲紀傳之體，上起軒轅，下終漢武，作《史記》百三十篇。楊子雲稱其辨而不華，質而不俚，其文直，其事核，不虚美，不隱惡，故謂之實録。如敘游俠之談而論六國之勢，則土地、甲兵以至車騎、積粟之差，可謂辨矣；而莫不各當其實，是辨而不華也。敘貨殖之資而比封侯之家，則棗栗、漆竹以至籍稿、鮐鮆之數，可謂質矣；而莫不各飾以文，是質而不俚也。上自黄帝，下迄漢武，首尾三千餘年，論著纔五十萬言，非文之直乎？紀帝王則本《詩》《書》，世列國則據《左氏》，言秦兼諸侯則採《戰國策》，言漢定天下則述《楚漢春秋》，非事之核乎？伯夷，古之賢人，則冠之於傳首。晏嬰善與人交，則願爲之執鞭，其不虚美可知。陳平之謀略，而不諱其盗嫂受金[3]之姦；張湯之薦賢，而不略其文深意忌之酷，其不隱惡可見。然論大道則先黄老而後六經，敘游俠則退處士而進奸雄，述貨殖則崇勢利而羞貧賤，此班固所以

① 何喬新，字廷秀，廣昌（今屬江西）人，明景泰五年進士，著有《椒丘文集》《周禮集注》《元史臆見》。本文見載何喬新《椒丘先生文集》卷二《史科》，題作“諸史”。

② 一代之史，四字原脱，據《椒丘先生文集》卷二《史科》，明嘉靖元年刻本補。

③ 盗嫂受金，因小眚而遭讒被疑的典實。《史記》卷二十六《陳丞相世家》：“絳侯、灌嬰等咸讒陳平曰：臣聞平居家時，盗其嫂；臣聞平受諸將金，金多者得善處，金少者得惡處。於是漢王疑之。”

議其失也。至固删定史遷之書，成父彪未就之業，起於高帝，訖於王莽，作《漢書》凡百卷。范曄稱其不激詭，不抑抗，贍[①]而不穢，詳而有體。如公孫弘矯飾之詭行，則實其釣名之言；東方朔[②]詼諧之詭談，則鄙爲滑稽之雄，此不激詭之體也。蓋寬饒之事主，抗言而爲狂瞽者也，則以爲邦之司直；梅福[③]之去官，抗節而從所好者也，則以爲尚有典刑，此不抑抗之體也。相如之風雅，而及於臨邛[④]奔亡之事，則以爲淫靡之戒；張禹[⑤]之傳授，而及於後堂聲色之樂，則以爲乖僻之箴，此贍而不穢也。賈誼政事之書，載其萬言，皆切於世事；董生賢良之策，載其三篇，皆明於經術，此詳而有體也。然論國體則飾主缺而折忠臣，叙世教則貴取容而賤直節，述時務則謹辭章而略事實，此傅元所以譏其非也。范曄之作《東漢書》，簡而且周，疏而不漏，筆勢縱放，奇變不窮。如兩都官制之詳，《獨行》《逸民》之傳，蓋云備矣。然抑聖公於傳内，登文叔[⑥]於紀首；論隗囂則詞多虚美，傳方術則事多不經，不免於後人之議焉。他如荀悦省《前漢》之繁而爲《漢紀》，袁宏剪《後漢》之穢而爲編年，體制近古，辭約事詳，然既不逮夫《左氏》之富艷，復不若《史記》之盛行矣[⑦]。陳壽之作《三國志》，辭多勸戒，有益風化。文中子稱其依大義，削

---

① 贍，原作"贍"，結合下文，並據《椒丘先生文集》卷二《史科》，明嘉靖元年刻本改。

② 東方朔，字曼倩，西漢平原厭次（今山東陵城）人，著有《答客難》《非有先生論》等。

③ 梅福，字子真，西漢壽春（今江西九江）人。漢平帝元始年間，其深惡外戚王莽專政，棄官隱居南昌城外。

④ 臨邛，古地名，今四川邛崍。

⑤ 張禹，字子文，西漢河内軹縣（今河南濟源）人，治《論語》《易》，元帝時奉詔授太子《論語》，成帝即位後拜爲丞相，改編今文本《論語》，並將《齊論》《魯論》合爲一書，定爲《張侯論》。

⑥ 文叔，劉秀。

⑦ 行矣，原爲小字注，據《椒丘先生文集》卷二《史科》，明嘉靖元年刻本，當爲正文。

異端，司馬公[①]喜其叙事高簡而有法，不言曹操本生，而載夏侯淵及惇[②]於諸曹中，則見嵩本夏侯氏之子也。高貴鄉公書卒，而載司馬昭之奏，則見公之不得其死也。然帝室之胄而以寇書之，老瞞奸雄而以帝系之，以覓米之怨不立丁儀之列傳，以父髡之恨而短諸葛之將略，不能逭[③]君子之譏焉。其後習鑿齒作《漢晋春秋》，蕭常[④]作《續漢書》，皆以尊昭烈之正統，而抑魏吴之僭號。惜夫習氏之書亡逸，而常之史疏略也。《晋史》始有十八家之制作，而成於唐臣之纂録。然好採詭異，語多駢儷。貶晋之亡也，且有鰲墜三山、鯨吞九服之言，即協夫歌詠之辭；貶惠主之失御也，且有溽暑之氣方聞、淫哇之旨罕記，即協夫表奏之語，此其失也。沈約之《宋書》號爲博洽，乃載魏晋以來之事，故不免失於限斷之譏。蕭子顯之《齊書》，喜自馳騁，尤多雕刻藻繪之變，故不免其文益下之誚。《梁》《陳書》撰於姚思廉，然言辭卑弱，故學者罕所傳習也。《後魏書》撰於魏收，然褒貶任情，故時人號爲“穢史”也。《北齊書》撰於李百藥，而雜採他書。《後周書》撰於令狐德棻，而多非實録。李延壽之《南北史》，司馬公喜其叙事簡勁，賢於正史，但恨其不作志、書，使制度不見耳。魏徵之《隋書》，論者謂其不當載王邵、袁充[⑤]兩傳，惟録其詭辭妄説也。《唐書》舊史則劉昫之所纂，新史則歐陽脩、宋祁之所修。以李義甫[⑥]、許敬宗之奸邪，而與長孫無忌同傳。柳宗元、劉禹錫[⑦]之阿附，而與韓愈同傳。此舊史之失也。新史改之，所以先君子而後小人也。

---

① 司馬公，司馬光。

② 惇，原作“淳”，據《椒丘先生文集》卷二《史科》，明嘉靖元年刻本改。

③ 逭，逃避。

④ 蕭常，字季韶，南宋吉州廬陵（今江西吉安）人，著有《續後漢書》。

⑤ 袁充，字德符，陳郡陽夏（今河南周口）人，歷仕於陳、隋，性好道術，頗解占候。

⑥ 李義甫，唐瀛州饒陽（今河北饒州）人。

⑦ 劉禹錫，字夢得，河南洛陽（今河南洛陽）人，官至户部尚書，著有《劉夢得文集》等。

劉蕡[①]之鯁直，而載之《文苑》。陽城之卓異，而概之《隱逸》，此舊史之失也。新史易之，所以取大節而棄小節也。然委任不專，體制不一。故紀有失[②]而傳不覺，傳有誤而紀不知。予奪無定論，紀載無定統，此所以未愜人之意也。歐陽脩作《五代史》，立例精密，取法《春秋》，文簡而能暢，事增而不贅。其爲論必以"嗚呼"發之，蓋以亂世之書，故致其慨嘆之意也。觀其篇名曰《家人傳》，則帝王正家之義見矣；曰《梁臣傳》《唐臣傳》，則忠臣不事二君之義昭矣；曰《死節傳》，則節義著矣；曰《一行傳》，則高尚見矣。自謂夫子作《春秋》，因亂世而寓治法，予述本紀，以治法而正亂君，則其托意亦甚高矣。議者以爲功不在馬遷之下。又謂筆力馳騁，無駁雜之説，豈虚語哉。司馬温公復紀傳而爲編年，總歷代而爲《通鑑》，上下一千三百六十二年，爲書二百九十四卷。凡關國家之興衰，係生民之休戚者，罔不畢載；删述去取，亦莫不有深意焉。首書命三晋爲諸侯，所以明君臣之分。辨四皓爲惠帝立黨制其父，以明父子之義。魯仲連[③]射書聊城之事，公則略之而不書；曹操分香賣履[④]之微，公則譏之以示貶。謂褚遂良無譖劉洎[⑤]之語，謂陸贄[⑥]無報竇參之意。韓休[⑦]必不至德李林甫，顏真卿[⑧]必不至爲賊草奏。凜凜乎人道之大經，其有關於風化也如此。曹參遵何之約束，正以箴熙寧大臣變法之失；賈

① 劉蕡，字去華，唐幽州昌平（今北京昌平）人。
② 失，原作"差"，據《椒丘先生文集》卷二《史科》，明嘉靖元年刻本改。
③ 魯仲連，又稱魯連、魯仲連子、魯連子，戰國末期齊國人。
④ 分香賣履，《文選》載陸機《吊魏武帝文》引曹操遺命云："餘香可分與諸夫人，諸舍中無所爲，學作履組賣也。"喻臨死不忘妻妾。
⑤ 劉洎，字思道，荆州江陵（今湖北江陵）人，唐朝宰相。
⑥ 陸贄，字敬輿，唐蘇州嘉興（今浙江嘉興）人，著有《翰苑集》《議論表疏集》。
⑦ 韓休，字良士，京兆長安（今陝西西安）人，唐朝宰相。
⑧ 顏真卿，字清臣，小名羡門子，别號應方，京兆萬年（今陝西西安）人，唐開元二十二年進士，官吏部尚書，宋人輯有《顏魯公集》。

山[1]所言從諫拒諫，正以譏熙寧大臣同己之非。蘇秦縱橫談説，本不足取也，存其事於書者，欲見當時利口之覆邦家也。嗇夫之辨給馳騁，亦不足取也，公之深辨而不釋口者，欲使小人知利口之無益也。惓惓乎治道之要務，其有益於政事也又如此，信夫爲典刑之總會，册牘之淵林，秦漢以來所未有之書也。惜夫帝曹魏而寇蜀漢，帝朱梁而寇河東，紀武后之年，黜中宗之號，屈平之不見取，揚雄之反見稱，未免後人之譏也。若夫子朱子之作《綱目》也，歲年有遠近，詳書甲子以紀之，則歲周於上，而天道明矣。國統有離合，特書正統以别之，則統正於下，而人道定矣。有始終興廢、灾祥沿革之正例者，有善可爲法、惡可爲戒之變例者，皆大書以提要，則大綱概舉而鑒戒昭矣。有追原其始、遂及其終者，有詳陳其事、備載其言者，皆分注以備述，則衆目畢張而幾微著矣。發潛德之幽光，誅奸諛於已死，《春秋》之後，一人而已。自今觀之，秦、楚、韓、魏之僭王則别之，使天下知僭僞之不得其正，亦《春秋》誅吴、楚之法也。宋、齊、梁、陳之分治則卑之，使天下知傳授之不得其統，亦《春秋》黜五伯之義也。衛貶號曰侯、曰君，豈非《春秋》嘉首止之意乎？揚雄本仕於漢，而曰莽大夫，誅阿附也。陶潛本殁於宋，而曰晋徵士，表貞節也。書孟軻之去齊，傷吾道之不行也。貶仁傑以係周，惡臣道之不立也。《漢史》曰幸大學，而改幸曰視，雖天子必有師也。《唐史》曰尚公主，而更尚曰適，雖貴當執婦道也。然朱子之作是書，豈出於私見臆説而已哉！綱仿《春秋》，而兼採衆史之長。如書曹操之自立，則仍范曄之文；書韋耿之討賊，亦本范曄之意。尊昭烈之正統，則取習鑿齒之論也；存中宗之紀年，則本范太史之説也。目仿《左氏》而稽合諸儒之論，如書衛鞅之受禍，則取胡氏之論；書秦割地之和韓魏，則本

① 賈山，西漢潁川（今河南禹州）人。

蘇氏[①]之説；述秦趙會於澠池，則楊龜山[②]之議也；述張良誤中副車，則程子之辨也。質諸人心而無疑，參諸衆論而無愧，信夫可以接《春秋》之墜緒也。至若陳子桱[③]之續《通鑑》也，其間如書李重進以謀反，而君臣之分明；書劾里鉢[④]之世襲，而夷夏之禍兆。尊先聖則書孔宣[⑤]之官，重道統則書周、程之卒。建炎之大書，則法中宗紹晋之特筆；祥[⑥]興之紀年，則見有宋天命之未絶。然紀三皇則多詭異不經之談，書遼、金則失内夏外夷之義。建隆分注，無異五代之君；虚中之死，不紀其謀金之節。君子不能無憾焉。蘇子由之《古史》，所以正遷史之訛舛也。遷紀首於黄帝，而遺伏羲、少昊，《古史》則增之；遷傳孔門弟子而略琴牢[⑦]、陳亢[⑧]，《古史》則載之；荆軻刺客之靡爾，遷有不欺其志之美，《古史》則辨之；西門豹[⑨]循吏之流也，遷史抑於滑稽之列，《古史》則正之；遷謂宰我從田常[⑩]，《古史》則訂其誤；遷謂子貢變易五國，《古史》則辨其非；傳穰苴[⑪]而不知考據之乖次，《古史》則删之而不存；記虞卿[⑫]而不知履歷之先後，《古史》則考之而不舛。且其序首言聖人之於爲善，如火之必熱，水之必寒，不爲不善，如騶虞之不殺，竊脂之不穀，又有得於聖心焉。章

---

① 蘇氏，即蘇洵。
② 楊龜山，即楊時。
③ 陳子桱，陳桱。
④ 劾里鉢，女真族完顔部首領，完顔阿骨打之父。
⑤ 宣，原作“宜”，據《椒丘先生文集》卷二《史科》，明嘉靖元年刻本改。孔宣，孔子的後裔。
⑥ 祥，原作“祚”，據《椒丘先生文集》卷二《史科》，明嘉靖元年刻本改。祥興爲宋趙昺年號。
⑦ 琴牢，字子開，春秋時期衛國人，孔子的弟子。
⑧ 陳亢，字子元，春秋時期齊國人，孔子的弟子。
⑨ 西門豹，戰國時期魏國人，魏文侯時任鄴令，治水有功。
⑩ 《史記》卷六十七《仲尼弟子列傳》載：“宰我爲臨菑大夫，與田常作亂。”
⑪ 穰苴，田穰苴，又稱司馬穰苴，春秋末期齊國人，著有《司馬法》。
⑫ 虞卿，爲趙上卿，故號虞卿。戰國時期名士，著有《虞氏春秋》。

衡[①]之《編年通載》，始自唐虞，訖於治平，首國號、廟謚以表元，係日月以記事。其書呂后稱制之年，係之少帝；黜則天擅政之號，列之中宗者，懼後世改元據位，雜僞假真而失正也。其書后妃、世子之廢立者，懼後世登庶黜冢[②]、徇愛滅公而失順也；其書將相大臣之善惡者，懼後世惡直醜正、詭諛擅權而失任也；其書夷狄君長之逆順者，懼後世恃安忘危、窮凶起難而失備也。至如志灾異以示戒，去符瑞以防怠，明卒葬以正終始，皆所以權衡褒貶，會成史法，以便觀覽焉。大抵史之爲務，厥途有三：章善貶惡，不避强禦，若晋之董狐，齊之南史，此其上也；編次勒成，鬱爲不刊，若魯之丘明，漢之子長，此其次也；高才博學，名重一時，若周之戎夫[③]，楚之倚相，此其下也。昔劉子玄著《史通》四十一篇，以商論前史之得失，自遷、固而下皆譏焉。然觀其書，可予者十有三四，可貶者十有五六。其譏前人之失，謂司馬體失録煩，謂班固諳練該密，謂項羽不當爲本紀，謂陳涉不當爲世家，其論確矣。至自述作史之法，乃欲撰《都邑志》於《輿服》之上，撰《方物志》於《食貨》之首，增《氏族志》於《百官》之下，增《方言志》於《藝文》之外，不亦贅乎？其言曰：作史有三長，才也，學也，識也。《史通》一書，貫穿古今，不可謂無學矣；三爲史官，再入東觀，不可謂無才矣；《疑古》《惑經》之類，得非識有所不足耶？有志於汗青者，宜戒焉！

---

① 章衡，字子平，北宋建州蒲城（今福建蒲城）人，嘉祐二年狀元。

② 黜冢，廢棄正妻。

③ 戎夫，周穆王時史官。

書資治通鑑外紀後

劉恕[1]

劉恕曰：孔子作《春秋》，筆削美刺，子游、子夏，門人之高第，不能措一辭。魯太史左丘明以仲尼之言高遠難繼，而爲之作傳，後之君子不敢紹續焉。惟陸長源，《春秋》吴楚之君僭號稱王，誅絶之罪也。《左氏傳》據魯史，因諸侯國書繫年叙事。《春秋》所貶損大人當世君臣，有威權勢力，其事實皆形於傳，故隱其書而不宣，以免時難。後漢獻帝以班固《漢書》文繁難省，命荀悦依《左傳》體爲《漢紀》，言約事詳，大行於世。晋太康初，汲郡人發魏襄王[2]冢，得《紀年》，文似《春秋》，其所記事多與《左氏》符同，諸儒乃知古史記之正法，自是袁宏、張璠[3]、孫盛、干寶、習鑿齒以下爲編年之書。至唐五代，其流不廢。漢晋起居注，梁唐實録，皆其遺制也。《國語》亦左丘明所著，載内傳遺事，或言論差殊，而文詞富美，爲書别行，自周穆王盡晋知伯、趙襄子，當貞定王[4]時，凡五百餘年，雖事不連屬，於史官蓋有補焉。七國有《戰國策》，晋孔衍[5]作《春秋後語》，並時分國，其後絶不録焉。唐柳宗元采摭片言之失，以爲誣淫，不概於聖，作《非國語》六十七篇，其説雖存，然不能爲《國語》輕重也。司馬遷始撰本紀、年表、八書、世家、列傳之目，史臣相續，謂之正史。本朝去古益遠，書益煩雜，學者牽於屬文，

---

① 劉恕，字道原，北宋筠州（今江西高安）人，著有《通鑑外紀》等。本文見載吕祖謙《宋文鑑》卷一百三十。

② 魏襄王，姬姓，魏氏，名嗣，一名赫，戰國時期魏國第四任國君。

③ 張璠，魏晋時期史學家，著有《後漢紀》。

④ 貞定王，名姬介，周元王子。

⑤ 孔衍，字舒元，孔子後裔，著有《漢尚書》《魏尚書》《漢春秋》等。

專尚《西漢》，博覽者乃及《史記》《東漢書》，而近代士頗知《唐書》，自三國至隋，下逮五代，懵然莫識。承平日久，人愈怠墮，《莊子》文簡而義明，玄言虚誕而似理，功省易習，陋儒莫不尚之，史學浸微矣。

案歷代國史，其流出於《春秋》。劉歆敘《七略》，王儉撰《七志》，《史記》以下皆附《春秋》。荀勖分四部，史記舊事入丙部；阮孝緒《七録》《記傳録》記史傳，由是經與史分。夫今之所以知古，後之所以知今，因善惡以明褒貶，察政治以見興衰，《春秋》之法也。使孔子贊《易》不作《春秋》，則後世以史書爲記事瑣雜之語，《春秋》列於六藝，愚者莫敢異説而終不能曉也。

恕皇祐初，舉進士，試於禮部，爲司馬公門生。侍於大儒，得聞餘論。嘉祐中，公嘗謂恕曰："春秋之後，迄今千餘年，《史記》至《五代史》，一千五百卷，諸生歷年莫能竟其篇第，畢世不暇舉其大略，厭煩趨易，行將泯絶。予欲託始於周威烈王命韓、魏、趙爲諸侯，下訖五代，因丘明編年之體，仿荀悦簡要之文，網羅衆説，成一家書。"恕曰："司馬遷以良史之才，敘黄帝至秦漢興亡治亂，班固已下，世各名家。李延壽總八朝爲《南北史》，而言詞卑弱，義例煩雜，書無表、志，沿革不完。梁武帝《通史》、唐姚康[①]復《統史》，世近亡軼，不足稱也。公欲以文章論議，成歷世大典，高勛美德，褒贊流於萬世；元凶宿奸，貶絀甚於誅殛，上可繼仲尼之經，丘明之傳，司馬遷安可比擬，荀悦何足道哉？"治平三年，公以學士爲英宗皇帝侍講，受詔修《歷代君臣事迹》，恕蒙辟置史局。嘗請於公曰："公之書不始於上古或堯舜，何也？"公曰："周平王以來，事包《春秋》，孔子之經不可損益。"曰："曷不始於獲麟之歲？"曰："經不可續也。"恕乃知賢人著書，尊避聖人也如是，

① 姚康，字汝諧，唐下邽（今陝西渭南）人。

儒者可以法矣。

熙寧三年冬，公出守京兆。明年春，移師潁川，固辭不行，退居洛陽。恕褊狷好議論，不敢居京師，請歸江東養親。又以新書未成，不廢刊削，恕亦遥隸局中。

嘗思司馬遷《史記》始於黄帝，而包犧、神農，闕漏不録。公爲歷代書，而不及周威烈[①]王之前，學者考古，當閲小説，取舍乖異，莫知適從。若魯隱之後，止據《左氏》《國語》《史記》、諸子而增損，不及《春秋》，則無與於聖人之經，包犧至未命三晋爲諸侯，比於後事，百無一二，可爲《前紀》。本朝一祖四宗，一百八年，可請實録、國史於朝廷，爲《後紀》。昔何承天、樂資作《春秋前後傳》，亦其比也。將俟書成，請於公而爲之。熙寧九年，恕罹家禍，悲哀憤鬱，遂中癱瘓。右肢既廢，凡欲執筆，口授稚子羲仲書之。常自念平生事業，無一成就，史局十年，俛仰竊禄，因取諸書，以《國語》爲本，編《通鑑前紀》。家貧，書籍不具，南徼僻陋，士人家不藏書，卧病六百日，無一人語及文史。昏亂遺忘，煩簡不當。遠方不可得國書，絶意於《後紀》，乃更《前紀》曰《外紀》，如《國語》稱《春秋外傳》之義也。自周共和元年庚申，至威烈王二十二[②]年丁丑，四百三十八年，見於《外紀》；自威烈王二十三年戊寅，至周顯德六年己未，一千三百六十二年，載於《通鑑》，然後一千八百之興廢大事，坦然可明。

昔李弘基用心過苦，積年疾而藥石不繼。盧昇之[③]手足攣廢，著《五

① 烈，原脱，結合上文並據《資治通鑑外紀》卷首，《四部叢刊》本補。

② 二，原作“一”，據《資治通鑑外紀》卷首，《四部叢刊》本改。

③ 盧昇之，盧照鄰，字昇之，號幽憂子，幽州范陽（今河北涿州）人，患風痹，居長安附近太白山中，因服丹藥中毒，手足致殘，疾轉篤，徙居陽翟具茨山下，買園數十畝，預築墳墓，偃卧其中，作《釋疾文》《五悲文》等自傷，後終因不堪忍受病痛折磨投潁水而死。

悲》而自沈潁水。予病眼病創，不寐不食，才名不逮二子。而疾疹艱苦過之。陶潛豫爲祭文，杜牧自撰墓誌，夜臺[①]甫邇，歸心若飛，聊序不能作《前後紀》而爲《外紀》焉。佗日書成，公爲《前後紀》，則可删削《外紀》之煩冗而爲《前紀》，以備古今一家之言，恕雖不及見，亦平生之志也。

皇王大紀

陳振孫[②]

陳氏曰："胡仁仲[③]述三皇五帝至周赧王[④]。前二卷，自盤古至帝嚳，年不可考信，姑載其事而已。自堯以後，用《皇極經世曆》，起甲辰，始著年紀，博采經傳，時有論説，自成一家之言。然或取莊周寓言以爲實，及叙邃古之初，終於無徵不信云爾。"

---

① 夜臺，墳墓，亦借指陰間。

② 本篇底本原署"胡宏"，然實爲卜氏據《文獻通考》卷一百九十三轉録陳振孫《直齋書録解題》卷四按語，故改題"陳振孫"。

③ 胡仁仲，胡宏，字仁仲，號五峰，人稱五峰先生，宋崇安（今福建武夷山）人，著有《皇王大紀》等。

④ 周赧王，姬延，洛邑（今河南洛陽）人。

進續資治通鑑長編

李燾[①]

淳熙九年，知遂寧府李燾上言：臣累次進所爲《續資治通鑑長編》，今重别寫進，共九百八十卷，計六百四册，其修换事，總爲目一十卷。又緣一百六十八年之事，分散爲九百八十卷之間，文字繁多，本末頗難立見，略存梗概，庶易檢尋。今創爲建隆至靖康《舉要》六十八卷，并卷[②]總目共五卷，已上四種，通計一千六十三卷，六百八十七册。投進者，紀一祖八宗之盛德至善，義寧止於百篇？聚九朝三世之各見殊聞，事或傳於兩説，惟折諸聖，迺得其真。臣網羅收拾垂四十年，綴葺穿聯，踰一千卷，抵牾何敢自保？精力幾盡此書。非仰託大君之品題，懼難逃乎衆人之耳目。漢孝宣稱制決疑故事，最高於甘露；我神考錫名冠序，《治鑑》莫毁於元符。豫席恩言，比迹先正，臣死且不朽。乾道六年，奉旨降付《續資治通鑑長編》一百七十六册秘書省，令依《通鑑》紙樣繕寫進納。

---

① 李燾，字仁甫，一字子真，號巽岩。眉州丹稜（今四川丹稜）人，南宋紹興八年進士，著有《續資治通鑑長編》。本文當爲卜氏據《文獻通考》卷一百九十三《經籍考》“續通鑑長編舉要”條轉録。

② 卷，此字疑爲衍文，據《文獻通考》卷一百九十三，中華書局 2011 年版改。

通鑑續編序

張紳[①]

甚矣，史學之難也！史之爲體，不有以本乎經，則不足以成一家之言；史之爲言，不有以補乎經，則不足以爲一代之制。故太史公之書，其體本乎《書》；司馬公之書，其體本乎《左氏》；朱子之《綱目》，其體本乎《春秋》；杜佑[②]之《通典》，其體本乎《周禮》。惟《易》《詩》之體，未有得之者，而《韓詩外傳》演《詩》，邵子[③]《經世書》演《易》，亦可謂傑出矣。然史遷之書，其法言名論，散在書志，與左氏相頡頏，而經世之學可以羽翼六經者，則又非諸子之敢鄰也。宋寶祐進士、秘監、知台州陳公子微，晚居四明山[④]中，以史學名著《歷代統紀》傳於家。至孫桱，字子經，始推其志，上叙盤古、三皇、五帝之概，以冠夫司馬氏之書之首，下述遼、金與宋之詳，以續司馬氏之書之後，所以合《史》《漢》《通鑑》《外紀》《前編》諸書爲一家，使觀者自開闢以至宋末，數千載之事一覽無遺。述史者未有若是之詳且盡者，其續可謂勞矣！至正壬辰，余居廣陵，始識子經於逆旅。主人蕭條一室，庋木榻北牖下，書滿案，字若蠅，皆手親書。子經佔畢其中，率然膏以繼晷，汲汲乎若有求而弗得也，翕翕乎若有失而弗知所求也。後余避兵齊魯，與子經相失十年。當辛丑之十月，復會吴中，而其書適成，因得詳觀焉。其凡以爲

① 張紳，字士行，膠州（今山東青島）人。本文見載元至正刊本《通鑒續編》卷首。

② 杜佑，字君卿，京兆萬年（今陝西西安）人，唐朝著名史學家，封岐國公。

③ 邵子，邵雍，字堯夫，祖籍范陽（今河北涿州），北宋著名理學家，謚號“康節”，著有《皇極經世》《觀物内外篇》等。

④ 四明山，山名，在今浙江東部。

宋自建隆至太平興國四年，無異於五代，故但以甲子書四年，已後方繫之統，以比漢唐。遼金繫年宋統之下，以比吴魏之於蜀，數簡之中，大義凜然。其統承司馬氏之《補遺》也，而不敢自謂之《補遺》；書法紫陽先生之《綱目》也，而不敢自擬於《綱目》，故題之曰《通鑑續編》，其體蓋亦本於《春秋》者。因憶曩時朝廷纂修三史，一時士論，雖知宋爲正統，物議以宋勝國，而疑之史臣。王理因著《三史正統論》，推明修端之言，欲以遼爲《北史》，金亦爲《北史》，宋自太祖至靖康爲《宋史》，建炎以後爲《南宋史》。其言專，其論力，朝廷亦未之從，而卒爲三國立史，正統卒不能定。至今大夫士雖以爲慊，然終未有能持至當一定之論，以驅天下百世之惑者。愚嘗竊謂，李唐篡而朱梁興，郭周篡而趙宋立，趙宋滅而本朝混一，則本朝所繼者趙宋之統也。本朝所繼者趙宋之統，則遼、金與宋，輕重可見矣。或曰："本朝繼趙宋之統矣，宋承五代之統乎？"曰："宋篡周，周篡漢，漢代晋，晋篡後唐，後唐滅梁，梁篡唐，斯時遼、金角立北方，天下幅裂，五代不得爲統也。"或曰："然則宋承遼金之統乎？"曰："遼承梁篡而起於北方，不過保有燕、雲。金雖破遼克宋，而建炎中興，人心未厭，遼金而不得爲統也。"或曰："然則宋繼何統乎？"曰："宋繼唐統者也。唐，正統也。唐以下，遼金爲《北史》，五代爲《南史》，斯時爲無統。至宋太平興國四年滅漢之後，天下混一，斯時爲有統，亦猶晋之後南北爲無統，至隋唐而爲有統耳。故唐之有遼，猶晋之有元魏也；唐之有五代，猶晋之有宋、齊、梁、陳也；唐之統中絶而至宋，猶晋之統中絶而至隋唐也。然則宋之統所謂跨五代，軼遼金，而躋漢唐者也。"子經之書自唐而後，五代、遼、金，皆爲無統，至太平興國四年而後有統，蓋得其説矣。①是可以驅天下百世之惑矣。但恨子經

① 本句中自"金而躋漢唐者也"至"蓋得其説矣"，原皆爲小字注，據《通鑒續編》卷首，元至正刊本，當屬正文。

不與史事於當時，不得持此論於朝，而使三史有憾於後也。雖然，子經之書得與三史並行於世，亦可謂無愧於心矣。書廿四卷，盤古至高辛爲一卷，契丹建國之始合五代爲一卷，宋爲二十二卷。

齊郡張紳爲之叙。至正廿二年歲次壬寅二月既望叢桂堂書。

論通鑑續編[①]

楊士奇

右《通鑑續編》二十四卷，六册。四明[②]陳桱子經著，刻板今在蘇州府學。起盤古，至高辛，爲第一卷；契丹事在唐及五代者，爲第二卷；後二十二卷則宋三百二十年事也。孔子曰：“吾猶及史之闕文。”學者於前事據其所可知，其所不可知闕之可也。羲、農以前，遐哉邈矣，非有文字之紀也，其事間見於百氏所記者，要多以意言之耳，而必掇拾以補前史之闕，亦異乎孔子之意哉！

昔劉恕作《通鑑外紀》，避經而專采百氏之說。金履祥謂其野而難質，故作《通鑑前編》，不復避經，桱嘗爲之舉要，固主履詳之說矣。而復著此卷，何耶？《宋史》於今少見全書，學者於此編可以考見一代之得失。嘗聞吾郡劉倩玉亦著此書，未板行，往年會其孫公潛，云留在永豐，今不知其何如也。

① 本文見載楊士奇《東里文集》卷十。

② 四明，指四明山，在今浙江寧波。

通鑑紀事本末叙

楊萬里[①]

初，予與子袁子[②]同爲太學官。子袁子録也，予博士也。志同志，行同行，言同言也。後一年，子袁子分教嚴陵[③]。後一年，予出守臨漳[④]。相見於嚴陵，相勞苦，相樂且相楙以學。

子袁子因出書一編，蓋《通鑑》之本末也。予讀之，大抵搴事之成，以後於其萌；提事之微，以先於其明。其情匿而泄，其故悉而約，其作窕[⑤]而槬[⑥]，其究遐而邇。其於治亂存亡，蓋病之源，醫之方也。

予每讀《通鑑》之書，見事之肇於斯，則惜其事之不竟於斯。蓋事以年隔，年以事析，遭其初，莫繹其終；攬其終，莫志其初。如山之峨，如海之茫。蓋編年繫日，其體然也。今讀子袁子此書，如生乎其時，親見乎其事，使人喜，使人悲，使人鼓舞。未既，而繼之以嘆且泣也！

嗟乎！由周秦以來，曰諸侯、曰大盜、曰女主、曰外戚、曰宦官、曰權臣、曰夷狄、曰藩鎮，國之病亦不一矣，而其源不一哉？蓋安史之亂，則林甫之爲也；藩鎮之亂，則令孜之爲[⑦]也。其源不一哉？得其病之之源，則得其醫之方矣，此書是也。

---

① 楊萬里，字廷秀，號誠齋，南宋吉州吉水（今江西吉水）人，著有《誠齋集》。本文見載袁樞《通鑑紀事本末》卷首。

② 子袁子，指袁樞，字機仲，建州建安（今福建建甌）人，撰《通鑑紀事本末》。

③ 嚴陵，古地名，今四川内江。

④ 臨漳，古地名，今河北邯鄲。

⑤ 窕，原作“究”，據《通鑑紀事本末》卷首《叙》，中華書局 2015 年版改。

⑥ 槬，寛大。

⑦ 令孜之爲，指唐僖宗寵幸宦官田令孜，不抑藩鎮割據，最終導致唐朝滅亡。

有國者不可以無此書，前有姦而不察，後有邪而不悟[①]。學者不可以無此書，進有行而無徵，退有蓄而無宗。此書也，其入《通鑑》之户歟？

雖然，覩人之病，戚人之病；理人之病，得人之病。至於身之病，不懵焉，不諱焉，不醫之距焉，不醫而繆其醫焉，古亦稀矣。彼闇而此昭，宜也。切於人，紓於身，可哀也夫！

淳熙元年[②]三月戊子叙。

跋通鑑紀事本末[③]

朱熹

古史之體可見者，《書》《春秋》而已。《春秋》編年通紀，以見事之先後；《書》則每事别記，以具事之首尾。意者當時史官既以編年紀事，至於事之大者，則又採合而别記之。若二典所記，上下百有餘年，而《武成》《金縢》諸篇，其所紀載或更數月，或歷數年，其間豈無異事？蓋必已具於編年之史，而今不復見矣。故左氏於《春秋》，既依經以作傳，復爲《國語》二十餘篇，國别事殊，或越數十年而遂其事，蓋亦近《書》體以相錯綜云爾。

然自漢以來，爲史者一用太史公紀傳之法，此意固不復講。至司馬温公受詔纂述《資治通鑑》，然後千三百六十二年之事編年繫日，如指諸

---

① 悟，原作"知"，據《通鑑紀事本末》卷首《叙》，中華書局 2015 年版改。

② 淳熙元年，公元 1174 年。

③ 本文見載朱熹《晦庵先生朱文公文集》卷八十一。

掌。雖託始於三晋之侯，而追本其原，起於智伯，上係《左氏》之卒章，實相受授。偉哉書乎！自漢以來，未始有也[①]。然一事之首尾，或散出於數十百年之間，不相綴屬，讀者病之。

今建安袁君機仲，乃以暇日作爲此書，以便學者。其部居門目，始終離合之間，又皆曲有微意，於以錯綜温公之書，其亦《國語》之流矣。或乃病其於古無初而區别之外，無發明者，顧第弗深考也。機仲以摹本見寄，熹始得而讀之，爲之撫卷太息[②]，因記其後如此，以曉觀者。

淳熙二年[③]秋七月甲寅，新安朱熹書於雲谷之晦庵云[④]。

大事記解題通釋[⑤]

陳氏

陳氏曰：著作郎東萊吕祖謙伯恭撰。自敬王三十九年以下，采《左氏傳》、歷代史、《皇極經世》《通鑑》《稽古録》輯而廣之。雖上接獲麟，而書法則視太史公所録，不盡用策書凡例。《解題》者，略具本末，或附以己意，多所發明。《通釋》者，經典綱要，孔孟格言，以及歷代名儒大

① 未始有也，原作“未有始也”，據《晦庵先生朱文公文集》卷八十一，《四部叢刊》本改。

② 太息，原脱，據《晦庵先生朱文公文集》卷八十一，《四部叢刊》本補。

③ 淳熙二年，公元1175年。

④ 云，原脱，據《晦庵先生朱文公文集》卷八十一，《四部叢刊》本補。

⑤ 本文當爲卜氏據馬端臨《文獻通考》卷一百九十三《經籍考》轉録。又見載陳振孫《直齋書録解題》卷四。

議論。初意欲起春秋，接於五代，僅及漢武征和三年[①]而止。東萊年方强仕，而得末疾，平生論著，大抵經始而未及成，如《讀詩記》《書説》是已。是書之作，當淳熙七年[②]。又二年而没。使天假之年，所傳於世者，寧止是哉！

大事記後記

王禕[③]

東萊先生吕成公，躬任斯道之重，諸經既皆有所論著，而於史學尤長。其用古策書遺法作《大事記》，誠史家之大法也。當時朱文公蓋深服之，謂自有史策以來，無如此書之奇者。初，公爲是書，務存古意，故其與《解題》各自爲書，今用《春秋》經傳相附之例，以《解題》附見於各條之下，雖云非公之本意，而庶幾習其讀者獲便於觀覽。間竊以臆見復加搜輯，而補其一二，不韙之罪，則固所不敢逃也。

① 征和三年，公元前 90 年。
② 淳熙七年，公元 1180 年。
③ 王禕，字子充，義烏（今浙江義烏）人，明初著名學者，與宋濂等參修《元史》，著有《王忠文公集》。本文見載《王忠文公集》卷八。

大事記續編

俞恂　潘璋[①]

忠文公[②]念婺爲吕子鄉邦，而今傳其學者獨絶，奮然思紹其遺緒。觀吕東萊《大事記》，始於周敬王三十九年，絶筆漢武帝征和三年，僅四百五十一年而止。公遂繼自征和四年，訖宋德祐二年，計一千三百六十五年。仰惟忠文公學術文章，傳播當時孤忠偉節，照耀簡册，矧是書之作，書法精審，議論剴切，視古作者無愧，雖欲不傳，得乎覽者宜自見焉。

跋大事記續編[③]

何喬新

《大事記續編》凡七十七卷，翰林待制金[④]華王公子充所著。公與宋學士景濂皆以文章學術顯於國初，同典制誥，後奉使南詔，諭元宗室梁王把都，不屈死之。蓋公與宋公皆黄文獻公晋卿[⑤]之門人，齊驅藝苑，世無異論。然嘗考之，宋公之文雄渾贍麗，自蘇長公[⑥]後，鮮能及之。公之文大抵好模擬，甚者剽前人之成説，非宋公自成一家言者比。至其學術，

① 俞恂，明金華（今浙江金華）人。潘璋，字粟夫，明金華（今浙江金華）人。本文見載《大事記續編》卷首。

② 忠文公，王禕。

③ 本文見載何喬新《椒丘先生文集》卷十八。

④ 制金，原爲小字注，據《椒丘先生文集》卷十八《跋大事記續編》，明嘉靖元年刻本改。

⑤ 黄文獻公晋卿，黄溍，字晋卿，元婺州（今浙江金華）人。

⑥ 蘇長公，蘇軾。

亦有不同，金李純甫[①]著《明道集説》，以孔、孟、老、莊並稱，宋公譏其偏駁，是矣。公序其書，乃以豪傑之士稱之，又何所見邪？其著此書，蓋以續東萊吕公所未就者也。然東萊作《大事記》，在朱子《通鑑綱目》未作之先，《綱目》盛行於時，此書不可作也。其間予奪褒貶，又與《綱目》大不合者。《綱目》以昭烈紹漢統，章武紀[②]年，直接建安，此萬世不易之論也。此書顧謂抑揚太過，乃用無統之類例，以漢與魏、吴並從分注，不從朱子，而取陳壽、裴松之之説，可乎，不可乎？《綱目》出武后之號，紀中宗之年，每歲書帝之所在，蓋《春秋》書"公在乾侯"[③]之例也。此書乃以武后紀年，則所謂秉筆迷至公者，豈獨歐陽子哉！李克用父子在唐，雖未爲純臣，然唐亡猶稱天祐年號，以討賊爲辭，名義甚正，故《綱目》紀年，先晋而後梁，是迺《春秋》存紀存陳之義也。此書乃先梁而後晋，不幾於奬篡乎！夫學如朱子，著述如《綱目》，亦可以止矣，而公此書乃故爲異同，豈好奇之過邪！公在建文間，以近臣言其死節，特贈翰林學士，謚文節。永樂初，凡建文所設施，悉皆革去，無敢復稱其贈謚者。正統六年，義烏丞廬陵劉傑以公死節，請加恤典，乃贈翰林學士，謚忠文云。

---

① 李純甫，字之純，弘州襄陰（今河北陽原）人，撰有《中庸集解》等。

② 紀，原作"記"，據《椒丘先生文集》卷十八《跋大事記續編》，明嘉靖元年刻本改。

③ "公在乾侯"，《春秋公羊傳》卷二十四："（昭公）三十有二年，春，王正月，公在乾侯。"《春秋公羊傳注疏》云："公在國時恒以歲首存之，今君在楚不得行此事，故書其所在云在晋，不書云云者，即成十一年是也。若然案昭三十一年、三十二年皆云春，王正月公在乾侯，何言在晋不書者。昭三十年注云，閔公運潰，無尺土之居，遠在乾侯，故以存君，書明臣子當憂納之。"

通鑑前編序

金履祥[①]

朱子曰："古史之體可見者，《書》《春秋》而已。《春秋》編年通紀，以見事之先後。《書》則每事别紀，以具事之始末。意者當時史官既以編年紀事，至於大事則又採合而别記之。若二典所記，上下百有餘年，而《武成》《金縢》諸篇，或更數月，或歷數年，其間豈無異事？蓋必已具於編年之史，而今不復見矣。"

履祥按：《竹書紀年》載三代以來事迹，然詭誕不經，今亦不可盡見。《史記》年表起周共和庚申之歲，以上則無紀焉。歷世浸遠，其事往往雜見於他書，靡適折衷。邵子《皇極經世》獨紀堯以來，起甲辰，爲編年曆。胡氏[②]《皇王大紀》亦紀甲辰以下之年。廣漢張氏因《經世》之年，頗附以事。顧胡過於詳，而張失之簡。

今本之以經，翼之以史、子、傳記，附之以諸家之論，且考其繫年之故，解其辭事，辨其疑誤，如東萊吕氏《大事記》，而不敢仿其例，起帝堯元載，止周威烈王二十三年，接於《資治通鑑》，名曰《通鑑前編》。昔司馬公編輯《通鑑》，先爲《長編》。蓋《長編》不嫌於詳，而《通鑑》則取其要也。後之君子或有取於斯焉，要删之以爲《通鑑前紀》，是亦區區之所望也。

---

① 金履祥，字吉父，婺州蘭溪（今浙江金華）人，世稱仁山先生，宋元間學者，著有《仁山集》等。本文見載《資治通鑑前編》卷首。

② 胡氏，胡宏。

世史正綱序

丘濬[①]

《世史正綱》，曷爲而作也？著世變也，紀事始也。其事則記乎其大者，其義則明夫統之正而已。董子曰："正其誼不謀其利，明其道不計其功。"[②]非道非義，功利雖大，曷取焉。或曰：自孔子作《春秋》之後，大事有吕氏之記，《綱目》有朱子之筆，將奚用此哉？曰：吕氏之記，記其大而或兼夫細也。朱子之筆，筆其正，而或專其統也。愚惟録其大而已，細與小不屑及也，取其正而已，而統與否不暇計也。然則所可見乎？曰：有聖賢之書，婉而正，婉則難知；有學者之書，顯而直，直則易見。愚爲此書直述其事，顯明其義，使凡有目者所共聞，粗知文義者不待講明思索，皆可與知也。苟或因是而馴致夫賢人君子之地，則夫賢人婉而正之書亦可由此而得之矣！

然其宏綱大旨，要在嚴華夷之分，在立君臣之義，在原父子之心。夫華夷之分，其界限在疆域。華華夷夷[③]，正也；華不華，夷不夷，則人類淆，世不可以不正也。君臣之義，其體統在朝廷，君君臣臣，正也；君不君，臣不臣，則人紀隳，國不可以不立也。父子之心，其傳序在世及，父父子子，正也；父不父，子不子，則人道乖，家不可以不正也。本家以立國，正國以持世，而一歸於人心道義之正，則人極以立，天地

---

① 丘濬，字仲深，號深庵，瓊山（今海南海口）人，明景泰五年進士，著有《大學衍義補》等。本文見載《世史正綱》卷首。

② 班固《漢書》卷五十六《董仲舒傳》："夫仁人者，正其誼不謀其利，明其道不計其功，是以仲尼之門，五尺之童羞稱五霸，爲其先詐力而後仁義也。"

③ 夷夷，原爲小字注，據《世史正綱》卷首，明弘治三年刻本改。

以位，夷狄不敢以亂華，禽獸不敢以侵人，上天所以立君之意，聖人所以立教之心，其或在此乎！

蓋以天位乎上，地位乎下，天地之所以生生者，物也。物之動者有三焉，人也，夷狄也，禽獸也。天生人而於人之中命一人以爲君，以爲人類主，闡教以立人極，修政以安人生，然必其生安，然後其極可立也。彼其所以爲生人害而使之不得安者，誰歟？夷狄也，禽獸也。爲生人主，必攘[①]夷狄，必驅猛獸，使吾一世之民，各遂其生而不罹其害焉。於是乎吾政行而教施，而世底乎雍熙泰和矣。是則君人者之責也。雖然，君之所以爲此者，非君之自爲也，承天之意也。能承天之意，則能受天之命。受天命者，必奉天焉。奉天者，必秉誠以事天，天垂象以示君。必致夫精禋感格之誠，必謹夫象緯灾祥之故，如是，則天人合一，天不在天，而在君矣。凡其號令之頒，政事之施，教條之布，禮樂制度之具，刑賞征討之舉，無非以爲民而已。爲乎民所以承乎天，承乎天所以安其位也。然君於此，豈能以其獨力爲之哉？亦由夫小大内外之臣，以爲之腹心、股肱、耳目、爪牙焉耳。君總於上，臣分於下，彼此相資，遠近相維，階級相承，氣脉相通，各盡職以釐庶務，畢同心以奉上。君必死其社稷，臣必死其職事。華必統夫夷，夷决不可干中國之統；君必統夫臣，臣决不可萌非分之望；男必統夫女，女决不可當陽剛之位。臣非有舜、禹之聖，决不可以言禪；君非有桀、紂之暴，决不可以言伐。君雖不及太甲，臣非有伊尹之志，决不可以言放。非爲天吏，决不可以興問罪之師；非奉天討，决不可清君側之惡。事雖至於無可奈何，非濟天經，决不可用權宜之策。天冠地屨[②]之分必嚴，水木本源之心必篤，如

① 攘，原作"壤"，據《世史正綱》卷首，明弘治三年刻本改。

② 天冠地屨，司馬遷《史記》卷一百二十七《日者列傳》："夫卜而有不審，不見奪糈；爲人主計而不審，身無所處。此相去遠矣，猶天冠地屨也。"

是，則大義立矣。

雖然，天下之本在國，國之本在家，家必正而後國定。其本亂而末治者，否矣。是故，父有天下，必授之於子；子居大位，必受之於父。父非真堯、舜，子非真朱、均[①]，必不可以與舜、禹。子非真武王，父非真西伯，必不可以捨伯邑考[②]。隱攝桓位，不可也；宣傳繆位，不可也。父之所予，必子心之所安；子之所承，必父心之所願。非的見夫大義之至決，不可以行權；非真有夫必歸之誠，不可以言假。授受取與，必原其心。原其本心之初，於序必順，於理必正，於心必安，以此正名，以此定位。既定位，必端其本。由是講學以正心，正心以修身，修身以端其本，則夫婦有别，昆弟有序，諸父有善，諸舅有義，族人戚屬莫不於焉以有禮。將見身正而令行，家和而福生，行乎上而效于下，篤其近而舉諸遠矣。

是則，大而一世，所以綱維之者，國也；中而一國，所以根本之者，家也。家則内和而外順，國則上令而下從，極乎一世之大，則華夏安乎中，夷狄衛乎邊，各正其所而不相侵陵。則人之所以爲人者，相生相養，各盡其性，各全其命，一順於道義之正，而不徇於功利之私，是則所謂雍熙泰和之世。夫然後人君中天地而立，爲人物之主者，其責盡矣。上天立君之意，於是乎爲無負，而聖賢所以著書立言，諄諄乎垂世立教者，亦於是乎不徒託之空言矣。

是書始嬴秦庚辰之歲，滅六國訖于齊，世道之始變也；終皇明戊申之春，彗出掃于昴，天道之終定也。首尾凡一千六百二十有一年。書成，用僭書卷端，以示夫當世與後世之賢人君子。

① 朱、均，堯子丹朱與舜子商均。

② 伯邑考，周文王姬昌嫡長子，周武王姬發同母兄長。

左編序

唐順之[1]

《左編》者，爲治法而纂也，非關於治者，勿録也。關於治者，則妃、后、外戚、儲宗、宦倖、姦篡、方鎮、夷狄、草莽之亂，而總之將與相，而總之君，亦云備矣。

然《周官》治典，所職曰師、曰儒，師、儒何與於治典也？君與相與將行之，師、儒講而明之，故云師道立則善人多，而朝廷正，言師、儒之係乎治者重也。故纂前史《儒林》《道學》諸傳，爲《諸儒傳》。經生訓詁、文詞、筆劄，儒之别也，故次之諸儒之後。隱士不事王侯而志可，則深處岩壑而龍光於朝，英主亦往往尊禮其人以風世，所謂以無用爲用也，故纂《隱逸傳》。至於前史有《方技傳》，蓋巫史宗祝所以左右人君，而星曆、醫藥、百工皆有國者之不可缺。以漢一時論之，東方之詼諧滑稽，而要之引君於正；丘子明[2]之卜，毛延壽[3]之畫，與巫蠱之禍，則其爲姦不可窮詰。其人所係殆若此，故纂《方技傳》。三代而下，儒術與二氏相盛衰，亦世道之變也。馬遷傳老子，范史記西域沙門。夫二氏之書，各五千餘卷，其説侈矣，則其人宜不可以無紀也，且以觀儒術之盛衰焉。纂二氏傳而總之，爲《左編》附云。

---

① 唐順之，字應德，號荆川，武進（今江蘇常州）人，明嘉靖年間進士，著有《荆川先生文集》等。本文見載《歷代史纂左編》卷首，原題作“荆川先生自序”。

② 丘子明，漢武帝時卜人。司馬遷《史記》卷一百二十八《龜策列傳》言其“富溢貴寵，傾於朝廷。至以卜筮射蠱道，巫蠱時或頗中。素有眦睚不快，因公行誅，恣意所傷，以破族滅門者，不可勝數”。

③ 毛延，原爲小字注，據《歷代史纂左編》卷首，明嘉靖四十年刻本改。毛延壽，漢杜陵（今陝西西安市）人，善畫人像。

與姜羽儀[①]辨續編宋史

陳桱[②]

桱學因病廢，爲時輩所棄捐久矣。執事獨不賜斥絶，每見輒相與論辯其著述，言無隱情，僕豈得不心服哉！唯今所惠書，議宋史事，則與鄙見不類，蓋此一事講之胸中，質之大義，非一日矣，自以爲無可復論者，故於令子之還，略道所以，而不欲作答，以招好事者之云云。嗣音復來，勢不可已，但謹條陳于來書之下，幸静觀深思。儻終以爲疑，尚當相見盡之，期於義當乃已。加察，加察！

來書云：天下有常有變，世道日衰，變者多而常者少，處變而不失其常，唯聖人能之。自餘其常者不能盡，況處變乎！此節不能深曉，既云聖人能處其變，則未至於聖人者，唯當守常。今僕以常法立教，而執事乃欲以變易之，何哉？夫聖人作《春秋》以誅亂臣，垂後戒，故加趙盾殺其君之罪，以志盾當國而不能討罪之義。愚因竊取加宋太祖簒周之罪，以明太祖爲主將，不能馭衆以致變之形。若宋之臣子而作《宋史》，爲之諱可也，尊《春秋》之旨，以續《綱目》之書，則不得徇流俗之見以詘大義矣。苟計其後功而泯其前惡，則君臣之防不亦壞乎？尚何垂誡之有？此愚前日所以有富人没而群隸竊其室之譬。執事聞而是之，豈非其詞直而義正故耶！

來書云：君臣之分，天下之大閑也。不幸而遇桀、紂，湯、武雖爲臣，不忍坐視其民而不救，故放之、誅之，處君臣之變矣。聖人終不敢

---

① 姜羽儀，姜漸，字羽儀，元末明初諸暨（今浙江紹興）人。

② 陳桱，字子經，奉化（今浙江寧波）人，著有《通鑑續編》等。本文見載《續編宋史辯》。

以湯、武爲簒弑矣，而以爲應天順人，豈聖人不欲垂世立教，以正君臣之分乎！論者必曰：桀、紂有大惡，故湯、武得以伐之。桀、紂之惡，討之，誠是也。而微子、箕子之賢，武王可不立而輔之哉？正以湯、武之心順天而處，故能變而不失其常；君臣之分，天下之大閑，執事知其説，則愚可以言矣！桀、紂之位，固天下之君也；其行，則天下之罪人也，湯、武順人心以奉天討，理勢之不得已者也，亦聖人之不幸也。桀紂之後，非湯、武之仁，不足以安天下之心，固因而君之，此順天下之所欲而不容已者也，非常道也，故成湯親處之而有慚德。孔子論之，以至德稱文王，其義可見矣。使孔子作《春秋》，始自虞、唐，則其書湯、武，必不與舜、禹同詞，湯、武尚然，況後世之臣無其德而乘時竊據者耶。此愚於宋太祖之有天下，其書法與郭威同，蓋修天下之大閑於紀綱大壞之後，不得不爾也。

來書云：凡本非有得天之心，而有功於天下者，其書法不得不與之。此論湯、武或可矣，論宋太祖則非也。周世宗無桀、紂之行，不幸而殂，寡妻幼子，雖不能治天下，使得大臣若周公、霍光者，則恭帝不失爲成王、昭帝，周祚豈遽移於他人哉？今宋太祖初無湯、武之德，不過善戰驟顯，將校知其能，而天下未受其賜，從何而有得天下之心？至於陳橋之變[1]，既知慚負天地，而不能殺身以成仁，因而簒國；湯、武之心果如是耶？若以爲推戴出於衆人而與之，則後大將握重兵，一旦爲下所推，皆有得藉口而免誅矣！豈《春秋》之旨哉！故愚以謂太祖之得國以簒，而治以仁功，罪不以相掩可也。

來書云：《綱目》於簒竊之際嚴矣，而皆著其漸，若王莽之居攝，曹操之警蹕，司馬劉裕莫不皆然。至郭威，於漢乾祐二年書郭威以自文珂

① 陳橋之變，後周顯德七年，北漢勾結契丹入寇，趙匡胤出師禦之，兵次陳橋驛，在趙普、石守信等策劃下，發動兵變，擁立趙匡胤即帝位，改國號爲宋。史稱"陳橋兵變"。

爲西京留守，又書威請加恩將相，則威固不待澶淵州之變[①]而已收天下之心矣。至於書威反，而曰“殺其主承祐”，承祐雖欲殺威，而威之主也，今不曰“弑”，而曰“殺”，故下書“自立而還”。明年復書郭威稱皇帝，則其書法輕重之間，而威與承祐兩有罪矣。今太祖於周顯德三年，書兼殿前都指揮使。六年，世宗獲點檢[②]爲天子之讖，時張永德[③]爲點檢，世宗疑之；六月，因以太祖代永德，而是月世宗殂。明年，遽有陳橋之變，則太祖即位之事若與郭威同，而威之專權大與太祖異。今云自立而還，又見其稱帝，則柴宗訓無劉承祐之罪，而太祖甚於郭威之惡矣。此論其人之處心則是，而斷其罪之成案則非。假有謀故殺人者，其一人本惡人也，待時而後發，其一人本善人也，乘勢而即發。有司者還原其人之善惡，及論其漸與否，而輕重施罪耶，還以其所犯同而咸當以大辟之律耶！郭威之篡漢固有漸，而太祖之篡周則乘勢，心雖不同而事則無異，又可以小節而末減其大惡哉！且郭威之屢書於《綱目》，非唯著郭威篡竊之漸，亦以咎漢主之失道。若夫周世宗之待太祖與漢異，不以太祖長者無反側之虞而然哉！太祖不深念此，乃遽篡有其國，非唯得罪於天下，得不負世宗待之之意乎！若緣情斷罪，則太祖之惡與郭威同，固無疑者，復何多論哉！愚今以太祖書自立，而繼以稱帝，悉與威同，爲其事同也。執事不熟觀而遽賜詰，則又何耶？

來書云：五代以來，爭奪篡弑，天人之厭亂亦已極。逮于郭周，既而無子，而世宗英明，又不克壽，天之所付，蓋已可見。周之有國，前後九載，既無積德累仁之基，而復使幼君臨之，其名藩悍將必不能束手聽命以效忠順；其爲悖亂，又不知其底止也。此因其後功而欲蓋其前愆，

① 澶淵州之變，後漢隱帝乾祐三年的一場兵變。
② 點檢，官名，執掌皇帝宿衛之事。
③ 張永德，字抱一，五代時并州陽曲（今山西太原）人，周太祖之婿，歷仕後周及北宋。

觀其已然而臆其未然，非至論也。五代亂極，固當治矣。周之不當天命亦已見矣！但君臣之大閑所以示後世，不可不謹，若以後功遂廢大義不講焉，君子不取。夫太祖固有君天下之德，又有天命之臨，然在周則臣子也，以臣子而篡君，罪之不容誅者。若復予之，則後之人德政之美未可期，而君臣之分已先壞，此愚所以痛心，不避流俗之議而執此筆，又豈獨爲周哉！

來書云：人心之所歸，天命之所與，人之不從，雖以項羽之暴戾、王莽之殺戮，不能使之强從也。人心之所歸，雖以太王、劉備之却之，而不能使之去也。此亦偏於太祖之論也。當時天命之在太祖者，雖不可知，而人心之歸太祖者，其迹未著。使太祖自陳橋還，汴之民明於君臣之義，從韓通[①]而討之，其事未可知也。唯其民人習於五代之易主，而周主之所恃者，禁旅而已，韓通既不克倡大義，而禁旅之將又皆黨於太祖，故范質[②]、王溥無如之何而下拜耳。尚何太王、劉備之得比哉！

來書云：陳橋之變，慕容延釗、石守信等皆與太祖比肩，而願相推戴，非天其誰能使之乎？况《春秋》之法爲賢者諱，自唐三百餘年而始有太祖，卒能削平僭亂以開太平之治，固不可以執一論也。若必以此爲垂訓，則彼之無太祖之功德而欲效之者，天下將共誅之，又何待於吾之訓哉！故愚以爲宜審於輕重，而約其中以定其制。陳橋之變，正其比肩，利於富貴而爲之，以爲今日若此，安知他日之不相及耶？固非真有爲天下之心而推誠以奉之之意也。唯其太祖既立，行事不與五代同，君臣之志始定，而宋之享國亦久矣。愚非不美太祖之後功而欲加以篡竊之名，特以其罪不可掩，使後世之欲仿效之者知懼焉耳。若如執事之言而予之，則天人之誅未可必，而凡爲君者將何以自安於群臣之上哉！《春秋》爲

① 韓通，并州太原（今山西太原）人，五代時後周將領，官至檢校太尉。

② 范質，字文素，大名宗城（今河北邢臺）人，歷仕後唐、後周、北宋，著有《五代通録》等。

賢者諱之義恐不如此，幸詳思之。

來書云：正統之説，《綱目》於秦、漢、隋、唐有其例矣，而其説有二：有實有名。何謂實？天下爲一，莫有間之，雖得之不以正，不得不以正統予之者，秦、隋是也。何謂名？天下分裂，而正統所在，子孫猶有繼其統而不能不以正統予之者，蜀漢、東晋是也。今宋之興，朱子雖有河東既下爲統之言，蓋統言天下之勢如此爾。使朱子生今日而當筆削之任，則必有以處之，而亦不止於此一言，而遽使太祖下從列國之制也。且以河東既下纔爲正統，是以其地言也。如以地，則幽、薊等十有八州皆自古帝王之所傳，而爲遼有之，亦必待夫盡取燕、薊，而始曰正統乎！若止以中原爲正統，則不必待河東，然後爲正也。宋太祖之有國，不異於郭威，威不得爲正統，則太祖亦不得爲之矣。北漢之立國，亦無甚異於五代，無異於五代，則其國之存亡，中國不得不紀之矣。此朱子所有河東既下爲正統之言，後世當遵守之者，北漢滅而中國一，中國一，則宋不名辭其正統矣。中國未一而欲予之以正統，公議所不許也。[①]北漢雖小，乃江陵之梁[②]，而非梁師都[③]之比也。使朱子而在，則太祖之得國決不殊其筆於郭威，河東之未滅，必不以正統予之。太祖賢者之議始未一致，豈若後人無執一之見者哉！太祖創業，而正統與之太宗者，俟其名實全也。至於幽、薊未復之論，則益頗矣。楚嘗滅陳遷許，夷狄嘗居於伊洛而變夷之名。《春秋》外之之辭，未嘗不嚴也。彼契丹者，安得比數於中國哉！

來書云：南渡之統固與東晋同矣。然以其實，則其地無有也，所

---

① 此句中自“中國一中國一”至“公議所”，原爲小字注，結合文意，並據《通鑒續編》，元至正刊本，當屬正文。

② 江陵之梁，指南北朝時西魏扶持蕭督於江陵建立的政權，史稱西梁。

③ 梁師都，夏州朔方（今陝西靖邊）人，隋末據數郡稱帝，國號梁，後爲唐所滅。

與者，名耳。今使祖實有其地，下從列國之制，孫有其名而反得以帝制臨之。雖曰晋、隋有統之始，而司馬炎、楊堅皆得臨以帝制；今太祖以三百餘年開基之主而不得一稱曰帝、曰崩，又豈可純以五代之法處之也？南渡之爲正統，同於東晋之例，其例之大小不必復論也。太祖之不得與晋武、隋文比，而終同於五代之君者，實未有也。實未有，而欲計其功而預予之，傳信之筆所不能强也。

來書云：向使河東終宋之世不能下，而遂使宋俱爲列國乎？此必然之理，又何疑焉。

來書云：因北漢、契丹入寇，周命趙匡胤帥師禦之。壬寅，師次陳橋。癸卯，某自陳橋還，受周禪，稱皇帝，國號宋，奉周主爲鄭王，此亦唐王淵稱皇帝之例。而書法微婉，庶幾合於據事直書，其義自見之法。雖不言其自立，而其迹亦不可掩。今《續編》書曰："北漢及遼伐周，周使趙匡胤帥師禦之。至陳橋，匡胤自立而還。趙匡胤[①]稱皇帝，廢周主爲鄭王，國號宋。"北漢之伐周，朱子書之以正其始，其後書寇者，以其不能以大義致討而肆虐於邊壤之地耳。初不罪其討也。愚今復書曰"伐"，所以正《綱目》之終也。若曰"入寇"，則是夷漢而中國周矣。上書禦之，繼書自陳橋還，受周禪，而又云稱皇帝，則禪與篡兩不明矣。既取其國，據其位，降封爲王，而復曰"奉"。奉者，下事上之詞，豈有自天子而下降爲諸侯而可謂之奉哉？桱今之書則曰：北漢及遼伐周，所以許漢之討也。周使趙匡胤帥師禦之，所以著其受禪之重也。至陳橋自立而還，所以明其乘勢而竊發也。趙匡胤稱皇帝，所以誅其心也。廢周主爲鄭王，所以志其篡也。國號宋，所以成其姦也，豈不明且簡哉？彼之罪既不可泯，則直書以垂訓，正《春秋》之旨，執事何疑焉？

---

① 匡胤，原爲小字注，據《通鑒續編》，元至正刊本，當屬正文。

史學要義第四卷

後學秀水卜大有　輯

侄自邦　孫二典、二南
侄孫文學　孫一清　校

戰國策序

劉向[1]

護左都水使者、光禄大夫臣向言：所校中《戰國策》書，本[2]或曰《國策》，或曰《國事》，或曰《短長》，或曰《事語》，或曰《長書》，或曰《修書》。臣向以爲戰國時游士輔所用之國，爲之策謀，宜爲《戰國策》。其事繼春秋以後，訖楚、漢之起，二百四十五年間之事，皆定以殺青，書可繕寫。

叙曰：周室自文、武始興，崇道德，隆禮義，設辟雍、泮宫、庠序[3]之教，陳禮樂弦歌，移風之化，叙人倫，正夫婦，天下莫不曉然。論孝弟之義，惇篤之行，故仁義之道滿乎天下，卒致之刑錯四十餘年。遠方慕義，莫不賓服。《雅》《頌[4]》歌詠，以思其德。下及康、昭[5]之後，雖有衰德，其紀綱尚明。及春秋時，已四五百載矣，然其餘業遺烈，流而未滅。五霸之起，尊事周室。五霸之後，時君雖無德，人臣輔其君者，若鄭之子産，晋之叔向，齊之晏嬰，挾君輔政，以並立於中國，猶以義相支持，歌説以相感，聘覲以相交，期會以相一，盟誓以相救。天子之命，猶有所行。會饗之國，猶有所耻。小國得有所依，百姓得有所息。故孔

① 劉向，本名更生，字子政，西漢沛（今屬江蘇）人，著有《説苑》《新序》等。本文見載《戰國策校注》卷首。

② 戰國策書本，“戰國策”三字原脱，據《戰國策校注》卷首《戰國策序》，《四部叢刊》本補。“書本”二字原爲小字注，亦據上書改。

③ 辟雍、泮宫、庠序，皆爲古時學校的名稱。《禮記・王制》：“大學在郊，天子曰辟雍，諸侯曰泮宫。”《孟子・梁惠王上》：“謹庠序之教，申之以孝悌之義。”注：“庠序者，教化之宫也。殷曰序，周曰庠。”

④ 頌，原作“訟”，據《戰國策校注》卷首《戰國策序》，《四部叢刊》本改。

⑤ 康、昭，周康王姬釗與周昭王姬瑕。

子曰："能以禮讓爲國乎，何有？" 周之流化，豈不大哉！及春秋之後，衆賢輔國者既没，而禮義衰矣。孔子雖論《詩》《書》，定《禮》《樂》，王道粲然分明。以匹夫無勢，化之者七十二人而已，皆天下之俊也，時君莫尚之。是以王道遂用不興。故曰："非威不立，非勢不行。"

仲尼既没之後，田氏取齊，六卿分晋，道德大廢，上下失序。至秦孝公，捐禮讓而貴戰争[①]，棄仁義而用詐譎，苟以取强而已矣。夫篡盗之人，列爲侯王；詐譎之國，興立爲强。是以轉相放效，後生師之，遂相吞滅，並大兼小，暴師經歲，流血滿野，父子不相親，兄弟不相安，夫婦離散，莫保其命，湣然道德絶矣。晚世益甚，萬乘之國七，千乘之國五，敵侔争權，盡爲戰國。貪饕無耻，競進無厭；國異政[②]教，各自制斷；上無天子，下無方伯；力功争强，勝者爲右；兵革不休，詐僞並起。當此之時，雖有道德，不得施設；有謀之强，負阻而恃固；連與交質，重約結誓，以守其國。故孟子、孫卿儒術之士，棄捐於世，而游説權謀之徒，見貴於俗。是以蘇秦、張儀、公孫衍[③]、陳軫[④]、代、厲[⑤]之屬，生從横短長之説，左右傾側。蘇秦爲從，張儀爲横。横則秦帝，從則楚王；所在國重，所去國輕。

然當此之時，秦國最雄，諸侯方弱，蘇秦結之，時六國爲一，以儐背秦。秦人恐懼，不敢窺兵於關中，天下不交兵者，二十有九年。然秦國勢便形利，權謀之士，咸先馳之。蘇秦初欲横，秦弗用，故東合從。及蘇秦死後，張儀連横，諸侯聽之，西向事秦。是故始皇因四塞之國，

---

① 戰争，原作"争戰"，據《戰國策校注》卷首《戰國策序》，《四部叢刊》本改。

② 異政，原爲小字注，據《戰國策校注》卷首《戰國策序》，《四部叢刊》本，當屬正文。

③ 公孫衍，戰國時魏國人，主張合縱抗秦。

④ 陳軫，戰國時齊國人，縱横家。

⑤ 代、厲，蘇秦之弟蘇代和蘇厲。

據崤函之阻，跨隴蜀之饒，聽衆人之策，乘六世之烈，以蠶食六國，兼諸侯，併有天下。杖於詐謀之弊，終無信篤之誠，無道德之教、仁義之化，以綴天下之心。任刑罰以爲治，信小術以爲道。遂燔燒《詩》《書》，坑殺儒士，上小堯舜，下邈三王。二世愈甚。惠不下施，情不上達；君臣相疑，骨肉相疏；化道淺薄，綱紀壞敗；民不見義，而懸於不寧。撫天下十四歲，天下大潰，詐僞之弊也。其比王德，豈不遠哉！孔子曰："道之以政，齊之以刑，民免而無恥；道之以德，齊之以禮，有恥且格。"夫使天下有所恥，故化可致也。苟以詐僞偷活取容，自上爲之，何以率下？秦之敗也，不亦宜乎！

戰國之時，君德淺薄，爲之謀策者，不得不因勢而爲資，據時而爲政。故其謀，扶急持傾，爲一切之權，雖不可以臨教化，兵革救急之勢也。皆高才秀士，度時君之所能行，出奇策異智，轉危爲安，運亡爲存，亦可喜，皆可觀。護左都水使者光禄大夫臣向所校《戰國策》書録。

戰國策序①

曾鞏

劉向所定著《戰國策》三十三篇，《崇文總目》②稱十一篇者闕。臣訪之士大夫家，始盡得其書，正其誤謬，而疑其不可考者，然後《戰國策》三十三篇復完。

敘曰：向叙此書，言周之先，明教化，修法度，所以大治。及其後，

① 本文見載《戰國策校注》卷首。

② 《崇文總目》，宋代的官修書目，著録經籍共三千四百四十五部，三萬零六百六十九卷，是北宋最大的目録書。

詐謀用而仁義之路塞，所以大亂。其說既美矣。卒以謂此書，戰國之謀士，度時君之所能行，不得不然。則可謂惑於流俗，而不篤於自信者也。

夫孔孟之時，去周之初，已數百歲，其舊法已亡，其舊俗已熄久矣。二子乃獨明先王之道，以爲不可改者，豈將强天下之主以後世之所不可爲哉？亦將因其所遇之時，所遭之變，而爲當世之法，使不失乎先王之意而已也。二帝三王[①]之治，其變固殊，其法固異，而其爲國家天下之意，本末先後未嘗不同也。二子之道，如是而已。蓋法者所以適變也，不必盡同；道者所以立本也，不可不一。此理之不易者也。故二子者守此，豈好爲異論哉？能勿苟而已矣。可謂不惑於流俗而篤於自信者也。

戰國之游士則不然，不知道之可信，而樂於說之易合，其設心注意，偷爲一切之計而已。故論詐之便而諱其敗，言戰之善而蔽其患。其相率而爲之者，莫不有利焉而不勝其害也，有得焉而不勝其失也。卒至蘇秦、商鞅[②]、孫臏、吴起[③]、李斯[④]之徒，以亡其身。而諸侯及秦用之，亦滅其國。其爲世之大禍明矣，而俗猶莫之悟也。惟先王之道，因時適變，爲法不同，而考之無疵，用之無敝，故古之聖賢，未有以此而易彼也。

或曰：邪說之害正也，宜放而絶之。則此書之不泯，其可乎？對曰：君子之禁邪說也，固將明其說於天下。使當世之人，皆知其說之不可從，然後以禁則齊；使後世之人，皆知其說之不可爲，然後以戒則明，豈必滅其籍哉？放而絶之，莫善於是。故孟子之書，有爲神農之言者，有爲墨子之言者，皆著而非之。至於此書之作，則上繼春秋，下至秦、漢之起，二百四五十年之間，載其行事，固不得而廢也。

---

① 二帝三王，指唐堯、虞舜、夏禹、商湯、周文王。

② 商鞅，戰國時衛國人，法家代表人物。

③ 吴起，戰國初衛國左氏（今山東曹縣）人，兵家代表人物。

④ 李斯，戰國末楚國上蔡（今河南駐馬店）人，著有《諫逐客書》《琅琊刻石》等。

此書有高誘[①]注者二十一篇，或曰三十二篇。《崇文總目》存者八篇，今存者十篇云。

戰國策序

鮑彪[②]

《國策》，史家流也。其文辯博，有煥而明，有婉而徵，有約而深，太史公之考本也。自漢稱爲《戰國策》，雜以短長之號，而有蘇、張縱橫之説。學者諱之，置不論，非也。夫史氏之法，具[③]記一時事辭，善惡必書，初無所決擇。楚曰《檮杌》，書惡也；魯曰《春秋》，善惡兼也。司馬《史記》、班固《漢書》，有《佞幸》等列傳。學者豈以是爲不正，一舉而棄之哉！矧此書若張孟談[④]、魯仲連發策之慷慨；諒毅[⑤]、觸讋納説之從容；養叔之息射[⑥]，保功莫大焉；越人之投石[⑦]，謀賢莫尚焉；王斗之愛縠，憂國莫重焉。諸如此類不一，皆有合先王正道，孔孟之所不能違也，若之何置之？曾鞏之序美矣，而謂禁邪説者，固將明其説於天下，則亦求其故而爲之説，非此書指也。

起秦迄今千四百歲，由學者不習，或衍或脱，或後或失次，故

① 高誘，東漢涿郡涿縣（今河北涿州）人，其《戰國策注》《淮南子注》今已殘雜，《吕氏春秋注》傳於世。

② 鮑彪，字文虎，南宋縉雲（今浙江縉雲）人，著有《戰國策注》。本文見載《戰國策校注》卷首。

③ 具，原作“其”，據《戰國策校注》卷首《戰國策序》，《四部叢刊》本改。

④ 張孟談，春秋末期趙襄子家臣。

⑤ 諒毅，戰國時趙國辯士。

⑥ 養叔之息射，養由基，春秋時楚國將領，著名神射手。

⑦ 越人之投石，扁鵲，姓秦，名越人，戰國時名醫，曾投石以諫秦武公。

“肖”“立”半字，時次相糅，劉向已病之矣。舊有高誘注，既疎略無所稽據，注又不全，浸微浸滅，殆於不存。彪於是考《史記》諸書爲之注，定其章條，正其衍説，而存其舊，慎之也。地理本之《漢志》，無則闕；字訓本之《説文》，無則稱猶。雜出諸書，亦别名之，人姓名多不傳見，欲顯其所説，故繫之一國。亦時有論説，以翊宣教化，可以正一史之謬，備《七略》之闕，於之論是非，辨得失，而考興亡，亦有補於世。

紹興十七年丁卯仲冬二十有一日辛巳冬至序。

書戰國策後

李文叔[①]

《戰國策》所載，大抵皆縱横捭闔[②]、譎誑相輕、傾奪之説也。其事淺陋不足道，然而人讀之，則必向其説之工而忘其事之陋者，文辭之勝移之而已。且壽考、安樂、富貴、尊榮、顯名、愛好、便利、得意者，天下之所欲也。然激而射之，或將以致人之憂。死亡、憂患、貧賤、苦辱、棄損、亡利、失意者，天下之所惡也，然動而竭之，或將以導人之樂。至于以下求小，以高求大，縱之以陽，閉之以陰，無非微妙難知之情，雖辯士抵掌而論之，猶恐不白。今寓之文字，不過一二，言語未必及，而意已隱然見乎其中矣！由是言之，則爲是説者非難，而載是説爲不易得也。

---

① 李文叔，李格非，字文叔，北宋濟南（今山東濟南）人，李清照之父，神宗熙寧九年進士，著有《洛陽名園記》。本文見載《戰國策校注》卷首。

② 縱横捭闔，原指戰國時代策士以“合縱”或“連横”之政治主張遊説各國諸侯的方法，後因稱以辭令測探、打動别人，在政治和外交上運用聯合或分化的手段爲“縱横捭闔”。

嗚呼！使秦漢而後復有爲是説者，必無能載之者矣！雖然，此豈獨人力哉！蓋自堯、舜[①]、夏、商，積制作以至於周，而文物大備。當其盛時，朝廷宗廟之上，蠻貊[②]窮服之外，其禮樂制度，條施目設，而威儀文章，可著之簡册者，至三千數。此聖人文章之實也。及周道衰，寖淫陵遲，幽、厲承之，于是大壞。然其文章所從來既遠，故根本雖伐，而氣焰未易遽熄也。于是浮而散之，鍾于談舌，而著于言語，此莊周、屈原、孫武、韓非、商鞅與夫儀、秦之徒，所以雖不深祖吾聖人之道，而所著書文辭，駸駸乎上薄六經而下絶來世者，豈數人之力也哉！

今《戰國策》宜有善本傳於世，而舛錯不可疾讀。意天之於至寶，常不欲使人易得，故余不復竄定，而其完篇，皆以丹圜其上云。

吴氏戰國策正誤序

吴萊[③]

《戰國策》十有一卷，凡言周、秦、六國、宋、衛、中山之事。古有高誘注，最爲疏略。近世縉雲鮑彪，乃復分析章數，竄易字文，悉令可讀，而不致有噤口齘舌之虞。雖然，古意寖已失矣。要之，古今之字義，曾不一同，南北之方言，或隨以異。而彪欲以後世窮鄉曲學而盡通之，吾知其必至於穿鑿粉飾，而强其所不可通，則反不若誘之疏略也。宗人

① 堯、舜，二字原脱，據《戰國策注釋》附録四引《李格非書戰國策後》，中華書局1990年版補。

② 蠻貊，古代稱南方和北方落後部族。亦泛指四方落後部族。

③ 吴萊，字立夫，元末浦陽（今浙江浦江）人。本文見載吴萊《淵穎集》卷十。

正傳[①]嗜古書，嘗以《國策》之多誤，暇日則取太史公《史記》及戰國諸子所自著書，前後比較。既又考夫近世劉敞、錢藻[②]、姚宏[③]等本，參伍錯求，然後有以見其語言之殊異，傳寫之缺訛，而是正之。蓋頗貴乎誘之近古，而深惜乎彪之妄作也，於是世之讀《國策》者，文從字順，不失其真，戰國君臣從横游説之事，並可得而極論矣。

蓋夫古者先王之世，道德同，教化行，而風俗一。士之有賢材學業者，修之於身，著於其國，或以德舉，或以言揚，要皆可以考名核實，而趨事赴功。無或敢爲熒惑變亂，而懵乎是非黑白之混淆也。然而聖人當夫天下極治之世，每有慮[④]焉，蓋曰："朕堲[⑤]讒説殄行，震驚朕師。"豈不以世之讒人傷絶善人之事，震駭衆人之聽？邪僻自此焉而進用，矯僞自此焉而假託，出入起居，發號施令，將無所往而不戾於道。苟謂世爲極治，而慮不及此，吾恐其所爲治亂之基矣。是故聖人深以讒邪之説，有未易化，而且有以教之，必使其遷善改過，而後承之、庸之，否則威之，夫然後士之有德有言者，各稱其任，而天下之欲趨事赴功者，亦皆實有所稽而無慊矣。

自戰國以來，先王之治日以遠甚，聖人之教若罔聞。知士之紛騰馳驟於天下者，曾無常有之善心，而惟磨厲其舌，肆爲讒説，莫之能恤。析言則離於理，破律則壞於法，亂名則喪其實，改作則反其常。此固先聖王之所必誅，而不以聽者。而戰國之世，乃安然而行之，孱君弱[⑥]將、

---

① 正傳，吴師道，字正傳，元婺州蘭溪（今屬浙江）人，著有《戰國策校注》等。
② 錢藻，字純老，錢塘（今浙江杭州）人，北宋皇祐五年進士。
③ 姚宏，字令聲，宋嵊縣（今屬浙江）人，紹興十六年刻印過高誘注《信雕重校戰國策》三十三卷。
④ 慮，原作"利"，據吴萊《淵穎集》卷十《吴氏戰國策正誤序》，《四部叢刊》本改。
⑤ 堲，通"疾"，憎恨。
⑥ 弱，原作"順"，據吴萊《淵穎集》卷十《吴氏戰國策正誤序》，《四部叢刊》本改。

纖兒佞妾，劫之以敗降殺戮之苦，誘之以聲色犬馬之好。情知非是，巧爲文飾，勢欲離合，强相傾陷，卒使上世元德顯功之胄，日就淪亡而後已。嗚呼！讒邪之説有可畏哉！蓋昔孔子曾用於魯，未幾而即有少正卯[1]之誅。徒謂其言行之僞而不由於誠，學順之非而不由於是。雖吾孟子，亦甚惡夫處士之橫議，異端之並起，詖淫邪遁不可勝窮。惜乎，孔孟之道久矣不明於世；戰國之士，不復知有義理之當，然而惟以利害相勝。故今斷斷然，悉以爲古之讒説可堲者也。

然今誘也注之，彪也釋之，吾正傳乃從而是正其誤，又豈不以《國策》之言爲不可廢歟？雖然，正傳學孔孟之學者也，自先王道德教化之治，本諸人心，播於簡册，充衍洋溢，遠而未斬。是故春秋之世，鄭之賢大夫，且能善於辭令，應對諸侯，鮮有敗事。聖門言語之學，達如子貢，亦或一出於魯，而彼齊、晋、吴、越等國爲之有變，至於排難解紛，成彊取霸而後定焉。前乎此矣，於是而後，公孫衍、張儀、陳軫、樓緩[2]、蘇秦、秦弟代厲之流，揣摩捭闔，權謀術數，浩乎若江海之浸，恍乎若鬼神之不可端倪。雖其讒邪之説罔知義理，而顛倒錯繆之，一時口頰之移人，固有非後世膚見謏聞者之所可遽及。嗚呼！先聖王道德教化之澤，一旦而遂至於此，言之可爲於邑矣。然自其文辭言語而觀之，惟楚漢戰争之世尚爲近焉，已不能盡及。它則曹魏鼎足而割據，李唐參布而分藩，交兵之際，奉使往來，權術相傾，議臣蜂起，曾無異於戰國、楚漢紛紜之時者，竟未嘗有一言語之僂動，一文辭之譎勝，雖以當世史臣極力摹擬而爲之，亦且羞澀畏懦，衰耗促數，無復有昔時辨士説客之遺風矣。是故世之讀《國策》者，卓然自爲。先秦之古書不可廢也，必

---

① 少正卯，春秋時期魯國大夫，孔子任大司寇後將其誅殺。

② 樓緩，戰國時趙國人，秦昭王相。

也本之以心術之公，約之以義理之正，謹之以辭令之發。戰國其文而非欲戰國其學也，此則正傳之志也，又在乎世之學者善讀焉而已矣。

讀戰國策[①]

吴萊

春秋戰國之際，齊先霸，晋次之，惟南方之楚最大，與二霸相出入，秦則眇然一變於西戎，終之吞二周，併六國，類非昔之所謂强者，乃今西望而悉輸之秦。豈果地形之便、兵力之武而致然乎？吾嘗求其故矣。

春秋之時，齊、晋及楚既强，地廣則主驕，兵勝則民疲，民疲主驕，自顧無能敵己者，亦不能以敵人。然後，秦以戎狄辟陋之國决起而驟勝之，又況山東之主年未踰弱冠，材不逮中人，一旦孽后、貴弟位重權高，纖夫、細兒專兵握政，欲以是當孝公、商鞅，則非秦之敵也。游談捭闔，託秦名以自决盟約戰攻，挾秦勢以爲解。不然，上無以僅存其國，下無以私售其説，曾不旋踵，皆以爲秦築帝宫，比郡縣之民未始有一瘠者。惟夫山谷險惡，虆藿飯豆之人，言之也切，慮之也詳，且有以深中齊、楚、三晋之病。燕人者曰："奉之欲併天下而王之也，不與古同，事之如子之事父，猶將亡之也；行雖如伯夷，猶將亡之也；行雖如桀紂，猶將亡之也。雖善事之，無益也，不可以爲存，適足以自令亟亡也。然則山東非能合而相堅如一者，必皆亡矣。"韓人者曰："山東相合之主者，不卑名之國者，可長存，王而不能自恃，不惡卑名，以事强者，長久萬世之善計，事强不可，則不如合弱。"胡與越人言語不相知，志意不相通，

① 本文見載吴萊《淵穎集》卷六。

同舟而凌波，至其相救助如一也，秦之兵至，奈何合弱又不能相救助如一，此所以爲山東苦也。其言云爾。太史公乃遺而不録，世亦莫知其爲誰之謀。齊、楚、三晋之人類曰“我國大”，否則曰“秦與我厚”，一國受攻，五國不救，韓最近，最先亡，燕頗遠，乃後亡。齊、楚、三晋之人不監秦之所以亡山東者，而競趨其所以亡，豈果地形之便，兵力之武而致然乎？

或曰：當周之初，本在岐、梁、沮、漆之間，商之中世，特置西鄙，荒僻之地，而不之有，故太王、王季、文王自其百里之國而興焉。秦猶周也。及武王克商，天下歸周，分紂之故都而立三監。太公望處齊，周公旦處魯，召公奭處燕，武王又自營洛邑居之，而濟之以德。秦則反是，郡縣一置，而子弟爲匹夫，仁義不施而刑僇爲常行，是秦雖能得周之所以興，而獨不能得周之所以不亡。山東既平，六國爲一，陳勝、劉、項之徒大呼而起，函關百二之險，章邯百萬之衆，終不得首尾相救，又何秦之强弱爾殊也。由是觀之，山東散則秦勝，山東合則秦滅。死君之胤，亡將之家，猶能使天下不爲秦有，况山東之完國乎？

夫天下之地方千里者九，秦獨有其一，此正孟子所謂鄒敵楚者。秦又戎也，《公羊春秋》不云乎秦伯卒而不名，狄道也。孝公、商鞅未遇之初，天下亦以夷狄擯秦，擯之是矣，而又事之何哉？秦交之不絶，與國之不恤，縱横游説之不禁，非秦能亡之也，自亡之也。是故曹操爲國賊而吴、蜀之不通，宇文[①]爲鴟梟而陳、齊之相擊，亦終於必亡而後已。豈獨戰國乎哉！

① 宇文，北周權臣宇文護。

讀戰國策

方孝孺[①]

文武之道，至於春秋之世，委地矣。孔子之作《春秋》，傷周道之衰也。夫豈知《春秋》之法復委地於戰國之世乎？嗚呼！朝覲會同之禮，不修於天子之庭；禮樂征伐之柄，或輕易於諸侯之雄；君臣上下之紀隳，而篡弑争奪之事起。此孔子之所甚痛也。然其時天下諸侯猶知以尊周爲義，狼攫狐顧而不敢肆其無厭之欲，蓋道之在人心者，尚有未泯耳！及乎戰國，則不然。諸侯或遣一介之使而讓周，或興師臨之，而徵其鼎，或責王入朝，一旦而遂滅其宗廟，其所自來者久矣。功利熾而仁義銷矣，游説行而廉耻衰矣，譎詐盛而忠厚之風息矣！觀乎十二國[②]之所載，繁辭瑰辨，爛然盈目，及求其指意，非謀以奪人之國，則以摇人之位，非間人之骨肉，則皆眩惑人之事，或大言倨禮以激之，或佯疑曲問以入之，或卑聲屈體以冀其哀，或正貌詐心以釣其名，或揣其志而施其計，非不博且富也。欲一簡之合乎道，而不可得，豈惟不合乎道，欲一簡如左氏所傳公卿大夫之言，亦不可得矣，先王之餘澤餘化漫盡，而國家繼之以亡，豈不哀哉！然其待士之禮，猶有存者。故得以廣聽周知，匡扶其國。久而後俱并於秦，至秦之始皇則自任其智，棄天下之士而不用，燔三代之言而不法。巍然獨伸其尊，以爲可恃，而其危亂不旋踵而即見。於是

① 方孝孺，字希直，一字希古，號遜志，台州（今浙江台州）人，著有《遜志齋集》等。本文見載《遜志齋集》卷四。

② 十二國，《漢書》卷六十五《東方朔傳》：“夫蘇秦、張儀之時，周室大壞，諸侯不朝，力政争權，相禽以兵，並爲十二國，未有雌雄。”顔師古注：“十二國，謂魯、衛、齊、楚、宋、鄭、魏、燕、趙、中山、秦、韓也。”

戰國之遺法復委地矣，悲夫！

戰國策序

李夢陽[①]

嘉靖二年秋七月，河南省刻其《戰國策》成。或問：《戰國策》畔經離道之書也，然而天下傳焉，後世述焉，何也？李子曰：策有四尚，尚一足傳，傳斯述矣，況四乎？四者何也？録往者迹其事，考世者證其變，攻文者模其辭，好謀者襲其智。襲智者譎，模辭者巧，證變者會，迹事者該。是故述者尚之，君子斥焉。斥者，何也？以比之經則畔，揆之道則離也。自秦籍之焚也，三代之迹蕪矣。是策也，國列政具，巨晤細盱，人詳物叢，采之足以備史，資之足以弘識，記之博洽，談之奇佹，故曰“迹事者該”。而其爲書也，立縱横，倡捭闔，勢利啖軏，讒誑傾奪，無復廉耻是非之心。今觀其時，如群見一餅，争獲自矜。於乎！先王之禮樂刑政，至是乎蔑矣，故曰“證變者會”。遂使仁義晦塞、横議膠固，申、韓爲哲，儀、秦是師，狙詐者理其緒，揣摩者竊其矩，陷擠者規其險，謬詖者程其欺，故曰“襲智者譎”。文叔有言，高下相求，陽縱陰閉，其情隱，其辭妙。是策也，有竟日之難辨而一言之遂白者。是以文卿墨儒服其意淵，耽其體簡。轉者法其宛，諦者祖其透，蓋言巧也，故曰“模辭者巧”。李子曰：予讀《戰國策》而知經之難明也。經不明則道不行，何則？巧以賊詘，譎以妨直，時變世悲，傷往憂來。夫俗成於尚，

---

① 李夢陽，字獻吉，慶陽（今甘肅慶城）人，明弘治年間進士，前七子之一。本文見載李夢陽《空同集》卷五十。

士壞於緣，尚者樂其同，緣者憚其改，傳者安於習，述者狃於襲。雖知其非，駸駸入之矣，佛老其類也。或問周何以有戰國也，李子曰：文禍之也。先王以禮之必文也，制辭焉，出乎邇，加乎遠，通乎其事，達諸其政，廣之天下益矣。於是重辭焉，流之春秋，號曰“辭令”。其末也弊，巧譎相射，遂爲戰國。曰：讀其書者誠文焉可矣，不駸駸入之乎？李子曰：嗟！予曷知哉？反古之道者忠焉質焉，或可矣。澶州王君會按河南，則謂李子曰：史之義，得失並列，刻其策，以觀來者，曾氏所謂因以爲戒者也。

前漢紀序

荀悦[①]

凡《漢紀》，十二世十一帝，通王莽二百四十二年。一祖三宗。高祖定天下。孝惠、高后值國家無事，百姓安集。太宗[②]昇平。世宗[③]建功。中宗[④]治平。昭、景稱治。元、成、哀、平，歷世陵遲。莽遂篡國也。

凡祥瑞：黄龍見，鳳凰集，麒麟臻，神馬出，神鳥翔，神雀集，白虎仁獸獲，寶鼎昇，寶磬神光見，山稱萬歲，甘露降，芝草生，嘉禾茂，玄稷降，醴泉涌，木連理。

凡灾異：大者日蝕五十六，地震十六，天開地裂，五星集於東井[⑤]

---

① 荀悦，字仲豫，潁川潁陰（今河南許昌）人，歷官秘書監、侍中等。撰有《漢紀》《申鑒》等。本文見載荀悦《漢紀》卷首。

② 太宗，漢文帝劉恒。

③ 世宗，漢武帝劉徹。

④ 中宗，漢宣帝劉詢。

⑤ 東井，星宿名，即井宿，二十八宿之一，因在玉井之東，故名。

各一，太白再經天[①]，星孛二十四，山崩三十四，隕石十一，星隕如雨二，星晝見三，火灾二十四，河漢水大氾溢爲人害十，河汎一，冬雷五，夏雪三，冬無冰二，天雨血、雨草、雨魚，死人復生，男子化爲女子、嫁爲人婦生子，枯木更生，大石自立。

建安元年，上巡省幸許昌，以鎮萬國。外命元輔，征討不庭。内齊七政[②]，允亮聖業，綜練典籍，兼覽傳記。其三年，詔給事中秘書監荀悦抄撰《漢書》，略舉其要，假以不直。尚書給紙筆，虎賁給書吏。悦於是約集舊書，撮序、表、志，總爲帝紀。通比其事，例繫年月。其祖宗功勛，先帝事業，國家綱紀，天地灾異，功臣名賢，奇策善言，殊德異行，法式之典，凡在《漢書》者，本末體殊，大略粗舉。其紀[③]傳所遺闕者差少而求志，勢有所不能盡繁重之語，凡所行之事，出入省要，删略其文。凡爲三十卷，數十餘萬言。作爲帝紀，省約易習，無妨本書，有便於用，其旨云爾。會悦遷爲侍中，其五年書成乃奏，記云四百有一十六載，謂書奏之歲，歲在庚辰。

昔晋之《乘》，楚之《檮杌》，魯之《春秋》，虞、夏、商、周之《書》，其揆一也。皆古之令典，立之則成其法，棄之則墜於地，瞻之則存，忽焉則廢，故君子重之。《漢書》紀其義，同矣。凡《漢紀》，有法式焉，有監戒焉，有廢亂焉，有持平焉，有兵略焉，有政化焉，有休祥焉，有灾異焉，有華夏之事焉，有四夷之事焉，有常道焉，有權變焉，有策謀焉，有詭説焉，有術藝焉，有文章焉。斯皆明主賢臣，命世立業，群后之盛勛，髦俊之遺事，是故質之事實而不誣，通之萬方而不泥，可以興，可以治，可以動，可以静，可以言，可以行，懲惡而勸善，奬成

---

① 舊有“太白經天，晝見爲灾妖”之説。太白，金星。

② 七政，指春、夏、秋、冬、天文、地理、人道。

③ 紀，原作“經”，據張溥《漢魏六朝百三家集》卷十七《荀悦集》，文淵閣《四庫全書》本改。

而懼敗，兹亦有國之常訓，典籍之淵林。雖云撰之者陋淺，而本末存焉爾，故君子可觀之矣。

漢紀序[①]

荀悦

昔在上聖，唯建皇極，經緯天地，觀象立法，乃作書契，以通宇宙，揚於王庭，厥用大焉。先王以光演大業，肆於時夏，亦惟翼翼，以監厥後，永世作典。夫立典有五志焉：一曰達道義，二曰彰法式，三曰通古今，四曰著功勛，五曰表賢能。於是天人之際，事物之宜，粲然顯著，罔不能備矣。世濟其軌，不殞其業。損益盈虚，與時消息。雖臧否不同，其揆一也。是以聖上穆然，惟文之恤，瞻前顧後，是紹是維。臣悦職監秘書，攝官承乏，祗奉明詔，竊惟其宜。謹約撰舊書，通而叙之，總爲帝紀，列其年月，比其時事，撮要舉凡，存其大體。旨少所缺，務從省約，以副本書，以爲要紀。未克厥中，亦各其志。如其得失，以俟君子焉。

論漢紀[②]

鄭樵

漢獻帝以班史文繁難省，故令秘書監荀悦約二百四十三年之行事，

---

① 本文見載荀悦《漢紀》卷一《前漢高祖皇帝紀》。

② 本文見載鄭樵《通志》卷六十五《藝文略》。

起高祖，迨王莽，準《左傳》爲《漢紀》三十篇。辭約而事詳，本末先後，不失條理，當世偉之。學者循習班、馬之日久，故此書不行。自唐以前猶不能忘焉。今或幾乎泯矣。

論漢紀

馬端臨[①]

按，悦爲此《紀》，固不出班《書》，然亦時有所删潤。而諫大夫王仁、侍中王閎諫疏，班《書》皆無之，不知悦何從得此也。如《張騫傳贊》以“所有放哉”爲“有所放焉”之類，顔師古亦嘗辨其誤，又不知悦何以云也。司馬光編集《資治通鑑》，書太上皇崩葬及五鳳郊泰[②]時之月，皆舍班而從荀，蓋以悦修《紀》時，固《書》猶未訛舛，而“君蘭”“君簡”、“端”“瑞”、“興”“譽”、“寬”“竟”等字，猶兩存之，疑以傳疑，先儒蓋慎之也。自司馬遷創改《春秋》記事之體，爲本紀、世家、表、志、列傳，而班固因之。至悦，始能復古。學者甚重其書，袁宏、干寶以下，皆祖述焉。事日月年之相繫，在史家固良法也，而傳録歲久，卒未得其真，可爲太息者矣。

---

① 馬端臨，字貴與，號竹洲，饒州樂平（今江西樂平）人，著有《文獻通考》等。本文見載《文獻通考》卷一百九十三《經籍考》。

② 泰，原作“秦”，據《文獻通考》卷一百九十三，中華書局 2011 年版改。

校正漢紀序

呂柟[①]

曩予在史館，數問荀氏書，獲《申鑒》，未獲《漢紀》。今陝西提學何子仲默獲之於侍讀徐子子容，子容獲之於吴下家人，予從何子借觀，何子乃移縣尹翟汝陽板行，而以校正畀予。然是書抄本無副，且其體綜表志，錯紀傳，繫歲月，附論贊，與《漢書》多所出入損益，故所校正能考《漢書》所有，不能補《漢書》所無，未爲精本也。夫是書君諱而不隱臣，直而覈，事近而旨遠，政詳而有條，物具其要，夷狄之寡告其端，灾祥貢其曲典，如左丘而不誣法，如《通鑑》而有究正，如《唐鑑》而不泥婉，如《公羊》《穀梁》而不厭，此其編蓋有志於經矣。故今所校正，其缺漏紕繆者，義苟可揆，如孟子之引《詩》《書》，事若難揆，竊比於郭公夏五[②]，雖一字不敢增也。佐予校正並繕寫者，生員四人焉。

漢紀序

何景明[③]

昔左氏依經作傳，而編年紀事之例已立。及馬遷著《史記》，叙帝王

① 呂柟，字仲木，號涇野，學者稱涇野先生，明高陵（今陝西高陵）人。本文見載明正德十六年呂柟校正本《漢紀》卷首。

② 郭公夏五，比喻文字脱漏。《春秋》莊公二十四年：“冬，戎侵曹。曹羈出奔陳。赤歸於曹。郭公。”《春秋》桓公十四年：“十有四年春正月，公會鄭伯於曹。無冰。夏五。”《春秋》一書中，“郭公”下未記事，“夏五”後缺“月”字，故用此比喻文字脱漏。

③ 何景明，字仲默，號大復山人，明信陽（今屬河南）人。本文見載《大復集》卷三十四。

事，則有本紀；録賢臣之行，則有列傳；明制度，則有書；系年世，則有表。自是以來[①]，歷代史家，悉宗其體。然不能微約其詞，或寡要實而義無指歸。其極至於流綴溢簡踳雜而不可以觀。余於是蓋嘅然有思命世作者之意焉。往在京師，嘗觀荀氏《漢紀》，其書則準諸左氏之例而取於《史記[②]》之一體者也。至其君臣附載，事物咸彰，天人並包，灾祥畢舉，治忽參稽，成敗並陳，得失相明，美惡互見。即一時一人一事之迹，雖前後散著，而本末必備。屬類比方，名義罔紊。闡幽攝顯，論贊悉精。可謂括倫鑒之要，探墳索之情者矣。豈不足以上班良史之才乎！

夫學者謂經以載道，史以載事，故凡討論藝文，横分事理，而莫知反説，訖無條貫，安能弗畔也哉！《易》列象器，《書》陳政治，《詩》采風謡，《禮》述儀物，《春秋》紀列國時事，皆未能捨事而議於無形者也。夫形理者事也，宰事者理也。故事順則理得，事逆則理失，天下皆事也，而理徵焉。是以經史者皆記事之書也，但聖哲之言爲經爾，故記事者苟非察於性命之奥，以盡事物之情者，亦難與論於作者之門矣。

後漢紀序

袁宏[③]

予嘗讀《後漢書》，煩穢雜亂，睡而不能竟也。聊以暇日，撰集爲《後漢紀》。其所掇會《漢紀》、謝承書、司馬彪書、華嶠書、謝忱書、

---

① 來，原脱，據《大復集》卷三十四，明嘉靖刻本補。

② 史記，原作"史紀"，據《大復集》卷三十四，明嘉靖刻本改。

③ 袁宏，字彦伯，小字虎，時稱袁虎，陳郡陽夏（今河南太康）人，著有《後漢紀》等。本文見載《後漢紀》卷首。

《漢山陽公記》《漢靈獻起居注》《漢名臣奏》，旁及諸郡耆舊先賢傳，凡數百卷。前史闕略，多不次叙，錯謬同異，誰使正之？經營八年，疲而不能定，頗有傳者。始見張璠所撰書，其言漢末之事差詳，故復探而益之。

夫史傳之興，所以通古今而篤名教也。丘明之作，廣大悉備。史遷剖判六家，建立十書，非徒記事而已，信足扶明義教，網羅治體，然未盡之。班固源流周贍，近乎通人之作，然因藉史遷，無所甄明。荀悦才智經綸，足爲嘉史，所述當世，大得治功已矣，然名教之本，帝王高義，韞而未叙。今因前代遺事，略舉義教所歸，庶以弘敷[①]王道。前史之闕古者，方今不同其流，亦異言行，趣捨各以類書。故觀其名迹，想見其人。丘明所以斟酌抑揚，寄其高懷。末吏區區，注疏而已。其所稱美，止於事義。疏外之意，殁而不傳。其遺風餘趣蔑如也。今之史書或非古之人心，恐千載之外所誣者多，所以悵怏躊躇，操筆恨然者也。

兩漢紀後序

王銍[②]

右荀悦《前漢紀》三十卷，袁宏《後漢紀》三十卷，祥符中刊版於錢塘。版廢幾百年。今始合二書，用諸家傳本校其異同，撥其訛誤，稍條然可讀，遂再刻之。

夫兩漢之事最備者，繇司馬遷、班固、范曄與夫荀悦、袁宏之書俱存故也。其事咸萃於編年，故曰紀；其事分於傳、表、紀、志，故曰書。

---

① 弘敷，廣爲傳佈、延伸。《尚書·周書·君牙》："弘敷五典，式和民則。"

② 王銍，字性之，自號汝陰老民，宋汝陰（今安徽阜陽）人，著有《雪溪集》《默記》。本文見載《後漢紀》卷末。

讀荀、袁之《紀》，如未嘗有班、范之《書》；讀班、范之《書》，亦如未嘗有荀、袁之《紀》也。各以所序，自達於後世。荀悦之作，後於班固；而袁宏之作，先於范曄。或先或後，或略或詳，其體制凡例，則猶黑白之不相亂，河漢之不相涉也。荀、袁二《紀》，於朝廷紀綱、禮樂刑政、治亂成敗、忠邪是非之際，指陳論著，每致意焉。故其詞縱横放肆，反復辯達，明白條暢，既啓告當代，而垂訓無窮，其爲書卓矣。然比班、范二史，缺裂不傳，僅存篇目，蓋因緣世故自有次第，而顯晦若有時也。

編修王公[①]，敦閱古訓，博極群書。其出使浙東也，既刻劉氏《外紀》[②]以足《資治通鑑》，又重刻《舊唐書》。至刻此《兩漢紀》，其艱其勤，尤爲盡力。諸書咸備，然後紬繹上下數千載間，侵尋相接矣。其發揮興[③]廢，用心高遠，以加惠學者，非異時刻一書一集之比。僕嘗謂校讎是正文字，固儒者先務，然執一而意改者，所當慎也。蓋一字之疑，後或得善本正之，若率以意改，即疑成實，傳世行後，此字繇我而廢，故學者貴於弛張變通也。公聞僕語，欣然有取，輒敢載之篇末。因論公覃思，此二《紀》謂與《漢書》不同，使並傳於後，未易以彼廢此，而一字不可相雜之本意，其不苟如此。抑以見環奇偉麗之觀，必待人而後彰也。

紹興十二年六月甲子日序。

---

① 王公，王銍。

② 劉氏《外紀》，北宋劉恕所著《通鑑外紀》。

③ 興，原作“欲”，據《後漢紀》卷末附《重刻兩漢紀序》，中華書局2002年版改。

人物志序

劉孔才[①]

夫聖賢之所美，莫美乎聰明。聰明之所貴，莫貴乎知人。知人[②]誠智，則衆材得其序，而庶績之業興矣。是以聖人著爻象，則立君子小人之辭；叙詩志，則別風俗雅正之業；制禮樂，則考六藝祗庸[③]之德；躬[④]南面，則援俊逸輔相之材。皆所以達衆善，而成天功也。天功既成，則並受名譽。是以堯以克明俊德爲稱；舜以登庸二八[⑤]爲功；湯以拔有莘之賢[⑥]爲名；文王以舉渭濱之叟[⑦]爲貴。由此論之，聖人興德，孰[⑧]不勞聰明於求人，獲安逸於任使者哉！是故仲尼不試，無所援昇，猶序門人以爲四科，泛論衆材以辨三等，又嘆中庸，以殊聖人之德。尚德以勸庶幾之論，訓六蔽以戒偏材之失。思狂狷，以通拘抗之材。疾悾悾而無信，以明爲似之難保。又曰："察其所安，觀其所由，以知居止[⑨]之行。"人物之察也，如此其詳。是以敢依聖訓，志序人物，庶以補綴遺忘，惟博識君子，裁覽其義焉。

---

① 劉孔才，劉邵，字孔才，三國魏廣平邯鄲（今河北邯鄲）人。本文見載《人物志》卷首。

② 知人，二字原脱，據《人物志》卷首劉序，《四部叢刊》本補。

③ 祗庸，敬而有常。《周禮·春官·大司樂》："以樂德教國子，中和祗庸孝友。"鄭玄注："祗，敬。庸，有常也。"

④ 躬，原作"射"，據《人物志》卷首劉序，《四部叢刊》本改。

⑤ 登庸，任用，舉進。二八，"八元""八愷"的並稱，舜手下十六個有才德的人。

⑥ 有莘之賢，伊尹。

⑦ 渭濱之叟，吕尚，亦稱姜太公。

⑧ 孰，原作"執"，據《人物志》卷首劉序，《四部叢刊》本改。

⑨ 自"不勞聰明於求人"至"以知居止"，原爲小字注，據《人物志》卷首劉序，《四部叢刊》本，實屬正文。

續後漢書序[①]

周必大

序略曰：陳壽身爲蜀人，徒以仕屢見黜，父又爲諸葛亮所髡，於劉氏君臣不能無憾，著《國志》以魏爲帝，而指漢爲蜀，與孫氏俱謂之主。設心已偏，故凡當時祫祭，高帝以下昭穆制度，皆略而弗書。方且乞米於人，欲爲佳傳，私意如此，史筆可知矣！其死未幾，習鑿齒作《漢晋春秋》，起漢光武，終晋愍帝，以蜀爲正，魏爲篡，謂漢亡僅一二年，則已爲晋炎興之名，天實命之，是蓋公論也。然五十四卷，徒見於唐《藝文志》及本朝《太平御覽》之目。逮仁宗時，修《崇文總目》，其書已逸，或謂世亦有之而未之見也。幸《晋史》載所著論千三百餘言，大旨昭然。劉知幾《史通》云："備王道，則曹逆而劉順。"本朝歐陽脩論正統而不黜魏，其賓客章望之[②]著《明統論》非之，見於國史。近世張栻《經世編年》直以先主上繼獻帝爲漢，而附魏、吴於下方，皆是物也。今廬陵貢士蕭常潛心史學，謂古以班固史爲《漢書》，范曄史爲《後漢書》，乃起昭烈章武元年辛丑，盡少帝炎興元年癸未，爲《續後漢書》，既正其名，復擇注文之善者併書之，積勤二十年，成帝紀、年、表各二卷，列傳十八卷，《吴載記》十一卷，《魏載記》九卷，別爲音義四卷。惜乎！壽疏略於前，使常不得追記英賢憲章于後，以釋裴松之之遺恨也。

---

① 本文見載周必大《文忠集》卷五十三。

② 章望之，字表民，北宋浦城（今福建浦城）人，著有《救性》《明統》等。

續後漢書序

郝經[①]

昔建安末，曹氏廢漢自立，稱魏。孫氏據江左，僭號稱吴。昭烈以宗子繼漢，即位于蜀，討賊恢復，卒莫能一，而入于晋。晋平陽侯相陳壽，故漢吏也，漢亡仕晋，作《三國志》，以曹氏繼漢，而不與昭烈，稱之曰“蜀”，鄙爲偏霸僭僞，於是統體不正，大義不明，紊其綱維，故稱號論議皆失其正。哀帝時，滎陽太守習鑿齒著《漢晋春秋》，謂三國蜀以宗室爲正，魏雖受漢禪晋，尚爲篡逆[②]，蜀平而漢始亡，上疏請越魏繼漢，以正統體，不用。宋元嘉中，文帝詔中書侍郎裴松之采三國異同，凡數十家，以注壽書，補其闕漏，辨其舛錯，績力雖勤，而亦不能更正統體。歷南北、隋、唐、五季，七百有餘歲，列諸三史之後，不復議爲也。宋丞相司馬光作《通鑑》，始更“蜀”曰“漢”，仍以魏紀事，而昭烈爲僭僞。至晦庵先生朱熹爲《通鑑》作《綱目》，黜魏而以昭烈章武之元繼漢，統體始正矣。然而本史正文猶用壽書。

經嘗聞縉紳先生餘論，謂壽書必當改作，竊有志焉。中統元年[③]，詔經持節使宋，告登寶位，通好弭兵。宋人館留儀真，不令進退，乃破稿發凡，起漢終晋，以更壽書，作表、紀、傳、録、諸序議贊。十二年夏五月，借書於兩淮制使印應雷[④]，得二《漢》《三國》《晋書》，遂作正史，

---

① 郝經，字伯常，澤州陵川（今屬山西）人，著有《續後漢書》《易春秋外傳》等。本文見載郝經《陵川集》卷二十九。

② 逆，原脱，據《陵川集》卷二十九，明正德二年刻本補。

③ 中統元年，公元 1260 年。

④ 印應雷，字德豫，南宋常熟（今江蘇常熟）人，嘉熙年間進士。

以裴注之異同，《通鑑》之去取，《綱目》之義例，参校刊定，歸於詳實。以昭烈纂承漢統，魏、吴爲僭僞。十三年[①]冬十月，書成。年表一卷，帝紀二卷，列傳七十九卷，録八卷，共九十卷，號曰《續後漢書》。奮昭烈之幽光，揭孔明之盛心，袪操、丕之鬼蜮，破懿、昭之城府，明道術，闢異端，辨姦邪，表風節，甄義烈，核正僞，曲折隱奥，傳之義理，徵之典則，而原於道德，推本六經之初，苴補三史之後，千載之蔽，一旦廓然矣。

古之爲書，大抵聖賢道否，發憤而作，屈平《離騷》，馬遷《史記》，皆是也。然皆喳昧一時，流光百世。故韓愈謂："以彼校此，孰得孰失？"今拘幽之極而集是書，蓋亦古人之志也。

唐鑑序

石介[②]

夫前車覆，後車戒。前事之失，後事之鑒。湯以桀爲鑒，故不敢爲桀之行。而湯德克明，隆祀六百。周以紂爲鑒，故不敢爲紂之惡，而周道至盛，傳世三十。漢以秦爲鑒，故不敢爲秦之無道，而漢業甚茂，延洪四百年。唐以隋爲鑒，故不敢爲隋之暴亂，而唐室悠久，永光十八葉。國家雖承五代之後，實接唐之緒，則國家亦當以唐爲鑒。臣逖覽往古，靡不以女后預事而喪國家者，臣觀唐最甚矣。武氏變唐爲周，韋庶人、安樂公主鴆殺中宗，太平公主潛謀逆亂，楊貴妃召天寶之禍。臣歷

① 十三年，原作"十二年"，據《陵川集》卷二十九，明正德二年刻本改。

② 石介，字守道，兖州奉符（今山東泰安）人，北宋天聖年間進士，著有《徂徠石先生全集》。本文見載《徂徠石先生全集》卷十八。

觀前世，鮮不以閹宦用權而傾社稷者，臣視唐尤傷矣。代宗遭輔國之侮蔑，憲宗被陳慶[①]之弑逆，昭宗爲季述[②]之囚辱。臣眇尋歷代，無不以姦臣專政而亂天下者，臣視唐至極矣。禄山之禍，則林甫、國忠爲之也；朱泚之亂，則盧杞[③]爲之也；陳慶之弑，則皇甫鎛[④]爲之也。嗚呼！姦臣不可使專政，女后不可使預事，宦官不可使任權。明皇始用姚崇、宋璟則治，終用林甫、國忠則亂；德宗始用崔祐甫[⑤]、陸贄則治，終用盧杞、裴延齡[⑥]則亂；憲宗始用裴度[⑦]則治，終用皇甫鎛則亂。自武后奪國，迄于中、睿，暨天寶末年，政由女[⑧]后，而李氏幾喪。自肅宗踐位，歷于代宗、德宗、順宗、憲、穆、文、武、宣、懿、僖、昭，權在中宫，而唐祚終去。《詩》曰："赫赫宗周，褒姒滅之。"然則巍巍鉅唐，女后亂之，姦臣壞之，宦官覆之。臣故採摭唐史中女后、宦官、姦臣事迹，各類集作五卷，謂之《唐鑑》。

噫！唐十八帝，惟武德、貞觀[⑨]、開元、元和百數十年，禮樂征伐自天子出。女后亂之於前，姦臣壞之於中，宦官覆之於後。顛側崎危，綿綿延延，乍傾乍安，若續若絶，僅能至於三百年，何足言之。後之爲國者鑒李氏之覆車，勿專政於女后，勿假權於中官，勿委任於姦臣，則國祚延洪，歷世長遠，當傳于子、傳于孫，可至千萬世，豈止齪齪十八帝、

---

① 陳慶，陳弘志，唐憲宗時期宦官，參與殺害唐憲宗，被唐文宗下令處死。
② 季述，劉季述，唐末宦官，曾與王仲一起幽禁唐昭宗，後昭宗復位，二人均被殺。
③ 盧杞，字子良，唐滑州靈縣（今河南滑縣）人。歷官御史大夫、門下侍郎等。
④ 皇甫鎛，唐安定朝那（今陕西延安）人，唐憲宗時寵臣，官至宰相，聚斂媚上，天下怨之。
⑤ 崔祐甫，字貽孫，京兆長安（今陕西西安）人，性剛直，唐德宗時任相，多稱允當。
⑥ 裴延齡，唐河中河東（今山西永濟）人，唐德宗時宰相。
⑦ 裴度，字中立，唐河東聞喜（今山西聞喜）人。歷官御史中丞、門下侍郎等。
⑧ 女，原作"安"，據《徂徠石先生全集》卷十八，清康熙五十六年刻本改。
⑨ 貞觀，原作"正觀"，盖沿宋避諱之迹，據《徂徠石先生全集》卷十八，清康熙五十六年刻本改。

局促三百年者哉！伏惟明主戒之。

進唐鑑表[①]

范祖禹

臣祖禹言：臣竊以自昔下之戒上，臣之戒君，必以古驗今，以前示後。禹益之於舜，則言其所無于佚于樂，傲虐之作，防於未然。周、召之於成王，則相古先民歷年墜命。日陳於前，皆所以進哲德而養聖功也。臣祖禹誠惶誠懼，頓首頓首。臣昔在先朝，承乏書局，典司載籍，實董有唐，嘗於紬次之餘，稽其成敗之跡，折以義理，緝成一書。思與庶人傳言，百工執藝，獻之先帝，庶補萬分。比臣赴職。不幸先帝遽揚末命，伏遇皇帝陛下嗣膺大統，睿智日躋，詳延耆儒，啓沃聖學，監於前代，宜莫如唐。儀刑[②]祖宗之典則，四方承式，萬世永賴。臣之此書雖不足以發揮德業，廣助聰明，拳拳之忠，不能自已，苟有所得，不敢不告。輒以狂愚，塵玷日月，罪當誅死，伏惟清閒之燕[③]，少賜省覽。其《唐鑑》十二卷，繕寫成六册，謹隨表上進以聞。

---

① 本文見載《東萊先生音注唐鑒》卷首。

② 儀刑，效法。

③ 清閒之燕，皇帝與臣子避人談話。

唐鑑論[①]

范祖禹

臣祖禹曰：唐自高祖取隋，五年而四方底平，九年而太宗立，貞觀[②]之治，幾於三代。然一傳而有武氏之簒，國[③]命中絶二十餘年，中、睿享國日淺，朝廷濁亂，明皇以兵取而後得之。開元之治，幾於貞觀，而終以天寶大亂，唐室遂微。肅宗以後無足[④]稱者，惟憲宗元和之政號爲中興。凡唐之世，治日如此其少，亂日如彼其多也。昔三代之君，莫不修身齊家以正天下，而唐之人主，起兵而誅其親者，謂之“定内難”，逼父而奪其位者，謂之“受内禪”，此其閨門無法，不足以正天下，亂之大者也。其治安之久者，不過數十年，或變生於内，或亂作於外，未有内外無患，承平百年者也。楊雄曰：“陰不極則陽不生，亂不極則德不形。”唐室之亂，極於五代，而天祚有宋。太祖皇帝順天人之心，兵不血刃，市不易肆，而天下定。神武所臨，海外有截。繼以太宗文治，四宗[⑤]守成，百有餘年太平，雖三代之盛，未有如此其久者也。其取之也，雖無以遠過於前代，其守之也，則不愧於三王。内則家道正而人倫明，其養民也仁，其奉己也儉，德澤從厚，刑罰從薄，外則縣之政聽於令，郡之政聽於守，守之權歸於按察，按察之權歸於朝廷，上下相維，輕重相制，藩鎮無擅兵之勢，郡縣無專殺之威。士自一命以上，刑辱不及也，故無

① 本文見載范祖禹《唐鑑》卷二十四。

② 貞觀，原作“正觀”，據《東萊音注唐鑑》卷二十四，浙江古籍出版社 2017 年版改。下文同此。

③ “國”字下原有“日淺朝”三字，此與明弘治刊本《東萊先生音注唐鑑》同，疑涉下文而衍，而卜氏輯此文承其誤。據《東萊音注唐鑑》卷二十四，浙江古籍出版社 2017 年版改。

④ 足，原脱，據《歷代名賢確論》卷九十五，文淵閣《四庫全書》本補。

⑤ 四宗，宋真宗趙恒、宋仁宗趙禎、宋英宗趙曙、宋神宗趙頊。

大臣之誅。施及群生，功利無窮，較之唐世，我朝爲優。夫唐事已如彼，祖宗之成效如此，然則今當何監，不在唐乎？今當何法，不在祖宗乎？夫惟取監於唐，取法於祖宗，則末世保民之道也。

唐鑑序①

范祖禹

承議郎、著作佐郎臣祖禹，受詔與臣光修《資治通鑑》，臣祖禹分職唐史，得以考其興廢治亂之所由。昔隋氏窮兵暴斂，害虐生民，其民不忍，共起而亡之。唐高祖以一旅之衆，取關中，不半歲而有天下，其成功如此之速者，因隋大壞故也。以治易亂，以寬易暴，天下之人歸往而安息之。方其君明臣忠，外包四荒，下遂萬物，此其所由興也。及其子孫，忘前人之勤勞，天厭於上，人離於下，宇内圮裂，尺地不保，此其所由廢也。其治未嘗不由君子，其亂未嘗不由小人，皆布在方策，顯不可揜。然則今所宜監，莫近於唐。《書》曰："我不可不監於有夏，亦不可不監於有商。"謹采唐得失之迹，善惡之效，上起高祖，下終昭宣，凡三百六篇，爲十二卷，名曰《唐鑑》。唐之事雖不能遍舉，而其大略可睹矣。臣謹上。

① 本文見載范祖禹《范太史集》卷三十六。

唐史論斷序

孫甫[①]

古之史，《尚書》《春秋》是也，二經體不同而意同。《尚書》記治世之事，作教之書也。故百篇皆由聖人立，不以惡事名，雖桀、紂之惡，亦因湯武之事而見，不特書也。但聖賢順時通變，言與事各有所宜，爲史者從而記之，又經聖人所定，典、謨、訓、誥、誓、命[②]之文，體雖不一，皆足以作教於世也。《春秋》記亂世之事，立法之書也。聖人出於季世，睹時之亂，居下而不能治，故立大中之法，裁判天下善惡，而明之以王制。是聖人於衰亂之時，起至治之法，非謹其文，則不能正時事而垂大典矣。此《尚書》《春秋》之體所以不同也。

然《尚書》記治世之事，使聖賢之所爲，傳之不朽。爲君者、爲臣者見爲善之效，安得不説而行之？此勸之之道也。其間因見惡事致敗亂之端，此又所以爲戒也。《春秋》記亂世之事，以褒貶代王者賞罰，時之爲惡者衆，率辯其心迹而貶之，使惡名不朽，爲君者、爲臣者見爲惡之效，安得不懼而防之？此戒之之道也。其間有善事者[③]，明其心迹而褒之，使輝光於世，此又所以爲勸也。是《尚書》《春秋》記治亂雖異，其於勸戒，則大意同也。後之爲史者，欲明治亂之本，謹勸戒之道，不師《尚書》《春秋》之意，何以爲法？

---

① 孫甫，字之翰，北宋許州陽翟（今河南禹州）人，著有《唐史記》等，今存《唐史論斷》三卷。本文見載《唐史論斷》卷首。

② 典、謨、訓、誥、誓、命，《尚書》中的六種文體。典，記述帝王言行；謨，記述君臣謀議國事；訓，記述訓導言詞；誥，施政文告；誓，臨戰勉勵將士的誓詞；命，帝王的詔令。

③ 者，原作“也”，據《宋文鑑》卷八十七孫甫《唐史論斷序》，《四部叢刊》本改。

至司馬遷修《史記》，破編年體，創爲紀傳，蓋務便於記事也。記事便，則所取博，故奇異細碎之事皆載焉。雖貫穿群書，才力雄俊，於治亂之本、勸戒之道，則雜亂而不明矣。然有識者短之，謂紀傳所記，一事分爲數處，前後屢出，比於編年則文繁，此[①]類固所失不細。殊不知又有失之大者。

夫史之記事，莫大乎治亂。君令於上，臣行於下；臣謀於前，君納於後。事臧則成，否則敗。成則治之本，敗則亂之由，此當謹記之。某年君臣有謀議，將相有功勛，紀多不書，必俟其臣歿而備載於傳，是人臣得專有其謀議功勛也。《尚書》雖不謹編年之法，君臣之事，年代有序，羲和之業，固載於《堯典》；稷、契、皋、夔之功，固載於《舜典》；三代君臣之事，亦猶是焉。遷以人臣謀議功勛，與其家行細事，雜載於傳中，其體便乎？復有過差邪惡之事，以召危亂，不於當年書之，以爲深戒，豈非失之大者？

或曰：《春秋》雖編年，經目其事，傳載本末，遷立紀傳，亦約是體。故劉餗《史例》曰："傳所以釋紀，猶《春秋》之傳焉。"此可見遷書之不失也。答云：《春秋》，聖人立法之書也。立法，故目其事而斷之，明治亂之本。所目之事，或一句，或數句，國之典制罔不明，人之善惡罔不辨。左氏，史官也，見聖人之經，所目之事，遂從而傳之，雖不能深釋聖人之法，記事次序，一用編年之體，非外《春秋》經目，獨爲紀也。遷之爲紀也，周而上多載經典之事，固無所發明。至秦、漢紀，並直書其事，何嘗有法？紀無法，傳何釋焉？此乃餗附遷而爲之辭也。或曰：史之體必尚編年，紀傳不可爲乎？答曰：爲史者習尚紀傳久矣，歷代以爲大典，必論之以復古則泥矣。有能編列君臣之事，善惡得實，不

① 此，原作"比"，據《宋文鑑》卷八十七孫甫《唐史論斷序》，《四部叢刊》本改。

尚僻怪，不務繁碎，明治亂之本，謹勸戒之道，雖爲紀傳，亦可矣。必論其至，不若編年體正而文簡也。

甫常有志，竊慕古史體法，欲爲之，因讀唐之諸書，見太宗功德法制，與三代聖王並。後帝英明不逮，又或不能守其法，乃有荒縱狠忌庸懦之君，故治少而亂多。然有天下三百年，由貞觀[①]功德之遠也。《唐書》繁冗遺略，多失體法，事或大而不具，或小而不記，或一事別出而意不相照，怪異猥俗，無所不有，治亂之迹，散於紀傳中，雜而不顯。此固不足以彰明貞觀功德法制之本，一代興衰之由也。

觀高祖至文宗實録，敘事詳備，差勝於他書，其間文理明白者尤勝焉。至治亂之本，亦未之明。記事務廣也。勸戒之道，亦未之著。褒貶不精也。爲史之體，亦未之具，不爲編年之體，君臣之事多離而書之也。又要切之事，或有遺略。君臣善惡之細，四方事務之繁，或備書之，此於爲史之道，亦甚失矣。遂據《實録》與《書》，兼采諸家著録，參驗不差，足以傳信者，修爲《唐史記》。舊史之文繁者，刪之；失去就者，改之；意不足而有他證者，補之；事之不要者，去之；要而遺者，增之；是非不明者，正之。用編年之體，所以次序君臣之事。所書之法，雖宗二經文意，其體略與《實録》相類者，以唐之一代有治亂，不可全法《尚書》《春秋》之體，又不敢僭作經之名也。

或曰：子之修是書，不尚紀傳之體可矣。不爲書、志，則郊廟、禮樂、律曆、灾祥之事，官職、刑法、食貨、州郡之制，得無遺乎？答曰：郊廟而下，固國之巨典急務，但記其大要，以明法度政教之體。其備儀細文，則有司之書，各有司存，爲史者難乎具載也。

---

① 貞觀，原作“正觀”，據《宋文鑑》卷八十七孫甫《唐史論斷序》，《四部叢刊》本改。下文同此。

自康定元年修是書，至皇祐四年草具，遂作序述其意，更俟删潤其文，後以官守少暇，未能備具。逮嘉祐元年，成七十五卷，是年冬，臥病久，慮神思日耗，不克成就，且就其編帙，粗成一家。況才力不盛，叙事不無疏略，然於勸戒之義謹之矣。勸戒之切而意遠者，著論以明焉。欲人君覽之，人臣觀之，備知致治之由，召亂之自，邪正之效，焕然若繪畫於目前。善者從之，不善者戒之，治道可以常興，而亂本可以預弭也。論九十二首，觀者毋忽，不止唐之安危，常爲世鑒矣。

書孫之翰唐史記後[①]　元豐二年

司馬光

孫公昔著此書，甚自重惜，嘗别緘其稿於笥，必盥手，然後啓之。謂家人曰："萬一有水火兵刃之急，他貨財盡棄之，此笥不可失也。"每公私少閒，則增損改易，未嘗去手。其在江東爲轉運使，出行部，亦以自隨。過亭傳休止，輒取修之。會宣州有急變，乘馹[②]遽往，不暇挈以俱。既行，於後金陵大火，延及轉運廨舍，弟子察[③]親負其笥，避於沼中島上。公在宣州聞之，亟還，入門，問曰："《唐書》在乎？"察對曰："在。"乃悦。餘無所問。自壯年至於今[④]，白首乃成，亦未以示人。文潞公[⑤]執政，嘗從公借之，公不與，但録姚崇、宋璟論以與之，況他人，固

① 本文見載司馬光《温國文正司馬公文集》卷七十九。

② 馹，驛站專用的車，後亦指驛馬。

③ 察，孫甫之侄孫察。

④ 今，原脱，據《温國文正司馬公文集》卷七十九《書孫之翰唐史記後》，《四部叢刊》本補。

⑤ 文潞公，文彦博。

不得見。

元豐二年，察自陽翟來洛陽，以其書授光曰："伯父平生之志，萃於是書。朝廷先嘗取之，留禁中不出。今没二十餘年，家道益衰，大懼是書遂散逸，不傳於人，故録以授子。"光昔聞公有是書，固願見而未之得，得之驚喜，曰："子之貺我，兼金不如，顧無以爲報。請受而藏之，遇同好則傳之。異日或廣布於天下，使公之志業煒煌於千古，庶幾亦足以少報乎？"

書歐陽脩所作孫之翰墓誌後[①]

司馬光

昔蔡伯喈嘗言："吾爲碑銘多矣，皆有慚德，唯郭有道無愧色耳。"觀歐陽公此文，其言公自初仕，以美才清德爲時所重。在諫院言宫禁事，切直無所避，在陝不飾厨傳。凡當官公論，不私其所愛。淡然寡所好，外和而内勁。喜言唐事，學者終歲讀史，不如一日聞公論。此皆光親所睹聞，當時士大夫所共知，可謂實録而無愧矣。

① 本文見載司馬光《温國文正司馬公文集》卷七十九。

南唐書序

趙世延[①]

天曆改元，余待罪中執法。監察御史王主敬謂余曰："公向在南臺，蓋嘗命郡士戚光纂輯《金陵志》，始訪得《南唐書》。其於文獻遺闕，大有所考證，裨助良多，且爲之音釋焉。"因屬博士程熟等，就加校訂，鋟板與諸史並行之。越明年，余得告還金陵，書適就，光來請序。按《南唐》本紀，李昪系出憲宗四世，間關困阨，纔有江淮之地，僅餘三十年，卒不復振，而宋滅之。雖爲國褊小，觀其文物，當時諸國，莫與之並。其賢才碩輔，固不逮蜀漢武侯，而張延翰[②]、劉仁贍、潘佑[③]、韓熙載[④]、孫忌[⑤]、徐鍇[⑥]之徒，文武才業，忠節聲華，炳燿一時，有不可掩。矧其間政化得失、興衰治亂之迹，有可爲世鑒戒者，尤不可泯也。竊謂唐末契丹雄盛，虎視中原，晋、漢之君，以臣子事之惟謹，顧乃獨拳拳於江淮小國，聘使不絶，嘗獻橐駞并羊馬千計。高麗亦歲貢方物，意者久服唐之恩信，尊唐餘風，以唐爲未亡也邪？宋承五季周統，目爲僭僞，故其國亡而史録散佚不彰。然則馬元康、胡恢等迭有所述，今復罕見。至山陰陸游著成此書，最號有法，傳者亦寡。後世有能秉《春秋》直筆，究明《綱目》統緒之旨者，或有所考而辯之。姑識其端，以俟君子。余前忝史館，朝廷欲議修宋、遼、金三史而未暇，他日太史氏復申前請，必將有

---

① 趙世延，字子敬，元中書平章政事。本文見載《陸氏南唐書》卷首。
② 張延翰，字德華，宋州睢陽（今河南商丘）人，五代時南唐宰相。
③ 潘佑，五代時南唐人，著有《滎陽集》十卷。
④ 韓熙載，字叔言，濰州北海（今山東濰坊）人，五代時南唐文學家。
⑤ 孫忌，一名鳳，又名晟，五代時高密（今屬山東）人。
⑥ 徐鍇，字鼐臣，又字楚金，五代時南唐廣陵（今江蘇揚州）人，著有《説文解字繫傳》等。

取於是書焉。

建隆編序

陳傅良[①]

本朝國書，有日曆、有實録、有正史、有會要、有敕令、有御集，又有司專行指揮典故之類。三朝以上，又有竇訓。而百家小説私史，與士大夫行狀、誌銘之類，不可勝紀。自李燾作《續通鑑》，起建隆元年，盡靖康元年[②]，而一代之書，萃見於此。可謂備矣！然篇帙浩繁，文字重併，未爲成書，難以觀覽。今略依漢司馬遷《年表》《大事記》、温公司馬光《稽古録》與燾《舉要》，撮取其要，繫以年月，其上譜將相大臣除罷，而記其政事因革於下方。夫學之爲王事，非若書生，務多而求博，雖章句言語，皆不忍捨也。誠能考大臣之除罷，而識君子小人進退消長之際，考政事之因革，而識取士養民治軍理財之方，其後治亂成敗，效出於此[③]，斯足以成孝敬廣聰明矣。故今所節略《通鑑》，如群臣奏疏，與其他言行，與一時誥令，出於記言之臣，苟非關於當年治道之大端，即不抄録。或見於他書，實係治體，不可不聞，而《通鑑》偶遺，即據其書添入。至於《通鑑》登載，萬一有小小遺[④]誤，亦略附著其説於下。若

---

① 陳傅良，字君舉，號止齋，宋温州瑞安（今屬浙江）人，著有《止齋先生文集》。本文見載《止齋先生文集》卷四十，原題爲“嘉邸進去讀藝祖通鑑節略序”。《文獻通考》卷一百九十三“建隆編”條引其文。

② 靖康元年，公元1126年。

③ 效出於此，原爲小字注，據《文獻通考》卷一百九十三《經籍考》，中華書局2011年版，當爲正文。

④ 遺，原作“違”，據《文獻通考》卷一百九十三《經籍考》，中華書局2011年版改。

夫列聖深仁厚澤，垂裕後人，傳之萬世，尤當循守者，必爲之諭。但存本指，不加文采，深有冀於省察也。

經世紀年序

張栻[①]

太史遷作《十二國世表》，始紀甲子起於成周共和庚申之歲，庚申而上則莫紀焉。歷世浸遠，其事雜見於諸書，靡適折衷，則亦傳疑而已。本朝嘉祐中，康節邵先生雍出於河南，窮往知來，精極於數，作《皇極經世書》，上稽唐堯受命甲辰之元，爲《編年譜》。如去[②]外丙、仲壬之紀，康節以數推[③]知之，乃合於《尚書》成湯既没太甲元年之説。

成湯之後，蓋實傳孫。孟子所説，特以太丁未立而卒，方是時，外丙生二年，仲壬生四年耳。又正武王伐商之年。蓋武王嗣位十一年矣，故《書序》稱十有一年，而復稱十有三年者，字之誤也。是類皆自史遷以來傳習之繆，一旦使學者曉然得其真，萬世不可改者也。某不自揆，輒因先生之曆，考自堯甲辰至皇上乾道改元之歲，凡三千五百二十有二年，列爲六圖，命之曰《經世紀年》，以便觀覽。間有鄙見，則因而明之，其大節目有六。

如孟子謂堯、舜三年之喪畢，舜、禹避堯、舜之子而天下歸之，然

---

① 張栻，字敬夫，號南軒，南宋綿竹（今四川綿竹）人。本文見載張栻《南軒先生文集》卷十四，《文獻通考》卷一百九十三“經世紀年”條徵引其文。卜氏輯録本文，與《文獻通考》適多相合。

② 去，原作“云”，據《南軒先生文集》卷十四《經世紀年序》，明嘉靖刻本改。

③ 推，原脱，據《南軒先生文集》卷十四《經世紀年序》，明嘉靖刻本補。

後踐天子位，此乃見帝王奉天命之大旨，其可闇而弗彰？故於甲申書服堯之喪，乙酉書踐位之實，丙戌書元載，格於文祖。自乙酉至丁巳，是踐位三十有三載也，則書薦禹於天，與《尚書》命禹之辭合。自丁巳至癸酉，是薦禹十有七年也，與孟子之説合。於禹受命之際，書法亦然。然而《書》稱舜在位五十載，陟方乃死，則是史官自堯崩之明年通數之耳。夏后相二十有八載，寒浞弑相，明年，少康始生於有仍氏，凡四十年而後祀夏配天，不失舊物。寒浞豈可使間有夏之統？故缺此四十載不書，獨書少康出處，而紀元載於復國之歲，以見少康四十年經營，宗祀絶而復續，足以爲萬代中興之冠冕。於新莽之篡，缺其年，亦足以表光武之中興也。漢吕太后稱制，既不得繫年，而所立他人子，名爲少帝者，又安得承統？故復缺此數年，獨書曰“吕太后臨朝稱制”，亦范太史祖禹繫嗣聖紀年之意也。漢獻之末，曹丕雖稱帝，而昭烈以正義立於蜀，不改漢號，則漢統烏得爲絶？故獻帝之後，即繫昭烈年號，書曰“蜀漢”。逮後主亡國，而始繫魏[①]。凡此皆節目之大者，妄意明微扶正，不自知其愚也。其他如夏以上稱“載”，商稱“祀”，周始稱“年”，皆考之《書》可見，而《周書·洪範》獨稱“祀”者，是武王不欲臣箕子，尚存商曆[②]，箕子之志也。由魏以降，南北分裂，如元魏、北齊、後周皆夷狄也，故統獨繫於江南。五代迭揉，則都中原者不得不繫之。

---

① 魏，原作“蜀”，據張栻《南軒先生文集》卷十四《經世紀年序》，明嘉靖刻本改。

② 曆，原作“立”，《文獻通考》同，據《全宋文》卷五千七百三十三，上海辭書出版社、安徽教育出版社2006年版，疑爲“曆”之訛，故改之。

宋史九朝實録

洪邁[①]

本朝國史凡三書，太祖、太宗、真宗曰《三朝》，仁宗、英宗曰《兩朝》，神宗、哲宗、徽宗、欽宗曰《四朝》，各自記事，至於諸志，若《天文》《地理》《五行》之類[②]，不免煩複。元豐中，《三朝》已就，《兩朝》且成。神宗專以付曾鞏，使合之。鞏奏言："五朝舊史，皆累世公卿、道德文學、朝廷宗工所共準裁，既已勒成大典，豈宜輒議損益。"詔不許，始謀纂成，會以憂去，不克成。其後神、哲各自爲一史，紹興初，以其是非褒貶皆失實，廢而不用。淳熙乙巳，邁承乏修史，丙午之冬，成書進御，遂請合九朝爲一，壽皇[③]即以見屬。嘗奏云："臣所爲區區有請者，蓋以二百年間典章文物之盛，分見三書，倉卒討究，不相貫屬。及累代臣僚，名聲相繼，當如前史以子繫父之體，類聚歸一。若夫制作之事，則已經先正名臣之手，是非褒貶，皆有所據依，不容妄加筆削。乞以此奏下之史院，俾後來史官知所以編纘之意，無或輒將成書擅行刪改。"上曰："如有未穩處，改削無害。"邁既奉詔開院，亦修成三十餘卷矣，而有永思攢宫[④]之役，才歸即去國，尤袤[⑤]以《高宗皇帝實録》爲辭，請權罷史院，於是遂已。祥符中，王旦[⑥]亦曾修撰兩朝史，今不傳。

---

① 洪邁，字景盧，南宋饒州樂平（今江西樂平）人，紹興年間進士，著有《容齋隨筆》《夷堅志》等。本文見載《容齋三筆》卷四。

② "類"下原衍一"類"字，據《容齋隨筆》三筆卷四，中華書局2005年版删。

③ 壽皇，宋孝宗趙昚。

④ 攢宫，帝、后靈柩暫殯的地方。

⑤ 尤袤，字延之，毗陵（今江蘇常州）人，南宋紹興年間進士，著有《遂初堂書目》等。

⑥ 王旦，字子明，大名莘縣（今山東濟南）人，北宋太平興國年間進士。

乞修宋日曆疏

汪藻[①]

龍圖閣直學士、知湖州汪藻乞修《日曆》。疏曰：臣昨待罪禁林，嘗於經筵面奏：本朝實録自艱難以來，金匱石室之藏，無復存者。伏觀列聖，自哲宗皇帝而上，皆有成書流傳，人間頗有其本，朝廷已訪而藏之御府矣。若太上皇帝、淵聖皇帝及陛下建炎改元，至今三十餘年，並無日曆，乞詔有司纂述，未見施行。臣竊惟自古無國無史，史未嘗一日無書。晋謂之《乘》，楚謂之《檮杌》，魯謂之《春秋》，以此見無國無史也。《春秋》以事繫日，以日繫月，以月繫時，以時繫年，必四時具，謂之"編年"，以此見史未嘗一日無書也。

漢法，太史公位丞相上，天下計書，先上太史公，副上丞相。唐及本朝，宰相皆兼史官，其重如此。故書榻前議論之辭，則有時政記；録柱下見聞之實，則有起居注。類而次之，謂之日曆；修而成之，謂之實録。所以廣記備言，垂一代之典也。若曠三十年之久，漫無一字之傳，將何以示來世乎？此其不可不纂述一也。韓宣子適魯，見《易·象》與《春秋》，曰："周禮盡在魯矣，吾今乃知周公之德與周之所以王。"則國家守文者，不可無史。蕭何入秦，先收丞相、御史律令圖書藏之。沛公具知天下阸塞、户口多少、强弱處，民所疾苦，以何？得秦圖書也。則國家創業者，不可無史。今陛下躬受天命，雖名"中興"，實兼創業、守文之事。乃一代典章殘缺如此，恐於理未安。此其不可不纂述二也。

---

① 汪藻，字彦章，宋饒州德興（今屬江西）人，崇寧年間進士，著有《浮溪集》。本文見載《浮溪集》卷二，原題作"乞修日曆狀"；《浮溪文粹》卷四，原題爲"乞修日曆奏狀"。

恭惟太上皇帝聰明睿哲之資，孝友温恭之德。疇咨臣下，言必成文，裁決事機，動皆合道。在位二十餘年，未嘗刑一無罪，殺一不辜。涵養生靈，耕桑萬里，視唐虞三代無不及焉。淵聖皇帝恭儉憂勤，招延聽納，雖登至尊之日淺，而膏澤浹於人心。止緣姦臣誤朝，馴致遐狩。今若無書紀實，恐千載之後，徒見一朝陵遲之禍亟，不知二聖積累之功深。兹事非輕，群臣當任其責。此其不可不纂述三也。

自古史官無所不録，況三十年之間，朝廷之施設，豪傑之謀謨，政事之廢興，人材之進退，禮文之因革，法度之罷行，歲事之豐凶，羌戎之服叛，有本有末，有源有流。一法弛而不書，則一法熄；一事略而不載，則一事隳。且當時群臣間有在者，以爲忠賢耶，不條其懿行，安知其可嘉；以爲邪佞耶，不條其宿姦，安知其可棄。苟因散逸，遂廢其書，豈孔子及闕文之義哉！此其不可不纂述四也。

《公羊傳》曰："所見異辭，所聞異辭，所傳聞異辭。"孔子作《春秋》，於定、哀則其事詳，於隱、莊則其事略。聖人猶爾，況其他乎？中原失平，三見閏矣！及今耳目相接，尚可追求。更數年間，事將堙没，雖有良史，莫知所憑。況比年風俗之衰，公論不立，士大夫取予，皆出愛憎，因一事爲一人而著書行世者多矣。若不乘時訂正，則數世之後，信以傳信，疑以傳疑，是非渾殽，白黑顛倒，小人之説行，而君子受其誣矣，可不懼哉！此其不可不纂述五也。

臣政和中爲著作佐郎，修《太上皇帝日曆》。東觀凡例，臣與聞焉。今所領州，又幸經兵火之餘，獨不殘毁。視諸故府案牘具存，如御筆手詔、賞功罰罪之文，尚班班可考。失今不輯，臣實惜之。古之有國家者，雖顛沛中，史官不廢。況今邊烽稍息，群盗屏除，正朝廷蒐補闕遺之時也。俯望睿慈，許臣郡[①]政之餘，將本州所有御筆手詔、賞功罰罪文字，截自元符庚辰，至建炎己酉三十年間，分年編類。仍量給官錢、市紙札、募[②]書工之類，繕寫進呈，以備修日曆官採擇。

進宋編年書劄子[③]

汪藻

臣嘗聞作史之法，始於編年，故《春秋》二百四十二年之間，凡事未嘗不謹歲月時日而書之。蓋人君之治天下，其大而見於史者，不過政事弛張、人材升黜。弛張有本有末，升黜有先有後，不以歲月時日繫之，將安所考乎？於此而有秋毫之差，不惟不足取信來世，凡所謂邪説私意者，皆得肆行而亂吾是非之實，祖宗豐功盛德，亦將鬱而不伸。故國朝置著作局，專修日曆。既取輔相時政記爲據，又責諸司供報，凡供報不實者坐之。其歲月時日，可謂信而不差矣。然抵牾者，亦時有焉。蓋業鉅事叢，其理然也。自乘輿南渡以來，史官無一字之傳。當時大臣時政記既不可復得，而諸司所謂案牘者，盡委於兵火。朝廷每舉一事，率幽冥而莫知其原，往往臨時取決於胥史之口，謂之“省記”。況史官欲得其歲月之真哉？故臣於紹興二年待罪湖州日，力具奏陳，以爲及今聞見尚新，宜亟加搜訪，失今不輯，後必悔之。蒙恩即以委臣。臣伏思一代鉅典，權輿於此，若歸之兵火，以爲無可奈何，趣具目前，謂之成書亦可。

① 郡，原作“群”，據汪藻《浮溪集》卷二，《四部叢刊》本改。

② 募，原作“纂”，《歷代名臣奏議》卷二百七十八同，據汪藻《浮溪集》卷二，《四部叢刊》本改。

③ 本文見載《歷代名臣奏議》卷二百七十七。

顧今歲月見於殘編斷簡者，幸班班可尋，必欲編摩，措之列聖實録之間而無愧者非難，在加之意而已。故設爲四類以求之，一曰年表、二曰官閥、三曰政迹、四曰凡例。

何謂年表？以祖宗實録考之，輔相之拜免，臺諫之去留，六曹寺監長貳之遷移，三京二十八帥之委任，皆事干政體者，書之不可少差。而徽宗臨御二十六年間，除目以千萬計，日異而月不同，非歲爲旁通，何以見之？

何謂官閥？以祖宗實録考之，朝臣自館職而上，差除悉書；文臣自卿監，武臣自刺史，宗室自小將軍而上，皆當立傳。而徽宗臨御二十六年間，當書差除者八千餘人，當立傳者一千餘人。差除必首尾相續，方無缺遺；立傳必始終相參，方無舛誤。非人爲累歷，何以見之？

何謂政迹？以祖宗實録考之，内而百度之廢興，外而四夷之服叛，皆當叙其源流以書。如黨論、舍選、禮制、河防、方田、市易、茶鹽、錢幣之類，皆百度之源流當叙者也。青唐[①]之棄地復地，金人之請盟背盟，西夏之進築，高麗之遣使之類，皆四夷之源流當叙者也。

何謂凡例？以祖宗實録考之，有一月之例，有一季之例，有一年之例，有三年之例，缺一不録，不爲全書。如占星象、奏灾祥、賜高年[②]、旌孝弟，與夫縣鎮之廢置、神祠之加封，率於月尾書之，一月之例也。原廟四時酌獻、百官春秋大宴，雖有定月而卜日不同，一季之例也。大遼、夏國賀正旦、生辰，及押賜夏國禮物官，皆當書其姓名；歲終户部奏天下主客户口增耗，刑部奏天下斷過大辟，宗正奏宗子命名授官，皆當書其人數，一年之例也。郊祀明堂、夏祭、貢舉，前期降詔，郊祀肆

① 青唐，唐上元中，吐蕃陷鄯城，號爲青唐城，故址在今青海西寧。

② 宋朝根據身份地位不同，賞賜七十歲到百歲的高年，賞賜以粟帛米麥最爲常見，錢幣、爵位較爲罕見，官職、封號、師號等賞賜在南宋逐漸普及。

赦、殿試正奏名、特奏名、武舉進士策問，皆當書其全文；大禮差五使三獻官、后妃封贈三代、臣僚蕃國加恩宣麻、貢院差知舉及殿試官、諸文武進士釋褐，皆當書其人數，榜首皆當書其姓名；受誓戒、宿齋[①]、恭謝、飲福，皆當書日；正進士釋褐三名前注授、諸班直轉員，皆當書其恩數，三年之例也。其例之不可以年月見者，猶不與焉。

臣自紹興二年承指揮編次，字字綴緝，七年於兹。本欲畢區區之愚，每類各爲一書，以備史官採擇。既功力浩渺，非歲月可成，又恭聞近開史院，修《徽宗皇帝實録》，事體宏大，非臣疏外敢爲。今於每類各修成一門，除凡例一門已具，重修元符庚辰以後三年詔旨，節次進呈訖，今修到年表門，具[②]元符、建中、崇寧年臣僚旁通六册，官閥門具宰相十三人、執政三十三人，累歷十册，政迹門具青唐棄地復地本末、金人請盟背盟本末十二册，共二十八册[③]投進，通前總八百册。伏乞聖慈特賜省覽，庶知臣所編歲月時日，皆多方訂正，務得其真，未嘗一字無據也。

上修遼金宋史搜訪遺逸事狀 元成宗時

袁桷[④]

伏睹先朝聖訓，屢命史臣纂修遼、金、宋史，因循未就。推原前代亡國之史，皆係一統之後史官所成。若齊、梁、陳、隋、周五代正史，

---

① 宿齋，古代舉行祭祀等禮儀前的齋戒。

② 自“已具”至“年表門具”，原爲小字注，據《歷代名臣奏議》卷二百七十七，明永樂内府刻本，實屬正文。

③ 二十八册，原爲小字注，據《歷代名臣奏議》卷二百七十七，明永樂内府刻本，實屬正文。

④ 袁桷，字伯長，號清容居士，元慶元鄞縣（今浙江寧波）人。本文見載《清容居士集》卷四十一。

李延壽《南北史》，房玄齡等《晉書》，或稱御撰，或著史臣，此[①]皆唐太宗右文稽古，數百年分裂事志悉得全備。至宋倣依唐世，爰設官局以成《唐書》。是先朝屢命，有合太宗文明之盛。榆生長南方，遼、金舊事鮮所知聞，中原諸老，家有其書，必能搜羅會粹，以成信史。竊念宋世九朝，雖有[②]正史，一時避忌，今已易代，所宜改正。昔司馬遷、班固，皆以父子相傳，遂能成書，劉知幾、劉餗、劉贊，咸以家世舊聞，撰成《史通》《史例》。輒不自揆，庸用條析，兼本院宋朝名臣文集及雜書紀載，悉皆遺缺，亦當著其書目，以備採擇者[③]。

宋元通鑑序

薛應旂[④]

旂少讀二十一史，苦其浩瀚，既取荀悦、袁宏前、後《漢紀》，范祖禹《唐鑑》、歐陽脩《五代史》，讀之，各成一書，咸可法戒。然會而觀之，猶若未備。及讀司馬光《資治通鑑》，上起戰國，下終五代，先後貫穿，而一千三百六十二年之事迹燦若指掌矣。自宋以下，雖有李燾之《長編》，劉時舉、陳桱之《續編》，而紀載失次，筆削未當，仍爲缺典。於時不自揆量，妄意删述。以紹司馬氏之事，而馳騖場屋，勉就聲律，將作復止。既而奔走仕途，每携宋、遼、金、元四史以行，而簿書碌碌，

① 此，原脱，據《清容居士集》卷四十一，《四部叢刊》本補。

② 有，原作“然”，據《清容居士集》卷四十一，《四部叢刊》本改。

③ 者，原脱，據《清容居士集》卷四十一，《四部叢刊》本補。

④ 薛應旂，字仲常，號方山，明武進（今江蘇常州）人，著有《宋元通鑑》《四書人物考》等。本文見載《宋元通鑑》卷首。

竟未遑也。迺後視學浙中，校士之暇，雖嘗編次，未有專功。歲丙辰，自鄜延放歸，居間無事，得以研精竭慮，熟復四史，於凡宋元名人之籍，家記野史，罔不抉擿幽隱，究悉顛末，日夜手書，五六年間，積草綴稿，堆几盈篋。暮年衰力，旋覺倦勸，幾於棄置。值王兵使道行、朱郡守袗遺書史謄出，旂乃復爲删潤，可疑可信，校訂毫釐，如是者又四五年，乃始就緒。追惟司馬氏振古鉅儒，又助以劉恕、范祖禹、趙君錫之博雅，歷十九年而其書始成。猶謂中間抵牾，不敢自保，矧旂孤陋，獨學無朋，可以語此也哉。但旂平生迂愚，不敢隨人談笑。

蘇洵氏謂經以道法勝，史以事辭勝[①]，而世儒相沿，動謂經以載道，史以載事，不知道見於事，事寓乎道，經亦載事，史亦載道，要之不可以殊觀也。故旂於是編，凡有關於身心性命之微，禮樂刑政之大，奸良邪正之辯，治亂安危之機，灾祥休咎之徵，可以爲法，可以爲戒者，皆直書備録，其義自見。君臣士庶咸可鑒觀，隨其所居，各求盡分，匪直可以資治而已。

至論其大可鑒戒者，則宋初立國，君子小人並用，而君子多至擯斥，小人多至顯融。迨建中靖康間，曾、蔡之徒更迭爲相，而南渡以後則汪、黄、秦、湯、史、賈諸人相繼擅權，内小人，外君子，遂致善類銷亡，而士人無賴。陳亮所謂舉國之人，皆風痹不知痛癢，竟忘君父之大讎，以是遼、金雖滅，元遂起而乘之，而宋因以亡。王通氏有言曰："戎狄之德，黎民懷之，三才其舍諸？[②]噫！"此元之所以有天下，而中國盡爲夷狄也。既而天心厭亂，篤生我太祖高皇帝，驅元漠北，復我中夏。然聖度涵宏，上契天心，下究時事，不以滅宋爲元忽必烈之罪，而曰天命真

---

① 以事辭勝，四字原脱，據《宋元通鑑》卷首，明天啓六年刻本補。

② 《中説・王道》："《書》云：天命不于常，惟歸乃有德。戎狄之德，黎民懷之，三才其舍諸？"

人於沙漠。即位之明年，遂詔修《元史》，仰窺淵睿，豈但曰國可滅，史不可滅，亦以見元之亂華，皆本於宋之用匪其人所致，而千萬世之永鑒，莫有大於是也！故旂於宋元之際，蓋重有感焉。而參附遼、金，以爲是編，誠有不能自已者矣。及觀元儒揭傒斯有言曰："修史在於得人，有學問文章而不知史事者，不可與；有學問文章知史事而心術不正者，不可與。"

旂俛思蚤歲涉獵子史，則溺意詞章，依傍經典，則高談性命，俱無裨實用。晚雖稍知反約，庶幾會歸於一，而不能附麗，未及一二，見諸行事，竟罹沮尼。邇幸泰道，旋復優游於學稼、灌園之暇，而無所用心，冉冉老矣，不忍以藐焉之身，終爲天地間之贅物，以負覆載[①]生成之德。且迴視宋元，世代不遠，人情物態大都相類。《書》曰："我不可不監於有夏，亦不可不監於有殷。"宋元固今之夏、殷也，所宜爲監者，蓋莫切於此矣！是用黽勉，以畢初志。其於學問文章知史事，雖未可妄議，而心術則不敢不正，但一得之愚，上下於宋元四百八十二年之間，成兹一百五十七卷之書，僭踰之罪，知不能免矣！儻假我數年，尚當再加參校，獻之闕下，以舒芹曝之忱，兹懼率易，姑以藏之家塾，未敢上瀆也。

金小史序

楊循吉[②]

女直，東夷之至微者也。乘契丹氏亂，崛起海隅，不一年，遂有遼

---

① 覆載，天地。《禮記·中庸》："天之所覆，地之所載。"

② 楊循吉，字君卿，吴縣（今江蘇蘇州）人，明成化二十年進士，著有《松籌堂集》等。本文見載楊循吉《金小史》卷首。

半。宋之弗謀，而與之連也，天祚執而二帝亦不免焉。於是犬羊之徒腥污中國，僞楚假齊[①]繼爲子皇帝，趙氏百年故疆蠹去十五，九朝寬仁之恩一旦蕩矣！天下之大變，生民之至痛，孰甚於此也！建炎天子奮起，歸德中原，咸有古社復還之望。而奸檜沮成，諸將敗氣，一飛死，始[②]真棄半壁天下，退居臨安，僅僅爲一附庸。或曰：非特檜意也，道君歸、淵聖返而無所位置焉。誠若是也，宋實自壞，罪豈獨在金歟？自是厥後，虜勢日盛，南渡君臣甘心北面於吴乞買輩，君之父之，伯之叔之，猶未厭也。逆亮窺江，禍及其躬而後已焉。當時士大夫號爲横經講道者何限，然目視君父歲捐數十萬以拜跪事人，如無也。其亦何顔！侂胄雖戮，猶有志焉，特其爲人庸耳，以實求之，不皆其罪人耶[③]！君子以爲有一管夷吾，遂足以興齊，宋誠有人，豈至於是！然則終宋之世，不可謂非談儒者誤之也。賴天之鑒禍，流毒不爽，亶、景、亮三酋[④]以次授命於其下，裨將小夫[⑤]，如殺狗豕然，無惜者。而蔡城之焚，隳宋目中百年之讎，始爲人心一快。然而禮樂衣冠爲其竊據多矣，亦何足以贖之乎？由今觀之，猶能使談者氣塞，則在當時宜何如也。或曰階厲[⑥]自貫，不然，夷狄惟戰則遁耳。是雖無貫亦至也，奚獨罪其階厲哉！檜和則罪，貫與仇會戰則罪，惟拱手而談者無罪，則宋之不振宜矣！自古夷狄安識有禮義？所畏者戰耳！今日曰儲糧，明日曰練兵，持重一語，特爲宋家之障蔽，至於

---

① 僞楚，金滅北宋後扶持張邦昌建立的傀儡政權。假齊，張邦昌歸降宋高宗後，金太宗復立劉豫建立大齊。

② 一飛死始，原作“一飛始死”，據《金小史》卷首，明萬曆刻本改。

③ “侂胄”至“不皆”原脱，又訛“其”爲“于”，據《金小史》卷首，明萬曆刻本補改。韓侂胄，字節夫，相州安陽（今河南安陽）人，南宋大臣，力主攻金，後遭謀害。

④ 亶、景、亮三酋，金熙宗完顔亶、金章宗完顔璟和海陵王完顔亮。

⑤ 裨將小夫，四字原脱，據《金小史》卷首，明萬曆刻本補。

⑥ 階厲，導致禍害的人。

壞盡社稷而不知也，豈不痛哉！然則金之得成其虐者，人也，非天也。

循吉伏覽往迹而輒悲之，以爲金所關中國事至大，竊因故史浩繁，弗便觀，於是摘其興滅之大故，旁采他録，屬而書之。綿歷三載，始克成命，曰《金小史》。削其名號，章政弗書，斥僞而惡其竊也。惟涉宋者，雖細不棄，史固爲國作乎。嗚呼！由當時觀之，則完顔氏帝也，盟主也，國也，由後世觀之，則夷狄也，禽獸也，大盗賊也。故循吉之爲此書也，所以甚金之惡，而發之憤也，非爲金作也。

論史答王監察書[①]

李夢陽

僕嘗思作史之義，昭往訓來，美惡具列，不勸不懲，不之述也。其文貴約而該。約則覽者易徧，該則首末弗遺。古史莫如《書》《春秋》，孔子删修，篇寡而字嚴，左氏繼之，辭義精詳。遷、固博采，簡帙省縮。以上五史，讀者刻日可了，其册可挾而行，可箱而徙。後之作者，本乏三長，竊名效芳，輒附筆削，義非指南，辭殊禁臠，傳叙繁蕪，事無斷落。范曄《後漢》亦知史不貴繁，然剜精鏟采，著力字句之間，故其言枯體晦，文之削者也。蓋不知古文史約而意完，非故省之言之妙耳。下逮《三國》《南》《北》諸史，遠不及曄，漫浪難觀。《晋書》本出群手，體制混雜，俗雅錯棼[②]。歐陽人雖名世，《唐書》新靡加故，今之識者購故而廢新。《五代史》成一家言，是矣，然古史如[③]畫筆，形神具出，覽者

① 本文見載《空同集》卷六十二。

② 錯棼，錯亂紛雜。

③ 如，原脱，據《空同集》卷六十二《論史答王監察書》，文淵閣《四庫全書》本補。

踴躍，卓如見之，歐無是也。至於《宋》《元》二史，第據文移，一概抄謄，辭義兩蔑，其書各逾百帙，觀者無所啓發，展卷思睡矣。得其書者，往往束之高閣。僕謂諸史，他猶可耳。《晉》《宋》《元》三史，必修之書也，若宿學碩儒，才敵馬、班，《後漢》而下，種種筆削，誠萬世弗刊之典，或憚其難，止取三史，約而精之，亦弘文之嘉運，昭代之景勛，管豹井天，私蓄素矣！幸公有問，輒吐布以聞，伏俟大君子教焉。

與華修撰論修宋元二史書

陸粲[①]

得手書，知奉明詔，將重修宋元二史，甚盛舉也。粲也聞之君子曰："班固死，天下不復有良史矣！"魏晉而下，古意浸微，然其辭之鄙近猥冗，則莫有甚於宋、元之爲史者。夫自孔子修《春秋》，猶援據百二十國寶書，馬遷爲《史記》，既紬金匱石室之秘，又旁采群籍以就之。故凡有事於史，不先汎觀博取，而能成一家言者，未之有也。今二代之史，乃獨據其當時所謂實録者云爾，而實録所據又不過諸家行狀、碑誌之屬。行狀、碑誌之辭，能盡善乎？是非善惡，能盡公乎？乃至全篇載人，不復刊削，又不問其人何如，凡階級稍崇者，輒爲立傳。其間直叙官職遷轉，而事迹寂寥，如一由[②]狀然。故其書卷帙雖數倍於前史，而文辭乃無一篇可與陳壽以下諸人争衡，非但筆力不逮，亦以紀載過

① 陸粲，字子餘，長洲（今江蘇蘇州）人，明嘉靖年間進士，著有《陸子餘集》《左傳附注》等。本文見載陸粲《陸子餘集》卷六。

② 由，原作"申"，據陸粲《陸子餘集》卷六，清文淵閣《四庫全書》補配文津閣《四庫全書》本改。

繁，難於檢括故也。其他紕繆又不暇悉數。

今必痛掃去之，自立機軸，先廣開獻書之路，求諸野史、小說、雜傳記，詳覈其異同之故，準司馬公《通鑑考異》例爲一書，使統體既定，然後下筆。大抵以正史訂雜書之繆，以雜書裨正史之闕。凡其人之碌碌不足傳者，事之瑣屑者，奏疏之冗長而空言無實者，皆略去之。期於繁簡適中，是非不謬而已。若衹用舊本，竄易首尾，姑以了事。竊恐後之議今，猶今之議昔，曾不若姑仍其舊之爲愈耳。然二書體大，自非在上者優假歲月，無求速成；而諸君子當事者，能任爲己責，不肯虛過日時，則未易爲矣。至其文體，且當以平正通達爲主，不必如今之爲古文者，務爲艱深詭異之辭，反使事迹鬱而弗明。此最大忌也。當聖明在上，垂情述作，諸君子遭不世之奇會，豈徒受大官酒食，藉此爲升轉之計，苟且塞責而已哉！兄何不與文升[①]輩二三同志以此意昌言於朝，使二史之成，追蹤班、馬，爲千載之一快也？時難得而易失，竊重爲諸君子願之。粲病廢之餘，棲伏林壑，弗與世事，默默久矣。偶感觸，輒爲知己者一道，惟弗以爲迂而俯聽之。且無使不相悦者知斯言之出於我，而重得罪焉，受賜多矣。

杜氏通典序

李翰[②]

儒家者流，博而寡要，勞而少功，何哉？其患在於習之不精，知之

① 文升，屠应埈，明嘉靖年間進士。

② 李翰，唐趙州贊皇（今河北贊皇）人，天寶年間進士。本文見載《通典》卷首。

不明。入而不得其門，行而不由其道，何以徵之？夫五經，群史之書，大不過本天地，設君臣，明十倫五教之義，陳政刑賞罰之柄，述禮樂制度之統，究治亂興亡之由，立邦之道，盡於此矣。非此典者，謂之無益世教，則聖人不書，學者不覽，懼冗煩而無所從也。先師宣尼，祖述堯舜，憲章文武，七十子之徒宣明大義，三代之道，百世可師。而諸子云云，猥復製作，由其門則其教已備，反其道則其人可誅。而學者以多閱爲廣見，以異端爲博聞。是非紛然，澒洞茫昧，而無條貫。或舉其中而不知其本，原其始而不要其終。高談有餘，待問則泥。雖驅馳百家，日誦萬字，學彌廣而志彌惑，聞愈多而識愈疑。此所以勤苦而難成，殆非君子進德修業之意也。

今《通典》之作，昭昭乎其警學者之群迷歟？以爲君子致用，在乎經邦，經邦在乎立事，立事在乎師古，師古在乎隨時，必參古今之宜，窮終始之要。始可以度其古，終可以行於今。問而辨之，端如貫珠，舉而行之，審如中鵠。夫然，故施於文學，可爲通儒，施於政事，可建皇極。故採五經、群史，上自黄帝，至于有唐天寶之末，每事以類相從，舉其始終。歷代沿革廢置，及當時群士論議得失，靡不條載，附之于事，如人支脈散綴於體。凡有八門，號曰《通典》。非聖人之書，乖聖人微旨，不取焉，惡煩雜也。事非經國禮法程制，亦所不録，棄無益也。若使學者得而觀之，不出户知天下，未從政達人情，罕更事知時變，爲功易而速，爲學精而要，其道直而不徑，其文甚詳而不煩，推而通，放而準，語備而理盡，例明而事中，舉而措之，如指諸掌，不假從師聚學，而區以别矣。非聰明獨見之士，孰能修之？

淮南元戎之佐曰：尚書主客郎京兆杜公君卿，雅有遠度，志於邦典，篤學好古，生而知之，以大曆之始，實纂斯典，累年而成。杜公亦自爲序引，各冠篇首。或前史有闕，申高見發明，以示勸戒，用存景行。近代學士，多有撰集，其最著者，《御覽》《藝文》《玉燭》之類，網羅古今，博則博矣，然率多文章之事，記問之學，至於刊列百度，緝熙王猷，至精至粹，其道不雜，比於《通典》，非其倫也。

於戲！今之人賤近而貴遠，昧微而睹著，得之者甚鮮，知之者甚稀，可爲長太息也。翰嘗有斯志，約乎舊史，圖之不早，竟爲善述者所先，故頗詳旨趣，而爲之序，庶將來君子知吾道之不誣。

唐左補闕李翰序。

通志總序[①]

鄭樵

百川異趣，必會于海，然後九州無浸淫之患；萬國殊途，必通諸夏，然後八荒無壅滯之憂：會通之義大矣哉！

自書契以來，立言者雖多，惟仲尼以天縱之聖，故總《詩》《書》《禮》《樂》而會于一手，然後能同天下之文；貫二帝三王而通爲一家。然後能極古今之變。是以其道光明百世之上，百世之下不能及。仲尼既没，百家諸子興焉，各效《論語》，以空言著書。至於歷代實迹，無[②]所紀繫。

迨漢建元、元封之後，司馬氏父子出焉。司馬氏世司典籍，工於製作，故能上稽仲尼之意，會《詩》《書》《左傳》《國語》《世本》《戰國策》《楚漢春秋》之言，通黄帝、堯、舜至于秦漢之世，勒成一書，分

---

① 本文見載鄭樵《通志》卷首。

② 迹無，原爲小字注，據《通志二十略》卷首《總序》，中華書局 1995 年版，當爲正文。

爲五體：本紀紀年，世家傳代，表以正曆，書以類事，傳以著人，使百代而下，史官不能易其法，學者不能捨其書，六經之後，惟有此作，故謂“周公五百歲而有孔子，孔子五百歲而在斯乎”。是其所以自待者已不淺，然大著述者，必深於博雅，而盡見天下之書，然後無遺恨。當遷之時，挾書之律初除，得書之路未廣，亘三千年之史籍，而跼蹐[①]於七八種書，所可爲遷恨者，博不足也。凡著書者，雖採前人之書，必自成一家言。左氏，楚人也，所見多矣，而其書盡楚人之辭。公羊，齊人也，所聞多矣，而其書皆齊人之語。今遷書全用舊文，間以俚語，良由採摭未備，筆削不遑，故曰：“予不敢墮先人之言，乃述故事，整齊其傳，非所謂作也。”劉知幾亦譏其多聚舊記，時插雜言，所可爲遷恨者，雅不及也。大抵開基之人不免草創，全屬繼志之士爲之彌縫。晋之《乘》、楚之《檮杌》、魯之《春秋》，其實一也。《乘》《檮杌》無善後之人，故其書不行，《春秋》得仲尼挽之於前，左氏推之於後，故其書與日月並傳。不然，則一卷事目，安能行於世！自《春秋》之後，惟《史記》擅制作之規模，不幸班固非其人，遂失會通之旨，司馬氏之門户自此衰矣！

班固者，浮華之士也，全無學術，專事剽竊。肅宗問以制禮作樂之事，固對以在京諸儒必能知之。儻臣鄰皆如此，則顧問何取焉？及諸儒各有所陳，固惟竊叔孫通十二篇之儀以塞白而已。儻臣鄰皆如此，則奏議何取焉？肅宗知其淺陋，故語竇憲曰：“公愛班固而忽崔駰，此葉公之好龍也。”固於當時，已有定價，如此人材，將何著述？《史記》一書，功在十表，猶衣裳之有冠冕，木水之有本原。班固不通旁行邪上，以古今人物强立差等。且謂漢紹堯運，自當繼堯，非遷作《史記》厠於秦、項，此則無稽之談也。由其斷漢爲書，是致周、秦不相因，古今成間隔。

---

① 跼蹐，形容戒慎、畏懼。

自高祖至武帝，凡六世之前，盡竊遷書，不以爲慚。自昭帝至平帝凡六世，資於賈逵、劉歆，復不以爲耻。况又有曹大家終篇，則固之自爲書也幾希！往往出固之胸中者，《古今人表》耳，他人無此謬也。後世衆手修書，道傍築室；掠人之文，竊鐘掩耳；皆固之作俑也。固之事業如此，後來史家奔走班固之不暇，何能測其淺深！遷之於固，如龍之於豬，奈何諸史棄遷而用固。劉知幾之徒尊班而抑馬！且善學司馬遷者，莫如班彪。彪續遷書，自孝武至于後漢，欲令後人之續己，如己之續遷，既無衍文，又無絶緒，世世相承，如出一手，善乎其繼志也！其書不可得而見，所可見者，元、成二帝贊耳。皆於本紀之外，别記所聞，可謂深入太史公之閫奥[①]矣！凡左氏之有“君子曰”者，皆經之新意；《史記》之有“太史公曰”者，皆史之外事，不爲褒貶也，間有及褒貶者，褚先生之徒雜之耳。且紀傳之中，既載善惡，足爲鑒戒，何必於紀傳之後更加褒貶？此乃諸生決科[②]之文，安可施於著述，殆非遷、彪之意。况謂爲贊，豈有貶辭？後之史家，或謂之論，或謂之序，或謂之銓，或謂之評，皆效班固，臣不得不劇論固也。司馬談有其書，而司馬遷能成其父志；班彪有其業，而班固不能讀父之書。固爲彪之子，既不能保其身，又不能傳其業，又不能教其子，爲人如此，安在乎言爲天下法？范曄、陳壽之徒繼踵，率皆輕薄無行，以速罪辜，安在乎筆削而爲信史也？

孔子曰：“殷因於夏禮，所損益可知也；周因於殷禮，所損益可知也。”此言相因也。自班固以斷代爲史，無復相因之義，雖有仲尼之聖，亦莫知其損益。會通之道自此失矣！語其同也，則紀而復紀，一帝而有數紀；傳而復傳，一人而有數傳。天文者，千古不易之象，而世世作

---

① 閫奥，比喻學問或事理的精微深奥所在。

② 決科，指參加科舉考試。

《天文志》;《洪範五行》者,一家之書,而世世序《五行傳》。如此之類,豈勝繁文? 語其異也,則前王不列於後王,後事不接於前事。郡縣各爲區域而昧遷革之源,禮樂自爲更張遂成殊俗之政,如此之類,豈勝斷綆。

曹魏指吴、蜀爲寇,北朝指東晋爲僭;南謂北爲索虜,北謂南爲島夷。《齊史》稱梁軍爲義軍,謀人之國可以爲義乎!《隋書》稱唐兵爲義兵,伐人之君可以爲義乎!房玄齡董史册,故房彦謙[①]擅英名;虞世南預修書,故虞荔、虞寄[②]有嘉傳。甚者,桀犬吠堯,吠非其主。《晋史》黨晋而不有魏,凡忠於魏者,目爲叛臣,王淩、諸葛誕、毌丘儉之徒抱屈黄壤;《齊史》黨齊而不有宋,凡忠於宋者,目爲逆黨,袁粲、劉秉、沈攸之之徒含冤九泉[③]。噫!天日在上,安可如斯!似此之類,歷世有之。傷風敗義,莫大乎此!

遷法既失,固弊日深,自東都至江左,無一人能覺其非。惟梁武帝爲此慨然,乃命吴均作《通史》,上自太初,下終齊室,書未成而均卒。隋楊素又奏令陸從典[④]續《史記》,訖于隋,書未成而免官。豈天之靳斯文[⑤]而不傳與?抑非其人而不祐之與?自唐之後,又莫覺其非,凡秉史筆者,皆準《春秋》,專事褒貶。夫《春秋》以約文見義,若無傳釋,則善惡難明;史册以詳文該事,善惡以彰,無待美刺。讀蕭、曹之行事,豈不知其忠良;見莽、卓之所爲,豈不知其兇逆。夫史者,國之大典也,而當職之人,不知留意於憲章,徒相尚於言語,正猶當家之婦不事饔飧,

① 房彦謙,字孝冲,清河東武城(今山東武城)人,隋朝官員,房玄齡之父,善書法。

② 虞荔,字山披,會稽餘姚(今浙江餘姚)人,虞世南父。虞寄,字次安,虞荔之弟。

③ 宋順帝時,蕭道成專政,沈攸之舉兵反;袁粲、劉秉亦密謀起兵,事敗被殺。袁粲,又名愍孫,字景倩,陳郡陽夏(今河南周口)人。劉秉,字彦節,南朝宋宗室。沈攸之,字仲達,吴興武康(今浙江德清)人。

④ 陸從典,字由儀,吴郡吴(今江蘇蘇州)人,歷仕陳、隋。

⑤ 斯文,原爲小字注,據《通志二十略》卷首《總序》,中華書局 1995 年版,當爲正文。

專鼓唇舌，縱然得勝，豈能肥家！此臣之所深耻也！

江淹有言："修史之難，無出於志。"誠以志者，憲章之所繫，非老於典故者，不能爲也。不比紀傳，紀則以年包事，傳則以事繫人，儒學之士皆能爲之。惟有志難，其次莫如表。所以范曄、陳壽之徒能爲紀傳而不敢作表志。志之大原，起於《爾雅》，司馬遷曰書，班固曰志，蔡邕曰意，華嶠曰典，張勃曰録，何法盛曰説。餘史並承班固，謂之志，皆詳於浮言，略於事實，不足以盡《爾雅》之義。臣今總天下之大學術而條其綱目，名之曰略。凡二十略，百代之憲章、學者之能事盡於此矣。其五略，漢唐諸儒所得而聞；其十五略，漢唐諸儒所不得而聞也。

生民之本，在於姓氏；帝王之制，各有區分。男子稱氏，所以别貴賤；女子稱姓，所以别婚姻，不相紊濫。秦併六國，姓氏混而爲一。自漢之唐，歷世有其書，而皆不能明姓氏。原此一家之學，倡於左氏，因生賜姓，胙土命氏。又[①]以字、以謚、以官、以邑命氏，邑亦土也。左氏所言，惟兹五者。臣今所推，有三十二類，左氏不得而聞，故作《氏族略》。

書契之本，見於文字。獨體爲文，合體爲字。文有子母，主類爲母，從類爲子。凡爲字書者，皆不識子母。文字之本，出於六書。象形、指事，文也；會意、諧聲、轉注，字也；假借者，文與字也。原此一家之學，亦倡於左氏。然止戈爲武，不識諧聲；反正爲乏，又昧象形。左氏既不别其源，後人何能别其流！是致小學一家，皆成鹵莽。經旨不明，穿鑿蜂起[②]，盡由於此。臣於是驅天下文字盡歸六書，軍律既明，士乃用命，故作《六書略》。

---

① 氏又，原爲小字注，據《通志二十略》卷首《總序》，中華書局 1995 年版，當爲正文。

② 蜂起，原爲小字注，據文義及《通志二十略》卷首《總序》，中華書局 1995 年版，當爲正文。

天籟之本，自成經緯。縱有四聲以成經，横有七音以成緯[①]。皇頡制字，深達此機；江左四聲，反没其旨。凡爲韻書者，皆有經無緯。字書眼學，韻書耳學。眼學以母爲主，耳學以子爲主。母主形，子主聲，二家俱失所主。今欲明七音之本，擴六合之情，然後能宣仲尼之教，以及人面之俗，使裔夷之俘皆知禮義，故作《七音略》。

天文之家在於圖象。民事必本於時，時序必本於天。爲《天文志》者，有義無象，莫能知天。臣今取隋丹元子《步天歌》[②]，句中有圖，言下成象；靈臺所用，可以仰觀。不取甘石本經，惑人以妖妄，速人於罪累。故作《天文略》。

地理之家在於封圻[③]，而封圻之要在於山川。《禹貢》九州，皆以山川定其經界，九州有時而移，山川千古不易，是故《禹貢》之圖至今可别。班固《地理》主於郡國，無所底止，雖有其書，不如無也。後之史氏，正以方隅，郡國併遷，方隅顛錯，皆因司馬遷無《地理書》，班固爲之創始，致此一家，俱成謬學。臣今準《禹貢》之書而理川源，本《開元十道圖》以續今古，故作《地理略》。

都邑之本，金湯之業，史氏不書，《黄圖》難考。臣上稽三皇五帝之形勢，遠探四夷八蠻之巢穴。仍以梁汴者，四朝[④]舊都，爲痛定之戒；南陽者，疑若可爲中原之新宅。故作《都邑略》。

謚法一家，國之大典。史氏無其書，奉常失其旨。周人以諱事神，謚法之所由起也。古之帝王，存亡皆用名。自堯、舜、禹、湯至於桀、

① 四聲指平、上、去、入。七音指宫、商、角、徵、羽、變宫、變徵。

② 丹元子《步天歌》，丹元子所著的一部介紹星官的天文著作。丹元子，隋代隱者。《宋史・藝文志》載《步天歌》爲王希明撰。其他目録説法不一。

③ 封圻，疆土。

④ 四朝，指後梁、後晋、後漢、後周，均以汴京爲國都。

紂，皆名也。周公制禮，不忍名其先君。武王受命之後，乃追謚太王、王季、文王，此謚法所由立也。本無其書，後世僞作《周公謚法》，欲以生前之善惡爲死後之勸懲。且周公之意，既不忍稱其名，豈忍稱其惡！如是，則《春秋》爲尊者諱、爲親者諱，不可行乎周公矣，此不道之言也。幽、厲、桓、靈之字，本無兇義，謚法欲名其惡，則引辭以遷就，其意何爲？皇頡制字，使字與義合；而周公作法，使字與義離。臣今所纂，並以一字見義，削去引辭，而除其曲説，故作《謚略》。

祭器者，古人飲食之器也。今之祭器出於《禮圖》[①]，徒務説義，不思適用。形制既乖，豈便歆享！夫祭器尚象者，古之道也。器之大者莫如罍，故取諸雲山；其次莫如尊，故取諸牛象；其次莫如彝，故取諸鷄鳳；最小者莫如爵，故取諸雀。其制皆象其形，鑿項及背以出内酒。惟劉杳[②]能知此義，故引魯郡地中所得齊子尾[③]送女器有犧[④]尊，及齊景公冢中所得牛尊、象尊以爲證，其義甚明，世莫能用。故作《器服略》。

樂以詩爲本，詩以聲爲用。風土之音曰“風”，朝廷之音曰“雅”，宗廟之音曰“頌”。仲尼編《詩》，爲正樂也。以風雅頌之歌，爲燕享祭祀之樂。工歌《鹿鳴》之三，笙吹《南陔》之三，歌間《魚麗》之三，笙間《崇丘》之三[⑤]，此大合樂之道也。古者絲竹有譜無辭，所以六笙[⑥]但存其名。序詩之人，不知此理，謂之有其義而亡其辭。良由漢立齊、魯、

① 《禮圖》，《三禮圖》，宋聶崇義所撰，援經據典，考釋器象。

② 劉杳，字士深，南朝梁平原（今山東平原）人，與顧協等人合撰《編略》。

③ 齊子尾，春秋時齊國大夫，齊惠公之孫，齊景公時寵臣。

④ 犧，原作“議”，據《通志二十略》卷首《總序》，中華書局1995年版改。

⑤ “工歌《鹿鳴》之三”四句，《儀禮·燕禮》曰：“工歌《鹿鳴》《四牡》《皇皇者華》。笙入，奏《南陔》《白華》《華黍》。乃間歌《魚麗》，笙《由庚》；歌《南有嘉魚》，笙《崇丘》；歌《南山有台》，笙《由儀》。”

⑥ 六笙，《詩經》中的六篇有名無辭的笙詩。

韓、毛[①]四家博士，各以義言詩，遂使聲歌之道日微。至後漢之末，詩三百僅能傳《鹿鳴》《騶虞》《伐檀》《文王》四篇之聲而已。太和[②]末又失其三。至於晋室，《鹿鳴》一篇又無傳。自《鹿鳴》不傳，後世不復聞詩。然詩者，人心之樂也，不以世之興衰而存亡。繼風雅之作者，樂府也。史家不明仲尼之意，棄樂府不收，乃取工伎之作以爲志。臣舊作系聲樂府以集漢魏之辭，正爲此也。今取篇目以爲次，曰"樂府正聲"者，所以明風雅；曰"祀享正聲"者，所以明頌。又以琴操明絲竹，以遺聲準逸詩。語曰："《韶》盡美矣，又盡善也；《武》盡美矣，未盡善也。"此仲尼所以正舞也。《韶》即文舞，《武》即武舞。古樂甚希，而文武二舞猶傳於後世。良由有節而無辭，不爲義説家所惑，故得全仲尼之意。五聲[③]、八音[④]、十二律[⑤]者，樂之制也。故作《樂略》。

學術之苟且，由源流之不分；書籍之散亡，由編次之無紀。《易》雖一書，而有十六種學：有傳學，有注學，有章句學，有圖學，有數學，有讖緯[⑥]學，安得總言易類乎！《詩》雖一書，而有十二種學：有詁訓學，有傳學，有注學，有圖學，有譜學，有名物學，安得總言詩類乎！道家則有道書，有道經，有科儀[⑦]，有符籙[⑧]，有吐納内丹，有爐火外丹，凡二十五種，皆道家，而渾爲一家，可乎？醫方則有脉經，有灸經，有本

① 齊、魯、韓、毛，指齊國的轅固生、魯國的申培、燕國的韓嬰以及趙國的毛亨和毛萇。

② 太和，三國魏明帝曹睿年號。

③ 五聲，音樂中的五個音階：宫、商、角、徵、羽。

④ 八音，由金、石、絲、竹、匏、土、革、木八種材質製成的樂器。

⑤ 十二律，各律從低到高依次爲：黄鐘、大吕、太簇、夾鐘、姑洗、中吕、蕤賓、林鐘、夷則、南吕、無射、應鐘。

⑥ 緯，原作"諱"，據《通志二十略》卷首《總序》，中華書局 1995 年版改。

⑦ 科儀，道教道場法事。

⑧ 符籙，道教各派常用的法術。

草，有方書，有炮炙[①]，有病源，有婦人，有小兒，凡二十六種，皆醫家，而渾爲一家，可乎？故作《藝文略》。

册府之藏，不患無書；校讎之司，未聞其法。欲三館無素餐之人，四庫無蠹魚之簡。千章萬卷，日見流通。故作《校讎略》。

河出圖，天地有自然之象，圖譜之學由此而興；洛出書，天地有自然之文，書籍之學由此而出。圖成經，書成緯，一經一緯，錯綜而成文。古之學者，左圖右書，不可偏廢。劉氏作《七略》，收書不收圖，班固即其書爲《藝文志》，自此以還，圖譜日亡，書籍日冗，所以困後學而隳良材者，皆由於此，何哉？即圖而求易，即書而求難，捨易從難，成功者少。臣乃立爲二記：一曰記有，記今之所有者，不可不聚；二曰記無，記今之所無者，不可不求。故作《圖譜略》。

方册者，古人之言語；款識者，古人之面貌。方册所載，經數千萬傳，款識所勒，猶存其舊，蓋金石之功，寒暑不變，以兹稽古，庶不失真。今藝文有志而金石無紀，臣於是採三皇五帝之泉幣，三王之鼎彝，秦人石鼓，漢魏豐碑，上自蒼頡石室之文，下逮唐人之書，各列其人而名其地，故作《金石略》。

《洪範五行傳》者，巫瞽之學也。歷代史官皆本之以作《五行志》。天地之間，灾祥萬種，人間禍福，冥不可知，若之何一蟲之妖，一物之戾，皆繩之以五行？又若之何晋厲公一視之遠[②]，周單公一言之徐[③]，而能

① 炮炙，炮製中藥。

② 晋厲公一視之遠，單襄公見晋厲公視遠步高，乃謂晋侯目不存體，足不步目，目體不相從，命將不久矣。事見《國語·周語下》。

③ 周單公一言之徐，周單公會韓宣子，單公精神萎靡，視下音低，叔向認爲單公不能久活。事見《左傳·昭公十一年》。

關於五行之休乎？晉申生一衣之偏[①]，鄭子臧一冠之異[②]，而能關於五行之沴[③]乎？董仲舒以陰陽之學倡爲此說，本於《春秋》，牽合附會，歷世史官自愚其心目，俯首以受籠罩，而欺天下。臣故削去五行，而作《災祥略》。

語言之理易推，名物之狀難識。農圃之人，識田野之物，而不達《詩》《書》之旨；儒生達《詩》《書》之旨，而不識田野之物。五方之名本殊，萬物之形不一，必廣覽動植，洞見幽潜。通鳥獸之情狀，察草木之精神，然後參之載籍，明其品彙，故作《昆蟲草木略》。

凡十五略，出臣胸臆，不涉漢唐諸儒議論。《禮略》所以叙五禮，《職官略》所以秩百官，《選舉略》言掄材[④]之方，《刑法略》言用刑之術，《食貨略》言財貨之源流。凡兹五略，雖本前人之典，亦非諸史之文也。

古者記事之史謂之志，《書大傳》曰："天子有問，無以對，責之疑；有志而不志，責之丞。"是以宋、鄭之史，皆謂之"志"。太史公更志爲記，今謂之志，本其舊也。桓君山[⑤]曰："太史公《三代世表》旁行邪上，並效周譜。"古者紀年别繫之書謂之譜，太史公改而爲表。今復表爲譜，率從舊也。然西周經幽王之亂，紀載無傳，故《春秋》編年，以東周爲始。自皇甫謐[⑥]作《帝王世紀》及《年曆》，上極三皇。譙周、陶

---

① 晉申生一衣之偏，晉獻公命太子申生攻東山皋落氏，讓他穿左右顏色不同的"偏衣"，狐突等認爲不祥。事見《左傳·閔公二年》。

② 鄭子臧一冠之異，鄭子臧在宋，好聚鷸羽毛爲冠，鄭文公憎惡他服飾非法，派人刺殺他。事見《左傳·僖公二十四年》。

③ 沴，灾禍。

④ 掄材，選拔人才。

⑤ 桓君山，桓譚。

⑥ 皇甫謐，幼名静，字士安，自號玄晏先生，三國西晉時安定朝那（今甘肅靈臺）人。

弘景[①]之徒，皆有其書。學者疑之，而以太史公編年爲正，故其年始於共和。然共和之名已不可據，況其年乎！仲尼著書，斷自唐虞，而紀年始於魯隱，以西周之年無所考也。今之所譜，自春秋之前稱世，謂之世譜；春秋之後稱年，謂之年譜。太史公紀年以六甲，後之紀年者以六十甲，或不用六十甲而用歲陽、歲陰之名。今之所譜，即太史公法，既簡且明，循環無滯。《禮》言"臨文不諱"，謂私諱不可施之於公也。若廟諱則無所不避。自漢至唐，史官皆避諱，惟《新唐書》無所避。臣今所修，準舊史例，間有不得而避者，如謚法之類，改易本字，則其義不行。故亦準唐舊。

夫學術超詣，本乎心識，如人入海，一入一深。臣之二十略，皆臣自有所得，不用舊史之文。紀傳者，編年紀事之實迹，自有成規，不爲智而增，不爲愚而減。故於紀傳，即其舊文，從而損益，若紀有制詔之辭，傳有書疏之章，入之正書，則據實事，寘之别録，則見類例。《唐書》《五代史》皆本朝大臣所修，微臣所不敢議，故紀傳訖隋。若禮、樂、政、刑，務存因革，故引而至唐云。

嗚呼！酒醴之末，自然澆漓；學術之末，自然淺近；九流設教，至末皆弊。然他教之弊，微有典刑。惟儒家一家，去本太遠，此理何由？班固有言："自武帝立五經博士，開弟子員，設科射策，勸以官禄。訖於元始，百有餘年，傳業者寖盛，枝葉繁滋，一經説至百餘萬言，大師衆至千餘人。蓋禄利之路然也。"且百年之間，其患至此，千載之後，弊將若何？況禄利之路必由科目，科目之設必由乎文辭。三百篇之《詩》，盡在聲歌，自置《詩》博士以來，學者不聞一篇之詩；六十四卦之《易》，該於象數，自置《易》博士以來，學者不見一卦之易。皇頡制字，盡由

---

① 陶弘景，字通明，丹陽秣陵（今江蘇南京）人，好道術，後隱居句容句曲山。梁武帝時，每遇軍國大事必入山咨詢，世人稱之爲"山中宰相"。

六書，漢立小學，凡文字之家，不明一字之宗；伶倫[①]制律，盡本七音，江左置聲韻，凡音律之家，不達一音之旨。經既苟且，史又荒唐，如此流離，何時返本！道之汚隆存乎時，時之通塞存乎數，儒學之弊，至此而極。寒極則暑至，否極則泰來，此自然之道也。臣蒲柳之質，無復餘齡；葵藿之心[②]，惟期盛世。謹序。

鄭樵傳[③]

歐陽玄

鄭樵，字漁仲，興化軍莆田人。好著書，不爲文章，自負不下劉向、揚雄。居夾漈山，謝絶人事。久之，乃游名山大川，搜奇訪古，遇藏書家，必借留讀盡乃去。趙鼎[④]、張浚[⑤]而下皆器之。初爲經旨、禮樂、文字、天文、地理、蟲魚、草木、方書之學，皆有論辯。紹興十九年上之，詔藏秘府。樵歸益厲所學，從者二百餘人。

以薦得召對，因言班固以來歷代爲史之非。帝曰："聞卿名久矣，敷陳古學，自成一家，何相見之晚也？"授右迪功郎、禮兵部架閣，改監潭州[⑥]南嶽廟。給札歸[⑦]抄所著《通志》。書成，爲樞密院編修官，尋兼

① 伶倫，一作"泠淪"，相傳是黄帝時期的樂師，曾製音律。
② 葵藿之心，比喻下對上的赤心趨向之意。
③ 本文見載《宋史》卷四百三十六《儒林傳》。
④ 趙鼎，字元鎮，解州聞喜（今山西運城）人，南宋宰相。
⑤ 張浚，字德遠，漢州綿竹（今四川德陽）人，南宋抗金名將。
⑥ 潭州，古地名，治所在今湖南長沙。
⑦ 歸，原脱，據《宋史》卷四百三十六《儒林傳》，中華書局 1985 年版補。

攝檢詳諸房文字[①]。請修金正隆[②]官制，比附中國秩序，因求入秘書省翻閱書籍。金人之犯邊也，樵言歲星分在宋，金主將自斃。後果然。高宗幸建康，命以《通志》進，會病卒，年五十九，學者稱夾漈先生。

樵好爲考證倫類之學，成書雖多，大抵博學[③]而寡要。平生甘枯淡，樂施與，獨切切於仕進，識者以是少之。

論通志略[④]

馬端臨

按：鄭氏此書，名之曰《通志》，其該括甚大。卷首序論，譏詆前人，高自稱許，蓋自以爲無復遺憾矣。然夷考[⑤]其書，則《氏族》《六書》《七音》等略，考訂詳明，議論精到，所謂“出臣胸臆，非諸儒所得聞”者，誠是也。至於《天文》《地理》《器服》，則失之太簡，如古人器服之制度至詳，今止樽罍一二，而謂之《器服略》可乎？若《禮》及《職官》《選舉》《刑罰》《食貨》五者，則古今經制甚繁，沿革不一，故杜岐公[⑥]《通典》之書五者居十之八，然杜公生貞元間，故其所記述止於唐天寶。今《通志》既自爲一書，則天寶而後，宋中興以前，皆合陸續銓次，如班固《漢書》續《史記》武帝以後可也。今《通志》此五略，天寶以前，則盡寫《通典》全文，略無增損；天寶以後，則竟不復陸續，又以

① 檢詳諸房文字，樞密院檢詳諸房文字執掌查閱查對樞密院條令等職責。
② 正隆，金海陵王完顏亮年號。
③ 學，原脱，據《宋史》卷四百三十六《儒林傳》，中華書局1985年版補。
④ 本文見載馬端臨《文獻通考》卷二百一《經籍考》。
⑤ 夷考，考察。
⑥ 杜岐公，杜佑。

《通典》細注稱爲己意，附其旁而亦無所發明。疏略如此，乃自謂“雖本前人之典，而亦非諸史之文”，不亦誣乎！夾漈譏司馬子長全用舊文，間以里俗，采摭未備，筆削不遑。又譏班孟堅全無學識，專事剽竊，自高祖至武帝七世，盡竊遷書，不以爲慚。至其所自爲書，則不堪檢點如此，然則著述豈易言哉！

又按：此書刊本元無卷數，止是逐略分爲一二耳。《中興四朝[①]藝文志》別史類載《通志》二百卷。其後敘述云：中興初，鄭樵采歷代史及他書，自三皇迄隋，爲書曰《通志》，仿遷、固爲紀[②]傳，而改表爲譜，志爲略。則其爲書，似是節抄删正歷代之正史，如高峻之《小史》、蘇子由之《古史》，而非此二十略之書也。但二十略序文後言：於紀傳，即其舊文從而損益，制誥書疏，寘之別録。《唐書》《五代史》，本朝大臣所修，非微臣敢議，故紀傳及隋。若禮樂刑政，務存因革，固引而至唐云。則亦略言其作書之意，豈彼二百卷者自爲一書，亦名之曰《通志》，而於此序附言[③]其意耶？或併二十略共爲一書耶？當俟續考。

路史序

羅泌[④]

太史公作《史記》，蘇子述《古史》，自黄戲而上不道，曰仲尼不道也。予違太史公藐千三百載矣，又上諏之萬載之前，非取盭於聖人也，

① 中興四朝，宋高宗、宋孝宗、宋光宗和宋寧宗四朝。
② 紀，原作“記”，據《文獻通考》卷二百一《經籍考》，中華書局 2011 年版改。
③ 言，原作“見”，據《文獻通考》卷二百一《經籍考》，中華書局 2011 年版改。
④ 羅泌，字長源，號歸愚，南宋吉州廬陵（今江西吉安）人。本文見載《路史》前紀卷首。

以學者猶欲言也。神輪雌雄之書，輶軒黄車之籙，充棟連床，曜聯而轂繫[①]矣。然心術或蔽，違離道本，苟以譁衆取寵，故觸途而輒疐[②]。皇甫謐之《世紀》、譙周之《史考》、張愔之《系譜》、馬總之《通歷》、諸葛耽之《帝録》、姚恭年之《歷帝紀》、小司馬之《補史》、劉恕之《通鑑外紀》，亦粗詳矣，而其學狹淺，不足取信。太史公丁孤嬴滅學之後，首掇隧緒，既足通遺，而蘇子所述，第發明《索隱》之舊。兹固未足爲全書，而予之《路史》所爲起也。

嗟乎！人者，天地之英，而聖人之道與天地並，春生夏長，天地有不至，聖財成焉；賞善罰惡，天地有不及，聖輔相焉，其所以贊天地之化毓者至矣。是故天地雖大，非聖人有不立，三皇五帝，又聖之出類，而人道之極摯者也。然其猷爲制度，反菴藹而不昌，得亡惜乎？或曰："今古異道，古之不可施於今，猶燭之不可用於旦也。"吁！亦廬臧爨獲，蒙蒙亡志者之屏見爾。道一而已，惟精惟一，允執厥中。自伏羲以來，炎、黄、小顥[③]、顓、嚳、陶唐、姚虞、伯禹，俱以是傳。以今並之，雖前乎千萬載，稽符合節，是旦莫之轍也。風、容、皋、夔之徒，英靈猶在，後雖殊世，風烈猶合於時，方其所表見，可得而言矣。曷古今之異哉！雖然，清穆之編詎宜辱於槫鉛之手邪？式爲抄類而獲奇紀，且太史公來，百千賢之論話詳矣，語留千載，此其時也。故予論世天皇以還，尼於有夏，以綱太史公、蘇子之亡，其有所明，則諉之私屬，疏之下方。夢雋之論，餂誚碩人，亦徒以移衆云。歷紀乾道龍集庚寅亞歲。

① 繫，原作"擊"，據《路史》前紀卷首，明嘉靖洪楩刻本改。
② 疐，牽絆，顛僕。
③ 小顥，即少昊。

路史後紀序[①]

羅泌

或曰：洪荒之世，聖人惡之。荀卿曰：道過三代謂之蕩，夫何取？曰：不然。道莫醇乎古，而其蕩則三代始也。洪荒之世，所可惡者以其璞野，而禮文有不足爾，其爲道則固高矣，非後世之可逮也。三五制作，文爲程典，吾孰見其能古之如邪！今而曰“不過三代”，則是三皇、堯、舜爲不足法，而聖人不之猷矣。揖巽豈不若征伐，而象刑[②]豈不逮湯、禹刑哉？況之言戰國之速於功利而甘於自陋者也，子何學？嗟乎！禮失則求之野，中國失禮，誅在四夷。洪荒世遠，遽四夷之不若哉！予起《路史》，則又懼夫人之不可考，自黃羲而上，别而册之者爲卷九，本非可别也，以人故爾。昔先民之傳《春秋》，有内外之異，故劉氏《通鑑[③]》因曰“外紀”，曰“外”非是，謂之前可也，今自十卷，目之以《後紀》。

路史别序

費煇[④]

煇自夷陵抵衡湘，有爲煇言廬陵有君子曰羅長源，智識弘遠，所作《路史》，博達該至。恨不一日見之，以方問族五羊，道當繇吉，中心幾

① 本文見載明嘉靖洪楩刊本《路史》後紀卷首。

② 象刑，相傳上古無肉刑，僅用與衆不同的服飾加之犯人以示辱，謂之象刑。

③ 鑑，原作“監”，嘉靖洪楩刊本《路史》載同，按文義當作“鑑”。

④ 費煇，南宋西蜀（今屬四川）人。本文見載《全蜀藝文志》卷三十一。

有星雲之快，而猶竊患不偶。比届廬陵，何期忽偶紹介，得接公於闤闠之外。議論粲發，問及《路史》，則方錦囊相隨，遂獲一睹奇秘，然後信所謂“五帝之佐無不賢、三皇之佐無不聖”爲不虛語，實天下之奇作也，豈惟如是而已哉！公固自謂我朝之文所尚山谷、老泉，至於東坡，少所甚愛，然其發論乃有時而相似，又何邪？煇竊論之，公之立言，遠過賈誼；而叙述則在莊、馬之間，班、范而下不論也。讀《封建》之論，則知先王之制治；觀《封禪》之論，則悟聖人之遺意；稽《小弁》之説而父子兄弟之情親，知《詩》之不主於文；讀《甘誓》之説而君臣上下之義明，知《書》之不主於事；稽微子三仁[①]之論，而隱顯出處之方立，知義理之不浮虛；稽吴楚書“人”之説，而尊卑内外之分申，知《春秋》之不褒貶；至於祝融論樂之作，則直與《樂記》齊上下。所謂西漢文章能以文叙事者，優爲之矣。嗟乎！不觀《論語》聖賢之進退，無以識三皇五帝之道高；不觀《路史》變故之紛沓，無以見三皇五帝之道大；使遂行之，不惟俾管窺甌舉之徒不敢妄述，而裘褐談禪之士亦不敢以誕矣。向使漢儒有知伊、周非攝之論，則無莽、卓之禍；知大麓非職之説，則無曹、馬之禍。若齊、梁有此書，則佛老不張；唐室有此書，則藩鎮不强；五代而有此書，則十國不狂；靖康而有此書，則戎翟不昌。習而讀之，固足使亂臣賊子之知懼，而可以國家長久，禍亂不作矣。實五經之鼓吹，而諸子之權衡也。竊又評之，立蕭、曹勛業易，作羅氏《路史》難，《路史》之功，固不在於禹下。煇之孱微，無高銜大具以邀説於人，言之有不足信。然昔人謂文章自有公議，而公亦謂杜甫非詩人，識者知公此語，則知《路史》矣。丙申六月十五日。

---

① 三仁，指商代微子、比干、箕子三位賢人。

文獻通考序

李謹思[①]

自書契至唐而《通典》成，至宋過江而《通志略》成。過江文獻家，惟扶風氏久。上下數千年，幽者屋壁，叢者棟宇，書市罕值，寒窗少儲，用之階庭焉，磅礴鬱積，次第增損，近始加定，遠接天寶，溯而上之，於是過江四丁未矣，而《通考》又成。三書在宇宙間皆不可闕。若《通考》鳩僝粹精，芟夷無翳，宿疑解駁，新益坌湧，自爲一家。昔顧子敦恨不伊川入山讀《通典》，有爲而言之也。漁仲進《通志》，詔許於三館借書，務觀謂館中諸公皆不樂。以館中所有而易所無，豈非快事，一時名勝狹中乃爾邪！史筆，志最難。此書疑延壽史無志，故南北日食多異同。予見《舊唐書》，張太素撰《魏志》百卷，志天文則其侄一行[②]。一行嘗追步日食，至於春秋，視七十九如發矇耳，今亡矣夫。《中州集》[③]：蔡珪[④]《補南北志》六十卷。珪，懋之孫，松年之子，他著述稱是。河洛多好古君子，時代未遠，儻或可求，使延壽無遺憾。吾按延壽自爲《南北史》，預修《晋史》，一人之身，尚相抵牾。《晋志》璽文八字，晋也而謂之秦；《辛述傳》郭元建所郵，强加以秦八字。若太平真君[⑤]七年出佛像者二，真秦也，旁又鎸曰"魏所受漢"。夫真秦既彼留，則江左非其晋耶？而淆之耶？李心傳僂指於慕容小差，仍欠質佛像。是非變化如蟠螭

① 李謹思，字道明，號養吾，饒州餘干（今江西上饒）人，宋咸淳元年進士，宋亡後隱居著述。本文見載《文獻通考》卷首。

② 一行，僧一行，本名張遂，唐僧人，精通天文，曾編制《大衍曆》。

③ 《中州集》，金代詩總集，元好問編定，十卷，附《中州樂府》一卷。

④ 蔡珪，字正甫，真定（今河北正定）人，金代文學家。

⑤ 太平真君，北魏太武帝拓跋燾年號。

者何限？安得二志忽焉呈現，以爲君書[①]之助！王肅[②]魏中，蘇綽[③]魏末，從周變夏，華風丕粲，君有意乎？君文獻故家，考制度於江左斯文極盛之餘，禮補綴以朱、黄[④]，史錯綜以吕、葉[⑤]，深尋以真、魏，遠騁以周、洪，陳陳相因，且唯唯，且否否。舊編屢脱，初稿頻鈔，神識晶熒，顛末完整。不然，何以膽勇於君卿、漁仲之旁而睨其後哉！使老先生及見帙端數語，當益翃益崇，如拔地倚天，森羅萬象，照耀杲杲。而予也何足以知之，何足以知之！以君下問之勤也，不敢以不能爲解。君故相國番陽公仲子。至大戊申七月既望，番陽公門下士李謹思養吾謹序。

文獻通考序[⑥]

馬端臨

昔荀卿子曰："欲觀聖王之迹，則於其粲然者矣，後王是也。君子審後王之道，而論於百王之前，若端拜而議。"然則考制度，審憲章，博聞而强識之，固通儒事也。《詩》《書》《春秋》之後，惟太史公號稱良史，作爲紀、傳、書、表。紀、傳以述理亂興衰，八書以述典章經制，後之执筆操簡牘者，卒不易其體。然自班孟堅而後，斷代爲史，無會通因仍之道，讀者病之。至司馬温公作《通鑑》，取千三百餘年之事迹，十七史

① 書，原作"君"，據《文獻通考》卷首，中華書局 2011 年版改。

② 王肅，字恭懿，北魏瑯琊臨沂（今山東臨沂）人。

③ 蘇綽，字令綽，西魏京兆武功（今陜西武功）人，精於算術。

④ 朱、黄，朱熹和黄幹。

⑤ 吕、葉，吕祖謙和葉適。

⑥ 本文見載《文獻通考》卷首。

之紀述，卒爲一書，然後學者開卷之餘，古今咸在。然公之書，詳於理亂興衰，而略於典章經制，非公之智有所不逮也，編簡浩如煙埃，著述自有體要，其勢不能以兩得也。

竊嘗以爲理亂興衰，不相因者也，晋之得國異乎漢，隋之喪邦殊乎唐，代各有史，自足以該一代之始終，無以參稽互察爲也。典章經制，實相因者也，殷因夏，周因殷，繼周者之損益，百世可知，聖人蓋已預言之矣。爰自秦漢以至唐宋，禮樂兵刑之制，賦斂選舉之規，以至官名之更張，地理之沿革，雖其終不能以盡同，而其初亦不能以遽異。如漢之朝儀、官制，本秦規也；唐之府衛、租庸，本周制也，其變通張弛之故，非融會錯綜，原始要終而推尋之，固未易言也。其不相因者，猶有温公之成書；而其本相因者，顧無其書，獨非後學之所宜究心乎！

唐杜岐公始作《通典》，肇自上古，以至唐之天寶，凡歷代因革之故，粲然可考。其後，宋白[①]嘗續[②]其書至周顯德，近代魏了翁[③]又作《國朝通典》。然宋之書成而傳習者少，魏嘗屬稿而未成書，今行於世者，獨杜公之書耳，天寶以後蓋闕焉。有如杜書綱領宏大，考訂該洽，固無以議爲也，然時有古今，述有詳略，則夫節目之間未爲明備，而去取之際頗欠精審，不無遺憾焉。蓋古者因田制賦，賦乃米粟之屬，非可析之於田制之外也；古者任土作貢，貢乃包篚[④]之屬，非可雜之於税法之中也。乃若叙選舉則秀、孝與銓選不分[⑤]，叙典禮則經文與傳注相汨，叙兵則盡遺賦調之規而姑及成敗之迹，諸如此類，寧免小疵。至於天文、五

① 宋白，字太素，北宋大名（今屬河北）人，曾參撰《續通典》。

② 續，原作“讀”，據《文獻通考》卷首《自序》，中華書局 2011 年版改。

③ 魏了翁，字華父，邛州蒲江（今四川成都）人。

④ 包篚，饋贈的禮品。

⑤ 秀、孝與銓選不分，唐朝秀才、孝廉等舉士屬禮部掌管；銓選是以資歷、勞績等舉官，歸吏部掌管。《文獻通考》將其分爲兩門。

行、藝文，歷代史各有志，而《通典》無述焉。馬、班二史各有諸侯王、列侯表，范曄《東漢書》以後無之，然歷代封建王侯未嘗廢也。王溥作唐及五代《會要》，首立帝系一門，以叙各帝歷年之久近，傳授之始末，次及后妃、皇子、公主之名氏封爵，後之編《會要》者倣之，而唐以前則無其書。凡是二者，蓋歷代之統紀，典章繫焉，而杜書亦復不及，則亦未爲集著述之大成也。

愚自蚤歲蓋嘗有志於綴緝，顧百憂薰心，三餘少暇，吹竽已濫，汲綆不修[①]，豈復敢以斯文自詭？昔夫子言夏、殷之禮，而深慨文獻之不足徵，釋之者曰："文，典籍也；獻，賢者也。"生乎千百載之後，而欲尚論千百載之前，非史傳之實録具存，可以稽考？儒先之緒言未遠，足資討論，雖聖人亦不能臆爲之説也。竊伏自念，業紹箕裘[②]，家藏墳素，插架之收儲，趨庭之問答，其於文獻蓋庶幾焉。嘗恐一旦散軼失墜，無以屬來哲，是以忘其固陋，輒加考評，旁搜遠紹，門分彙别，曰田賦，曰錢幣，曰户口，曰職役，曰征榷，曰市糴，曰土貢，曰國用，曰選舉，曰學校，曰職官，曰郊社，曰宗廟，曰王禮，曰樂，曰兵，曰刑，曰輿地，曰四裔，俱倣《通典》之成規。自天寶前，則增益其事迹之所未備，離析其門類之所未詳；自天寶以後至宋嘉定之末，則續而成之。曰經籍，曰帝系，曰封建，曰象緯，曰物異，則《通典》元未有論述，而採摭諸書以成之者也。

凡叙事則本之經史，而參之以歷代會要，以及百家傳記之書，信而有證者從之，乖異傳疑者不録，所謂[③]"文"也。凡論事則先取當時臣僚之奏疏，次及近代諸儒之評論，以至名流之燕談、稗官之紀録，凡一話

① 汲綆不修，比喻没有才能。汲綆，汲水的繩子。

② 業紹箕裘，繼承祖先的事業。紹，繼承。

③ 謂，原作"書"，據《文獻通考》卷首《自序》，中華書局2011年版改。

一言，可以訂典故之得失，證史傳之是非者，則採而録之，所謂“獻”也。其載諸史傳之紀録而可疑，稽諸儒先之論辯而未當者，研精覃思，悠然有得，則竊著己意，附其後焉。命其書曰《文獻通考》，爲門二十有四，爲卷三百四十有八，其每門著述之成規，考訂之新意，則各以小序詳之。

昔江淹有言：“修史之難，無出於志。”誠以志者，憲章之所繫，非老於典故者不能爲也。陈壽號善叙述，李延壽亦稱究悉舊事，然所著二史，俱有紀、傳，而獨不克作志，重其事也。況上下數千年，貫串二十五代，而欲以末學陋識操觚竄定其間，雖復窮老盡氣[①]，劌目鉥心[②]，亦何所發明？聊辑見聞，以備遺忘耳！後之君子，儻能芟削繁蕪，增廣闕略，矜其仰屋之勤，而俾免於覆車之愧，庶有志於經邦稽古者，或可考焉。

東西周辨　補鮑彪注《戰國策》之誤

吴澄[③]

東西周有二，一以前後建都之殊而名，一以二公封邑之殊而名。昔武王西都鎬京，而東定鼎於郟鄏[④]。周公相成王宅洛邑，營澗水東、瀍水西，以朝諸侯，謂之王城，又謂之東都，實郟鄏，於今爲河南。又營瀍水東

① 窮老盡氣，用盡餘年，竭盡心力，指一個人把畢生精力都消耗在某種學業之上。

② 劌目鉥心，嘔心瀝血、用盡心血。

③ 吴澄，字幼清，撫州崇仁（今江西撫州）人，歷任江西儒學副提舉，翰林學士等職，後辭官歸山講學，著有《吴文正公集》等。本文見載《臨川吴文正公集》卷一。

④ 郟鄏，周朝東都，故地在今河南洛陽。

以處殷頑民，謂之成周，又謂之下都，於今爲洛陽。

自武王至幽，皆都鎬京。幽王娶於申，生太子宜臼。又嬖褒姒，生伯服，欲立之，黜宜臼。申侯以鄫及犬戎入寇，弑王。諸侯逐犬戎，與申侯共立宜臼，是爲平王。畏戎之逼，去鎬而遷於東都。平以下都王城，曰東周。幽以上都鎬京，曰西周。此以前後建都之殊而名也。

自平東遷，傳世十二，而景王之庶長子朝與王猛爭國。猛東居於皇，晋師納之，入於王城。入之次月[①]，猛終丐及。逾半期，而子朝又入，王辟之，東居於狄泉。子朝據王城，曰西王。敬王在狄泉，曰東王。越四年，子朝奔楚，敬王雖得返國，然以子朝餘黨多在王城，乃徙都成周，而王城之都廢。

至考王，封其弟揭於王城，以續周公之官職，是爲周桓公。自此以後，東有王，西有公，而東、西周之名未立也。桓公生威公，威公生惠公，惠公之少子班又别封於鞏以奉王，是爲東周惠公，父子同謚[②]，以鞏與成周皆在王城之東故。班之兄則仍襲父爵，居於王城，是爲西周武公，以王城在成周之西故。自此以後，西有公，東亦有公。二公各有所食，而周尚爲一也。

顯王二年，趙、韓分周地爲二，二周公治之，王寄焉而已矣。周之分東西自此始。九年，東周惠公卒，子傑嗣。慎靚[③]以上皆在東周，赧王立，始遷於西周，即王城舊都也。《史記》云"王赧時，東、西周分治"，今按顯王二年已分爲二，不待此時矣。[④]其後西周武公卒，子文君嗣。王

① 月，原作"日"，據《臨川吴文正公集》卷一《東西周辯》，明成化刻本改。

② 父子同謚，原爲小字注，據《臨川吴文正公集》卷一《東西周辯》，明成化刻本，當爲正文。

③ 慎靚，周慎靚王，姬定，一名順，東周君主。

④ "《史記》云"至"不待此時矣"，原爲小字注，據《臨川吴文正公集》卷一《東西周辯》，明成化刻本，當爲正文。

五十九年，秦滅西周，西周公入秦，獻其邑而歸。是年，赧王崩，次年周民東亡，秦遷西周公於𢠸狐聚[①]。又六年，秦滅東周，遷東周公於陽人聚[②]。此以二公封邑之殊而名也。前後建都之殊者，以鎬京爲西周，對洛邑爲東周而言也。二公封邑之殊者，又於洛邑二城之中，以王城爲西周，對成周爲東周而言也。

大概周三十六王，前十有二王都鎬京，中十有三王都王城。王城對鎬京，則鎬京在西，而王城在東，其東西之相望也遠。季十王都成周，赧一王都王城。王城對成周，則成周在東，而王城在西，其東西之相距也近。一王城也，昔以東周稱，後[③]以西周稱。夫周末東、西之分，因武、惠二公各居一都而名，王則或東或西。東西之名繫乎公，不繫乎王也。

邵子《經世書》紀赧王爲西周君，與東周惠公並，而西周公無聞焉，則直以西爲王、東爲公矣。知東之有公，而不知西之亦有公也。知王之在西，而不知赧以前之王固在東也。

《戰國策》編題首東周，次西周，豈無意哉？二周分治以來，顯王、慎靚王二代五十餘年王於東，赧一代五十餘年王於西。先東後西，順其序也。近有縉雲鮑彪注謂“西周正統，不應後於東周”，升之爲首卷，於西著王世次，於東著公世次，蓋因邵子而誤者。既不知有西周公，且承宋忠之謬，以西周武公爲赧王別謚，反以徐廣爲疏，是未嘗考於司馬貞《索隱》之説。

鮑又云“赧徙都西周，西周，鎬京也”。嗚呼！鎬京去王城、成周八百餘里，自平王東遷之後不能有，而以命秦仲[④]，曰：“能逐犬戎，即

---

① 𢠸狐聚，古地名，在今河南汝州西北。

② 陽人聚，古地名，亦名“陽人城”，在今河南汝州西。

③ 後，原作“今”，據《臨川吴文正公集》卷一《東西周辯》，明成化刻本改。

④ 秦仲，秦公伯之子，秦國國君，公元前 824 年，周宣王任命秦仲爲大夫，率軍進攻西戎。

有其地。”鎬之於秦，已四百年於茲。其地在長安上林昆明之北，虎狼所穴，而王得往都於彼哉？高誘注曰：“西周王城，今河南。東周成周，故洛陽。”辭旨明甚。鮑注出高誘後，何乃以西周爲鎬京也乎？鮑又云：“郟鄏屬河南，爲東周。”殊不思此昔時所謂東周也，於斯時則名西周矣。斯時之西周與鎬京、郟鄏對稱西東者不同，顧乃一之，何歟？蓋有不知而作之[①]者，我無是也夫！鮑氏之於《國策》，其用心甚勤，而開卷之端，不免謬誤如此，讀者亦或未之察也。與夾谷士常、程鉅夫[②]偶論及此，二公命筆之，遂爲之作《東西周辯》。

東西二周後辨[③]

楊慎

春秋三《傳》及《戰國策》，稱東周、西周、王城、成周，高誘注《戰國策》曰：“西周，王城也，今河南；東周，成周也，故洛陽。”今之河南合爲一城，故後之讀者難於分析，今之學者不惟專經之士昧之，而大儒如胡文定公博學，如鮑彪注《戰國策》，亦謬以千里。元吴草廬作《東西二周辨》，正鮑氏之誤，明且哲矣。而胡文定注《春秋》之誤，則未之糾正也。《春秋》昭公二十六年，天王入於成周，胡傳曰：“不曰‘入於京師’者，京師，衆大之稱，不可繫之人也。其曰‘成周[④]’云者，《黍離》而次，不列而降爲《國風》之意。”嗚呼！斯言也何其謬哉！地

① 之，原脱，據《臨川吴文正公集》卷一《東西周辯》，明成化刻本補。
② 程鉅夫，初名文海，因避元帝宗廟諱，以字行，號雪樓，建昌（今江西南城）人。
③ 本文見載楊慎《丹鉛總録》卷十二。
④ 成周，原作“成成”，據上文及《丹鉛總録》卷十二，明嘉靖三十三年刻本改。

理不考而妄立議論，何異眯目而道黑白乎？今特辨析考證之，以洗千古之惑，然非予之臆説也。按《尚書·洛誥》云："我乃卜澗水東、瀍水西，惟洛食；我又卜瀍水東，亦惟洛食。"孔安國[①]注云："澗水東、瀍水西，王城也，朝會之地也。瀍水東，下都也，處殷頑民之地。王城在澗、瀍之間，下都在瀍水之外。"所謂下都，即成周也。以此覘之，王城、成周，自是兩處明矣。先昭公二十二年秋，劉子、單子以王猛入於王城，《公羊傳》曰："王城者何？西周也。"此年天王入於成周，《公羊傳》曰："成周者何？東周也。"杜預曰："入於成周，猶未得王都也。"其言豈不明哲乎！東萊吕氏，其學深於史，而精於古今地理之沿革者也，其作《大事記》曰："漢河南縣即郟鄏，周武王遷九鼎，周公營以爲都，是爲王城。漢洛陽縣，周公營下都以居殷頑民，是爲成周。平王東遷，定都於王城。子朝之亂，其餘黨多在王城。敬王畏之，徙都成周。"汪克寬曰"成周在王城之東，故《公羊》以爲東周，萇弘[②]謂敬王爲東王；王城在成周之西，故《公羊》以爲西周，萇弘謂子朝爲西王"之數説，考證詳練，足訂胡傳之謬。孔子作《春秋》，亦據事直書，豈有改地名以爲褒貶者乎？雪山王氏[③]《詩總聞》曰："王城、下都皆周公所營也，一則藉平王之遷，一則藉敬王之入，其慮患若預知者。《詩》云：'大東小東，杼軸其空。'平王自鎬京而遷王城，千里而遥，所謂大東也；敬王自王城而入成周，百里而遥，所謂小東也。東而又東，西方之人遠矣。故《詩》曰：'誰能西歸？懷之好音。'又曰：'彼美人兮，西方之人兮。'皆是一意也。"近時無錫邵尚書國賢曰："天王入於成周，下都也。既入成周矣，

---

① 孔安國，字子國，西漢魯（今山東曲阜）人，孔子裔孫，著有《古文孝經傳》《論語訓解》等。

② 萇弘，亦作萇宏，又稱萇叔，周景王、周敬王時的賢大夫。

③ 雪山王氏，即王質，號雪山。

曷不遂入王城？子朝之餘黨在焉故也。故萇弘之建議城成周也，謂之遷都，其任怨也大矣！非忠之至者，其孰與於此？或者不知王城、成周爲二，遂以入成周爲入於京師，使遷都之説卒無所歸，而弘之忠不白於後世。嗚呼！地之不考，乃害於義如此哉？”慎按邵尚書之説，或者正指胡文定，而不欲明言。蓋近日學者之病，寧得罪於孔子而不敢得罪於宋儒，類如此。虞文靖公云：“今人但見宋儒六經，而不知宋儒以前六經。”有味其言哉！慎故拾先哲遺言，爲《東西二周後辨》，以補吴草廬[①]之未備，亦有夾谷之奇，若程雪樓之賞契者乎。

---

① 吴草廬，即吴澄。

史學要義補卷之五

卜大有　輯

婿嚴體乾　校

諸儒論史[①]

程子　吕祖謙

程子曰：古者諸侯之國，各有史記，故其善惡皆見於後世。自秦罷侯，置守令，則史亦從而廢矣。其後自非[②]傑然有功德者，或記之循吏，與夫凶忍殘殺之極者，以酷見傳，其餘則泯然無聞矣。如漢、唐之有天下，皆數百年，其間郡縣之政，可書者宜亦多矣。然其見書者，率纔數十人。使賢者之政不幸而無傳，其不肖者復幸而得蓋其惡，斯與古人之意異矣。

東萊吕氏曰：史官者，萬世是非之權衡也。禹不能褒鯀，管蔡不能貶周公，趙盾不能改董狐之書，崔氏不能奪南史之簡。公是公非，舉天下莫之能移焉。自古有國家者，皆設史官，典司言動，凡出入起居、發號施令，必九思三省，奠而後發。兢兢慄慄，恐播於汗簡，貽萬世之譏。是豈以王者之利勢，而下制於一臣哉？亦以公議所在，不得不畏耳。漢紹堯運，置太史令以紀信書。而司馬氏仍父子纂其職，軼材博識，爲史臣首。遷述黄帝以來，至於麟趾，勒成一家，世號實録。武帝乃惡其直筆，刊落其書。嗚呼！亦惑矣！公議之在天下，抑則揚，塞則决，窮則通。縱能削一史官之書，安能盡梶[③]天下之筆乎！

---

① 本文原無篇題、著者，據底本卷一目録後附“補集”簡目補題。第一段節自《二程集》文集卷二《晋城縣令題名記》；第二段節自《東萊吕太史外集》卷三《漢太史箴》。

② 非，原作“作”，據《二程集》文集卷二《晋城縣令題名記》，中華書局 1981 年版改。

③ 梶，遏制，阻塞。

諸儒論史記[①]

程子　尹焞

程子曰：司馬遷爲近古，書中多有前人格言，如作紀本《尚書》，但其間有曉不得《書》意，有錯用却處。李嘉仲問："項籍作紀如何？"曰："紀只是有天下方可作。"又問："班固嘗議遷之失，如何？"曰："後人議前人，固甚易。"

史遷云："天與善人，伯夷善人非也？"此以私意度天道也。必曰顏何爲而夭，跖何爲而壽，指一人而較之，非知天者也。

和靖尹氏[②]曰：太史公不明理，只是多聞。如《伯夷序傳》引盜跖是也。若孔子，雖顏子之夭，只説不幸短命死，則知盜跖乃罔之生也，幸而免者也。

論司馬遷

張耒　朱子[③]

司馬遷作《伯夷傳》，言"非公正不發憤而遇禍灾"，此特遷自言爲

---

① 本文篇題、著者據底本卷一目録後附"補集"簡目題加。本文疑由《性理大全》卷五十五轉録。"程子曰""史遷云"兩段分别見載《二程集》外書卷十《大全集拾遺》、粹言卷二《天地篇》。

② 和靖尹氏，尹焞，字彦明，一字德充，河南洛（今河南洛陽）人。少師事程頤，不欲爲官，賜號"和靖處士"，著有《論語解》《和靖集》等。

③ 本文著者原只署"張耒"，據文本内容及底本卷一目録後附"補集"簡目加署朱子。張耒，字文潛，號柯山，北宋亳州譙縣（今安徽亳州）人，人稱宛丘先生，著有《宛丘集》等。

李陵辯而武帝刑之耳。論管、晏之事，則於晏子獨曰“使晏子而在，雖執鞭所忻慕焉”，遷之爲是言者，蓋晏子出越石父於縲紲，而方遷被刑，漢之公卿無爲遷言，故於晏子致意焉。且方李陵之降，其爲漢與否未可知，而遷獨激昂不顧，出力辯之如此，不幾於愚乎！與夫時然後言、片言解紛者異矣，不知其失，而惑夫道之是非，何哉？至怨時人之不援己於禍，而拳拳於晏子，遷亦淺矣！

司馬遷尚氣好俠，有戰國豪士之餘風，故其爲書，序用兵、氣節、豪俠之事特詳。其言侯嬴自殺以報魏公子，而樊於期自殺以頭遺荆軻，皆奇誕不近人情，不足考信。以嬴既進朱亥以報魏公子，不自殺未害爲信；而樊於期自匿以求苟免，尚安肯憤然劫以浮詞，以首遺人哉？此未必非燕丹殺之也。余讀《刺客傳》，頗愛曹沫、豫讓之事，沫有補於國，而讓爲不負其君，然皆不合大義，而庶幾所謂好勇者。如聶政、荆軻之事，此特賤丈夫之雄耳。予觀竇嬰、田蚡、灌夫之事，考嬰與蚡皆庸人不學，其所立無可稱録，而灌夫屠沽之人也；鬥争於酒食之間，不啻若奴妾，是皆何足載之於書？而遷叙聶政、荆軻、竇嬰、田蚡之事特詳，反覆叙録而不厭。蓋其尚氣好俠，事投其所好，故不知其言之不信，而忘其事之爲不足録也。①

〇 朱子曰：司馬遷才高，識亦高，但粗率。太史公書疏爽，班固書密塞。②

或謂《五帝紀》所取多《古文尚書》及《大戴禮》爲主，爲“知所考信”者。然伏羲、神農見《易大傳》，乃孔聖之言，而八卦列於六經，爲萬世文字之祖，不知史遷何故乃獨遺而不録，遂使《史記》一書如人

---

① 以上兩段見載張耒《張右史文集》卷五十六《司馬遷論》。

② 本段見載《朱子語類》卷一百三十四。

有身而無首，此尚爲知所考信耶？[①]

或謂史遷不可謂不知孔子，然亦知孔子之粗耳。歷代世變，即《六國表序》，是其極致，乃是俗人之論。知孔子者，固如是耶？正朔服色，乃當時論者所共言，如賈生、公孫臣、新垣平之徒皆言之，豈獨遷也？[②]

或以史遷能貶卜式與桑弘羊爲伍，又能不與管仲、李克爲深知功利之爲害，不知《六國表》所謂“世異變，成功大”“議卑易行”“不必上古”，《貨殖傳》譏長貧賤而好語仁義爲可羞者，又何謂耶？[③]

《史記·功臣表》與《漢史·功臣表》，其户數先後及姓名多有不同。二史各有是非，當以傳實證之，不當全以《史記》所傳爲非真也。如淮陰爲連敖典客，《漢史》作票客，顔師古謂其票疾而以賓客之禮禮之。夫淮陰之亡，以其不見禮於漢也，蕭何追之而薦於漢王，始爲大將。若已以賓禮禮之，淮陰何爲而亡哉？此則《史記》之所載爲是。《三代表》是其疏謬處，無可疑者，蓋他説行不得。若以爲堯舜俱出黄帝，是爲同姓之人，堯固不當以二女嬪於虞，舜亦豈容受堯二女而安於同姓之無别？又以爲湯與王季同世[④]，由湯至紂凡十六傳。王季至武王纔再世爾，是文王以十五世之祖事十五世孫紂，武王以十四世祖而伐之，豈不甚謬戾耶？《通鑑》先後之不同者，却不必疑，史家敘事，或因時而記之，或因事而見之。田和遷康公，《通鑑》載於安王十一年，是因時而紀之也。《史記》載於安王十六年，是因事而見之也，何疑之有？只有伐燕一節，《史記》以爲湣王，《通鑑》以爲宣王，《史記》却是考他源流來，《通鑑》

① 本段見載朱熹《晦庵先生朱文公文集》卷四十八《答吕子約》。

② 本段見載朱熹《晦庵先生朱文公文集》卷四十四《答蔡季通》。

③ 本段見載朱熹《晦庵先生朱文公文集》卷四十八《答吕子約》。

④ 湯，成湯，爲契十四代孫，契乃帝嚳之次妃簡狄所生；王季，后稷十四代孫，后稷乃帝嚳之元妃姜原所生。故曰“同世”。

只是憑信《孟子》。温公平生不喜《孟子》，到此又却信之，不知其意如何。張敬夫[①]説《通鑑》有未盡處，似此一節亦是可疑。[②]

讀史記

黄震[③]

〇《封禪書》 封禪之書起於求神仙狂侈之心，遷作《封禪書》反覆纖悉，皆以著求神[④]仙之妄，善矣！而猶牽合郊祀巡狩古帝王行事之常，以證封禪，何耶？

〇《河渠書》 河決瓠子而南，田蚡食邑鄃[⑤]居河北，利之，進説，其君不復事塞者二十年。其後天子親臨，群臣從官自將軍以下皆負薪窴之，而水復禹迹無後灾。近臣之蔽君，與君臣之率作興事，成敗之相反類如此，豈獨水利哉！

〇《平準書》 平準者，桑弘羊籠天下貨官，自爲商賈，買賣於京師之名也。蓋漢更文景恭儉，至武帝初，公私之富極矣。自開西南夷，滅朝鮮，至置初郡，自設謀馬邑[⑥]，挑匈奴，至大將軍、驃騎將軍[⑦]連年出

---

① 張敬夫，張栻。

② 本段見載朱熹《晦庵先生朱文公文集》卷四十四《答曹子野》。

③ 黄震，字東發，慈溪（今浙江慈溪）人，南宋學者，寶祐四年進士。本文原題“封禪書”，然據文義及底本卷一目録後附“補集”簡目，並參《黄氏日抄》卷四十六，改題爲“讀史記”。本文節自《黄氏日抄》卷四十六《讀史一・史記》。

④ “遷作”至“求神”，原爲小字注，據《黄氏日抄》卷四十六《讀史一・史記》，宋紹定二年積德堂刻本，當屬正文。

⑤ 鄃，地名，今山東德州。

⑥ 馬邑，古地名，今山西朔州。

⑦ 大將軍、驃騎將軍，指衛青和霍去病。

塞，大農耗竭，猶不足以奉戰士，乃賣爵，乃更錢幣，乃算舟車，而事益煩，財益屈，宜天下無可枝梧之術矣。未幾，孔僅[①]、東郭咸陽[②]乘傳行天下鹽鐵，楊可告緡遍天下，得民財物以億計，而縣官之用反以饒，而宫室之修於是日麗。鑿無爲有，逢君之惡，小人之術何怪也。然漢自是連兵三歲，費皆仰給大農，宜無復可繼之術矣。又未幾，桑弘羊領大農，置平準，於是天子北至朔方，東至太山，巡海上，並北邊以歸，用帛百余萬匹，錢金以巨萬計，皆取足大農。又一歲之中，太倉、甘泉倉皆滿，而邊餘穀。其始愈取而愈不足於用，及今愈用而反愈有餘，小人之術，展轉無窮，又何怪之甚也。嗚呼！武帝五十年間，因兵革而財用耗，因財用而刑法酷，沸四海而爲鼎，生民無所措手足。迨至末年，平準之置，則海内蕭然，户口減半，陰奪於民之禍，於斯爲極。遷備著始終相因之變，特以平準名書，而終之曰："烹弘羊，天乃雨。"嗚呼，旨哉！

○ 宋世家　世家之首，併叙三仁，明微子歸周之本心者，善矣。宣公舍子與夷而立弟穆公，穆公不敢忘德，將死，復立與夷爲殤公，殤公立十年，十一戰，而宋始亂，是穆賢而殤不肖甚明。宣之讓賢也甚公，亂不始於宣之讓也。史譏宣公廢太子而立弟，國以不寧者十世。春秋之世無寧國，豈皆讓使之然歟？

其後，襄公讓弟目夷，不果，襄公卒以不用目夷之言而敗。向使目夷爲之君，宋未可量也，讓豈階亂之舉哉？

當是時，人君溺私愛，廢嫡立庶，或以弟弑兄而攘其國，子孫干戈相尋者總總也，史不之譏，而譏宋宣之讓[③]何也？且襄公初欲讓國目夷，

---

① 孔僅，西漢南陽人，主管鹽鐵官營。

② 東郭咸陽，西漢齊地鹽商，後任大農丞。

③ 讓，原作"謀"，據上文及《黄氏日抄》卷四十六《讀史一・史記》，宋紹定二年積德堂刻本改。

不果，則相之，知其賢於己也，而卒不用，知賢而不能用，襄蓋妄人耳，史反多其禮讓，又何歟？熒惑守心，景公憂之。司星子韋[①]勸其移於相，不可；移於民，不可；移於歲，又不可。子韋稱天高聽卑，君有君人之言三，熒惑宜有動。候之，果徙三度，感應之機何速耶！王充《論衡》嘗斥其妄，殆正論也。

〇《晋世家》　黄池之會，吴晋争長，而史於《吴世家》曰長晋，於《晋世家》曰長吴，自相矛盾，未知孰是？

〇《孔子世家》《史記》世家爲有社稷人民者作也，孔子布衣，史遷以附諸侯王之後，且贊之曰："天下君王至于賢人衆矣，當時則榮，殁則已焉。孔子布衣，至今學者宗之。"其意尤抑彼而揚此。嗚呼！吾夫子天而人者也，能模寫其盛者，惟子思《中庸》數語及本朝伊、洛、考亭諸儒，若史遷之贊。蓋世俗之見，猶唐人尊以王爵爾，豈知夫子者哉？然漢世重道[②]家學而輕儒，遷之家庭授受，本亦知有道家耳，而猶知尊慕之若此，此孔子之所以爲大歟！《世家》載孟釐子期夫子爲達者，而述其先世正考甫之鼎銘，曰："一命而僂，再命而傴，三命而俯，循墻而走，亦莫敢余侮。饘於是，粥於是，以糊余口。"又載老子送夫子之言曰："聰明深察而近於死者，好議之人者也；博辨廣大危其身者，發人之惡者也。"嗚呼！然則士君子之涉世，當如何其自畏耶？

〇《外戚世家》　爲武帝生子者，其母無不譴死。褚先生贊其爲聖賢，雖曰有感之言，亦豈人情也哉？

〇《老子韓非》　老子與韓非同傳，論者非之。然余觀太史公之旨意，豈苟然哉？於老子，曰無爲自化；於莊子，曰其要本歸於老子之言；

---

① 子韋，春秋時期宋國人，宋景公時任司星官。

② 道，原作"首"，據文義及《黄氏日抄》卷四十六《讀史一・史記》，宋紹定二年積德堂刻本改。

於申不害，曰本於黄、老而主刑名；於韓非，曰喜刑名法術之學，而其歸本於黄、老。夫無爲自化，去刑名，固霄壤也。然聖人所以納天下於善者，政教也。世非太古矣，無爲安能自化？政教不施，則其弊不得不出於刑名。此太史公自源徂流，詳著之，爲後世戒也。

老子、孔子皆布衣也，太史公列孔子世家，贊其爲至聖，至老子則傳之管、晏之次，而窮其弊於申、韓，豈不以申、韓刑名之學又在管、晏功利之下，而老子則申、韓之發源歟？班固謂遷論大道則先黄、老而後六經，或者未之深察也。

○ 孟子荀卿　太史公之傳孟子，首舉不言利之對，嘆息以先之，然後爲之傳，而傳自受業子思之外復無他語，惟詳述一時富國强兵之流，與騶衍迂怪不可究詰以取重當世之説，形孟子之守道不變，與仲尼菜色陳、蔡者同科。奇哉遷之文！卓哉遷之識歟！蓋傳申、韓於老、莊之後者，所以譏老、莊；而傳淳于髡諸子於孟、荀之間者，所以長孟、荀也。荀卿年五十始自趙學於齊，三爲齊祭酒，後爲楚蘭陵[①]令，春申君死而卿廢，卒死於蘭陵，葬焉。嫉世之濁，而鄙儒小拘如莊周等。又滑稽亂俗，於是著書數萬言，此亦能守道不變者，故太史公進之與孟子等。

○ 酷吏　太史公於武帝征伐事，先之以文景和親，匈奴信漢，然後論兩將軍連年出塞，又必隨之以匈奴入塞，殺略若干。於今《酷吏傳》先之以吏治烝烝[②]，民樸畏罪，然後論十酷吏更迭用事，又必隨之以民益犯法，盗賊滋起。然則匈奴盗賊之變，皆帝窮兵酷罰致之，威刑豈徒無益而已哉！至於禱祠百出，則各隨之以若有符應之言，於求仙無方，則各隨之以終不可得之言，遷之微文見意往往如此。而武帝之無道昭昭矣。

---

① 蘭陵，地名，治所在今山東蒼山西南四十五里蘭陵鎮。

② 烝烝，德業淳厚的樣子。

遷固[1]

唐庚

司馬遷敢亂道，却好；班固不敢亂道，却不好。不亂道又好是《左傳》，亂道又不好是《唐書》。八識田[2]中，若有一毫《唐書》，亦爲來生種矣。

史記

李塗[3]

《史記》帝紀、世家，從二《雅》、十五《國風》來；八書從《禹貢》《周官》來。

遷史《項籍傳》最好，立義帝以後，一日氣魄一日；殺義帝以後，一日衰颯一日，是一篇大綱領。主意至其開闔馳驟處，真有喑嗚叱咤之風。

又曰：西漢文字尚質，司馬子長變得如此文，終不失其爲質。唐文字尚文，韓退之變得如此質，終不失其爲文。

---

① 本篇見載唐庚《唐子西文録》。

② 八識田，八識産生之處，猶言胸中、心田。

③ 李塗，字耆卿，約宋高宗紹興前後在世，著有《文章精義》等。本篇輯自《文章精義》第六條、第六十二條、第九十四條。

論史記

王鏊[1]

《史記·貨殖傳》議論未了，忽出叙事，叙事未了，又出議論，不倫不類，後世决不如此作文，奇亦甚矣！

《史記》不必人人立傳，《孟子傳》及三騶子，《荀卿傳》間及公孫龍[2]、劇子、尸子[3]、吁[4]之屬。衛青、霍去病同傳，竇嬰、田蚡、灌夫三人爲一傳。其間叙事合而離，離而復合，文最奇，而始末備。《漢書》兩龔同傳，亦得此意。

《史記》不與張騫立傳，其始附衛青，而於《大宛傳》備載始末。蓋大宛諸國土俗，皆騫所歸爲武帝言者也。騫没後，諸使西域者亦具焉，事備具而有條理。若《漢書》，則大宛、張騫各有爲傳矣。

《史記·董仲舒傳》不載《天人三策》，賈誼與屈原同傳，不載《治安》等疏，視《漢書》疏略矣。蓋《史記》宏放，《漢書》詳整，各有所長也。

《史記·張蒼傳》叙至遷御史大夫，忽入周昌，後又入趙堯，趙堯抵罪，又入任敖，任敖後仍入張蒼。事核而文奇，四人皆相繼爲御史大夫者也。

太史公《伯夷》《屈原傳》，時出議論，其亦自發其感憤之意也夫！

---

① 王鏊，字濟之，號守溪，晚號拙叟，明代吴縣（今江蘇蘇州）人，學者稱其爲震澤先生，著有《震澤長語》《姑蘇志》等。本文見載《震澤長語》卷下。

② 公孫龍，字子秉，戰國時趙國人，名家代表人物。

③ 尸子，尸佼，戰國時雜家代表人物。

④ 吁，吁子，戰國時齊人，儒家代表人物，著有《吁子》十八篇。

退之《何蕃傳》亦放此意。

太史公作傳，亦不必人人備著顛末。嚴安、徐樂一書足矣，《蔡澤傳》亦然。

論史記[①]

陳霆

〇 西伯戡黎　西伯陰行善，此史遷之謬也。孔安國論西伯戡黎而曰："文王貌雖事紂，内秉王心。"夫遷之不知文王，固也；安國號稱儒者，乃亦爲是言，陋矣。按商紂之世，武王襲稱西伯，故胡五峰、吕成公、陳少南[②]、薛季龍、金仁山諸儒皆以戡黎爲武王，事詳見《通鑑前編》。若武王稱西伯，則見《吕氏春秋》，固爲《書》學者當知也。[③]

〇《史記》叙褒姒事　初，褒人有罪，請入女子于王，以贖罪，是爲褒姒。史蘇則謂："周幽王伐有褒，褒人以褒姒女焉，褒姒有寵，生伯服。"此一褒姒之進也，而爲説微不同。今按《國語》，史伯告鄭桓公曰："褒昫有獄，而以女人之王，王遂置之，而嬖是女也，使至於爲后。"然則褒昫爲有罪之人，褒姒實鬻獄之物，是其始進，《史記》之言爲的也。[④]

〇《史記》載趙武事　《左傳》不載程嬰與杵臼存趙事，而《史記》言之頗詳。左氏稱趙武從姬氏畜於公宫，以其田與祁奚。韓厥言於晋侯曰："成季之勛，宣孟之忠，而無後，爲善者懼矣。"乃立武而反其田焉，

---

① 本文原題"西伯戡黎"，據文義及底本卷一目録後附"補集"簡目，改題爲"論史記"。
② 陳少南，陳鵬飛，字少南，南宋温州永嘉（今浙江温州）人，紹興年間進士，著有《羅浮集》。
③ 本段見載陳霆《兩山墨談》卷四。
④ 本段見載陳霆《兩山墨談》卷四。

是無程嬰、杵臼之事也。《史記》則言晉滅趙之族，朔妻成公姊有遺腹，匿公宮，生武。公孫杵臼與程嬰以死保脱之，越十五年，因韓厥得復田邑。二説不一，先儒疑之。予謂此事，則信有矣。蓋左氏爲文高簡，且其所載，以立武復田爲重，故詳叙其後，而不暇追悉其初。然謂趙武從姬氏畜於公宮，則所謂朔妻匿於公宮，與武之生育、嬰杵之保存，一句可盡之矣。《史記》則追叙本末，故特詳著焉，二説固可會而一也。若謂賊搜公宮爲甚，則後世如伏后之被搜於複壁，伯牙后之被牽於帝前[1]，若是者殆衆矣，搜宮何言甚哉？趙之滅族，左氏謂趙嬰齊通於莊姬，原屏放之於齊，莊姬以是怨原屏，譖而殺之，而趙之氏滅。《史記》則謂大夫屠岸賈討靈公之賊，殺朔與嬰齊、同、括，而趙氏滅。二説不同，金仁山謂本各一事也，《史記》以爲殺朔而盡滅同、括、嬰齊，乃得之傳聞，誤爲一爾。又按，趙朔被難，在景公三年，後十六年而景公卒，則正合姬氏生孤後十五年而景公復其田邑之數。蓋嬰齊之通姬氏，應在朔死之後，而同、括之死，本後於朔，又事各有因。洪氏以同、括死後更二年而景公卒，厲公立八年，悼公立五年，始合十五年之數[2]，遂疑《史記》爲乖妄，亦失於誤，合朔與同、括之[3]死爲一也。予前辯程嬰、杵臼存孤事爲非妄，其趙朔、趙同、趙括之死本各因一事，而且非同時，特《史記》誤合爲一，遂致事詞參錯，不可稽合耳。今考於《趙世家》載晉景公三年，屠岸賈攻趙氏於下宫，殺趙朔、趙同、趙括、趙嬰齊，皆滅其族，而《晉世家》則載景公十二年以趙括與韓厥等五人爲卿，則不惟可見《史記》之自相抵牾，且足以證括等之與趙朔果非同時被殺也。趙同於

---

① 伯牙后之被牽於帝前，元順帝時伯顔殺皇后伯牙氏事。

② 五年之數，原爲小字注，據文義及《兩山墨談》卷二，嘉靖十八年刻本，當爲正文。

③ 合朔與同、括之死，原爲小字注，據文義及《兩山墨談》卷二，嘉靖十八年刻本，當爲正文。

朔死之後，屢見於《春秋左傳》，可證。趙氏下宫之禍，後世悲之，而盾亦有所自取焉。晋襄公之卒也，盾有廢立之志，而桃園之弑，復不討賊，其免及身之誅，亦幸矣。屠岸賈治靈公之賊曰："以臣弑君，子孫在朝，何以懲罪？"則屠之攻趙，亦自有辭。後世徒嘉嬰、杵之義，而遂略其所由，而不察屠之辭，亦未嘗不正也。①

〇 封禪書　司馬相如《封禪書》，議者謂其至死獻諛。雖然，此實相如之誇心也。蓋漢承秦後，一時文臣，以封禪爲曠世大典、帝王盛舉，不復有知其非者。《司馬談傳》云："是歲，天子始建漢家之封，而太史公留滯周南，不得與從事，發憤臨卒，且曰：'天子接千歲之統，封太山，而予不得從行，是命也夫！'"是知當時以登封爲盛，有事爲榮。蓋如此，相如自以文章擅當代，蓋見武帝改正易服，定制度，興樂章，度其必封禪以誇耀後世，而己當其時，謂可秉筆託附不磨，由是草書將以上勸，而不幸病以死，則初意不獲遂也。然欲使帝之必知於是，囑其妻身後上之，此其爲計。實誇心之餘也。而碧溪乃斷其諂諛，蓋天性不復能自新，其於誅心之法無乃未盡乎。②

---

① 本段見載陳霆《兩山墨談》卷二。之辭亦未嘗不正也，原爲小字注，據文義及《兩山墨談》卷二，嘉靖十八年刻本，當屬正文。

② 本段原題"封禪書"，據文義及底本卷一目録附"補集"簡目，與前文當併作一篇。見載陳霆《兩山墨談》卷一。

論史記[①]

楊慎

○ 周紀　《史記》《世本》《國語》載后稷至文王凡十五世。愚按后稷始封至文王即位，凡一千九十餘年，而止十五世，可疑也。或曰："上古人多壽考。"然而父子相繼，三十年爲一世，常理也。以十五世而衍爲一千九十餘年，即使人皆百歲，亦必六十而娶，八十始生子，而後可叶其數，豈有此理邪？稷與契同封，契至成湯，四百二十餘年，凡十有四世，而稷至文王年倍而世半之，何稷之子皆長年，而契之子孫皆短世乎？此又可證也。夫以周家帝王之世，國史載之，猶難明若此，近世家譜可盡信乎？[②]

○ 吕梁碑　羅泌云嘗見漢劉耽所書《吕梁碑》，字爲小篆而訛泐者過半，其可讀者僅六十言。碑中序虞舜之世云：舜祖幕，幕生窮蟬，窮蟬生敬康，敬康生喬牛，喬牛生瞽叟，瞽叟産舜。質之《史記》蓋同，而不言出自黄帝。此可以洗二女同姓，尊卑爲婚之疑矣。又他碑所載，后稷生台壐，台壐生叔均，叔均而下數世始至不窋，不窋下傳季歷，猶十有七世，而太史公作《周紀》拘於《國語》十有五王之説，乃合二人爲一人，又删縮數人以合十五之數，不知《國語》之説十五王，皆指其賢而有聞者，非謂后稷至武王千餘年而止十五世，太史公亦迂哉！[③]

---

① 本文係據諸部分所論内容以及底本卷一目録後附"補集"簡目，將"周紀""周本紀""微子""伯夷傳""禹穴""小司馬《索隱》注誤""《平準書》《食貨傳》同異"統合爲一篇，題爲"論史記"。

② 本段見載楊慎《升菴文集》卷四十七、《丹鉛總録》卷二十五，原題"周后稷世"。

③ 本段見載楊慎《升菴文集》卷四十七、《丹鉛總録》卷十三。

〇 周本紀　《史記·周紀》武王曰："維天不享殷，自發未生，於今六十年，夷羊在牧，蜚鴻滿野。"徐廣曰："夷羊，怪物也；蜚鴻，蠛蠓[①]也。"張守節曰："夷羊，一本作麋鹿，喻小人在朝也。飛鴻喻君子放棄。"鄭玄曰："蜚鴻，鴻雁也，知避陰陽、寒暑，喻民去無道就有道。"慎按：三説皆如眯目而道黑白者。詳此文據實事言，非喻也。紂有鹿臺以養鹿，故曰"麋鹿在牧"。蜚鴻，馬名，若白蟻、紫燕之類，蓋良馬也。養麋鹿而棄良馬，故曰"麋鹿在牧，飛鴻滿野"。言其養無用而害有用也，此説爲近。[②]

〇 微子　《史記·宋世家》："武王克商，微子肉袒面縛，左牽羊，右把茅。"[③]然究[④]言之，皆必無之事。肉袒面縛，出於《左氏》，乃楚人以誑莊王受鄭伯之降。借名於武王而誣微子也。史云"微子抱祭器而入周"，既入周矣，又豈待周師至而後面縛乎？又究而言之，抱器入周，亦必無之事。劉敞曰："古者同姓雖危，不去國。微子，紂庶兄也。何入周之有？"《論語》云"去之"者，去紂都也，雖去不逾國，斯仁矣。[⑤]

〇 伯夷傳　朱晦翁謂："孔子言伯夷求仁得仁，又何怨。今觀太史公作《伯夷傳》，滿身是怨。"此言殊不公。今試取《伯夷傳》讀之，始言天道報應差爽，以世俗共見，聞者嘆之也。中言各從所好，决擇死生輕重，以君子之正論折之也。一篇之中，錯綜震蕩，極文之變，而議論不詭於聖人，可謂良史矣。宋人不達文體，是以不得遷之意，而輕爲立論。真

① 蠛蠓，昆蟲名，細小有翅。

② 本段見載楊慎《丹鉛總録》卷二十五，原題"麋鹿蜚鴻"。

③ 據楊慎《升菴文集》卷四十七《微子面縛》，此句後有如下文字："亡弟恒讀史至此，謂予曰：'微子有四手，兄知之乎？'予曰：'《書》《傳》未聞。'乃笑曰：'使無四手，何以既面縛而又有左手牽羊，右手把茅乎？'"《丹鉛總録》卷十三同。

④ 然究，原爲小字注，據《升菴文集》卷四十七《微子面縛》，明萬曆十年刻本，當爲正文。

⑤ 本段見載楊慎《升菴文集》卷四十七、《丹鉛總録》卷十三，原題"微子面縛"。

西山《文章正宗》云："此傳姑以文取。"其言又謬。若道理有戾，即不成文，文與道豈二事乎？益見其不知文也，本朝又有人補訂《伯夷傳》者，異哉！[①]

〇禹穴　司馬子長《自叙》云"上會稽，探禹穴"，此子長自言遍游萬里之目。"上會稽"，總吴越也；"探禹穴"，言巴蜀也。後人不知其解，遂以爲禹穴在會稽。而作地志者，以禹廟旁小坎如舂臼者當之。噫！是有何奇，而辱子長之筆耶！按蜀之石泉，禹生之地，謂之禹穴。其石杳深，人迹不到。頃巡撫儀封[②]劉遠夫修蜀志，按訪古碑，刻有"禹穴"二字，乃李白所書，始知會稽禹穴之誤。大抵古人作文，言簡而括，若禹穴在會稽，而上云"上會稽"，下又云"探禹穴"，不勝其複矣。如《禹貢》曰"雲土夢作乂"，雲在江南，夢在江北，五言而括千餘里。又曰"蔡蒙旅平"，蔡山在雅州，蒙山在雲南，今名蒙樂山，上有碑，具列其事，亦四字而括千餘里。鄭玄、孔穎達、蔡沈[③]、夏僎[④]皆所未至，而繆云蒙山亦在雅州。如此，則《禹貢》所紀山川，無乃俗所謂"關門閉户掩柴扉"乎！古人立言，説義理性命，恐其不明，則不厭複，如《易》曰"明辨析也"，《詩》曰"昭明有融""高朗令終"之類。言山川物産，則一言盡之，如鏐、鐵、絲、枲、橘、柚，如微、盧、彭、濮、庸、蜀、羌、髳之類，更不複書，此易之耳。[⑤]

---

① 本段見載楊慎《丹鉛總録》卷十二，原題"朱晦庵真西山不識伯夷傳"。

② 儀封，今河南蘭考。

③ 蔡沈，字仲默，世稱九峰先生，南宋建陽（今屬福建）人，受業於朱熹，注疏《尚書》，撰《書集傳》。

④ 夏僎，字元肅，北宋龍游（今浙江龍游）人，著有《尚書詳解》。

⑤ 本段見載楊慎《丹鉛總録》卷二。

○《平準書》《食貨志》同異　馬廷鸞[①]曰：桑大夫[②]均輸之法，大概驅農民以效商賈之爲也。太史公《平準書》云："令遠方各以其物貴時商賈所轉販者爲賦，而相灌輸[③]。"此説未明，班固采其語云："令遠方各以其物，如異時商賈所轉販者，而相灌輸。"此説渙然矣。蓋添"如異時"三字，是謂驅農民以效商之爲也。吕東萊尊遷抑固，是以取《書》而不用《志》語。然紀事之文，惟貴明白，是以《通鑑》取《志》語也。[④]

○小司馬《索隱》注誤　司馬遷既論商鞅刻薄少恩，又讀鞅《開塞書》，謂與其行事相類，卒受惡名，有以也。《索隱》曰："開，謂刑嚴峻則政化開；塞，謂布恩惠則政化塞。"今考其書，司馬承禎蓋未嘗見之，妄爲之説耳。《開塞》乃其第七篇，謂道塞久矣，今欲開之，必刑九而賞一，刑用於將過，則大邪不生，賞施於告姦，則細過不失。由是觀之，鞅之術無他，獨特告訐而止耳。故其治不告姦與降敵同罰，告姦者與殺敵同賞。此秦俗所以日壞，至於父子相夷[⑤]，而鞅不能自脱也。太史之言信不誣乎！[⑥]

○孔子世家　《索隱》曰：《左傳》及《系本》，敬叔與懿子皆孟僖子之子，不應更言"魯人"，亦太史公之疏耳。[⑦]

---

① 馬廷鸞，字翔仲，號碧悟，宋饒州樂平（今江西樂平）人，馬端臨之父。
② 桑大夫，桑弘羊。
③ 灌輸，流通。
④ 本段見載楊慎《升菴文集》卷四十七、《丹鉛總録》卷十二。
⑤ 相夷，相互憎恨。
⑥ 本段見載楊慎《升菴文集》卷四十七、《丹鉛總録》卷十二。
⑦ 本段係司馬遷《史記》卷四十七《孔子世家》"懿子與魯人南宫敬叔"句下《索隱》注文。

文訓[①]

王褘

文之難者，莫難於史。故良史之才，古今或無。皇道帝德，王略霸圖，運祚興衰，治道隆污。將相卿士，武烈文謨，賢智忠孝，凶惡姦諛。天文五行，地理河渠，禮樂兵刑，食貨賦租，選舉職官，冕服車輿，蠻夷戎狄，遐方異區，恍惚詭變，俗怪習殊。凡一代之本末，皆史乎載。故曰：史者，一代之成書。是故事以實之，辭以給之，法以立之，例以律之。作史之要，必備乎此。然非其能足以通古今之體，明足以周萬事之理，智足以究難知之意，文足以發難顯之義者，曾烏得以稱良史？蓋自紀、表、志、傳之制，馬遷創始，班固繼作，綱領昭昭，條理鑿鑿。三代而下，史才如二子者，可謂特起拔出，雋偉超卓。後之爲者，世仍代襲，率莫外乎其矩矱[②]。論者以謂，遷、固之書，其與善也隱而彰，其懲惡也直而寬，其賤夷也簡而明，其防僭也微而嚴。是皆合乎聖人之旨意，而非庸史之敢干[③]。及乎范曄、陳壽之流，則遂肆意妄纂，曲筆濫箋，曖昧其本旨而義駁以偏，破碎其大體而辭謭以纖。況乎曄、壽之不若者，則又卑陋而無足觀矣。故史所以明乎治天下之道，而爲之者亦必天下之才，然後勝其任。玆其所爲難乎？”太史公曰：噫，史之爲文，誠難乎其盡美矣！文而爲史，誠極天下之任矣。抑吾聞之，文有二，有紀事之文，有載道之文。史者，紀事之文，於道則未也。

---

① 本文見載王褘《王忠文公集》卷十九。

② 矩矱，規則法度。

③ 干，原作“於”，據王褘《王忠文公集》卷十九，明嘉靖元年刻本改。

論史記

王維楨 ①

文章之體有二，序事、議論，各不相淆，蓋人人能言矣。然此乃宋人創爲之。宋真德秀讀古人之文，自列所見，岐爲二途。夫文體區別，古誠有之，然固有不可岐而別者。如《老子》《伯夷》《屈原》《管仲》《公孫弘》《鄭莊》等傳，及《儒林》等序，此皆既述其事，又發其義。觀詞之辨者，以爲議論可也，觀實之具者，以爲序事可也。變化離合，不可名物；龍騰虎躍，不可韁瑣。文而至此，即遷史不皆其然。

史記題評 ②

○總目　楊慎曰：《五帝紀》亦非太史公極筆，三王紀爲《尚書》所拘。表序篇篇奇，《禮》《樂書》爲《禮記》《荀子》所掩，《律》《曆》，古書之遺。自吴太伯至敬仲，皆爲左氏所掩，孔子爲《論語》所掩。《陳涉》至《三王》，皆太史公特筆，《貨殖》與《平準》並看，《自序》尤奇。③

○《五帝紀》贊　吴文正公曰：此爲贊語之首，古質奥雅，文簡意多，而斷制不苟。凡爲九節，前四節著其事，後五節斷其義。第一節言

① 王維楨，字允寧，號槐野，華州（今屬陝西）人，明嘉靖十四年進士，累官南京國子監祭酒，著有《槐野先生存笥稿》等。本文見載《王氏存笥稿》卷六、《史記評林》卷首。

② 本文原題“史記題評總目”，然據底本卷一目録後附“補集”簡目，並結合文義，篇題當爲“史記題評”。《史記題評》，一百三十卷，明楊慎、李元陽輯，後凌稚隆《史記評林》有所增益。

③ 本段散見於《史記題評》卷首目録的天頭處，國家圖書館藏明嘉靖十六年刻本。“總目”當爲此部分之小節標題。

“學者多稱五帝”，已久遠矣，其可徵而信，莫如《尚書》。然其所載獨有堯以來，而不載黄帝、顓頊、高辛，則所徵者猶有藉於他書也。第二節言百家雖言黄帝，而其文不雅馴，故薦紳先生難言之，則不可取以爲徵也。第三節言《五帝德》《帝系姓》二篇，見《大戴禮》及《家語》，雖稱孔子傳於宰我，而儒者或不傳，則似未可全徵而信也。第四節言身所涉歷，長老往往稱黄帝、堯、舜之處，風教固殊焉。則他書之言黄帝者亦或可徵也。此四節皆著其事也。

第五節應第一節，言“總不離古文者近是”，古文，《尚書》也。謂大要以不背《尚書》所載者，爲近於是。然太拘泥，則不載者豈無可徵者乎？故曰近是也。第六節言備載則有《五帝德》等篇，我觀《國語》，其間發明二篇之説，爲甚章著，顧儒者但不深考，而或不傳耳。其二篇所發明章著而表見，驗之風教固殊者，皆實而不虚，則亦或可徵矣。第七節言況《尚書》缺亡其間多矣，豈可以其缺亡而遂已乎？其尚遺佚，若黄帝已下之事，乃時時見於他説。如百家、《五帝德》之類，皆他説也。又豈可以縉紳難言、儒者不傳而不擇取乎？第八節言非好學深思，心知其意，不能擇取。而淺見寡聞者，固難爲之言也。此四節斷其義也。

第九節則結之曰：“余並論次，擇其言尤雅者，故著爲本紀書首。”言非止據《尚書》論次堯以下，且並黄帝、顓頊、高辛而論次之。於《五帝德》等書，擇其言之尤雅者取之。則其不雅者，在所不取也。文字多少曲折，讀者不可草草。

〇《秦本紀》賜石棺　楊慎曰：蜚廉[①]，助紂爲惡者，《孟子》明言戮之海隅矣，焉得天降石棺之誕。

---

① 蜚廉，商紂王的大臣，惡來之父。

〇《秦本紀》由余對秦繆公　《文選·東京賦》李善[1]注引《史記》云：戎王使由余聘秦，觀秦之强弱，穆公示以宫室，引之登三休之臺。由余曰“臣國土階三尺，茅茨不翦，寡君猶謂作之者勞，居之者逸。此臺若鬼爲之”云云，比此爲詳，不知今本何人删節也。

〇《秦本紀》九鼎入秦　楊慎曰：始皇二十八年，使千人没泗水求周鼎，不獲。此云九鼎入秦，何邪？

宋無[2]曰：鼎，三代寶也，秦有取天下、繼正統之心。鼎不入秦，秦之耻也；鼎之入秦，秦之托言也。

〇《始皇本紀》出周鼎泗水　舒雅[3]《史纂》曰：威烈王時，九鼎震。震者，淪之兆也。鼎，神物也，既能震動，則没入水，理也。宋太丘社亡，亡者，自亡也，社能自亡，則鼎能自没無疑。使鼎誠在秦，則始皇必不使人入水而求也。秦所鑄金人靈爽少矣，猶能潸然泣下於將徙，况神禹之鼎乎？神劍猶能躍入平津之水，湛盧猶能飛去楚國，鼎不爲秦用明矣。

〇宋子虚曰：史何以書鼎入秦也，秦耻不得鼎而詭書，史因之不改也。事有若實而妄者，秦得周鼎也；有若誣而實者，鼎入泗水也。

〇《始皇紀》刻碣石　慎曰：“請刻此石”，按今碑文作“刻此樂石”[4]，後人不解樂石之義，乃妄改之。唐封演云：樂石，謂以泗濱浮磬作碑也。[5]

---

① 李善，唐揚州江都（今江蘇揚州）人，注《文選》六十卷，著有《漢書辯惑》三十卷。

② 宋無，字子虚，號晞顔，元蘇州（今江蘇蘇州）人，著有《翠寒集》《啽囈集》。

③ 舒雅，南唐顯德六年狀元，入宋後曾參與校訂《文苑英華》等書。

④ 樂石，泗水濱所産可製樂器之石，秦始皇嶧山刻石以爲石料。李斯《嶧山刻石文》：“刻此樂石，以著經記。”

⑤ 封氏語本《封氏聞見記》卷八，原作：“學者不曉樂石之意。顔師古云：‘謂以泗濱磬石作此碑。’”封演，渤海蓨（今河北衡水）人，唐天寶十五載進士，著有《封氏聞見記》。

〇太史公《過秦論》　鄒誕生云：太史公删《過秦論》，褚先生增續，而混淆之。今按《陳涉世家》亦載第二篇。

〇《項羽紀》項伯以沛公言報項王　須溪[①]云：項王爲人不忍，於此可見，此項伯之所以敢諾，范增之所以不敢怒也。

〇《項羽本紀》會鴻門事　須溪云：叙漢項會鴻門事，以十分筆力摸寫當時事情，歷歷如目見，無毫髮遺恨。

〇《高祖紀》遣沛公入關　須溪云：遣沛公，非懷王意也，諸老將不知何人，定出范增上矣，獨無姓名，惜哉！

〇決勝垓下　升菴慎曰：叙高祖與羽決勝垓下，僅六十字，而陣法、戰法之奇皆具。“柴將軍在皇帝後”以上，陳法也；“淮陰侯先合”而下，戰法也。曰“不利”，用奇也，既却，而左右兵縱，因其不利而乘之，此戰法奇、正相生也。

〇《高祖本紀》分王子弟　吕東萊曰：《史記》書“分趙山北，立子恒爲代王”。子長游四方，識輿地之大勢，故其書法簡明，得主名山川之餘意，如此類非一。《漢書》多改之，班氏蓋未達也。

〇《高祖本紀》大風歌　須溪云“安得猛士守四方”，古人以爲伯心之存，非也。自韓信死、彭越死、黥布反，同時諸將皆盡，於是四顧寂寥，有傷心者矣。語雖壯而意悲，自是亦道病矣，或者其悔心之萌乎？

〇《高祖本紀》過沛事　後之爲史者曰“還沛置酒，召故人極歡”足矣，看他發沛中兒教歌，至酒酣、擊筑，歌呼起舞，展轉泣下，縷縷不絶，俯仰具至，直到空縣出獻，已去復留，諸母故人道舊又佳，對父老説豐恨事又佳，古今文字淋漓盡興，言笑有情，少可及此，區區爲之減一兩字。

---

① 須溪，劉辰翁，字會孟，號須溪，南宋末廬陵（今江西吉安）人，著有《須溪集》。

〇《景帝紀》太史公贊　真西山曰：太史公論七國事，以一言斷之，曰“以諸侯大盛，而錯爲之不以漸也”，則其初封建之過制，後之當抑損而爲之不善，皆見於一言之中，非後世史筆可及。

〇《孝武本紀》　慎曰：《孝武紀》亡，褚少孫取《封禪書》補之，今按自孝武初即位而下，至篇終，全抄《封禪書》語。

〇《漢武紀》太初元年　東坡曰：漢武帝惡巫蠱如仇，蓋夫婦、君臣、父子之間，嗷嗷然不聊生矣。然方使丁夫人、虞初等，以方祠詛匈奴、大宛，已且爲巫蠱，何以責其下？此最可笑。

〇論《三代世表》　慎曰：“殷以前不可譜，周以來頗可著”二句爲一篇之綱，“詳”“慎”二字關鍵。孔子次《春秋》，紀元年，正時日月，以頗可著而詳也。其序《尚書》，略年月，以不可詳而慎也，此言遠者不可詳而近者不可略也。黄帝以來遠矣，曆譜雖皆有年數，然乖異不同，此夫子所以弗次其年月，慎而闕其疑也。

〇《十二諸侯年表》贊　慎曰：此言王道墜而伯者興，《春秋》之作，所以明王道也。“王”“伯”二字，此篇之綱領。然後之著述者，雖本《春秋》，而又不同焉。“儒者斷其義”至“譜諜獨記世謚”，蓋其不同者，數句乃此段之關鍵也。左氏、鐸氏[①]、孟、荀、董氏，儒者也；虞、吕[②]之徒，馳説者也；張蒼之倫，曆數譜諜者也。儒以馳説者，略於曆數譜諜，此不務綜其終始也。曆數譜諜家不詳載其義與辭，此其辭略也。欲一此數家以觀其要，不爲删取以著於篇，則雖欲觀其要以删之，實則難也。故曰：“爲成學治古文者要删焉。”蓋爲成學治古文者，欲覽其要，故删爲此。篇二“要”字實相應。

---

① 鐸氏，鐸椒，戰國時楚人，通《春秋》。

② 吕，吕不韋。

○《六國表》 慎曰：六國俱爲秦所并，故以讀《秦記》發端，述秦之所以興，而至於有天下，一由於暴戾，中間言六國擯秦，及秦之盛而卒并六國，非以其形勢便利，若天所助而然乎。或曰云云，形勢便利之證也。又言諸侯史記焚滅，唯《秦記》獨存，雖略而有可采者，何必上古，以終讀《秦記》，起下文"法後王"之語。及"秦取天下"至篇終，則申言以繳一篇之旨，漢文多此法。其曰"取天下多暴"，繳"前暴戾，後仁義"及"不如魯衛暴戾"之語也。曰"世異變，而成功大"，繳前六國盛衰更變，而秦之卒并天下也。曰後王而察始終者，又繳《秦記》可采，何必上古之意也。曰"興壞之端"，則該秦與六國而爲法云。此句法，言秦之所謂德義，猶不如魯衛之所謂暴戾也。《左傳》云："天道多在西北。"①

○《秦楚之際月表》 此篇文字英發俊偉，言漢興之易者，由秦爲之先驅，而除去其難耳。受命若斯之亟，對一統若斯之難。號令三嬗，繳陳涉、項氏、漢家而歸之於受命之亟。以德若彼，繳虞、夏、湯、武，用力如此，繳秦襄、始皇，而總之以一統之難。而今之亟者，以有秦爲先驅，以除去其所難耳。

○《秦楚之際月表》 此干令升②《晋紀論》之祖。

○《漢興以來諸侯年表》 此篇欲述漢初封建之過制而致驕淫，其後抑損之，則枝葉弱而本幹强，故先言周事以發之。其初也，親親尊勞之義，所封雖或過，而皆所以輔衛王室，其後侯伯强而王室弱，則以形勢之弱也。周序五等，漢則二等。③漢同姓九國④，則周親親之義也；異姓

① 《左傳·襄公十八年》："董叔曰：'天道多在西北，南師不時，必無功。'"

② 令升，原作"景升"，指干寶。

③ 周序五等，公，侯，伯，子，男；漢則二等，大者王，小者侯也。

④ 漢同姓九國，齊、楚、荆、淮南、燕、趙、梁、代、淮陽。

功臣，則尊勞之義也。“大者或五六郡，連城數十”，則過於周之，或過而四百里者矣。其後抑損之，而秉其阨塞地利，則諸侯微，而王室之形勢强矣。末言“益損之時”，四益與損雖應前過。“與損”二字其意則關，繳漢初之廣强庶孽者，爲益終之。抑削諸侯者爲損，而“形勢强”之句，又與前“形勢弱”之句爲相應云。

○《高祖功臣侯年表》“始未嘗不欲固其根本”承上文封爵擔之意，而“枝葉稍陵夷衰微也”起下文子孫驕溢亡國之意。曰“察其首封”，曰“所以失之”，申固根本及枝葉陵夷之語。異哉！所聞舉古概今，以貫一篇之語脉，豈非篤於仁義？“奉上法”一句與下文“然皆身無兢兢於當世之禁”一句相對，以明今之所以失者，則以其一鏡古篤仁義，奉上法也，上篤仁義則無網少密之苛，下篤仁義而奉上法，則能兢兢當世之禁，而不“坐法亡國”矣。故曰：“居今之世，志古之道，所以自鏡也。”

○《禮書》《漢書音義》曰“十篇有録無書”[①]，謂《景》《武紀》，《禮》《樂》《律書》，《將相年表》，《日者》《龜策》《靳蒯列傳》，《三王世家》。遷殁亡逸，元、成之間，褚少孫補之。《索隱》《正義》皆云《禮書》是褚先生取荀卿《禮論》補，而《索隱》於後“太史公曰”之下又云“太史公取《禮論》之意”，何其自相矛盾？今按自“禮由人起”至“儒墨之分”一段，荀子《禮論》之文；中間“治辨之極也”至“刑錯而不用”一段，《荀子·議兵》篇答陳囂之文；後自“天地者生之本也”至終篇，亦皆《禮論》之文，乃斷“至矣哉”之上加“太史公曰”，此小司馬所議甚率略蕪陋，其爲褚少孫補明矣。

○《禮書》贊　慎按：《荀子·禮論》“以爲上則明”之下，繼曰

---

① 裴駰《史記集解》引《漢書音義》：“十篇缺，有録無書。”對《漢書》做音義的注家甚多，如後漢應劭、服虔，三國吴韋昭，隋蕭該等。有説法認爲裴駰所引乃蔡謨撰。

“萬變而不亂，貳之則喪也。禮豈不至矣哉”云云。褚少孫乃除此二句，并“禮豈不”三字，而加之以“太史公曰”，殊爲無謂。

〇《樂書》公孫弘論汲黯誹謗聖制　自“凡音之起”至篇末“子貢問樂”，皆《樂記》篇全文。然其章次顛倒，是褚先生升降之也。

〇《樂書》衛靈公聞琴聲　此以下《正義》云出褚意，今按衛靈公濮水聞琴聲，師涓、師曠之事一段見《韓子》，當是褚先生取《韓子》補綴書。

〇《律書》《漢書音義》云：“《律書》缺，有録無書。”《索隱》云：“《兵書》亡，不補，略述律而言兵，遂分曆述以次之。”皆疑其爲褚所補。今按：八書止有《律書第三》。《自序》云“非兵不强”，又云“《司馬法》所從來尚矣，太公、吴、王子能紹而明之”，蓋言兵也。《律書》即《兵書》，非亡而不補也。其《律書》略述律而言兵，語焉不詳，誠如小司馬氏所云也。其云“分曆述以次之”者，蓋自“《書》曰七正，二十八舍”以下，皆關曆法也。然曆之月氣實應乎律，非分曆述以次之也。兵之與律相因者，然非特以律聽兵聲而已也。先儒謂太史公以文帝休兵息民，天下和樂，深得論律本意，余以爲此書雖頗殘缺而補綴之，非全失而全出褚少孫手也，其於兵械以下言兵之應律。

〇《封禪書》　升菴愼曰：篇端起語二節，一正説，一反説，此篇之綱要也，其應皆在後。曰：“自古受命帝王，曷嘗不封禪？”後所引管仲對齊桓公二君曰“皆受命，然後得封禪”應此句意。曰“蓋有無其應而事者矣”，後所論秦始皇云“豈所謂無其德而用其事者耶”應此句意。曰“未有睹符瑞而不臻太山者也”，其後凡言符瑞，如黄龍、寶鼎，亦應此句意。又曰“雖受命而功不至”，“功不至”謂未有天下，而政不及太山也。所謂“文王受命，政不及太山”，應此句意。“至梁父矣而德不洽”，“至梁父”謂已有天下，而政及太山也。所謂“武王克殷，天下未寧而崩，周德之洽維成王”，亦應此句意。以漢高比武王，則德猶未洽也。曰“洽矣，而日有不暇給”，意謂漢文也。睹符瑞而臻功，至德治而暇給，意雖屬武帝，而辭有憾焉，史筆之妙。此篇雖主封禪，其間兼言事神等事，故又以“始未嘗不肅祇，後稍怠慢”二語關繳之，而歷代事神之盛衰，皆句括其中，則其氣不散。篇終贊語，又兼封禪神鬼等事而總括之，文法關鍵之妙也。

帝孔甲等皆不受命，不睹符瑞而不臻太山，怠慢者也。“始未嘗不肅祇，後稍怠慢也。”史多此語。《功臣表》“始未嘗不欲固其根本，而枝葉稍陵夷衰微也”，句法與此同。

〇《封禪書》　此以下至篇終，總括武帝封禪、事神求仙之事。而結之曰“然其效可睹矣”，蓋婉其辭以譏之也。

〇《平準書》　“烹弘羊，天乃雨”，蓋借其語以斷制興利之臣之罪。《平準書》先叙漢事，而贊語乃述自古以來，而寓微辭於武帝，叙事之變體也。

〇《吴太伯世家》　《尚書》首《堯典》《舜典》，《春秋》首隱公，《史》世家首太伯，列傳首伯夷，貴讓[①]也。既已詳叙太伯建國、虞仲受爵之由，并其世次分派，至此因虞亡而又叙總之，可爲叙世次之法。

〇《魯周公世家》贊　齗齗[②]鬥争得之，《索隱》曲説不通，引繁欽賦，恥字益明，舒雅曰：“本於讓而争也，老少相讓幾於争矣。孔子知魯道之將微，嘆之。太史公觀慶父叔牙之亂，魯以揖讓相尚，而君臣之間至反戾若此，故亦嘆之。”

〇《管蔡世家》　慎曰：叙武王同母兄弟十人之爲本、爲支，賢否成

---

① 貴讓，原爲小字注，據文義並《史記題評》卷三十一，明嘉靖十六年刻本，當爲正文。

② 齗齗，争辯的樣子。

敗，條分昈列，可爲叙支派之法。

〇《管蔡世家》末　慎曰：前叙武王同母兄弟，此終其義也。

〇《衛康叔世家》　邵國賢曰：觀《淇澳》之風，《抑》之雅，武公之德盛矣。季札觀樂，又盛稱其德，其没也，謂之“睿聖武公”。而《史記》乃有殺兄代立之説，何其不類也。

〇《康叔世家》叙武公以下立國事　慎曰：太史公作史日，《毛詩》《左傳》俱未出，是以傳云附會若此。

〇《康叔世家》　邵國賢曰：郢有命於靈公，何爲不立也？君薨於寢而嗣定焉，禮也，游非其時也，郊非其地也，郢其敢從？諸如其時且地，郢亦從之矣，是故郢之辭，禮也。然則無愧季札矣，而不見稱於君子，何哉？札之賢非郢之所敢望也。雖然，仲尼論衛政，而先正名。君子以爲必立郢也，其何稱如之。

〇《楚世家》　慎曰：叙世之自來處可法。

〇“弗能紀[①]其世”以上三句，可爲書世次缺而難紀之法。

〇《楚世家》祈父對靈王求周鼎　祈父之對，取《國語》而略其後一節。按：後一節引祈招之詩以寓規諫，正其警策而乃删之，此其疏略也。

〇《趙世家》扁鵲視疾　事涉語怪而文奇，在《史記》故可觀，不然是《夷堅志》矣。

〇《趙世家》　趙主父沙丘之禍既已詳叙顛末，而於其後又括其要而論之，亦一例也。

〇《蕭相國世家》　升菴慎曰：此傳書法整嚴，《蕭相國》《留侯》《陳平世家》書法大概同，森然粲然。又曰：鄂君明蕭何之功，議論明

① 紀，原作“繼”，據《史記》卷四十《楚世家》，中華書局1982年版改。

白，所以服人。以一時之事，萬世之功，分説於前，而合説於後。一時之言，亦森然有法，中間兩數一相應。

〇《蕭相國》贊　贊體慨然，“順流而與之更始”，更千言萬語不能勝。淮陰、黥布不及，感嘆有情，此其所長也。末閎夭、散宜生，或譏其無謂，孰知太史斬蕭何如諸將咄咄語，正在此等。不然，何不曰“與太公望同功？”可不可也。

〇《曹相國世家》　慎曰：此與《絳侯世家》及《樊酈滕灌列傳》叙戰功處同一凡例，紀律嚴整，蓋當時吏牘功載之文如此，可爲叙載戰功之法。又曰：參平生惟七十創最著，傳功最外本無可言，若無蓋公事，安所用子長哉！

〇《絳侯周勃世家》　慎云：叙戰功處與《曹參世家》《樊酈》等列傳同一凡例，韓文公《曹成王碑》叙戰功處本此。

〇《絳侯》贊　慎云：足已不學，言絳侯守節不遜，言條侯終以困窮。謂絳侯不能對錢穀之問，條侯不能平切肉置櫡之憾，或嘗被甲而有廷尉之辱，或不置對而有餓死之慘，皆所謂困窮也。

〇《三王世家》　慎按：《三王世家》具載疏奏制册，天子恭讓，群臣守義，文辭爛然可觀，又見漢廷奏復頒下、施行之式。

〇《管晏列傳》　慎曰：此傳段段有繳結，首叙管仲之出處，而以致君之功結之；次言受鮑叔之知，而以天下多其知人結之；又次言其致伯之相略，而以所以爲謀者結之，亦傳之一體。

〇《老莊申韓列傳》　慎曰：《老子傳》著老萊子、太史儋之疑，《莊子傳》之旁及《畏累虚》《亢桑子》，傳之變體也。

〇《老莊申韓傳》贊　慎曰：此贊各論其人之事，而總之以一言，文字之妙，明申韓原於道德之意，東坡先生論之當矣。

〇《仲尼弟子列傳》　蘇子曰：予觀《左傳》，齊之伐魯，本於悼公之怒季姬，而非田常；吳之伐齊，本怒悼公之反覆，而非子貢，凡太史所記皆非也。蓋戰國策士設爲子貢之詞，而太史公信之。

○《犀首傳》秦得燒掇焚杅　掇，馬籍也。杅，糞箕也。

○《孟子荀卿列傳》　愼曰：《孟子傳》與《伯夷傳》書法略相似，先叙孟子，而以騶衍形之，則孔孟之不合於時者，其道從可知矣。又舉孔、孟、伯夷，豈有意於阿世苟合者，則騶子之見尊禮於諸侯，其道又從而可知矣。其曰：騶子儻有牛鼎之意乎，語不露而意雋永，最文字之妙者也。此法唯韓子得之。西山真先生曰：《孟荀傳》旁及諸子而兼乎議論，傳之變例也。

○《淳于髡列傳》　邵國賢曰：孟子三見齊王而不言事，髡之無言，其迹似之。使其後所言者能出王道，則髡亦何可訾哉！雖然，髡受賜而辭位，終身不仕，游士之中，蓋亦莫之能逮也。

○《平原君虞卿列傳》　書在濁世之佳公子，在清世則否矣。褒貶在言外，所以稱爲雄深。“未睹大體”，可斷平原之失。“虞卿非窮愁，亦不能著書以自見於後世。”韓子《柳子厚墓誌》用此意。

○《信陵君傳》　愼曰：叙公子禮侯生及奪晋鄙兵救趙事，極有筆力。平原讓魏公子之言，以急人之困一語相抑揚，亦與魯仲連讓平原君語同。至若辭決侯生，問答語奇甚。

○《樂毅傳》贊　愼曰：樂毅實及老子口授次第，太史公之學，蓋本老子。

○《廉頗藺相如傳》　愼曰：秦取趙和氏璧，趙王求人可使，繆賢薦藺相如。王問：“何以知之？”而舉所以知之者對。於是召見，問其方略，知其可使而使之。當時人君猶能用人如此之審，宜秦之不敢加兵也。

○《鄒陽傳》　愼曰：鄒陽書，太史公謂其比物連類，有足悲者。真西山病其使事太多，漸至於儷偶之弊。

〇《屈原傳》 慎曰：太史公作《屈原傳》，其文便似《離騷》，其論作《騷》一節，婉雅悽愴，真得《騷》之趣者也。

〇《吕不韋傳》懸金市門 慎曰：懸金市門，無能增損者，蓋畏秦勢然耳。楊雄乃“恨不生其時，手載懸金而歸吾家”，子雲“老不曉事”如此。

〇《蒙恬傳》秦穆公罪百里奚 由此，□觀百里奚亦不終信於秦，秦真少恩哉！繆之謚非美，此又可證。

〇《魏豹彭越傳》贊 劉須溪云：“喋血乘勝，日有間矣”不可解。看上語，意謂其與喋血乘勝日則有間矣，身已爲王，彼時不反此時反，故隱約如此。下語最是用力處。

〇《淮陰侯傳》 升菴慎曰：“木罌缻[①]渡軍”者，取罌缻百千，以木縛之，浮於水，以代船。蓋軍事取速成，用成器也。今淮濟間賣販罌缻，皆用此法。若如韋昭之説，以木爲器如罌，何不遂造舟乎？此罌缻乃取之人家用器，易辨者耳。

〇多多益善 程子曰：“分數明也。”按《孫子》曰：“治衆如治寡，分數是也。”注云：“部曲爲分，什伍爲數。”程子蓋取此也。

〇《田儋傳》贊 劉須溪云：安期生，神仙家多傳之，大抵英雄不得志而自放志耳，豈必羽化飛空哉？謂田横之客，五百人皆至賢，無不善於籌畫者，乃莫能圖謀以存其國，何哉？猶東坡題田横墓詩意也。

〇《樊噲傳》項伯以肩蔽沛公 須溪云：“肩”字妙有力，“屏”字與“擁”字不同，如此則項氏君臣皆將疑伯矣！政以且舞且敵，獨以肩爲舞態，圖畫仿佛所不能陳，特在此字。

〇“排闥”二字，前無所祖；“流涕”數語，粗粗鹵鹵，有布衣之

---

① 罌缻，大腹小口的瓶。

憂，有骨肉之悲。不獨似噲口語，而三反四正，復情詞俱竭。只是子長筆力！至一“絶”字，驚痛聲泪俱透，更千萬語不能盡，更千萬人不能道。此一字可諱可悟，趙高一語更嗚咽而長。只一“惡”字不見是何人何語，故更不用“言”，不用“曰”，而高帝聞之即非告變與彈劾也，亦爲臨光侯筆端欲舞。

○《張蒼傳》　高帝功臣龍□皆安在，而張蒼以庸才備員，無言論功業，爲相至十五年，百餘歲，以壽終。

○《張蒼傳》贊　此因張蒼，并及其時代之相者，又引周昌及申屠二家，矗直與《陳平傳》王陵同，皆變體之妙者。此後紀車丞相[①]、韋丞相等，非本文，褚先生録也。

○《韓安國傳》匿馬邑旁谷中　劉須溪云：安有三十餘萬作伏兵者？拙謀！拙謀！

○《李廣傳》　此傳綜叙其事，實以著其才略意氣之所以然，又旁及儕等之得志，以致其畸世不平之意。讀之使人感慨。須溪云：“文帝太息，知廣至矣！然非人君之言，萬户侯固在我，知人不用，用不極，與不知同。”

○《匈奴傳》　隴西、北地、上郡長城，秦築之；代、并、陰山、高闕長城，趙築之；造陽、襄平長城，燕築之。則長城不始於秦皇矣。

○《司馬相如傳》　劉子玄《史通》云：“《相如傳》具在《相如集》中，子長因録斯篇，即爲列傳。”又按《南史》云：“古之名人，相如、子長、孟堅，皆自叙風徽，傳芳來世。”觀此，則《相如傳》即相如之文也。須溪以爲子長，蓋未考耳。

---

① 車丞相，車千秋，本姓田，“巫蠱之禍”中上書爲戾太子伸冤，後任丞相，與霍光等同受遺詔輔佐昭帝，因年老被特許乘小車入宫，故號“車丞相”。

○《司馬相如傳》相如往舍都亭，會臨邛令王吉與卓王孫、文君事　須溪曰：本是一段小説，子長以奇著之，如聞如見。乃並與其精神意氣，隱微曲折，畫就，蓋至俚褻而尤可觀，使後人爲之，則穢矣。

○《相如傳》難蜀父老　末篇數語，通繳以前意，漢文多此法，“患使者有司之若彼”，則繳“發軍興制，擅爲轉輸，非陛下之意”。“悼不肖愚民之如此”，則繳“亡逃自賊殺，非人臣之節，身死亡名，謚爲愚民”之意。“遣信使曉諭百姓以發卒之事”，則“不順者已誅，而爲善者未賞，故遣中郎將賓之，而士民特以衛使者不然”之意，皆關繳其中。“數之以不忠死亡之罪，讓三老孝弟以不教誨之過”，則“邊士之盡忠，而行者之不能，父兄之教不先”之意，亦關繳於中。文字最有關鎖。

○相如《封禪書》　慎曰：初言自古以來，封禪者七十二君；又言軒轅之前，遐遠不可詳聞。載籍之傳，可觀者則自唐堯而下，惟周爲盛，而近於漢。故止以周之封禪者比擬言之，先言周無殊尤絶迹，而猶封禪以發；漢之功德殊異，而符瑞豐著，乃不敢封禪，故其結之曰：“進讓之道，何其爽歟！”進謂周也，讓謂漢也。

○《相如傳》贊　王柏云：“楊雄以爲”至“不已虧乎”二十八字，是掇漢贊之語，當删去。

○《儒林傳》　邵國賢曰：諸儒從陳涉者，使其不死，其從叔孫通乎？涉且從矣，况高祖之召，其有不從乎？當時兩生獨安在哉？前不從甲，後不從通，非有定見，安能爾？

○《酷吏傳》　首尾只似一傳，故趙禹卒於張湯，温舒始於義縱，義縱卒於楊僕。尹齊甚於寧成，杜周甚於温舒，皆横行逆見，而心術形勢、時事勝敗、民俗情僞，無不可以一目而得，若禹自禹，湯自湯，誰不能者？

○《酷吏傳》　劉須溪曰：酷吏十人，都斬，成髡鉗，由、縱棄市，湯自殺，温舒五族，尹齊亡去，減宣自殺；惟杜周有子孫，趙禹壽。

○《酷吏傳》 慎曰：太史公謂“張湯死而民不思”一語，至矣！班固乃稱其推賢有後，力雪其酷吏之名，異乎太史公之直筆矣！班、馬優劣，只此亦可判。

○《游俠傳》近世延陵 延陵，吴季札也，不必引延陵生。太史公作傳，其不名者，必其顯著者也。或曰：“季札豈游俠邪？”余曰：“太史公作傳，既重游俠矣，必援名人以尊之，若《貨殖傳》之援子貢也。”

○《滑稽傳》 須溪曰：滑稽事至鄙褻，乃直從六藝莊語説來，此即太史公之滑稽也。

○《滑稽傳》贊 太史公此贊滑稽語，亦近滑稽。後世韓文公銘樊宗師文亦學，樊宗師實祖此也。

○《滑稽傳》河伯娶婦 邵國賢曰：先是數年，秦以君甥妻河，蓋夷俗之漸久矣。此政，父老之所苦者，巫不殺則妖不止，然曷不先之以教乎？孟子論殺有所謂生道者，豹蓋近之。吾獨怪其術之勝耳，不然，則何愧於陳子亢之止狗喪哉？子亢，仁術也；豹，術而未仁。

○《日者傳》 劉須溪曰：張守節《正義》謂《日者傳》非太史公作，觀其辨，肆淺深文，豈褚生所能？東萊考訂，以爲太史公作。黄東發云：六一公欲作文，先誦《日者傳》一遍。

○慎曰：《日者傳》首只三語，亦自奇。

○《龜策傳》 慎曰：宋元王殺龜事，連類衍義，三千言皆用韻語，又不似褚先生筆，亦先秦戰國文，所記亦成一家，不可廢也。

○《貨殖傳》首引老子語 慎曰：將信已説，而先引老子破之，以爲必不然。此健吏舞文手也。

○《貨殖傳》叙洛陽東賈一段 此于《禹貢》某山某水爲某州、東西南北又别，中言都會，皆如行旅，逐勝可畫爲圖，欲斷欲續，不可分界，四顧無所不有，真筆力之奇陣也。

〇《貨殖傳》後　此傳雖是結起數處，其實只是一片，上下往復辯博，皆筆力爲之，又異乎《日者》之口語文字，必如此方是盡。

〇《自叙》　羅堅甫云：班固去司馬遷未久也，已不知《史記》書法。如《項羽本紀》在《高帝》前，《陳涉世家》在《孔子》後，皆有深意焉。蓋馬遷以秦焚典籍，使羲黄至孔子之道幾於墜地，涉與羽先後倡爲亡秦之謀，可謂大有功於斯道。故叙《陳涉世家》云："桀、紂失其道而湯、武作；周失其道而《春秋》作；秦失其政，而陳涉發迹，諸侯作難，風起雲蒸，卒亡秦族，天下之端，自涉發難，作《陳涉世家》。"而叙《項羽本紀》則云："秦亡其道，豪桀並擾，項梁業之，子羽接之，殺慶救趙，諸侯立之，誅嬰背懷，天下非之，作《項羽本紀》。"蓋奮於鉏挺，以亡秦者，起於陳涉，項羽次之，高祖又次之。

〇又曰：《史記·平準書》譏聚斂之臣也，《貨殖傳》譏好貨之君也。[①]

西漢書

劉安世　朱子[②]

元城劉氏問馬永卿近讀何書，對曰："讀西漢到《酷吏傳》。"曰："班氏特恕杜、張[③]，何也？"曰："太史公時，湯、周之後未顯。至班氏，

① 也貨殖傳譏好貨之君也，原爲小字注，據文義並《史記題評》卷首目録天頭，明嘉靖十六年刻本，當爲正文。

② 本文作者原署"劉安世"，據底本卷一目録後附"補集"簡目並文義，補題"朱子"。劉安世，字器之，北宋魏州元城（今河北大名）人。

③ 杜、張，杜周和張湯。

獨以爲有子孫以贖父罪，故入列傳。”曰：“《孟子》云：‘名之曰幽、厲，雖孝子慈孫，百世不能改也。’而班氏固輒没其酷吏之名，何也？”曰：“世之論者，以謂二人皆有意。太史公之意，欲以告後世人臣之忠；班氏之意，欲以教後世人子之孝。”曰：“此固然也，然班固於此極有深意。張湯之後，至後漢猶盛。有恭侯純者，雖王莽時亦不失爵，至建武中，歷位至大司空。故班固不使入《酷吏傳》，以張純之故也。”曰：“是時杜氏之絶已久，而亦不入《酷吏傳》，何也？”曰：“杜、張一等人也。若獨令張湯入列傳，則世得以議己，故并貸杜周。此子産立公孫洩之義也。”永卿退而檢《左氏》，鄭卿良霄字伯有，既死爲厲，國人大懼。子産以謂鬼有所歸，乃不爲厲，乃立公孫洩、良止以止之。公孫洩，子孔之子也。良止，良霄之子也。鄭殺子孔，子孔雖不爲厲，故亦立之。且伯有以罪死，立後，非義也，恐惑民，故立洩，使若自以大義存誅絶之後，不因其爲厲也。

〇朱子曰：班固作《漢書》，不合[①]要添改《史記》字，行文亦有不識當時意思處。如七國之反，《史記》所載甚疏略，却都是漢道理；班固所載雖詳，便却不見此意思。吕東萊甚不取班固。如載文帝《建儲詔》云：“楚王，季父也，春秋高，閲天下之義理多矣，明於國家之大體。吴王於朕，兄也，惠仁以好德。淮南王，弟也，秉德以陪朕。豈不爲豫哉！”固遂節了吴王一段，只於“淮南王”下添“皆”字，云“皆秉德以陪朕”，蓋“陪”字訓“貳”，以此言弟則可，言兄可乎！今《史記》中却載全文。又曰：屏山却云：“固作漢紀，有學《春秋》之意。其叙傳云：‘爲春秋考紀。’”又曰：遷史所載，皆是隨所得者載入，正如今人草

① 班固作漢書不合，原爲小字注，據文義並《朱子語類》卷一百三十四，中華書局1986年版，當爲正文。

稿。如鄺食其踞洗前面已載一段，末後又載，與前説不同。蓋是兩處説，已寫入了，又據所得寫入一段耳。

《漢書》有秀才做底文章，有婦人做底文字，亦有載當時獄辭者。秀才文章便易曉。當時文字多碎句，難讀。《尚書》便有如此底。《周官》只如今文字，太齊整了。[①]

論西漢書

呂本中[②]

班固叙事，詳密有次第，專學《左氏》，如叙霍、上官相失之由，正學《左氏》記秦穆、晋惠相失處也。

《漢·高紀》詔令雄健，《孝文紀》詔令温潤，去先秦古書不遠，後世不能及。至《孝武紀》詔令，始事文采，文亦寖衰矣。

明道曰：贊司馬遷巷伯之倫，此班固微詞。

論西漢書[③]

李塗

班孟堅叙霍光廢昌邑王，讀書一半，太后曰："止，爲人臣子，當悖

① 自"朱子曰"至"太齊整了"兩段，見載《朱子語類》卷一百三十四。

② 呂本中，字居仁，世稱東萊先生，南宋壽州（今安徽壽縣）人，著有《紫微詩話》。本文見載《童蒙詩訓》。

③ 本篇見李塗《文章精義》第三十一條。

亂如是耶！”再讀畢奏。此段最妙，載一時君臣堪畫。

論西漢書[①]

黄震

○衛青霍去病[②]　衛、霍皆以戚畹用，霍能大言阿意，故尤見寵任。要之。武帝之兵，從欲之兵也，則亦何往而非私哉？二人皆孟子所謂“民賊”。班氏之傳，每一出兵即繼以匈奴寇邊殺略多，以明二人非能禦寇，乃寇之招，非徒無益，而又害之，二人之罪尤著。看《衛霍傳》須合《李廣》看。衛、霍深入二千里，聲震夷夏，今看其傳不直一錢。李廣每戰輒北，困躓終身，今看其傳，英風如在。史氏抑揚予奪之妙，豈常手可望哉！

○《貨殖傳》　傳首所叙，備極古今之變，可謂本本原原之論矣，讀之令人三嘆。所傳自計然以來，固以紀事變之始，而以子贛參其間，則不可之大者也。夫子所稱“貨殖”云者，若曰富貴在天，有志於道者所不必問，而賜乃未能忘情焉。則於進學有妨，未至於顔子之庶焉耳，豈若後世生産作業，孜孜於利者哉？且以子贛，孔門高弟，而下與區區俯拾邛取者同科，以纖瑕而污拱璧，又豈所以爲賢者諱耶？雖然，以贛之賢，而微有貨殖之心，已爲班氏所辱如此，爲吾徒者亦可以戒矣！

---

① 本文原題爲“論西漢書衛青霍去病”，據底本卷一目録後附“補集”簡目，並結合文義，改題爲“論西漢書”。本文見載《黄氏日鈔》卷四十七。

② 據《黄氏日鈔》卷四十七，元（後）至元三年刻本，第一小節當題爲“衛青霍去病”。

漢書注臣瓚[①]

陳霆

《漢書》注有曰“臣瓚者”，昔人謂不知爲何人。今按晋中書監曾和嶠嘗領命校正《穆天子傳》五卷，瓚乃其校書官屬郎中傅瓚也，後人取其説以釋《漢書》，故有“臣瓚注”語。酈道元《水經注》云：“薛瓚注《漢書》。”顔之推曰：“臣瓚者，于瓚也。”

漢書出劉歆

羅璧[②]　王鏊

班固《西漢書》，典雅詳整，無愧馬遷，後世有作，莫能及矣。固其良史之才乎！然予觀《文選》所載固文多不稱，唯《兩京賦》最其加意，然亦無《西京》之體，何固之長於史而短於文乎？頗疑《漢書》多出其父彪，而固蒙其名，然無它左證。偶讀《西京雜記》，謂家有劉子駿《漢書》一百卷，無首尾題目，但以甲乙丙丁紀其卷數，其父傳之歆，欲撰《漢書》，未及而亡。試以此記考校班固所作，殆是全取劉書，小異同耳。固所不取者二萬許言，録爲二卷，名曰《西京雜記》，以裨《漢書》之缺。乃知固書其多取諸歆乎！或謂《西京雜記》亦僞書，不知果何如也。

---

① 本文見載陳霆《兩山墨談》卷九。

② 羅璧，字子蒼，自號默耕，南宋新安（今屬浙江）人，著有《識遺》十卷。本文並見於羅璧《識遺》卷十、王鏊《震澤長語》卷下。

晉傅玄之言曰："孟堅《漢書》，實命世奇作。及與陳宗、尹敏、杜撫①、馬嚴撰《中興紀傳》，其文曾不足觀，豈拘於時乎？何不類之甚也！"

藝文志鬼谷子②

楊慎

《漢書·藝文志》："《鬼谷區》三篇。"注："即鬼臾區也。"《郊祀志》"黄帝得寶鼎，冕侯問於鬼臾區"云云，注："即鬼容區。容、臾聲相近。"今按"鬼谷"即"鬼容"者，又字相似而誤也。高似孫③《子略》便謂"《藝文志》無《鬼谷子》"，何其輕於立論乎？

論西漢書④

○張湯杜周　張湯、杜周，《史記》列《酷吏傳》，而班固乃寘列傳，劉安世謂固以湯故，並恕周，恐人議己，以比子產立公孫洩，非也！夫湯子安世，周子延年，皆麟閣⑤功臣也，宣帝論定策功，稱車騎將軍安世功比丞相陳平，太僕杜延年功比朱虛侯章⑥。張、杜之子，勛業既埒，則

① 杜撫，字和叔，東漢犍爲武陽（今四川眉山）人，定《韓詩章句》，著有《詩題約義通》。
② 本文見載楊慎《升菴文集》卷七十二。
③ 高似孫，字續古，紹興餘姚（今屬浙江）人，南宋淳熙年間進士，著有《子略》《剡録》等。
④ 本篇原題"張湯杜周"，據底本卷一目録後附"補集"簡目並結合文義，改題爲"論西漢書"。第一小節題爲"張湯杜周"。
⑤ 麟閣，即麒麟閣，漢代閣名，在未央宫中。
⑥ 朱虛侯章，即劉章，齊王劉肥的次子，封朱虛侯，在鏟除吕氏勢力的過程中功績卓著。

史臣傳例義無獨殊者矣！《安世傳》贊曰："湯以酷烈，及身蒙咎，其推賢揚善，固宜有後。"《杜業傳》贊曰："張湯、杜周，並起文墨小吏，致位三公，列於《酷吏》。而俱有良子，德器自過，爵位尊顯，繼世立朝，相與提衡，迹其福祚，元功儒林之後莫能及也。自謂唐杜苗裔，豈其然乎？"其《酷吏傳》贊亦曰："湯、周子孫貴盛，故別傳。"觀此，則固未嘗因湯以宥周也。

〇《藝文志》 班固《漢書》志藝文，其叙諸子有可觀者九家，儒、道、陰陽、法、名、墨、縱横、雜、農也，以儒爲首，若以矯司馬氏之失者。其論儒曰"祖述堯舜，憲章文武，宗師仲尼，以重其言，於道最爲高"，似矣；然又曰：王道既微，九家之術，蠭出並作，取合諸侯。合其要歸，亦六經之支流餘裔，乃以儒與諸家並列，而又别於六經，何也？蓋固之所列儒家者流也；非所謂君子儒也，其以"藝文"名，猶曰文藝末也云爾。

〇《儒林傳》 班史既列儒於九家，復作《儒林傳》，則固之學，所以幾乎道也。其序謂："古之儒者，博學乎六藝之文。六藝[①]者，王教之典籍，先聖所以明天道、正人倫、致至治之成法也。"故其備述孔子以來所傳受，夫博士弟子所習業爲之傳，則與九家所稱儒者異矣，抑其曰"儒林"、曰"藝文"，亦自有别云。

---

① 藝，原作"學"，據《漢書》卷八十八《儒林傳》，中華書局1962年版改。

論馬班二史

陳埴[①]

《漢史》上自天文、地理，下至溝洫、刑法，皆爲立志。而選士之法最爲近古，何乃不爲立志？《漢書》缺典處，兵無志，選舉無志，爲太史公未作得此二書，故孟堅因陋就簡。太史公作《史記》，上自唐虞，而八書之作止言漢事。班孟堅作《漢史》，合紀漢一代事，而乃作《古今人表》。八書未必皆言漢事，獨《平準書》專言武帝。其贊却説古今，漢志雖爲一代作，然皆自古初述起，獨《古今人表》專説古而不説今，自悖其名，先輩嘗譏之。中間科等分别人物，又煞有可議，此却班史之贊畫蛇添足。馬遷既漢武時人，必能詳記武帝故實，及觀《武紀》止言封禪、禱祠、神仙、方士等事，他全不及。至八書中，固有略及武帝者，然《封禪書》不過又述《武紀》所言，《平準書》又何獨詳述武帝生財法，至《律書》言兵又止，言文帝而不及武帝。遷謂夫子《春秋》於定、哀也，則微亦須略舉宏綱，而或詳載或不載，既自不同，若《武紀》猶可疑者，敢問《史記》不專爲漢史，乃歷代之史。故其紀漢事略於《漢書》，而紀武帝事獨詳。若《封禪》《平準》二書，雖謂之南史家風可也。

① 陳埴，字器之，南宋永嘉（今浙江温州）人，寧宗嘉定間進士，世稱潛室先生，著有《木鐘集》。本文見載《木鐘集》卷十。

書武帝行事[①]

陳垣

武帝之伐匈奴也，不絶大漠，不襲王庭，則不足以泄其怒。其通西域也，不窮河源，不歷懸度[②]，則不足以快其欲。其事土木也，不千門萬户則不息。其聚斂也，不告緡則不休。其深刑也，不根株則不已。其崇儒也，不辟雍則不樂。其務農也，不代田[③]則不爲。至其老而悔過，不下輪臺之詔則不足。蓋天地之間，凡可以力致者，武帝皆能以力致之。而有不容於力致者，獨其終身用力於神仙，曾不獲如其意。蓋嘗凝神於蓬萊，蜕形於海上，魂交黄帝，而夢接安期矣。亦嘗臣事少君[④]，師事文成、五利、公孫卿[⑤]，而賓齊魯之士矣。而卒莫能致也，豈其力尚不足耶？嗚呼，武帝窮奢極慾，以從富貴之樂，使神仙道家之事爲不無，蓋非帝之所可冀，矧其實無有哉。今徒狃於力之所可爲，而謂神仙可以力致，曾不察其理之有無也，使天下而有是理，則須帝之力而可致。如其無是理也，則雖帝之力，何所用哉？觀諸此世之言神仙者，亦可以已矣。

---

① 本文見載陳垣《木鐘集》卷十一。

② 懸度，西域古地名，在今帕米爾高原南部，興都庫什山之間，爲絲綢之路西段重要山道。

③ 代田，即代田法，爲漢武帝末年趙過施行的抗旱高産栽培法。

④ 少君，即李少君，漢武帝時方士。

⑤ 文成、五利、公孫卿，三人皆爲漢武帝時方士。文成即文成將軍李少翁，五利指五利將軍欒大。

史漢抄

唐順之

○《項羽傳》 不藉年月，一滚序去，絶佳。

○《蕭何》 非鮑生、召平與客之計，何幾不免虎口哉！

○《公子無忌》 信陵君《諫書》不載之本傳中。

○《虞卿傳》對趙王 縱横之談，妙盡於此。

○《李斯傳》 觀此傳慨然身世之感，古云："貧賤必慕富貴，富貴必履危機。"信哉！

○《劉敬》 此等傳似不爲本人，但爲漢叙事耳。敬傳只叙四事，皆古今大事也，如何輓輅，子有許大見識。

○《汲黯》 通篇不叙黯作守事，其揖田蚡、揖衛青作兩處叙。

○《酷吏》 十人行皆相類，而叙各不同，筆力極其變化。先説寧武之威，然後説縱能制成；猶先説郅都之威，然後説成能凌都也。

○《李廣》 當看叫應穿插，是首尾文字，悔殺降事，宜叙之隴西時，乃於問答發之。

○《大宛》《大宛傳》與《匈奴》異，匈奴一國，而大宛諸國，諸國則錯綜矣。後大夏、烏孫事皆借騫言叙之。

○《尉佗》 以前四傳貫穿百餘年興亡，如世家例。

○《封禪》《封禪》《平準》以年分叙《河渠》，以事類叙。

○《平準》 此文極其變化，中叙武功進用，選舉凌遲，始則國貧而賈富，後則賈貧而國富。

○《貨殖》 此文出入變化，不可捉摸，而中藏軌法，固森然也。

○編户之民以下，此酒肆帳簿也，一經太史公之筆，便是絶好文字。

卓、程[①]而下，較之計然，白圭術益下矣，是挈瓶之智[②]哉。

○《吳王濞》 到底只序一事，劇孟、鄧都尉、桓將軍、田禄伯、周丘皆奇士。亞夫能用鄧尉之策則成，吳不用田禄伯、桓將軍之策則敗，存亡安危，在所與謀，信哉！

○《淮南王長》 淮南王謀反事不詳見敘事中，但於劾奏内詳之。

○《淮南王安》 伍被之謀比之田禄伯、桓將軍，不逮遠矣，此戀棧豆[③]之計也，能無爲人擒乎？

○《孔子世家》 以所歷國敘。

○《伯夷》 勢極曲折，詞極微，若斷若續，超玄入妙。

○《屈原》 變格以議論入敘事中，後又忽復轉到《離騷》上。

○《扁鵲》 總三段事。

○《日者》 韓子《王承福傳》本此。

○《漢書·霍光傳》 頭緒最多，無如此傳者。中不書昌邑[④]之惡，只載此奏詞，此史體也。吳王濞謀反事不詳，亦載之獄詞。

○光故後錫典 此段序事如韓信將兵，多多益善，是多少頭緒。

○光大驚許后[⑤]暴崩事 光之滅族在小不忍。

○霍氏始有邪謀 此宣帝善操縱處，霍氏已如釜中之魚也。

○人爲徐生[⑥]上書 此書有戰國説士之風。

○《金日磾》 段段結束用郭解傳體，殺弄兒與不納女事似一類，乃分作兩處敘，其分疏如此。

---

① 卓、程，卓王孫和程鄭。

② 挈瓶之智，比喻擁有不多、淺薄的知識。

③ 戀棧豆，比喻目光短淺的人貪戀禄位。

④ 昌邑，即昌邑王劉賀。

⑤ 許后，指漢宣帝皇后許平君。

⑥ 徐生，名不詳，西漢茂陵（今陝西咸陽）人，曾預言霍氏必亡。

○《丙吉》　從治巫蠱郡邸獄[①]至封博陽侯事，是一段文字。漢相以魏、丙[②]爲寇，而固叙丙爲宰相事纔三數事耳，後收伍尊一書，結丙君舊恩終始。

○《趙廣漢》　摧破霍氏及好用世吏子孫事，未必在亭長寄聲諸事之後，蓋各從其類也。

○尹翁歸　作用與廣漢相似，惟温良謙退，此與廣漢異處。

○《韓延壽》　爲政略似黄伯，前潁川、後左馮翊總括在一處，又附書碎瑣。

○《王尊》　尊治行不見於叙事者，見之疏中。

○《薛宣》　叙宣作馮翊，只於區處屬吏上見之。

○《朱博傳》"爲人廉儉"一段，似趙廣漢、張敞傳中體。

○樓護陳遵原涉　三人皆嘗作吏，其吏事一不序，此史體也。

○《陳遵》　一事散叙，獨有此體，始終與張竦相形。

○《原涉》　一篇牽連不斷。

○《息夫躬》　王嘉不能阻躬、晏，董賢能之。

○《石顯》　事不尋先後次序，但以類叙之。

○《江都易王》　叙得極煩碎。

○《廣陵王》　先總叙恩典，則後面叙詛咒處，文字清楚，類叙之法此篇最明白。

○《昌邑王》　昌邑以騃得全。

○《趙皇后》　飛燕之惡，具之司隸[③]奏中。

---

① 郡邸獄，漢代京師監獄之一，漢武帝年間巫蠱之禍牽涉衛太子及衛皇后，太子家人及屬官皆收郡邸獄。

② 魏、丙，魏相和丙吉。

③ 司隸，司隸校尉，掌管京師和地方的監察。

漢書溝洫志[①]

費衮

《西漢·溝洫志》載賈讓[②]《治河策》云："河從河内[③]北至黎陽[④]爲石堤，激使東抵東郡[⑤]平岡；又爲石堤，使西北抵黎陽、觀下；又爲石堤，使東北抵東郡津北；又爲石堤，使西北抵魏郡[⑥]昭陽；又爲石堤，激使東北。百餘里間，河再西三東。"讀者多善其五用"石堤"字而不爲冗複。予謂其源蓋出於《禹貢》，自"導河積石"而下，至"九州攸同"一段，纔二百餘字，而用"東至""北至"者凡三十餘，皆連屬重複，讀之初不覺其煩，政如崇山峭壁，先後崛立，愈險愈奇，班固蓋法此。

論司馬遷、班固、范曄、司馬光、吕祖謙[⑦]

朱子

遷、固之史，大概只是計較利害。范曄更低，只主張做賊底，後來他自做却敗。温公《通鑑》，凡涉智數險詐底事，往往不載，却不見得當時風俗。如陳平説高祖間楚事，亦不載上一段，不若全載了，可以見當

① 本文見載費衮《梁谿漫志》卷五。
② 賈讓，漢哀帝時曾治理黄河，提出了"治河三策"。
③ 河内，河内郡，治所在今河南武陟西南。
④ 黎陽，黎陽縣，治所在今河南浚縣東。
⑤ 東郡，治所在今河南濮陽。
⑥ 魏郡，治所在今河北臨漳一帶。
⑦ 本文見載《朱子語類》卷八十三、一百二十一。

時事情，却於其下論破，乃佳。又如亞夫得劇孟事，《通鑑》亦節去，意謂得劇孟不足道，不知當時風俗事勢，劇孟輩亦係輕重。如周休且能一夜得三萬人，只緣吴王敗後各自散去，其事無成。温公於此事却不知不覺載之，蓋以周休名不甚顯，不若劇孟耳。想温公平日叵耐劇孟。不知温公爲將，設遇此人，奈得他何否？又如論唐太宗事，亦殊未是。吕氏《大事記》周赧後便[①]繫秦，亦未當。當如記楚漢事，並書之，項籍死後，方可專書漢也。

伯恭《大事記》辨司馬遷、班固異同處最好。渠一日記一年。渠大抵謙退，不敢任作書之意，故《通鑑》《左傳》已載者皆不載。其載者皆《左傳》《通鑑》所無者耳。有太纖巧處，如指出公孫弘、張湯姦狡處，皆説得羞愧人。伯恭少時被人説他不曉事，故其論事多指出人之情僞，云“我亦知得此[②]”，有此意思不好。

東漢書

黄震

東漢人才類過西漢，西漢如董生、王陽[③]，以道出處者，不過一二人，其他類皆才智之士。東漢則忠信篤厚之士十居八九，自光武初興，一時驅馳介胄者，已莫不然，才智者可與集當世之功，忠信者可與語古人之道，然東漢卒不古若者。世祖[④]鑒新莽之弊，終東漢之世，士大夫

① 便，原作“添”，據《朱子語類》卷八十三，中華書局 1986 年版改。
② 此，原脱，據《朱子語類》卷一百二十一，中華書局 1986 年版補。
③ 王陽，王吉，字子陽，瑯琊皋虞（今山東即墨）人。
④ 世祖，指光武帝劉秀。

未嘗得一日之權也。以是事歸臺閣，又歸外戚，又歸宦官，而道義之士卒殲於黨錮，嗚呼！悲夫！天子之職，在論一相，而可因咽廢食也哉！

東漢書[①]

楊慎

〇列女傳　予觀《藝文類聚》，見東漢婦人徐淑與夫秦嘉兩書，又觀《玉臺新詠》，見其與夫詩，皆麗則可誦。又考《史通》，稱其動合禮儀，言成規矩。夫死，毀形不嫁，哀痛傷生，可謂才德兼美者也。范曄《後漢書》作《列女傳》，乃捨淑而取蔡琰，何見哉！[②]

〇更始遣鮑永[③]安集北方，以馮衍[④]爲立漢將軍，與田邑[⑤]扞衛并土。光武即位，田邑詣洛陽獻璧馬，因遣使招永、衍，永、衍忿邑背前約，乃遺邑書曰："晋文出奔而子犯宣其忠，趙武逢難而程嬰明其賢。大丈夫動則思禮，退則思義，未有背此而身名能全者也。"永、衍知更始已歿，乃發喪罷兵，幅巾詣河内。光武怨衍等不時至，永以立功贖罪，衍獨見黜云。范曄曰："反妒情易，恕義情難，光武雖得之於鮑永，猶失之於馮衍。"又曰："苟進之悦，易以情納，持正之忤，難以理求。"蓋義之也。

---

① 本文原題"東漢書列女傳"，據底本卷一目録後附"補集"簡目，並結合文義，改題爲"東漢書"；第一小節當題爲"列女傳"。

② 本段見載楊慎《升菴文集》卷四十九、《升菴外集》卷十四，原題"徐淑"，又見載《丹鉛總録》卷二十三。

③ 鮑永，字君長，上黨屯留（今山西屯留）人。更始二年，永以尚書僕射行大將軍事，安集北方。

④ 馮衍，字敬通，京兆杜陵（今陝西西安）人。與鮑永相善。

⑤ 田邑，字伯玉，馮翊蓮芍（今陝西渭南）人。時爲上黨太守。

知永、衍之義者可與論光武矣。[①]

光武之朝多賢臣，卓茂之長者，伏湛之經學，宋弘之守義，王丹之好施，王良之恭儉，郭賀之仁明，宣秉之節約，張湛之矜嚴，范升之博洽，桓譚之正直，鮑永之志操，鮑恢之抗直，郅惲之直諫，郭伋之賢能，杜詩之讜言，孔奮之清潔，張湛之仁惠，樊宏之謙慎，朱浮之切直，張純之明習，鄭興之好古，桓榮之温恭。散見於列傳者，彬彬也，而功臣不與焉，盛於高帝之世矣。范曄《申屠剛傳》曰："内外群官，多帝自選舉。"《逸民傳》曰："側席幽人，求之若不及，旌帛蒲車之所召賁，相望於巖中矣。"然此皆高帝之所無也。豈非以豁達者多疏闊，而謹厚者能精詳耶！曄之論雲臺也，又曰："高祖以降，迄於孝武，宰輔五世，莫非公侯。遂使縉紳道塞，賢能蔽壅。朝有世及之私，下多抱關之怨。其懷道無聞，委身草莽者，亦何可勝言。故光武鑒前事之違，存矯枉之志。高秩厚禮，允答元功，峻文深憲，責成吏職。"云由是觀之，則光武之多賢也，亦於不任功臣得之。[②]

三國志

朱熹[③]

朱子曰：孔明治蜀，不曾立史官，陳壽檢拾而爲《蜀志》，故甚略。孔明極是子細者，亦恐是當時經理王業之急，有不暇及此。

---

① 本段見載《後漢書》卷五十八。

② 本段見載《後漢書》卷五十二。

③ 本文原未署著者，據底本卷二後附"補集"簡目並結合文義，補署"朱熹"。本文見載《朱子語類》卷一百三十六。

蜀無史職[①]

楊慎

陳壽云："蜀無史職，故灾祥靡聞。"按：黄氣見於秭歸[②]，群鳥墮於江水[③]，成都言有景星出，益州言無宰相氣[④]，若史官不能置，此事何由而書？蓋因父受髡辱，加兹謗議者也。《蜀志》又稱王崇[⑤]補東觀，許蓋掌禮儀；又郄正[⑥]爲秘書郎，廣求益部書籍。斯則典校無缺，屬辭有人矣。又按：後主景耀元年，史官奏景星見，大赦改元。壽自書之而自戾之，何耶？

論蜀多材[⑦]

陳壽《三國志》論諸葛亮曰："昔蕭何薦韓信，管仲舉王子城父[⑧]，皆

① 本文見載楊慎《升菴文集》卷四十八、《升菴外集》卷四十八、《丹鉛總録》卷二十三。

② 《三國志》卷三十二《先主傳》載，章武二年夏六月，黄氣見自秭歸十餘里中，後陸議大破劉備軍於猇亭。

③ 習鑿齒《漢晋春秋》云："蜀後主建興九年十月，江陽有鳥從江南飛渡江北，不能達，墮死水者以千數。"

④ 《三國志》卷四十四《費禕傳》："後十四年夏，還成都，成都望氣者云都邑無宰相位，故冬復北屯漢壽。"

⑤ 王崇，字幼遠，三國蜀廣漢郪（今四川三台）人，《華陽國志》稱其曾任東觀郎。

⑥ 郄正，字令先，三國時河南偃師（今河南洛陽）人。

⑦ 本文見載《三國志》卷三十五《諸葛亮傳》。

⑧ 王子成父，齊大夫。《管子·小匡》："平原廣牧……鼓之而三軍之士視死如歸，臣不如王子城父，請立爲大司馬。"

忖己之長，未能兼有。亮之器能政理，抑亦蕭、管之亞匹，而時之名將無城父、韓信，故使功業陵遲，大義[①]未及。”今以《蜀志》考之，若龐統之高俊、法正之智術、許靖之篤厚、麋竺之敦雅、簡雍之趹宕、伊籍之機捷、秦宓之文藻、董和之推誠、劉巴之清儉、馬良之貞實、董允之公亮、吕乂之謙静、廖立之才拔、李嚴之幹局、楊儀之規畫、楊洪之忠清、費詩之抗直、許慈之文學、胡潛之强識、孟光之博洽、譙周之明達、郄正之文辭、費禕之謙素、蔣琬之忠雅、姜維之忠勤，咸荆益之良産也，方之城父、韓信，不啻過之，而其大業之不終，蓋禪之闇也，亮之不永年也。壽志意在尊魏，而以少才陋蜀，非公論矣。且壽謂蜀無城父、韓信矣，而稱黄忠、趙雲爲滕、灌[②]之徒，關、張有國士之風，曷又自相戾也？

晋書

朱熹[③]

朱子曰：《晋書》皆爲許敬宗胡寫入小説，又多改壞了。東坡言，《孟嘉[④]傳》，陶淵明之自然，今蓋云[⑤]“使然”，更有一二處。東坡此文亦不曾見。包揚因問：《晋書》説得晋人風流處好。曰：《世説》所載，説得較好，今皆改之矣。

○載記所紀夷狄祖先之類，特甚，此恐其故臣追記而過譽之。

---

① 義，原作“業”，據《三國志》卷三十五《諸葛亮傳》，中華書局 1982 年版改。

② 滕、灌，夏侯嬰和灌嬰。

③ 本篇原未署著者，據底本卷二目録後附“補集”簡目，補題“朱熹”。本文見載《朱子語類》卷一百三十四。

④ 孟嘉，字萬年，東晋江夏鄳（今湖北孝昌）人。

⑤ 蓋云，原作“改去”，據《朱子語類》卷一百三十四，中華書局 1986 年版改。

牛繼馬[①]

陳霆　楊慎

《晉書》云：“初，《玄石圖》有‘牛繼馬後’，故宣帝深忌牛氏，遂爲二榼[②]，共一口，以貯酒。帝先飲其佳者，而以毒酒鴆其將牛金。而恭王妃夏侯氏，竟通小吏牛氏而生元帝。”今《通鑑》省其文，云：“通小吏牛金而生元帝。”牛金可謂枉著一死，又負穢名，殊可笑也。又按：唐元行冲，元魏之後，著《魏典》三十卷，引“魏明帝時，西柳谷瑞石有牛繼馬後之像”。舊史謂[③]元帝本出牛氏，誣辭也。魏道武帝名犍，繼晉[④]受命，此其應也。

論晉祚不長[⑤]

晉之再傳，紀綱大壞，海内板蕩，傳統十七，皆播越寄生，以至於亡。史臣以爲武帝建立非所，委寄失才。元海當除而不除，卒令擾亂區

① 本文見載楊慎《升菴文集》卷四十七、《升菴外集》卷四十二、《丹鉛總録》卷二十四。陳霆《兩山墨談》卷三、卷四亦論及“牛繼馬後”。今所録楊慎文，末據元行冲《魏典》立論者，疑本於《兩山墨談》卷四。

② 榼，古代盛酒的酒器。

③ 謂，原脱，據《升菴文集》卷四十七，明萬曆十年刻本補。

④ 晋，原脱，據《升菴文集》卷四十七，明萬曆十年刻本補。

⑤ 本文見載楊慎《升菴文集》卷四十七。

夏；惠帝可廢而不廢，終使傾覆洪基。[①]其論正矣，然未探其本也。司馬氏以詐僞成功，基本已淺，而其廢芳弑髦，殆有甚於曹氏之於漢焉，則晋祚之弗隆，理固宜然矣。“明帝時，王導侍坐。帝問前世所以得天下，導乃陳宣帝創業之始，及文帝末高貴鄉公事。明帝以面覆床曰：‘若如公言，晋祚復安得長遠！’”[②]噫！謀之不臧，固其子孫之所耻也。

○楊慎曰：“賈誼之《過秦》以諭漢也，陸機之《辨亡》以警晋也。”[③]

晋史書事鄙陋[④]

費衮

《晋史》書事鄙陋可笑者，非一端。如論阮孚[⑤]好屐、祖約[⑥]好財，同是累而未判得失。夫蠟屐固非雅事，然特嗜好之僻爾，豈可與貪財下俚者同日語哉？而作史者必待客見其料財物，傾身障簏，意未能平，方以分勝負，此乃市井屠沽之所不若，何足以污史筆，尚安論勝負哉！許敬宗之徒污下無識，東坡以爲“人奴”，不爲過也。

---

① 見《晋書》卷三《武帝紀》。
② 見《晋書》卷一《宣帝紀》。
③ 此語見載楊慎《丹鉛總録》卷二十二，其本自陳師道《後山先生集》卷二十七《理究》。
④ 本文見載費衮《梁谿漫志》卷五。
⑤ 阮孚，字遥集，東晋陳留尉氏（今河南開封）人，阮籍侄孫，喜好飲酒，放縱不羈。
⑥ 祖約，字士少，范陽遒縣（今河北保定）人，祖逖之弟，東晋將領。

晉載記[1]

楊慎

《晉載記》書夷狄之祖多誇大不實，此蓋依其本國爲史之文，不審之過也。若李特[2]、廪君、赤穴、土船、鹽神之事[3]，怪誕之極，至於可鄙可笑，甚於齊東野人之語[4]，而近於今之所謂白蓮教[5]矣。此流民妖語以惑衆者，乃取而載之，信史何哉！

晉史紀異

《晉書》所載，有理之不可推者三，而《藝術傳》所紀不與焉。其一，羊祜五歲時，令乳母取所弄金環，即詣鄰人李氏，東垣探得之，李氏子即祜前身。其二，干寶父亡，其母推所愛婢於壙中。後十餘年，母喪，開墓，而婢伏棺如生。載還，經日乃蘇，言其父取飲食與之，恩情如故，地中亦不覺爲惡。嫁之生子。其三，愍帝時，有流星隕於平陽北十里，化爲肉，長三十步，廣二十七步，臭聞於平陽。肉傍常有哭聲，

---

① 本文見載楊慎《升菴外集》卷四十二，原題“史記夷祖”；又見於《丹鉛總録》卷二十七。

② 李特，字玄休，巴族，巴西宕渠（今四川渠縣）人，十六國時期成漢政權奠基者。

③ 事，原作“神”，據《升菴外集》卷四十二，明萬曆間刻本改。

④ 齊東野人之語，語出《孟子・萬章上》，比喻没有憑證，不足採信的言論。

⑤ 白蓮教，元明清三代流行的民間教派，始自南宋紹興三年，吴郡僧人茅子元所創之白蓮宗，又稱白蓮菜，是由佛教净土宗衍化的世俗性信仰集團。

晝夜不止。既而劉聰后劉氏産一蛇、一猛獸，各害人而走，尋之不得。頃之，見在隕肉之傍，俄而劉氏死，乃失此肉，哭聲亦止。夫怪，聖人所不語，以其非常理，不可知也。信《晋書》所録魄降於地同碩果之生，有殞自天爲血氣之屬，是歸根之物，竟囿於輪迴。而上天之載未離乎聲臭也，豈理乎哉！故理之不可知，君子寧闕之耳。

宋書

邵寶[①]

沈約撰《宋書》，約疑立《袁粲傳》，以審武帝。武帝曰："袁粲自是宋家忠臣。"

日格子曰：粲之節於宋大矣，傳在必立，何必審武帝哉？幸而帝稱粲忠，不然將廢乎？否也，古之直也直，今之直也婉；婉而不直，斯爲下矣。《五代史》不爲韓通立傳，君子少之。約也，吾知免夫！

南史北史[②]

司馬氏

涑水司馬氏曰：李延壽之書，亦近世之佳史也。雖於禨祥[③]、詼嘲小

① 邵寶，字國賢，號泉齋，别號二泉，無錫（今江蘇無錫）人，成化二十年進士，著有《學史》等。本文見載《學史》卷十二。

② 本文見載司馬光《温國文正公文集》卷六十二，原題爲"與劉道原書"。

③ 禨祥，謂祈禳求福之事，亦指變異之事，謂吉凶之先兆。

事，無所不載。然叙事簡徑，比於南北正史，無繁冗蕪穢之辭。竊謂陳壽之後，唯延壽可以亞之。但恨延壽不作志，使數代制度沿革皆没不見耳。

南史[①]

黄震

《南史》文章往往陋弱，至其條畫布置尤更可笑。若其先《循吏》而後《儒林》，先《文學》而後《孝義》，雖粗有識者不然，況其所謂“循吏”、所謂“文學”者，又皆瑣瑣無足云爾耶！

讀南北史

讀史者於南北朝，意每内南而外北，豈非以華夷之辨乎？然中原久淪於胡，而關洛[②]有材，虜實用之，何可少也！梁陳慶之自魏還，曰：“吾始以爲大江以北皆戎狄之鄉，比至洛陽，乃知衣冠文物非江東所及也，奈何輕之？”而高歡[③]又曰：“江東復有一吴翁蕭衍，專事衣冠禮樂。中原士大夫望之，以爲正朔所在。”由是觀之，則南北之際，誠未易優劣也。

① 本文見載黄震《黄氏日鈔》卷四十八《讀史》。

② 關洛，指關中和洛陽一帶。

③ 高歡，渤海蓨（今河北衡水）人，世居懷朔鎮，立元善見爲帝，建立東魏與西魏對峙。其子高洋建立北齊後追尊其爲神武帝。

隋書儒林文學傳[1]

黃震

劉炫、劉焯之外碌碌無足數，雖二劉亦文墨章句者耳，輕薄無行，何儒之有？

〇此傳所載，尤皆秕糠可笑，不知所説者何事而可名“文學”哉！愚謂隋室無儒，二劉可入《文學傳》耳。餘，雖删之可也，王通在隋，庶幾儒者矣，而史反不録，何歟？世稱魏證[2]，王通門人，而《隋史》正魏證筆也，此尤可疑。

隋書列傳

陳霆

《隋書》爲魏鄭公所修，然義例欠精，而與奪殊舛。今即其所名目而按其所傳，如崔弘昇[3]治狀無愆，而列之《酷吏》。辛彦之崇信佛道，而厠之《儒林》；王頍[4]，逆黨也，而取其《文學》；崔賾[5]登宦途以死，徐則本黄冠之流，而目爲《隱逸》。凡此皆當改削者也。

---

① 本文見載黃震《黃氏日鈔》卷四十八。

② 魏證，即魏徵，後世曾有人將魏徵附會爲王通的學生，實則不然。

③ 崔弘昇，字上客，博陵安平（今屬河北）人，歷仕北周、隋，政績卓越，病卒。

④ 王頍，字景文，太原祁（今山西祁縣）人，爲漢王楊諒府諮議參軍，勸楊諒反叛並爲之獻計。後諒兵敗，頍亦自殺。

⑤ 崔賾，字祖濬，隋博陵安平（今屬河北）人。從隋煬帝巡幸江都，宇文化及弒帝，引其爲著作郎，不就。後在路途中發病而死。

隋人創制立法，有百世不可易者。五銖錢、定律、義倉、鄉正、里長、進士科也。茲五法者，自唐宋至於今皆用之，豈隋文父子能自作古哉？蓋所乘之勢易也。天下自魏晋以來，南北分裂，至隋始定於一，若秦始皇之世焉。故草昧之初，取前代之故而整齊之，相時審俗，以酌其中，則其法固可以通行而無弊。噫！秦之法所以有可襲者，承六國之後也；隋之法所以有不可易者，承五胡之餘也。故秦隋之世，古今因革之大機也。

劉昫傳[①]

《五代史》

劉昫，涿州歸義人也。昫爲人美風儀，與其兄暄、弟皞[②]，皆以好學知名燕、薊之間。後爲定州王處直觀察推官。處直爲其子都所囚，昫兄暄亦爲怨家所殺，昫乃避之滄州。唐莊宗即位，拜昫太常博士，以爲翰林學士，明宗[③]時，累遷兵部侍郎居職。明宗素重昫而愛其風韻，遷端明殿學士。長興三年，拜中書侍郎兼刑部尚書、同中書門下平章事，昫詣中興殿門謝，是日大祠不坐，昫入謝端明殿。昫自端明殿學士拜相，當時以此爲榮。廢帝入立，遷吏部尚書、門下侍郎，監修國史。

初，廢帝入問三司使王玫："帑廪之數幾何？"玫言："其數百萬。"及責以賞軍而無十一，廢帝大怒，罷玫，命昫兼判三司。昫性察，而嫉三司蠹敝尤甚，乃句計文簿，覈其虛實，殘租積負悉蠲除之。往時吏幸

① 本文見載歐陽脩《新五代史》卷五十五。
② 暄、皞，原分别作"喧""皥"，據《新五代史》（修訂本），中華書局2005年版改。
③ 明宗，李嗣源，五代時後唐的第二位皇帝。

積年之負蓋而不發，因以把持州縣求賄賂，及昫一切蠲除，民間歡然以爲德，而三司吏皆沮怨。

先是，馮道與昫爲姻家而同爲相，道罷，李愚[①]代之。愚素惡道爲人，凡事有稽失者，必指以誚昫曰："此公親家翁所爲也！"昫性少容恕，而愚特剛介，遂相詆詬。相府史吏惡此兩人剛直，因共揚言，其事聞，廢帝並罷之，以昫爲右僕射。是時，三司諸吏提印聚立月華門外，聞宣麻罷昫相，皆歡呼相賀曰："自此我曹快活矣！"

昫在相位，不習典故。初，明宗崩，太常卿崔居儉[②]，以故事當爲禮儀使，居儉辭以祖諱蠡。馮道改居儉秘書監，居儉怏怏失職。中書舍人李詳爲居儉誥詞，有"聞名心懼"之語，昫輒易曰"有耻且格"。居儉訴曰："名諱有令式，予何罪也？"當時聞者皆傳以爲笑。及爲僕射，入朝遇雨，移班廊下，御史臺吏引僕射立中丞御史下，昫詰吏以故事，自宰相至臺省皆不能知。是時，馮道罷相爲司空。自隋唐以來，三公無職事，不特置，及道爲司空，問有司班次，亦皆不能知，由是不入朝堂，俟臺官、兩省入而後入，宰相出則隨而出。至昫爲僕射，自以由宰相罷與道同，乃隨道出入，有司不能彈正，而議者多竊笑之。

晋高祖時，張從賓反，殺皇子重義於洛陽，乃以昫爲東都留守，判鹽鐵。開運中拜司空、同中書門下平章事，復判三司。契丹犯京師，昫以目疾罷爲太保，是歲卒，年六十。

---

① 李愚，初名晏平，字子晦，渤海無棣（今山東慶元）人，著有《白沙集》等。

② 崔居儉，五代時清河（今河北邢臺）人，少舉進士，歷仕後梁、後唐、後晋。

纂修新唐書

宋敏求[①]

慶曆四年，賈魏公[②]建議修《唐書》，始令在館學士人供《唐書》外故事二件。積累既多，乃請曾魯公[③]、掌侍郎唐卿分鳌，附於本傳。五年夏，命四判館、二修撰刊修，時王文安[④]、宋景文、楊宣懿[⑤]、今趙少師判館閣，張尚書、余尚書安道爲修撰。又命編修官六人，曾魯公、趙龍閣周翰、何密直公南、范侍郎景仁、邵龍閣不疑與予，而魏公爲提舉。魏公罷相，陳恭公不肯領，次當宋元憲[⑥]，而以景文爲嫌，乃用丁文簡[⑦]。丁公薨，劉丞相[⑧]代之。劉公罷相，王文安代之。王公薨，曾魯公代之。遂成書。初，景文修《慶曆編敕》，未暇到局，而趙少師請守蘇州，王文安丁母憂，張、楊皆出外，後遂景文獨下筆。久之，歐少師領刊修，遂分作紀、志。魯公始亦以編敕不入局，周翰亦未嘗至，後辭之。公南過開封幕，不疑以目疾辭去，遂命王忠簡景彝補其缺。頃之，吕縉叔入局[⑨]。劉仲更始修《天文》《曆志》，後充編修官。將卒業，而梅聖俞入局，

---

① 宋敏求，字次道，趙州平棘（今河北趙縣）人，宋仁宗寶元二年賜進士第。預修《新唐書》，編撰《唐大詔令集》《春明退朝録》等。本文見載《春明退朝録》卷下。

② 賈魏公，即賈昌朝，字子明，真定獲鹿（今河北獲鹿）人，北宋元禧初賜同進士出身，官至宰相，博學善議論，著有《群經音辨》等。

③ 曾魯公，曾公亮。

④ 王文安，王堯臣。

⑤ 楊宣懿，楊察，字隱甫，合肥（今屬安徽）人，北宋景祐元年進士，謚號“宣懿”。

⑥ 宋元憲，宋庠，宋祁之兄。

⑦ 丁文簡，即丁度，字公雅，北宋開封祥符（今河南開封）人，謚號“文簡”。

⑧ 劉丞相，劉沆，字冲之，北宋吉州永新（今江西永新）人，天聖年間進士。

⑨ 局，原作“居”，據《春明退朝録》卷下，中華書局 1980 年版改。

修《方鎮》《百官表》。嘉祐五年六月，成書。魯公以提舉日淺，自辭賞典，唯賜器幣。歐、宋二公，范、王與余[①]，皆遷一官。縉叔直秘閣。仲更崇文院檢討，未謝而卒。聖俞先一月餘卒，詔官其一子。初，編修官作志草，而景彝分《禮儀》與《兵志》，探討唐事甚詳，而卒不用，後求其本不獲。縉叔欲作釋音補，少遺逸事，亦不能成。

新唐書[②]

劉安世

《新唐書》叙事好簡略其辭，故其事多鬱而不明，此作史之弊也。且文章豈有繁簡也？意必欲多，則冗長而不足讀；必欲其簡，則僻澀令人不喜讀。假令《新唐書》載卓文君事，不過止曰“少嘗竊卓氏以逃”，如此而已。班固載此事，乃近五百字，讀之不覺其繁也。且文君之事亦何補於天下後世哉？然作史之法不得不如是。故可謂之文如風行水上，出於自然也。若不出於自然，而有意於繁簡，則失之矣。《唐書》進表云“其事則增於前，其文則省於舊”，且《新唐書》所以不及兩漢文章者，其病正在此兩句也。又反以爲工，何哉！然新舊《唐史》各有長短，未易優劣也。

① 余，原作“金”，據《春明退朝録》卷下，中華書局 1980 年版改。

② 本文見載《元城語録解》卷下。

言禍

劉昌[①]

唐劉蕡對策言閹宦事，第策官馮宿[②]等畏禍，不敢取蕡，終被宦人誣，以罪謫死柳州。宋祁修《新唐書》，病蕡疏太直，曰："蕡當先以忠結上，後爲帝謀天下所以安危者，庶其舒患矣。"夫當是時，帝已制於宦人，雖宰相進退，莫不因其好惡，蕡何由得以忠結上邪？此與論賈誼謂當先結灌、絳而後可陳治安者，同一揆也。夫君子之言事，從不從聽諸人，成不成歸之天，不昌言於廷，使帝與相自擇之，而欲先結主，甚則爲李訓之徒矣，豈君子之道哉？

二唐書[③]

楊慎

五代劉昫所修《唐書》，因宋祁、歐陽脩重修《唐書》，遂有新、舊《唐書》之名。《舊唐書》，人罕傳[④]，故不知其優劣。近南園張公[⑤]《漫録》

---

① 劉昌，字欽謨，南直隸蘇州（今江蘇蘇州）人，明正統年間進士，官至布政司左參政，著有《中洲名賢文表》等。本文見載《懸笥瑣探》。

② 馮宿，字拱之，婺州東陽（今浙江金華）人，唐貞元年間進士。時官左散騎常侍，與太常少卿賈餗、庫部郎中龐嚴等同爲第策官。

③ 本文見載楊慎《升菴文集》卷四十七、《升菴外集》卷四十三、《丹鉛總録》卷十一。

④ 傳，原脱，據《升菴文集》卷四十七，明萬曆十年刻本補。

⑤ 南園張公，張志淳，字進之，明江寧（今江蘇南京）人，自號南園野人，成化年間進士，官至户部侍郎，著有《南園漫録》。

中載其數處，以《舊書》證《新書》之謬，良快人意。余又觀姚崇"十事要説"[①]，此其大關鍵，而《舊書》所傳，問答具備，首尾照映，千年之下，猶如面語。《新書》所載則剪截晦澀，事既往，文又不通，良可嘅也！歐爲宋一代文人，而劉乃五代不以文名者，其所著頓殊科絶懸如此！宋人徒欲誇當代以誣後世，不知可盡誣乎？

唐書太宗紀

太宗之篇，貞觀癸卯年以前，其言行皆可師法；甲辰年以後，殆與庸主無異。此其故何也？太宗欲自觀史，而房玄齡、許敬宗撰上之，則其間飾非護短，如朱子奢[②]所云者不少也。夫以挾父殺兄、慚德閨門之人，而其修辭如孔孟，治效比唐虞，人誰信之哉？末年舉動舛謬，而其辭語皆雄詫好勝類，其爲人庶幾實録矣。豈甲辰以後，爲劉仁軌[③]所改修歟？

---

① 十事要説，事見《新唐書》卷一百二十四《姚崇傳》。玄宗欲以姚崇爲相，崇先設十事以堅帝意，即：政先仁恕；不倖邊功；法行自近；宦豎不與政；租賦外一絶之；戚屬不任臺省；接臣下以禮；群臣皆得批逆鱗、犯忌諱；絶道、佛營造；鑒戒漢之禄、莽、閻、梁亂天下，爲萬代法。

② 朱子奢，蘇州吴（今江蘇蘇州）人，歷官諫議大夫、弘文館學士等。

③ 劉仁軌，字正則，汴州尉氏（今河南尉氏）人。咸亨四年，奉詔改修國史。

平淮西碑誤[①]

費衮

唐憲宗以永貞元年八月即位。是月，劍南西川劉闢自稱留後。十一月，夏綏銀節度留後楊惠琳反。元和元年三月辛巳，楊惠琳伏誅；十月戊子，劉闢伏誅。事皆在元和元年，而退之《平淮西碑》云"明年平夏，又明年平蜀"，蓋誤也。《新唐書》載此碑，删去"明年平夏"一句。

李泌[②]

楊慎

柳玭稱李泌佐肅宗，兩京之復，謀居其多，其功大於魯連、范蠡，而取范陽之謀，其首也。史多逸其事，惟《鄴侯家傳》爲詳，司馬公《通鑑》多載之。至朱子《綱目》，乃以《家傳》出其子孫門生，疑非實録。善乎！眉山史炤之言曰："《家傳》誠不可盡信，亦豈得盡不信哉！"

---

① 本文見載費衮《梁谿漫志》卷五。平淮西碑，又稱韓碑，由韓愈撰文，記述了唐憲宗元和十二年裴度平定淮西（今河南東南部）吴元濟的戰事。

② 本文見載楊慎《升菴文集》卷四十七，原題"李泌家傳"；又見於《丹鉛總録》卷十四，原題"李泌逸事"。

唐八司馬

唐順宗有八司馬[①]，而柳宗元、劉禹錫與焉，論者至今鄙之，未有諒其志者。夫德宗以猜忌不任宰相，深居禁中，而韋執誼、渠牟[②]固已與裴延齡等均爲帝所信用。順宗以風疾失音，不能臨御，其聰明不能無所寄，而伾、文[③]又皆東宫故人，則使之居中用事，理有固然。迹其所行，如貶李實，却進奉，罷宫市，禁五坊小兒，追陸贄陽城赴京師，皆善政。而其以范希朝[④]、韓泰[⑤]主神策軍，以奪宦官兵柄，尤爲奇偉，此豈伾、文之所能哉？蓋宗元、禹錫之志也。然其采聽謀議，汲汲如狂，互相推奬曰伊、周、管、葛，而僩然自得，謂天下無人。又榮辱進退不拘程式，而使士大夫畏之，則過矣。夫欲收宦官之兵柄，則中人已側目，不以此時汲引賢雋，同升共濟，而乃謂天下無人。則雖縉紳之士，亦將疾而詆之矣。老成謀國者，豈如是疏哉！且方其時，天下事孰有大於立太子、請監國，乃置不講，使中官俱文珍[⑥]等得倡爲之，則嗣君之立，中人得以有辭。而其貶逐廢棄士大夫，亦固快之矣。禹錫論張九齡曰：九齡建言放臣不宜與善地，然九齡罷政事、守荆州，有拘囚之思，議者以爲開元良

① 八司馬，崖州司馬韋執誼、虔州司馬韓泰、臺州司馬陳諫、永州司馬柳宗元、朗州司馬劉禹錫、饒州司馬韓曄、連州司馬凌準、郴州司馬程異。

② 韋渠牟，京兆萬年（今陝西西安）人，初爲道士，復爲僧，後還俗，唐德宗時官至太常卿。

③ 伾、文，王伾與王叔文。

④ 范希朝，字致君，河中虞鄉（今山西永濟）人。唐順宗時任左右神策京西諸城鎮行營節度使。

⑤ 韓泰，字安平，雍州三原（今陝西富平）人，唐順宗時授神策行營節度行軍司馬。

⑥ 俱文珍，後從義父姓，易名劉貞亮。反對王叔文革新，並與劉光琦等中官立廣陵王（憲宗）爲太子，官至右衛大將軍、知内侍省事。

臣，而卒無嗣，豈忮心失恕，陰責最大，雖他美莫贖耶？禹錫之意，蓋欲感諷時相也。已無休休之度，而覬人之我，容可得乎！元和中，執政憐其才，嘗召至京師矣，尋以爲遠州刺史，則縉紳之憾，終其身莫釋也。忤中人，犯士憾，遭斥不盡其才，斯宗元、禹錫所自取灾也。使河東之柳復榮，玄都之桃再樹，則其功業詎可量乎？後世乃不少假，概以文人無行目之，且與伾、文同科，無末減焉，豈不冤哉！若躁進欲速之累，則有之矣，不以相掩可也。

五代史①

黄震

〇《一行傳》 歐陽公之爲《五代史》，既分國爲之傳，又傳死節，又傳死事，又傳一行。其汲汲於賢人君子，如淘金於沙，搜擇無所不至，其存心亦甚厚，其用意亦甚勤矣。然觀《一行傳》，惟石昂②之去就、李自倫③之孝友足以當之。若鄭遨④、張薦明⑤一道士耳，謂其過於石門荷篠，殆未知其所安。程福贇⑥以忠被罪，至死不言，可以爲難矣。今以爲

① 本文原題爲“五代史一行傳”，據底本卷二目録後附“補集”簡目，並結合文義，當題爲“五代史”。又據黄震《黄氏日鈔》卷四十九，第一小節當題爲“一行傳”。本文見載《黄氏日鈔》卷四十九。

② 石昂，青州臨淄（今山東淄博）人，五代藏書家，不求仕進。

③ 李自倫，五代時後晋深州（今河北衡水）人，以孝義聞名。

④ 鄭遨，字雲叟，滑州白馬（今河南安陽）人，唐昭宗時進士，天下大亂後入山爲隱士，後梁、後漢曾招其出山，皆不應，名重當世。

⑤ 張薦明，燕（今屬河北）人，少爲儒生，涉獵老莊，性與道俱，遂爲道士，號爲崇真大師，曾爲後晋高祖講《道德經》，後不知所終。

⑥ 程福贇，五代時後晋將領，累爲軍校，爲人所誣，下獄被殺。

古之義士，則恐其未免陷君於過舉，於義尚有當審處者。

〇《雜傳》 按：王師範[①]飾治以儒，謀殺朱全忠，雖不遂，其忠於唐可知。至全忠既帝天下而族之，則置酒行禮，少長以次就戮，其與結纓之勇何異？惟其力屈降梁，歐公並亦辱之《雜傳》，惜哉！何不以其死於臨刑者爲唐守節而死耶？

〇《十國世家》 按：十國除劉旻爲漢氏子孫，餘多僭亂以有其國，吴趙獨平亂而有之，餘或拒命以有其國，吴越獨奉命而有之。安静百年以歸真主，三世四王靡聞失德。故方是時，天下皆糜爛於争戰，惟兩浙不知爲五代，可不謂有大功於民也哉？然則牛、斗之祥，夫豈偶然？而歐公於十國乃獨譏吴越之虐，嗚呼！不猶愈於吴、蜀、荆、閩日夜驅民[②]於鋒鏑者乎？

五代典章[③]

費衮

五季承唐之後，雖兵革相尋，然去唐未遠，制度典章，人猶得以持循。如蕭希甫[④]論内宴樞密使不當坐；李琪[⑤]爲僕射，太常禮院[⑥]言無送

---

① 王師範，唐末青州（今山東濰坊）人。龍紀元年，其父平盧節度使王敬武死，其自立爲節度使。

② 民，原作“臣”，據《黄氏日鈔》卷四十九，元（後）至元刻本改。

③ 本文見載費衮《梁谿漫志》卷五。

④ 蕭希甫，五代時宋州（今河南商丘）人，少舉進士，歷仕後梁、後唐。

⑤ 李琪，字臺秀，河西敦煌（今甘肅敦煌）人，歷仕唐、後梁、後唐。

⑥ 太常禮院，官署名，唐朝始置，掌禮儀事，隸屬於太常寺。

上之文；馬縞[①]、趙咸議嫂叔之服；崔稅以宰相改其所草制，而引經固争。使當時人人能守唐制如此，豈不能久立國乎？

李克用　李存勗

朱全忠篡唐改元，既二十年。而李克用暨子存勗，猶稱唐天祐。爲興復盟主，行臺稱制，養兵討賊，其滅梁也，貶其宰相鄭珏以下十一人，誅敬翔[②]、李振、趙巖、張漢傑[③]，以正其叛唐之罪，蓋桓文之流亞也。或者病其自取，不求唐後而立之。嗚呼！此湯武所不能者，而以責諸五代之君，可乎？

論陳橋亂源[④]

周世宗大簡諸軍，而士卒精練，近代無比，征伐四方，所向皆捷，史臣蓋嘗稱之。然詔募天下壯士詣闕，而命趙匡胤選其尤者，爲殿前諸班，又遂以匡胤爲殿前都指揮使，則陳橋之禍所由起也。曹操盡易左右侍衛，而獻帝禪；朱温潛易内園小兒，而昭宗弑。於是匡胤已立戰功、

---

① 馬縞，唐末明經，歷仕唐、後梁、後唐，以知禮見稱。
② 敬翔，字子振，同州馮翊（今陝西渭南）人，五代時後梁大臣。
③ 張漢傑，清河（今山東臨清）人，五代時後梁控鶴指揮使。
④ 本文見載《資治通鑑》卷二百九十二，有删改。

著威名矣，乃使之簡閱禁軍，復命之督率，可乎？則匡胤之所以潛布其腹心，以爲之地者，世宗實導之也。藉寇兵賫盜糧其世宗之謂乎？

五代史書漢亡　定五代統祚[①]

陳霆

《五代史·漢隱帝紀》："冬十一月，郭允明反，皇帝崩，蘇逢吉自殺，漢亡。"徐無黨注曰："隱帝崩後四十二日，周太祖始即位，而斷自帝崩書'漢亡'者，見帝崩而漢已亡矣。其太后臨朝，湘陰嗣立，皆周所假託[②]，非誠心也。書'漢亡'，所以破其奸。"予謂隱帝弑後，周雖繼有天下，漢固未嘗亡也。劉崇以高祖之弟，紹立於太原，雖壤地褊小，而名義則正，擬諸前代，蓋蜀漢之比，非江陵受人封殖之梁，與金陵族屬不明之唐也。昔之論史者，謂赧王雖亡，而東西周尚存，則周統未可謂絶。故朱子論本朝得正統，亦謂須在太原既下之後。則五代之漢，豈曰隱帝一崩而遽亡哉！善乎瓊山丘氏作《史綱》，於梁、唐、晋、周之亡皆不書，而獨書漢亡者，著漢之亡不在於郭威之有周，而在於繼元之降宋也，其諸異乎歐陽氏《五代史》所書漢亡者歟？嗚呼！公矣！當矣！

〇五代之君，多可議者，朱梁以盜賊，唐、晋、漢以夷狄，郭周以卒伍，視昔神明之胄既天壤矣。而其有天下也，梁、晋、周俱以簒弑，中間名義可言而事體稍正者，唐莊宗、漢高祖而已。莊宗之父有慚德，且其滅梁，徒以志雪父讐，非真爲唐計也，兼之身復不終，然則不無遺憾。惟漢高始終之際，差若無歉。蓋石晋既亡，契丹既去，斯時中國無

---

① 本篇首段見載陳霆《兩山墨談》卷六，餘下見載同書卷七。

② 託，原作"記"，據《兩山墨談》卷六，明嘉靖十八年刻本改。

主，高祖乃自太原入主中國，其取天下於中國之人心，非若他人之篡奪者也。既而歸終於寢，付畀於子。所不能免君子之責者，謂其擁兵自殖，曾不爲晋氏一舉勤王之師，此其坐觀成敗而睥睨其後，蓋卞莊子之故智。大率末世而下，奸雄乘時徼利，後先效尤，固不可以純臣望於知遠也。其最可悼者，父子繼世才四年，即爲郭氏所滅。雖然，劉崇之漢實紹遺緒，蓋前後建號者三十餘年，亦庶幾蜀漢之祚。其失由作史者抑太原爲北漢，故氣脉實聯而名號各别，此則後世綱目君子之責也。

五代多養子繼世，唐莊宗之後有嗣源，愍帝之後有從珂[①]，周太祖之後有柴榮，漢孝和之後有繼恩、繼元[②]。夫是數朝，其外勢雖全，而内脉實絶，作史者宜有特筆以表實録可也。陽節潘氏[③]曰：暴秦以吕易嬴，是嬴亡於莊襄之世；弱晋以牛易馬，是馬滅於懷愍之時。南宫氏作《史斷》，直謂秉筆君子當於秦莊襄既卒，特書曰嬴氏之秦亡，然後叙吕政之所從出，而定爲後秦。晋愍帝遇害，特書曰司馬氏之晋亡，然後叙琅琊之所從出，而定爲後晋。夫邯鄲曖昧，馬牛疑迷，其視五代養子氏姓未脱，所生尚存者迥異。且其創業中興，方兹伊始，雖有内絶之疑，然豈可遽加外亡之文。南宫之論，苟以示人嫌疑之戒，可矣。而據以亡人之國，恐春秋忠恕之筆，難襲夫法家刻深之文也。若愚所妄擬，則事情彰灼，雖使嗣源諸君復作，當亦無可藉口。大概欲以莊宗即位之後定爲東唐，而别嗣源以下爲後唐。若曰莊宗本無意於興唐，其所謂唐，乃夷狄别種，不得與長安三百年之唐相紹也。以劉氏太原之國，仍稱曰漢，

---

① 從珂，李從珂，本姓王，鎮州平山（今河北石家莊）人，五代十國時後唐末帝，後唐明宗李嗣源養子。

② 繼恩、繼元，劉繼恩、劉繼元。二人本姓薛，皆爲孝和帝劉鈞的外甥、養子，先後爲北漢皇帝。

③ 陽節潘氏，潘榮。

而去史册北漢之稱。若曰劉崇本有意以復漢，其所謂漢，乃知遠一脉，自當與中國四年之漢相合也。莊宗繼岌覆滅之後，結之曰沙陀李氏之唐絶，然後揭書養子嗣源繼立，别其與沙陀各源。閔帝[①]廢殺之下，結之曰雁門李氏之唐絶，然後揭書養子從珂繼立，别其與邈佶異類。周祖既殂，結之曰郭氏之周絶，繼乃揭書養子榮立，嗣周移於守禮之柴。孝和既殂，結之曰劉氏之漢絶，繼乃揭書養子繼恩立，立養子繼元，明漢移於薛何之胤。仍於各主嗣立之下，因文立論而明立之戒。夫然後祚命短長，統系斷續，苗胤真僞，皆昭然於千百世之下。而所謂春申進李園之妹[②]，吕后取他人之子之計，庶其畏天下後世之公議而可少息矣。然歐史得其意而未盡，《綱目》缺其例而不書，《續綱目》有見於繼恩，而復遺於繼元，則區區之論，似亦可備一説也。

論五代史[③]

楊慎

〇《通鑑》《五代史》載吴越事不同　司馬温公《通鑑》載：吴越王錢弘佐年十四即位，温恭，好書，禮士。問倉吏："今蓄積幾何？"曰："十年。"王曰："軍食足矣，可以寛吾民。"乃命復其境内税三年。歐陽

① 閔帝，李從厚，小名菩薩奴，後唐明宗李嗣源子，五代時後唐第三位皇帝。

② 春申進李園之妹，李園是戰國時楚國權臣，其爲趙國人，入楚，爲了討好春申君，便將其妹送給春申君，有了身孕之後，李園又獻計春申君將之送予楚考烈王。

③ 本文原題"通鑑五代史載吴越事不同"，據底本卷二目録後附"補集"簡目，改題爲"論五代史"。又據《丹鉛總録》卷二十五，原題當爲第一小節標題。首段、次段輯自楊慎《丹鉛總録》卷二十五，末段輯自同書卷二十六。

永叔《五代史》乃云：錢氏自武穆王鏐，常重斂以事奢侈，下至魚雞卵鷇，必家至日取。每笞一人，以責其負，則諸案吏各持簿於庭。凡一簿所負，唱其多少，量爲笞數。笞已則以次唱而笞之。少者猶積數十，多者百餘，人不堪其苦。歐陽《史》、司馬《鑑》所載不同，可疑也。胡致堂[①]曰："司馬氏記弘佐復税之事，《五代史》不載。歐陽脩記錢氏重斂之虛，《通鑑》不取，其虛實有證矣！"予按宋代別記載歐陽永叔爲推官時，昵一妓，爲錢惟演[②]所持，永叔恨之。後作《五代史》，乃誣其祖以重斂民怒之事。若然，則挾私怨於褒貶之間，何異於魏收輩耶！

〇歐陽氏《五代史》譽之太過其實，至云勝於《史記》，此宋人自尊其本朝人物之言，要其實，未也。《史記》自左氏而下，未有其比，其所爲獨冠諸史，非特太史公父子筆力，亦由其書會輯《左氏》《國語》《戰國策》《世本》及漢代司馬相如、東方朔輩諸名人文章，以爲楨幹[③]也。《五代史》所載，有是文章乎？況其筆力亦萎靡不振，不足爲司馬遷家奴，而云"勝之"，非欺天罔人而何？

〇蘇老泉云："唐三百年文章，非兩漢無敵；而史之才，宜有如丘明、遷、固，而卒無一人可與范曄、陳壽比肩。"公矣乎，其論乎！蓋雖韓愈《順宗實録》，亦在所不取也。而宋之瑣儒乃以《五代史》並遷，此不足以欺兒童，而可誣後世乎！

---

① 胡致堂，即胡寅，字明仲，宋建州崇安（今福建武夷山）人，學者稱致堂先生，著有《斐然集》等。

② 錢惟演，字希聖，杭州臨安（今浙江杭州）人，預修《册府元龜》，著有《金坡遺事》等。

③ 楨幹，指重要的起決定作用的人或事物。

五代史學史記[①]

楊慎

"嗚呼！自唐失其政，天下乘時，黥髡盜販[②]，衮冕峨巍。吴暨南唐，奸豪竊攘。蜀險而富，漢險而貧，閩陋荆蹙，楚開蠻服。剥剽弗堪，吴越其尤。牢牲視人，嶺蜑[③]遭劉。百年之間，並起争雄，山川亦絶，風氣[④]不通。語曰：清風興，群陰伏；日月出，爝火息。故真人作，天下同。"[⑤]右六一公《五代十國世家序》也。其文豐約中程，精彩溢目，歐文第一篇也。李耆卿謂公之《五代史》比《順宗實録》有出藍之色，似矣，然不知《五代史》本學《史記》，非學韓也。古云："學乎其上，僅得其中。"信其然乎？

論宋史[⑥]

楊慎

《宋史表》首稱相阿魯圖，其實歐陽玄之筆也。其爲卷六百，文百萬言，自有史册以來，未有若是多者也。其自謂"辭之煩簡以事，文之今

① 本文見載楊慎《升菴文集》卷四十七、《丹鉛總録》卷十一。

② 販，原作"敗"，據《升菴文集》卷四十七，明萬曆十年刻本改。

③ 嶺蜑，居於嶺南的少數民族。

④ 氣，原作"景"，據《升菴文集》卷四十七，明萬曆十年刻本改。

⑤ 見歐陽脩《新五代史》卷六十一《吴世家》。

⑥ 本文見載楊慎《升菴文集》卷四十七、《升菴外集》卷四十四，原題"宋史"；又見於《丹鉛總録》卷二十七。

古以時”，蓋欲自成一代書，而不强附昔人，是也。其可憾者，有紀一事而先後不同，一人而彼此不同，由修之者非一手也。愚觀自古文籍，至宋而憾焉。非憾乎人也，所憾於上之人壞古修史之法也。史始於《尚書》《春秋》，大抵皆一人之筆。《尚書》雖雜出，然而紀一事自一篇，一篇自一人；《春秋》則孔子特筆，而門人一辭不能贊者矣。《春秋》三傳各以其意釋經，而其事傳焉。若《國語》，若《世本》，若《戰國策》，皆一家言。自《史記》下十七代之書，亦皆一人成之。《唐書》雖文忠與景文共之，然而卷帙互分，兩美相合。至元修宋、遼、金三史，此法壞矣。原其所以，由胡人在位，大臣寡學，不欲中國之人擅其所長，故不惟其人惟其官，不惟其實惟其名，其長不知所美，其短不知所委，其先後矛盾，復何怪哉？雖然，豈始於宋哉？“後漢東觀，大集群儒，著述無主，條章靡立。由是伯度譏其不實，公理以爲可焚，張、蔡二子糾之於當代，傅、范兩家嗤之於後葉。”其傳卒亦不廣。唐中宗世，史司取士，每記一事、載一言，皆閣筆相視，含毫不斷，義禀監修，辭從指授。由是，劉知幾謂“頭白可期，汗青無日”，卒不能成其書也。

原《宋史》一書，其實類此。蓋漢唐皆文人相聚，元則羯胡相參，其形迹之拘忌，義例之蒙昧，豈特如漢唐人所譏而已？嗚呼！元所壞者，宋一代史，猶之可也，而其法遂使嗣代襲用之。今曰一代之史可以一人成，不以爲駭，則以爲狂矣。其貽害於中國，禍於斯文者，可重爲慨也夫！

元史卑弱

都穆[①]

楊廉夫，洪武初被召入見，太祖曰："宋濂在内閣與諸儒共修《元史》，卿可往觀之。"廉夫辭謝，入閣。人有以宋公所爲文示廉夫者，廉夫笑曰："格氣卑弱，辭語散漫，何得謂文？"或以告宋公，宋公曰："誠有如是者。"後廉夫辭歸，不久，以疾卒。宋公銘其墓，推其文，至比之日星河嶽云。

元史疏漏

姚福[②]

《元史》列傳第十八卷，有完者都[③]，第二十卷又有完者拔都，其傳文大段相同，微有小異，讀之，蓋一人誤分爲二者也。然則疏漏之失，恐不止此。

---

① 本文著者原題"楊維楨"，據都穆《都公譚纂》卷上，明刻本改。都穆，字元敬，吴縣（今江蘇蘇州）人，明弘治年間進士，著有《金薤琳琅》《南濠詩略》等。本篇見載《都公譚纂》卷上，但較原文有删略，且原文無題。

② 姚福，字世昌，明江寧（今江蘇南京）人，號守素道人，著有《青溪暇筆》。本篇見載《青溪暇筆》卷下。

③ 完者都，一作完者拔都，伊爾汗國的第八任君主。

通鑑　稽古録

朱熹[①]

朱子曰：胡明仲看《節通鑑》。文定[②]問："當是温公節否？"明仲云："豫讓好處，是不以死生二其心。故簡子云：'真義士也！'今節去之，是無見識，必非温公節也。"

〇或謂温公舊例，年號皆以後改者爲正，此殊未安。如漢建安二十五年之初，漢尚未亡，今便作魏黄初元年，奪漢太速，與魏太遽，大非《春秋》存陳之意，恐不可以爲法。此類尚一二條，不知前賢之意，果如何爾。[③]

〇問：温公《通鑑》不信四皓輔太子事，謂只是叔孫通諫得行。意謂子房如此，則是脅其父。曰："子房平生之術只是如此。唐太宗從諫，亦只是識利害，非誠實。高祖只是識事機，明利害。故見四人者輔太子，便知是得人心，可以爲之矣。叔孫通嫡庶之説如何動得他！又謂高祖平生立大功業過人，只是不殺人。温公乃謂高祖殺四人，甚異。事見《考異》。其後一處所在，又却載四人。又不信劇孟事，意謂劇孟何以爲輕重！然又載周丘[④]，其人極無行，自請於吴，云[⑤]去呼召得數萬人助吴。如子房、劇孟，皆温公好惡所在。然著其事而立論，以明之可也，豈可以有無其事爲襃貶？温公此樣處議論極純。"因論章惇言温公義理不透曰：

---

① 本篇原未署著者，據底本卷三目録後附"補集"簡目，並結合文義，補署"朱熹"。

② 文定，指胡安國。

③ 此段同載諸《朱子語類》者相差明顯，而與《晦庵先生朱文公文集》卷三十三《答吕伯恭》、《性理大全》卷五十三引文相類。

④ 周丘，原作"周休"，據《朱子語類》卷一百三十四，中華書局 1986 年版改。

⑤ 云，原脱，據《朱子語類》卷一百三十四，中華書局 1986 年版補。

“温公大處占得多。章小黠，何足以知大處！”

○胡致堂云：“《通鑑》久未成書。或言温公利餐錢，故遲遲。温公遂急結束[①]了，故唐五代多繁冗。”見《管見》後唐莊宗“六月甲午”條下。

○温公之言如桑麻穀粟。且如《稽古録》，極好看，常思量教太子諸王。恐《通鑑》難看，且看一部《稽古録》。人家子弟若先看得此，便是一部古今在肚裏了。

○《稽古録》有不備者，當以《通鑑》補之。温公作此書，想在忙裏做成，原無義例。

○《稽古録》一書，可備講筵官[②]僚進讀。小兒讀六經了，令接續讀去，亦好。末後一表，其言如著龜，一一皆驗。宋莒公[③]《歷年通譜》與此書相似，但不如温公之有法也。[④]

○温公《通鑑》以魏爲主，故書“蜀丞相亮寇”何地，從魏志也，其理都錯。某所作《綱目》以蜀爲主。後劉聰、石勒諸人，皆晋之故臣，故東晋以君臨之。至宋、後魏諸國，則兩朝平書之，不主一邊，年號只書甲子。[⑤]

○揚雄、荀彧二事，按温公舊例，凡莽臣皆書死，如太師王舜之類。獨於揚雄匿其所受莽朝官稱而以卒書，似涉曲筆，不免却按本例書之。曰：莽大夫楊雄死，以爲足以警夫畏死失節之流，而初亦未改温公直筆之正例也。荀彧却是漢侍中光禄大夫，而參丞相軍事，其死乃是自殺。故但據實書之曰：某官某人自殺，而係於曹操擊孫權至濡須[⑥]之下，非

---

① 束，原作“末”，據《朱子語類》卷一百三十四，中華書局 1986 年版改。

② 官，原作“宫”，據《朱子語類》卷一百三十四，中華書局 1986 年版改。

③ 宋莒公，宋庠。

④ 自此段以上，除“或謂温公舊例”段，並見載《朱子語類》卷一百三十四。

⑤ 本段見載《朱子語類》卷一百五。

⑥ 濡須，在今安徽含山縣西南東興鎮西北，裕溪河東岸。

故以彧爲漢臣也。然悉書其官，亦見其實漢天子近臣，而附賊不忠之罪，非與其爲漢臣也。此等處當時極費區處，不審竟得免於後世之公論否？胡氏論彧爲操謀臣，而劫遷、九錫二事，皆爲董昭[①]先發，故欲少緩九錫之議，以俟他日徐自發之，其不遂而自殺，乃劉穆之[②]之類。而宋齊丘[③]於南唐事亦相似，此論竊謂得彧之情。[④]

〇因説：《通鑑提綱》例：凡逆臣之死，皆書曰“死”，至狄仁傑，則甚疑之。李氏之復，雖出於仁傑，然畢竟是死於周之大臣。不奈何，也教相隨入死例，書云某年月日狄仁傑死也。[⑤]

通鑑不載離騷[⑥]

費衮

邵公濟博[⑦]著書，言：“司馬文正公修《通鑑》時，謂其屬范純父曰：‘諸史中有詩賦等，若止爲文章，便可删去。’蓋公之意，士欲立於天下後世者，不在空言耳。如屈原以忠廢，至沉汨羅以死，所著《離騷》，淮南王、太史公皆謂可與日月争光，豈空言哉？《通鑑》并屈原事盡削去之。《春秋》褒毫髮之善，《通鑑》掩日月之光，何耶？公當有深識，求於《考異》中，無之。”予謂三閭大夫以忠見放，然行吟恚懟，形於色

① 董昭，字公仁，濟陰定陶（今屬山東）人。
② 劉穆之，字道和，東晋東莞莒縣（今屬山東）人。
③ 宋齊丘，字超回，五代時豫章（今江西南昌）人。
④ 本段見載《晦庵先生朱文公文集》卷三十七《答尤延之》。
⑤ 本段見於《朱子語類》卷一百五。
⑥ 本文見載費衮《梁谿漫志》卷五。
⑦ 邵公濟博，邵博，字公濟，南宋范陽（今河北涿州）人，邵雍之孫。著有《邵氏聞見後録》。

詞，揚己露才。班固譏其怨刺。所著《離騷》皆幽憂憤嘆之作，非一飯不忘君之誼，蓋不可以訓也。若所謂與日月争光者，特以褒其文詞之美耳。温公之取人，必考其終始大節，屈原沉淵，蓋非聖人之中道，區區絺章繪句之工，亦何足算也？[①]

通鑑綱目[②]

朱子

問："'正統'之説，自三代以下，如漢唐亦未純乎正統，乃變中之正者；如秦、西晉、隋，則統而不正者；如蜀、東晉，則正而不統者。"朱子曰："何必恁地論！衹天下爲一，諸侯朝覲，獄訟皆歸，便是得正統。其有正不正，又是隨他做，如何恁地論！有始不得正統，而後方得者，是正統之始；有始得正統，而後不得者，是正統之餘。如秦初猶未得正統，及始皇并天下，方始得正統。晋初亦未得正統，自泰康以後，方始得正統；隋初亦未得正統，自滅陳後，方得正統；如本朝至太宗并了太原，方是得正統。又有無統時，如三國、南北、五代，皆天下分裂，不能相君臣，皆不得正統。一作"此時便是無統"。某嘗作《通鑑綱目》，有'無統'之説。此書今未及修，後之君子必有取焉。温公只要編年號相續，此等處，須把一個書'帝'、書'崩'，而餘書'主'、書'殂'。既不是他臣子，又不是他史官，只如旁人立看一般，何故作此尊奉之

① "屈原沉淵"至"亦何足算也"，原爲小字注，據《梁谿漫志》卷五並揆之文義，當屬正文。

② 本文見載《朱子語類》卷一百五。

態？此等處合只書[①]甲子，而附注年號於其下，如魏黄初幾年，蜀章武幾年，吴青龍幾年之類，方爲是。”又問：“南軒謂漢後當以蜀漢年號繼之，此説如何？”曰：“如此亦得。他亦以蜀漢是正統之餘，如東晋，亦是正統之餘也。”又問：“東周如何？”曰：“畢竟周是天子。”又問：“唐後來多藩鎮割據，一云：“唐末天子不能有其土地，亦可謂正統之餘否？”則如何？”曰：“唐之天下甚闊，所不服者，只河北數鎮之地而已。”

○問：“宋、齊、梁、陳正統如何書？”曰：“自古亦有無統時。如周亡之後，秦未帝之前，自是無所統屬底道理，南北亦只是並書。”又問：“東晋如何書？”曰：“宋、齊如何比得東晋！”又問：“三國如何書？”曰：“以蜀爲正。蜀亡之後，無多年便是西晋。中國亦權以魏爲正。”又問：“後唐亦可以繼唐否？”曰：“如何繼得？”

唐鑑　唐論

朱熹[②]

○朱子曰：“《唐鑑》多説得散開無收殺。如姚崇論擇十道使[③]，患未得人，他自説得意好，不知范氏[④]何故却貶其説。”

○范《唐鑑》首一段專是論太宗本原，然亦未盡。太宗後來做處儘好，只爲本領不是，與三代便别。問：歐陽以“除隋之亂，比迹湯武；

① “書”字底本有明顯剜改痕迹，國圖藏本作“畜”。據《朱子語類》卷一百五，中華書局1986年版，作“書”字，從之。

② 本篇原未署著者，據底本卷四目録後附“補集”簡目，並結合文義，補署“朱熹”。本文見於《朱子語類》卷一百三十四。

③ 十道使，官名，負責搜括逃户。

④ 范氏，范祖禹。

致治之美，庶幾成康”贊之，無乃太過？曰：只爲歐公一輩人尋常亦不曾理會本領處，故其言如此。

〇范氏以武王釋箕子、封比干事，比太宗誅高德儒[①]。此亦據他眼前好處恁地比並，也未論到他本原處，似此様，且寬看。若一一責以全，則後世之君不復有一事可言。

〇《唐鑑》白馬之禍，歐公論不及此。

〇《唐鑑》意正有疏處，孫之翰《唐論》精練，説利害如身處親歷之，但理不及《唐鑑》耳。

〇吕伯恭晚年謂人曰：“孫之翰《唐論》勝《唐鑑》。”要之，也是切於事情，只是大綱却不正了。《唐鑑》也有緩而不精確處。如言租庸調及楊炎[②]二税之法，説得都無收殺。只云在於得人，不在乎法，有這般苟且處。審如是，則古之聖賢徒善[③]云爾。他也是見熙寧間詳於制度，故有激而言。要之，只那有激，便不平正。

〇致堂《管見》方是議論，《唐鑑》議論弱，又有不相應處，前面説一項事，末又説别處去。

古史

朱熹[④]

朱子曰：子由《古史·舜紀》所論三事，其一許由者是已。然當全

① 高德儒，隋西河郡丞，李淵派李建成和李世民攻打西河，城克後將其處死。

② 楊炎，字公南，鳳翔（今陝西鳳翔）人，唐德宗年間主持實行兩税法的改革，官至宰相。

③ 善，原作“法”，據黎靖德《朱子語類》卷一百三十四，中華書局1986年版改。

④ 本文原未署著者，據底本卷三目録後附“補集”簡目，並結合文義，補署“朱熹”。本文見於朱熹《晦庵先生朱文公集》卷七十二，原題“古史餘論”。

載史遷本語，以該卞隨、務光之流，不當但斥一許由而已也。然太史公又言“箕山之上有許由冢”，則又明其實有是人，亦當世之高士，但無堯讓之事耳。此其曲折之意，蘇子亦有所未及也。其一瞽、象殺舜，蓋不知其有無。今但當知舜之負罪引慝，號泣怨慕，象憂亦憂，象喜亦喜，與夫小杖則受，大杖則走，父母欲使之，未嘗不在側，欲求殺之，則不可得而已爾，不必深辨瞽、象殺舜之有無也。其一舜、禹避丹朱、商均，而天下歸之，則蘇子慮其避之足以致天下之逆。至益[①]避啓而天下歸啓，則蘇子又譏其避之爲不度而無耻。於是凡孟子、史遷之所傳者，皆以爲誕妄而不之信。今固未暇質其有無，然蘇子之所以爲説者，類皆以世俗不誠之心度聖賢，則不可以不之辨也。聖賢之心，淡然無欲，豈有取天下之意哉？顧辭讓之發，則有根於所性而不能已者。苟非所據，則雖卮酒豆肉，猶知避之，況乎秉權據重而天下有歸己之勢，則亦安能無所惕然於中，而不遠引以避之哉？避之而彼不吾釋，則不獲已而受之，何病於逆？避之而幸其見舍，則固得吾本心之所欲，而又何耻焉？唯不避而强取之，乃爲逆；偃然當之而彼不吾歸，乃可耻耳。如蘇子之言，則是凡世之爲辭讓者，皆陰欲取之而陽爲遜避，是以其言反於事實，至於如此，則不自知其非也。舜、禹之事，世固不以爲疑，今不復論。至益之事，則亦有不能無惑於其説者。殊不知若太甲賢而伊尹告歸，成王冠而周公還政，宣王有志而共和罷，此類多矣。當行而行，當止而止，而又何耻焉？蘇子蓋賢共和，而尚何疑於益哉？若曰受人之寄，則當遂有之而不可歸，歸之則爲不度而無耻，則是王莽、曹操、司馬懿父子之心，而楊堅夫婦所謂騎虎之勢也，乃欲以是而語聖賢之事，其亦誤矣。

---

① 益，伯益，少昊之後。相傳他助禹治水有功，是禹選定的繼承人，但四方諸侯中意禹之子啓，伯益遂禪讓於啓。

論古史[①]

黄震

〇《齊世家》　太史公紀載之法，非蘇子所可改，既明矣。田氏，齊之賊也，而又每事輒爲之辨。如《史記》書田乞樹黨於諸侯，則爲删去之，而爲之辨曰“非樹黨”。《史記》書陳成子弑簡公，懼諸侯誅己，盡歸之侵地，則亦删去之，而爲之辨曰“本非成子自完之計”。《史記》書成子通賓客出入，生子七十餘人，則又删去之，而爲之辨曰“成子必不爲此失行”。嗚呼！何其黨賊至此耶？

〇《伯夷傳》　太史公載伯夷采薇首陽之歌，爲之反覆嗟傷，遺音餘韻，拱挹莫盡，君子謂此太史公託以自傷其不遇，故其情到而辭切，然非伯夷怨是用希之心也。故後世高其文，而非其旨。蘇子易之，録其“讓國”“叩馬”二事謂夫子言其不怨，以“讓國”言，言其不辱，以去周言。雖夫子發言之意未必盡然，而旨義則過史遷矣。

〇《管晏傳》《史記》叙仲之行事，歸之因禍爲福，轉敗爲功。蓋指仲以權術成伯業。而蘇子易之，謂其來之以禮，服之以義，不以力勝，幾於過其實。惟其闢管仲之書，爲戰國諸子之所增益，多申、韓之言，非管子之正，足爲管子辨誣，真公論也。

《晏子傳》增子晏子處崔杼之變，知陳氏之奸，諫煩刑，諫誅祝史，與言梁丘據同而非和數事，亦足補遺。

〇《柳下惠》《曹子臧》《吴季札》《范文子》《叔向》《子産》諸傳，

---

① 本文原題“論古史齊世家”，據底本卷三目録後附“補集”簡目，並結合文義，又參黄震《黄氏日鈔》卷五十一，當題爲“論古史”。第一小節當題爲“齊世家”。

於《史記》無之，皆蘇子據《左氏傳》增立，始末備具，不以年隔，殆《左氏》類書之要者，可觀也。

○《孔子弟子傳》　蘇子辨宰我無從叛之事，辨子貢無亂齊之事，皆有功聖門。至其贊子夏則曰："異哉！今世之教者，聞道不明，而急於誇世，非性命道德不出於口。教者未必知，而學者未必信，務爲大言以相欺。天下之僞，由是而起。"此則陰詆程氏之學。而後來僞學之禁，殆本此也。

○《老子申韓傳》　太史公作《老莊傳》，辭簡意足，曲盡老、莊之本旨，而又即以申、韓附之，若曰清净無爲，其勢必不足以治；及其不治，其勢必不得不以法繩之。而老子之無爲，常欲自利，其藏於心者，已有陰術。莊子之寓言，破壞尋常，其發於口者，已無忌憚。以陰術之心，行肆無忌憚之説，而處不得不以法繩之勢，慘刻不道，尚復何疑！此申韓之出於老、莊，而惟太史公能窮極源委而言之。嗚呼！可謂卓識已！蘇子於其傳多所增損，已不知太史公之本旨，而又於老子之贊曰："孔子之爲人也周，故示人以器而晦其道；老子之自爲也深，故示人以道而略其器。三代之後，釋氏與孔、老並行，其所以異者，體道愈遠而立於世之表，其説又老氏之眇也。"嗚呼，異哉！是何言歟？於列子之贊曰："今觀穆王與化人游，若清都、紫微、鈞天、廣樂，帝之所居，而夏革所言四海之外、天地之表，無極無盡，此固後世仙佛之常言，理之當然，而漢之儒者未聞焉耳。"嗚呼，異哉！是何言歟？班孟堅譏太史公先黄老而後六經，愚謂太史公本未有此失也。蘇子《古史》則不惟有此失，而又甚焉。

○《虞卿傳》　太史公先叙虞卿謀趙事，而後及其棄趙相印，赴魏、齊之急，困於大梁，作《虞氏春秋》以終焉。《古史》反之，謂先困大梁而後謀趙，是虞卿相趙，既棄去，後窮而復歸相趙。似非虞卿烈丈夫之氣，且太史公嘉其謀趙之工，責其以匹夫窮交而一旦棄趙當矣。蘇子反贊其爲義俠，亦各有見歟。

〇《滑稽傳》 太史公傳滑稽者三人，皆伎工優戲耳。西門豹古之良吏[①]，東方朔亦漢之名臣，褚氏例取而附之優戲之列，何哉？褚氏不足責也。蘇子明言西門豹非滑稽，而不與分置列傳，然則何以改作《古史》爲？

古史大事記

《古史》爲魯柳下惠、曹子臧，吴季札，晋范文子，鄭叔向、子産，越范蠡、大夫種，楚葉公九人立傳，各有所論述焉。蓋小司馬之意，而潁濱[②]成之者也。東萊吕氏乃又謂衛之石碏、公子鱄，宋之公子目夷，晋之先軫、趙衰、趙盾、趙武、祈奚，魯之季文子、子家覊，楚之令尹子文、申叔時，秦之孟明亦不可遺。夫列國之臣，太史公既已附之世家言矣。潁濱亦擇其尤偉者例之，耳不能遍及也。即吕氏以石碏數子不可遺，不尚有若衛之蘧伯玉、公叔文子，魯之臧哀、伯成季、奚斯，晋之荀息、介之推，楚之伍舉、宋玉者乎！則又不勝冗長矣。

---

① 吏，原作“史”，據《黄氏日鈔》卷五十一，元（後）至元三年刻本改。

② 潁濱，蘇轍。

史通[1]

楊慎

老泉評劉子玄《史通》，云："世稱其詳且博，然多俚辭俳狀，史之紀事，將復甚乎？"其所譏誚者，唯子餗爲差愈。吁，其難而然哉！楊萬里云："知幾《史通》毛舉前史，一字必呵。嘗得其所撰高宗、武后實録而讀之，意其可拳石班、馬，而臧獲陳、范也。及觀其永徽三年事，則曰'發遣薛延陀'，此何等語邪！天授二年事，則言'傅游藝[2]死矣'。至長壽二[3]年遣使流人，則曰'傅游藝言之也'。游藝之死，至是三年，豈有白骨復肉而游魂再返乎？"古人目睫之論[4]，誠有味也。二公之論當矣。然子玄《史通》妙處，實中前人之膏肓，取節焉可也。黄山谷嘗云："論文則《文心雕龍》，評史則《史通》，二書不可不觀，實有益於後學焉。"劉子玄子餗作《史例》三卷。[5]

〇楊慎曰：漢末之董承、耿紀[6]，晋初之諸葛、毌丘[7]，齊興而有劉康、袁粲，周滅而有王謙、尉迥[8]，宋末而有蘇整、張旺，斯[9]皆破家徇

---

① 本文見載楊慎《升菴文集》卷四十七、《升菴外集》卷三十八，兩段分别原題"老泉評史通""漢末史傳屈筆"。後者實係楊慎引劉知幾《史通》卷七《内篇·曲筆》語。

② 傅游藝，唐衛洲汲（今河南汲縣）人，因支持武則天稱帝而受到重用。天授二年被誣謀反而亡。

③ 二，原作"一"，據《升菴文集》卷四十七，明萬曆十年刻本改。

④ 目睫之論，比喻膚淺的見解。

⑤ 本段亦見載楊慎《丹鉛總録》卷二十六。

⑥ 耿紀，字季行，東漢大臣，建安二十三年發兵謀誅曹操失敗，被夷滅三族。

⑦ 諸葛、毌丘，指諸葛誕、毌丘儉。

⑧ 王謙、尉迥，二人皆因舉兵反對楊堅，兵敗而亡。王謙，字敕萬，北周太原人。尉迥，即尉遲迥，字薄居羅，北周代人。

⑨ "晋初之諸葛"至"張旺斯"，原爲小字注，據《升菴文集》卷四十七並揆之文義，當爲正文。又，"宋末而有蘇整、張旺"句未見於《升菴文集》卷四十七、《升菴外集》卷三十八、《丹鉛總録》卷二十三。

國，視死猶生。而歷代諸史皆書之曰逆，將何以激揚名教，以勸事君者乎？古之[①]書事也，令賊臣逆子懼；今之書事也，使忠臣義士羞。若使南、董有靈，必切齒於九泉之下矣！[②]

〇皇甫湜《東晋元魏正閏論》一篇

〇歐陽脩《正統序論》一篇　《正統論》上下二篇　《正統或問》一篇　《魏梁解》一篇

〇蘇軾《正統論》三篇

〇楊維楨《正統辨》一篇

〇徐一夔[③]《正統問》一篇

〇方孝孺《釋統論》三篇

〇楊慎《廣正統論》一篇

自皇甫以下有目無文。[④]

史補集終

① 以勸事君者乎古之，原爲小字注，據《升菴文集》卷四十七，萬曆十年刻本，當爲正文。

② 本段亦見於《丹鉛總録》卷二十三。

③ 徐一夔，字大章，天臺（今浙江天臺）人，元末明初學者，著有《大明集禮》《始豐稿》等。

④ 以上諸篇目次，原係於朱子《通鑑綱目》篇後，今移附卷末。

後　記

《史學要義》版本罕見，爲了保存和弘扬我國優秀傳統文化，1999年中華全國圖書館文獻縮微複製中心影印出版了山東省圖書館所藏明萬曆五年刻本《史學要義》，題曰《明刻珍本史學要義》。2001年姜亞沙發表《淺論〈明刻珍本史學要義〉的學術價值及其出版》，2003年錢茂偉於《明代史學的歷程》中專門討論了此書的價值。2013年，楊翼驤編著、喬治忠等人訂補的《增訂中國史學史資料編年（元明卷）》著録此書，移録了萬曆《秀水縣志》、盛楓《嘉禾徵獻録》中的相關傳記，以及徐栻《史學要義叙》，並附加案語。

《史學要義》爲明人彙纂歷代史論文章而成書的著作，此類史論、史評或史抄類著作在明代涌現而形成一種學術風尚。在探究明代宋史學課題期間，此書以鮮明的"學科"理論意識引起我的注意。它與同時代的經典著作相比不算突出，一直以來也少爲學人重視，但它彙纂自漢至明的史論、史評，已構成特殊的問題意識，帶有其時濃厚的史論風尚色彩，爲史學史、史學理論研究提供了便利。由於一直以來刊印未廣，且未加以整理，不便學人閱讀，影響了其價值在當今的發揮。《史學要義》的時代性、彙纂史論之功以及古代"君子曰"的史論傳統，是我們想要整理研究的主要原因。

梁啓超說："明清之交各大師，大率都重視史學——或廣義的史學，即文獻學。"此話既道出了明清之際大師們的學問功底，也用古文獻學包容了史學的内容，可見古文獻學内涵之寬廣，它躍上當今的一級學科歷史學，且涵蓋了中國語言文學下的古典文獻學。古文獻學是傳統學術的根柢，打好了古文獻學的基礎，才可能收穫獨斷之學，成一家之言，學術之路才能走得更遠更堅實。古文獻學内容豐富，自有體系，講究章法而不亂；其中的校注工作由來已久，形成了鮮明的傳統，需要紮實、系統的規範訓練，更需要時間、興趣、耐心、細致、嚴謹、求實和專業悟性以及實踐經驗的不斷總結，不容半點取巧和浮華。此即古代所謂的“校讎”，要有坐得住冷板凳的耐心。然而在市場經濟和學術評價體系面前，它却顯得費時耗力，鮮有“效益”。2017 年《關於實施中華優秀傳統文化傳承發展工程的意見》的發布并實施，各類基本文獻的全面、系統整理工作受到學者的青睞和關注，諸君懷抱對傳統文化的熱愛而加入古籍整理的行列，同時也使學界認識到强調古文獻學對於文獻整理研究的理論價值和科學意義正當其時。朱子曰：“君子之心，常存敬畏。”師生之間往來論辯，我也常常借機以“敬畏”兩字相告誡，以“有態度，有追求，有堅持”互爲勉勵，認真對待古籍文獻的整理與研究。同時，以項目爲牽引，使學生在實踐中得到系統訓練。

本書的整理工作遷延較久，參與者有團隊中的博士、碩士研究生，以裴陽月同學用功較多，交稿前又有趙悦如等同學用心校審。安徽大學諸偉奇教授對本書給予寶貴的指導，鄭州大學王博教授對整理工作給予關心和支持，國家圖書館提供萬曆五年刻本徐栻《序》首葉書影，山東省圖書館提供卷端書影，以及商務印書館凌雲先生對出版的支持，在此表示由衷感謝！

囿於校注者水準，存在問題和不盡完善之處，謹望諸君批評指正。

二〇二三年四月於鄭州